ANDREA RUDOLPH | CHRISTIAN SIEG
Der professionelle Serviceberater

D1727741

ANDREA RUDOLPH | CHRISTIAN SIEG

Der professionelle Serviceberater

die eigene Qualifizierung aktiv gestalten

AUTOHAUS

© 2002 Auto Business Verlag, in der Springer Transport Media GmbH
Neumarkter Straße 18, 81673 München, www.auto-business-shop.de

Springer Transport Media GmbH ist Teil der Fachverlagsgruppe
Springer Science+Business Media

4. Auflage 2009
Stand 11/2008

Lektorat: Sarah Weiß
Herstellung: Markus Tröger, Silvia Hollerbach
Satz & Layout: Uhl + Massopust, Aalen
Illustrationen: Pinot Gallep
Umschlaggestaltung: Vierthaler + Braun, München
Druck: Kessler Druck + Medien, Michael-Schäffer-Str. 1, 86399 Bobingen

ISBN: 978-3-89059-040-0

Inhalt

9   Mit dem Team zu größeren Erfolgen   265

10   Kennzahlen des Servicebereichs   275

Beispiel

Achtung

Lernfragen

Vorwort zur vierten Auflage

Vor sechs Jahren erschien mit der ersten Auflage des „Professionellen Serviceberaters" erstmals ein Buch auf dem Markt, das die gestiegenen Anforderungen an diesen Beruf thematisiert. Auf der Grundlage der von der Gütegemeinschaft – einem Zusammenschluss fast aller in Deutschland vertretenen Automobilhersteller, -importeure, Zulieferer und dem ZDK – festgelegten Themen für die Qualifizierung zum „Geprüfte/-n Automobil-Serviceberater/-in" entstand ein leicht verständliches Lehrbuch, das zahlreiche Praxishilfen und Tipps beinhaltete. Dieses Buch erreichte sowohl diejenigen, die die „Qualifizierung zum geprüften Automobil-Serviceberater" absolvierten, als auch gestandene Serviceberater, die ihr Wissen auffrischen oder Führungskräfte, die ihre Service-Mitarbeiter bei ihrer beruflichen Weiterentwicklung wirksam unterstützen wollten.
Im Abstand von jeweils zwei Jahren erschienen die zweite und dritte Auflage, die systematisch ergänzt und aktualisiert wurden. Nun liegt Ihnen die vierte Auflage vor.

Was hat sich innerhalb der letzten zwei Jahre in der Automobilbranche getan? Welche Veränderungen gab es insbesondere im After-Sales-Bereich? Welche Auswirkungen haben die wirtschaftlichen Tendenzen in diesem Sektor auf die tägliche Arbeit des Serviceberaters?
Um es kurz zu sagen: Das Thema Kundenorientierung ist aktueller denn je! Somit bleibt alles beim alten? Die Schwerpunkte der Arbeit im Service haben sich verschoben. Um nur ein Beispiel zu nennen: Während die Entwicklung vom „Annehmer" zum Serviceberater schon eine gewaltige Veränderung im Denken und Handeln der Service-Mitarbeiter und ihrer Führungskräfte mit sich brachte, wird heute zunehmend vom Serviceleistungsverkäufer gesprochen. Die Anforderung, eine fachlich kompetente Beratung des Kunden durchzuführen, wird also deutlich erweitert um den Aspekt des aktiven Serviceleistungsverkaufs. Dem entspreche ich in der hier vorliegenden Neufassung. Dazu gebe ich Ihnen mit der Überarbeitung des Themas „Direkt- oder Dialogannahme" eine Systematik der Gesprächsführung an die Hand, die Ihnen als „roter Faden" für die Serviceberatung am Fahrzeug dienen wird. Diese Systematik resultiert unter anderem aus zahlreichen Praxisbeobachtungen in Autohäusern im Rahmen von Coachings/Training on the Jobs sowie dem markenübergreifenden Erfahrungsaustausch mit Serviceberatern und Führungskräften.
Ein zusätzliches Thema, das mir besonders am Herzen liegt, ist die Auseinander-

setzung mit dem beruflichen Stress. Neben einer näheren Betrachtung des Begriffs „Work-Life-Balance" gebe ich Anregungen, wie Sie mit anhaltenden beruflichen Belastungssituationen besser fertig werden können.

Die vierte Auflage des Buchs „Der professionelle Serviceberater" erweitert die vorherige Fassung um aktuelle Themen, verschiebt den Fokus und bildet die heutigen Anforderungen damit noch besser ab. Dieses Buch konzentriert darüber hinaus die Trainings- und Beratungserfahrungen im After-Sales, die ich in den letzten fast zwanzig Jahren gesammelt habe.
Ich bedanke mich daher vor allem bei meinen Seminarteilnehmern, die mir in und am Rande der Veranstaltungen ihre Geschichten aus dem Alltag berichteten und mich durch ihre Fragen zum Nachdenken anregten. Dies wäre nicht möglich gewesen, wenn nicht so zahlreiche Verantwortliche der Hersteller und Importeure der concept c2 training und beratung gmbh und mir das Vertrauen geschenkt und uns beauftragt hätten.
Ich freue mich über das starke und anhaltende Interesse an diesem Buch und wünsche den Lesern, dass sie Bestätigung finden in dem, was sie bereits tun und denken, aber auch Neues entdecken, das sie zum Nachdenken und zu Gesprächen mit anderen anregt.

Andrea Rudolph
Bonn, 2008

1 Automobilbranche und Markt heute

1.1 Branche und Markt

Eine kleine Geschichte vorweg: Die junge Inhaberin eines Autohauses hatte eine Marketingaktion entwickelt. Zunächst keine neue Idee, Kunden des Autohauses einen Frühjahrescheck zum attraktiven Preis anzubieten. Es wurden ansprechende Flyer produziert, Kundenmailings versendet und ein so genanntes Give-away bereitgestellt. Die Serviceberater des Autohauses wurden ausführlich über die Aktion und deren Ziel informiert. Vor allem kam es darauf an, Kunden, die nicht zu einer planmäßigen Inspektion kamen, aktiv auf dieses Angebot anzusprechen. Im Sinne von „Tue Gutes und rede darüber!" Die Aktion verpuffte ohne nennenswertes Ergebnis. Das Give-away – ein Insektenschwamm in Form einer überdimensionalen Fliege und mit der Aufschrift „Gib Schwarzfahrern keine Chance" – fand bei den Serviceberatern keine Akzeptanz. Sie fanden die Idee schlicht albern. So blieben Angebotsflyer und Insektenschwämme in Kisten verpackt unter den Schreibtischen der Serviceberater, bis der Sommer kam.

Vielleicht keine typische Geschichte, aber ein Beispiel dafür, dass sich Serviceberater immer noch zu sehr als „Reparaturannehmer" empfinden und für die wirtschaftlichen Interessen des Autohauses noch zu wenig zugänglich sind.

Eine weitere – leider viel zu häufig gemachte - Beobachtung ist die mangelnde Standfestigkeit bei der Angebotsunterbreitung, der Preisnennung sowie der Vereinbarung der Zahlungsweise schon während des Auftragsgesprächs. Welcher Kunde käme auf die Idee, sich nach opulentem Mahl in einem feinen Restaurant die Rechnung zusenden zu lassen? Haben Sie schon einmal im Supermarkt versucht, ohne Bezahlung an der Kasse vorbeizugehen und über die Schulter der verblüfften Kassiererin zuzurufen: „Schicken Sie mir die Rechnung nach Hause."?

In Autohäusern scheint das immer noch ein Problem zu sein. Sicher liegt hier die Ursache in der Vergangenheit. Kunden sind diese Praxis gewohnt und lassen sich häufig auch genügend Zeit, Rechnungen zu begleichen. Dies führt zu immensen Außenständen für das Autohaus bei gleichzeitig konstanten oder sogar steigenden Fixkosten.

Was aber hat der Serviceberater mit diesen Problemen zu tun? Kurz könnte man es mit einem wenig ausgeprägten unternehmerischen Denken beschreiben. Aber ich will hier nicht schwarz malen. Eine neue Generation von Serviceberatern hat nicht zuletzt durch die „Qualifizierung zum geprüften Serviceberater" diese wichtige Anforderung verinnerlicht.

Was unterscheidet den „Serviceberater" von seiner ehemaligen Bezeichnung „Reparaturannehmer"? Neben den Aspekten im unmittelbaren Kundenkontakt, ist es die „unternehmerische Komponente" in dieser Funktion: Der Serviceberater ist „Unternehmer im Unternehmen" und um dieses erfolgreich sein zu können, muss er über den Tellerrand hinausschauen! Er darf nicht mehr passiv im Betrieb schlicht darauf warten, dass Kunden kommen, bzw. – was leider noch viel zu häufig vorkommt – sich der gefährlichen Vorstellung hingeben, dass eine volle Werkstatt der natürliche Zustand ist.

Im Folgenden werden daher grundlegende Faktoren dargestellt, mittels welcher der Serviceberater sein Umfeld – grundlegende Trends und Entwicklungen, den „eigenen Servicemarkt" – beobachten und einschätzen kann. Wenn Sie dieses Buch also nach einigen Jahren noch einmal zur Hand nehmen sollten, wird die hier beschriebene Situation sicher eine andere sein – Sie wissen dann aber, worauf Sie zu achten haben, um sich selbst auf den neuesten Stand zu bringen.

1.2 Was man über die Gruppenfreistellungs-verordnung (GVO) wissen sollte

Es gibt immer noch Serviceberater, denen auf die Frage, „was denn die GVO-Neuregelung sei", so überhaupt keine Antwort einfällt.

Räumen wir also auf, mit dem Mysterium „GVO" – jedenfalls mit den Grundzügen dieses Gesetzeswerkes! Eine Darstellung, die nur annähernd „Vollständigkeit" für sich beanspruchen wollte, würde nicht in dieses Buch hineinpassen.

Die grundlegende Schwierigkeit ist, dass die GVO und deren Neuregelung in einen Bereich hineinragen, der für den „normalen Bürger" ohnehin ein „Buch mit sieben Siegeln" zu sein scheint: das Europäische Recht. Das Leben in den Mitgliedsstaaten der Europäischen Union ist bereits in weiten Teilen durch das europäische Recht geprägt – nur nehmen wir dies noch allzu selten wahr. Das deutsche Recht, mit dem BGB, Strafgesetzbuch, der Straßenverkehrsordnung usw. ist uns viel eher

vertraut. Es geht schon damit los, dass wir den Begriff „Verordnung" nicht klar zuordnen können. Was ist eigentlich – im europäischen Sinne – eine „Verordnung"?

Im Europäischen Recht, das sehr stark an der französischen Rechtstradition orientiert ist, unterscheidet man grundsätzlich zwei Formen, mittels welcher Regelungen umgesetzt werden: „Verordnungen" und „Richtlinien".

Richtlinien sind Vorgaben an die Mitgliedsstaaten. Sie müssen dort – in den Mitgliedsstaaten – umgesetzt werden. Wie dies geschieht, bleibt in einem gewissen Rahmen, den einzelnen Staaten überlassen. Sie beschreiben Mindestanforderungen, die
vom jeweiligen Mitgliedsstaat auf jeden Fall umgesetzt werden müssen. Es steht
jedem Staat frei, über diese Anforderungen hinaus zu gehen. Ebenso steht dem einzelnen Mitgliedsstaat frei, wo er diese Richtlinie umsetzt (also z. B. in welchem Gesetzbuch). In der jüngeren Vergangenheit hat eine solche Richtlinie der EU zu einiger Veränderung im Automobilhandel geführt! Erinnern Sie sich noch an die
„Schuldrechtsreform", die Anfang 2002 in Kraft getreten ist? In dieser wurde u. a. die
Gewährleistungs- oder Sachmangelhaftungsfrist für Automobile und Teile auf mindestens 24 Monate angehoben. Diese Regelung, die im deutschen Recht im Bürger-
lichen Gesetzbuch verankert ist, resultiert aus einer Europäischen Richtlinie!

Eine **Verordnung** hingegen, ist das, was wir im deutschen Recht „Gesetz" nennen.
Eine Verordnung der Europäischen Union gilt also unmittelbar, ebenso wie ein
deutsches Gesetz, ohne dass der einzelne Mitgliedsstaat noch etwas damit tun
muss. Und da sind wir an einem entscheidenden Punkt der GVO und zum Umgang mit dieser: Wenn man gegen ein deutsches Gesetz verstößt, dann macht man
sich strafbar oder begeht etwa eine Ordnungswidrigkeit. Dann geht es ggf. vor Gericht und man wird bestraft. Und genauso verhält es sich mit der GVO: Wer sich
nicht daran hält, verstößt gegen ein Gesetz und auch dies kann vor Gericht enden!
Es ist also nicht so, wie es vielleicht früher gewesen ist, dass ein Hersteller seinen
Händlern etwas vorschreibt, was mal mehr, mal weniger mit einem zugedrückten
Auge übergangen wird! „Das wird schon nicht so heiß gegessen!", lautet eine häufig geäußerte Fehleinschätzung im Zusammenhang mit der GVO-Neuregelung. Im
besten Falle kann man den Spruch: „Wo kein Kläger, da kein Richter!", noch gelten
lassen.

Was bedeutet nun aber wiederum „Gruppenfreistellung"? Hierzu müssen wir uns
die grundlegenden Ziele der Europäischen Union anschauen und dabei landet
man über kurz oder lang immer wieder bei der Freiheit im (u. a. wirtschaftlichen)
Handeln und damit bei der Beseitigung aller möglichen Wettbewerbsbeschrän-

kungen im gesamten europäischen Binnenmarkt. Und wenn wir uns dann den Automobilhandel vor 2002 und sogar noch heute anschauen und diesen mit anderen Branchen vergleichen, dann müssen wir wohl feststellen, dass dieser erhebliche Wettbewerbsbeschränkungen beinhaltet! Stellen Sie sich vor, Sie gehen in einen Supermarkt und wollen dort eine Tiefkühlpizza kaufen und es gibt nur die Pizzen einer einzigen Marke. Keine Auswahl! Wenn Sie hier nicht die passende Pizza finden, gehen Sie natürlich in den nächsten Supermarkt, von dem Sie wissen, dass dieser nur die Pizzen einer anderen Marke führt. Unrealistische Vorstellung, oder?! Wir können nun beliebige Beispiele bringen: Elektrofachhandel, Bürobedarf, Baumärkte usw. – überall finden Sie eine reichhaltige Auswahl an Produkten verschiedener Hersteller. Nur in einigen Branchen, u. a. im Automobilhandel, gibt es Einschränkungen, die auch „Gruppenfreistellung" genannt werden. Eine *Gruppe* wird von den üblichen Beschränkungsverboten im Wettbewerb *freigestellt*.

In der Europäischen Union werden Verordnungen in der Regel (und anders als im deutschen Recht) zeitlich befristet. Es gibt also jeweils einen Termin, zu welchem eine Verordnung ihre Gültigkeit verliert. Aus diesem Grunde wurde überhaupt die Neuregelung der bestehenden GVO notwendig. Und ebenso wird die nun gültige Fassung bis zum Jahre 2010 Bestand haben – kein allzu langer Zeitraum, wenn man betrachtet, wie viele Veränderungen und Maßnahmen im Automobilhandel in den letzten 3 Jahren ergriffen wurden. Ob es 2010 eine neuerliche Neuauflage der GVO geben wird, ist keineswegs sicher! Eine Möglichkeit könnte sein, dass die EU auf eine weitere Gruppenfreistellung verzichtet und im Automobilhandel sämtliche Wettbewerbsbeschränkungen fallen werden. Dann – siehe das „Pizza-Beispiel" – könnte die Situation eintreten, dass ein Kunde in *einem Autohaus* zwischen nahezu allen Marken auswählen könnte (mit entsprechender Auswirkung auf den Service!). Dass es aber zu einer solch drastischen Veränderung im europäischen Automobilhandel kommen wird, ist eher unwahrscheinlich.

Ausgewählte Inhalte der Gruppenfreistellungsverordnung

Gemäß der Überschrift dieses Kapitels – „Was man über die Gruppenfreistellungsverordnung wissen sollte" – sollen hier nur wesentliche, zentrale Aspekte der Neuregelung betrachtet werden. Es gibt verschiedene Bücher und Artikel, die sich einzig mit diesem Thema befassen. Deren Lektüre ist möglicherweise nicht für jeden Serviceberater empfehlenswert – ich möchte Sie aber mit dieser kurzen Darstellung ausdrücklich motivieren, sich mit der Thematik intensiver zu befassen.

Hinter der Reduzierung von Wettbewerbsbeschränkungen steht für die Europäische Union immer auch die Stärkung der Rechte der Verbraucher. Doch wer sind im Sinne der GVO die *Verbraucher*? Zum einen, natürlich, der Endkunde. Der „Auto-Fahrer", egal ob er sein Fahrzeug privat oder gewerblich nutzt. Daneben gibt es aber noch eine weitere Gruppe von *Verbrauchern* im Sinne der GVO: die Automobilhändler und Kfz-Werkstätten! Diese sind nämlich die Kunden der Hersteller und in dieser Eigenschaft sollten auch deren Rechte durch die GVO-Neuregelung gestärkt werden. Ob dieses gelungen ist – nun, darüber lässt sich trefflich streiten und lange diskutieren! Manch ein Automobil-Hersteller hat seine – wohl berechtigten – Sorgen hinsichtlich der Auswirkungen dieser neuen Regelungen, vielleicht etwas zu stark auf seine Händler „abgewälzt" – um es einmal sehr diplomatisch auszudrücken.

Früher hatten die Hersteller und Importeure sehr viele Freiheiten, wenn es um die Gestaltung des eigenen Händler- und Servicenetzes ging. Diese Freiheiten bestanden z. B. in der rein **quantitativen Selektion**, was bedeutet, dass ein Hersteller oder Importeur nach rein quantitativen Kriterien entscheiden konnte, ob er einen Händler „unter Vertrag nimmt" oder ob er ihm dieses verwehrt. Ferner konnte der Hersteller oder Importeur „seinem" Vertragshändler dann ein (Vertrags-)Gebiet zuweisen, ihm weitreichende Auflagen machen,... Heute, auf der Grundlage der neuen GVO, kann ein Hersteller oder Importeur nicht mehr nach „Gutdünken" entscheiden, wem er einen Vertrag gibt. Die Entscheidung muss heute nach einer **qualitativen Selektion**[*] erfolgen! Dies bedeutet, dass der Hersteller oder Importeur (qualitative) Kriterien festschreiben darf, die von einem Vertragshändler erfüllt werden müssen. Im Umkehrschluss muss der Hersteller oder Importeur aber auch jedem, der diese Kriterien erfüllt, einen Vertrag geben! Er kann sich also nicht mehr auf quantitative Kriterien (freies Ermessen) berufen – Kriterien erfüllt, Vertrag geschlossen!

Man nennt diese Verträge entweder „Vertriebsverträge", die sich mit dem Neufahrzeugverkauf befassen, oder „Serviceverträge", in denen es um die autorisierte Erbringung von Kundendienst- und Reparaturleistungen geht. Letztere sollen für uns an dieser Stelle eher von Bedeutung sein.

---

[*] Der Vollständigkeit halber sei erwähnt, dass es neben dem „selektiven Vertrieb" auch noch den „exklusiven Vertrieb" gibt. Dieser wird hier aber aufgrund seiner geringen Bedeutung nicht beschrieben. Bei Interesse sei auf die einschlägige Literatur verwiesen, die sich ausschließlich dem Thema „GVO" widmet.

Wobei hier ein zentraler Inhalt der GVO genannt werden muss, auch wenn dieser nur mit dem Verkauf zu tun hat: Fragte man vor zwei bis drei Jahren einen ganz normalen Bürger auf der Straße, ob er etwas mit dieser GVO anfangen könne, dann kam – wenn überhaupt – eine Aussage, wie: „Man kann die Autos bald bei Aldi kaufen"! Dies war es, was dem „Otto-normal-Verbraucher" als Änderung offensichtlich schien und es gab dann eine (sehr) kurze Phase, in der genau dies auch geschah! In einigen Baumarkt- und Discounterketten wurden tatsächlich Neufahrzeuge verkauft. Doch wenn man diese Aktionen einmal genauer betrachtete, dann blieb von ihnen nicht viel übrig: In der Regel liefen sie nämlich über (autorisierte) Vertragshändler, die lediglich über diesen Weg versuchten, Kunden in einer anderen Umgebung anzusprechen, oder es handelte sich eher um „Preisausschreiben", als um wirklichen Verkauf, da nur eine extrem begrenzte Anzahl von Fahrzeugen zur Verfügung standen.

Hinter diesen Aktionen steht ein Aspekt der GVO der vorsieht, dass es formell eine strikte Trennung zwischen dem Fahrzeugvertrieb und dem Kunden- und Reparaturdienst geben muss. Nach alter GVO konnten Hersteller und Importeure von ihren Vertragshändlern verlangen, dass sie neben dem Fahrzeugvertrieb auch eine entsprechende Werkstatt vorhalten. Dieses ist nun nicht mehr möglich: Grundsätzlich kann ein Händler, der die Kriterien des Vertriebsvertrages erfüllt, Neufahrzeuge der entsprechenden Marke verkaufen, ohne selbst die Kundendienst- und Reparaturleistungen anzubieten. Möglicherweise zeigt sich an diesem Punkt einmal mehr, dass Gesetz und Wirklichkeit manchmal deutlich auseinander liegen! Ein Tenor dieses Buches ist, dass der Automobilservice ein erheblicher, wenn nicht sogar der entscheidende Ertragsbringer in vielen Autohäusern ist – warum sollte sich also ein Händler von diesem trennen und stattdessen nur noch Neufahrzeuge verkaufen? Gerade in einer Zeit, in denen im Neufahrzeuggeschäft Rabattschlachten keine Seltenheit sind und über die Margenregelungen mit den Herstellern vom Verkaufspreis nicht viel hängen bleibt! In Anbetracht der Tatsache, dass in Deutschland und Europa nicht massenhaft Werkstätten von Autohäusern „dicht gemacht" wurden und gleichzeitig eine Vielzahl von reinen Automobil-Verkaufshäusern entstanden sind, kann man diesen Aspekt der GVO in der Realität sicherlich vernachlässigen – der gute Wille hat hier gezählt!

Auch in anderer Hinsicht konnten die Hersteller und Importeure früher nach „Gutdünken" verfahren: Wem gebe ich welche Informationen, welches Spezialwerkzeug, welche technische Unterstützung, welche Diagnosegeräte, wen lasse ich an meinen Schulungen teilnehmen usw. – alle diese Fragen konnten die Hersteller sehr frei und nach ihren eigenen Interessen beantworten. Platt gesagt, hat die EU die Beantwortung dieser Fragen nun übernommen und zwar mit: „Alle"! Im Prinzip müssen die Hersteller und Importeure jedem, der danach verlangt, o. g. Dinge zur Verfügung stellen. Und zwar jeweils so, dass kein Händler oder Kunde *diskriminiert* wird – ein ganz entscheidender Begriff im europäischen Recht! Die Hersteller und Importeure unterliegen in ihrem Handeln einem so genannten *Diskriminierungsverbot*, d. h. sie dürfen keinen Kunden (also auch Händler – egal ob mit oder ohne Vertrag) deutlich besser oder deutlich schlechter behandeln als andere und dies gilt in der gesamten Europäischen Union.

Dies ist z. B. der Punkt, wo viele Serviceberater mir wütend berichteten, dass ihre Hersteller die telefonische Technik-Hotline plötzlich auf eine kostenpflichtige 0190er-Nummer umgestellt hätten, nachdem diese Anrufe früher immer kostenlos gewesen seien. Auch wenn es dem einen oder anderen schwer fällt zu glauben: Dies ist keine Schikane der Hersteller! Sie müssen schlicht die Dienstleistung „Technik-Hotline" über die Gruppe der Vertragshändler hinaus jedem in gleicher Form zur Verfügung stellen! Wollen Sie also, dass Ihr Wettbewerber um die Ecke kostenlos Informationen bekommt, mit denen er Ihnen Autos wegnimmt?!

Was im Detail diskriminierend ist, und was nicht, steht nicht in der GVO niedergeschrieben, sondern muss von Gerichten festgestellt werden. Die Erfahrungen – auch aus anderen europäischen Rechtsbereichen – haben hier schon häufig gezeigt, dass die Gerichte sich im Zweifel gerne auf die Seite der Verbraucher schlagen.

Die GVO-Neuregelung hat für viel Wirbel in den vergangenen Jahren gesorgt – aber sie hat nicht, was einige prophezeit hatten, den Automobilhandel völlig auf den Kopf gestellt. Es bleibt aber spannend: Wer weiß, was ab dem Jahre 2010 kommt?! Eine neue GVO oder vielleicht läuft sie ersatzlos aus und der Automobilhandel wird dem völlig freien Wettbewerb geöffnet? Bleiben Sie hier „auf dem Laufenden"!

1.3   Die Entwicklung der „Angebotsseite"

In den ersten Auflagen dieses Buches, hatten wir auf eine Betrachtung der „Angebotsseite" im Automobilhandel gänzlich verzichtet. Aus damaliger Sicht war dies auch sinnvoll, da sich eben diese „Seite" der Medaille als recht konstant dargestellt hatte: Über Jahre gab es eine ziemlich stabile Gesamtzahl von Kfz-Serviceanbietern in Deutschland und auch deren Verteilung auf die verschiedenen Arten (Freie

Werkstätten, Vertrags-/Markenwerkstätten, Spezialanbieter etc.) bot keine allzu großen Ansätze für eine detaillierte Betrachtung, die dem Serviceberater wichtige Informationen liefern könnte. Entscheidender schien da doch die Frage, wie sich der „Kuchen" (die gesamte Nachfrage nach automobilen Serviceleistungen) in der Zukunft entwickeln wird und wie es Ihnen gelingen kann, ein möglichst „großes Stück" von diesem zu bekommen.

Gerade durch die GVO-Neuregelung hat sich die Situation der Anbieter nun aber doch merklich verändert. Und dieser Prozess wird in den nächsten Jahren eher noch an Fahrt gewinnen. Die wichtigsten Stichwörter lauten hier: Reduktion und Konzentration. Reduktion bezieht sich dabei auf die Anzahl der Serviceanbieter in Deutschland. Laut einer Studie des „Institut für Automobilwirtschaft" an der Hochschule Nürtingen-Geislingen wird die Zahl der Betriebsstätten im Automobilhandel im Jahre 2010 um rund 16% niedriger sein, als 2005. Bezogen auf die Werte des Jahres 2000, wird der Rückgang sogar rund 20% betragen. Noch deutlicher wird der Konzentrationsaspekt ausfallen: Im Jahre 2010 wird die Zahl der Vertragshändler (Unternehmen) um rund ein Viertel niedriger sein, als im Vergleich zu 2005. Bezogen auf das Jahr 2000 wird hier sogar damit gerechnet, dass sich die Zahl der Vertragshändler mehr als halbieren wird. Und damit nicht genug: Kleine Betriebe, mit weniger als 10 Mitarbeitern, verschwinden immer mehr „von der Bildfläche". Die Situation lässt sich recht leicht auf den Punkt bringen: weniger Betriebe insgesamt, die dazu häufig zu größeren Gruppen gehören und darunter nur noch wenige Kleinstbetriebe.

Aus dieser Erkenntnis heraus zu schließen, dass die Situation für den einzelnen Betrieb und dort den Serviceberater nun einfacher wird, weil sich vermeintlich weniger hungrige Mäuler an dem „Kuchen satt essen" wollen, ist aber keineswegs angebracht! Der Wettbewerb wird durch weniger Anbieter sicher nicht einfacher. Wahrscheinlicher ist, dass die entstandenen bzw. gewachsenen Betriebs- und Händlergruppen ihre Stärke ausnutzen, um Preise drücken zu können, so dass immer mehr kleine, unabhängige Betriebe „kapitulieren" müssen. Es bleibt dann wohl aber abzuwarten, wie der Kunde darauf reagiert. Wird der Preis für eine Leistung bei ihm soweit in den Hintergrund rücken, dass er den großen „Kfz-Dienstleistungscentern" den Rücken kehrt und zu seiner kleinen, überschaubaren Werkstatt des Vertrauens zurückkehrt? Möglich ist dies sicher und natürlich gibt es Verhaltensweisen – wie in diesem Buch geschildert – die es dem Kunden leichter machen, einen solchen Schritt zu tun.

1.4 Die Entwicklung der „Nachfrageseite"

Wir können also festhalten, dass es starke Veränderungen auf Seiten der Anbieter, also der Betriebe gibt. Doch wie groß ist der „Kuchen" von dem bereits gesprochen wurde, um den sich die Anbieter streiten? Was nützt es z. B., wenn die Zahl der Anbieter schrumpft, die Nachfrage sich aber in die gleiche Richtung entwickelt. In welchem Umfang Wartungs- und Reparaturarbeiten nachgefragt werden, ist und bleibt die entscheidende Frage für den Automobil-Service. Wir nähern uns der Antwort auf diese Frage, in dem wir uns zunächst die Entwicklung der Automobilbranche in Deutschland insgesamt anschauen – denn schließlich können nur Fahrzeuge in unsere Werkstätten kommen, die irgendwann einmal verkauft worden sind!

Die Entwicklung der Bevölkerung

Wir wollen nicht allzu weit zurückgehen, doch müssen wir schon bis zum Anfang des letzten Jahrhunderts schauen. Dieser Rückblick eignet sich in erster Linie zur Betrachtung des Altersaufbaus der deutschen Bevölkerung. Zu Beginn des 20. Jahrhunderts gab es im damals noch „Deutschen (Kaiser-)Reich" nur sehr wenige alte Menschen und dagegen sehr viele junge. Verkürzt kann man dies auf zwei Faktoren zurückführen: Zwar gab es damals schon die gesetzlichen Rentenversicherungen, doch waren (viele) Kinder für die Mehrzahl der Familien die sicherste „Altersversorgung". Zweitens wurden die Menschen zu dieser Zeit bei weitem nicht so alt, wie dies heute der Fall ist. Die medizinische Versorgung war eben vor etwas mehr als hundert Jahren noch nicht so weit.

Die Bevölkerungsstruktur hat sich inzwischen umgekehrt. Immer mehr alten Menschen stehen immer weniger junge Menschen gegenüber. Zur Erklärung dieses Phänomens kann man die Veränderung der oben angesprochenen Faktoren heranziehen. Die Menschen werden aufgrund besserer medizinischer Versorgung älter und neben dem Wegfall der Wichtigkeit von Kindern für relative Sicherung im Alter, wurden Kinder auch aus anderen Gründen immer „unattraktiver". Wenn es aber weniger erstrebenswert erscheint, viele Kinder zu haben, dann bedeutet dies zusätzlich, dass die Entwicklung der Bevölkerungszahl an sich auch davon betroffen ist. Bekäme ein Paar exakt zwei Kinder, dann führte dies dazu, dass die Zahl der Einwohner relativ konstant bleibt. In Deutschland liegt diese Zahl (man bezeichnet sie auch als „Reproduktionsquote") deutlich unter zwei, was bedeutet, dass die Bevölkerungszahl langsam, aber sicher abnimmt. Auch hier ein Blick zurück: 1950 betrug die Einwohnerzahl im heutigen Bundesgebiet (also BRD und DDR) etwas weniger als 70 Millionen. Die Zahl stieg dann kontinuierlich an und lag im Jahr 2000 bei rund 80 Millionen. Interessanterweise blieb die Einwohnerzahl der ehemaligen DDR in diesem Zeitraum relativ konstant, während sie in der Bundesrepublik zunahm. Die Prognosen des Statistischen Bundesamtes gehen nun aber davon aus, dass die Einwohnerzahl im Jahr 2050 lediglich bei rund 70 Millionen liegen wird. Also gut 10 Millionen Einwohner weniger als heute und die meisten im Seniorenalter!

Achten Sie hier aber auf aktuelle Entwicklungen, insbesondere solche, die aus der Politik kommen! Der Bevölkerungsrückgang wird heute weniger drastisch prognostiziert, als noch vor einigen Jahren und die Politik scheint hier „verstanden zu haben"! Über diverse Modelle sollen Familien bzw. solche Paare, die zur Familie werden wollen, gefördert werden, sodass die Reproduktionsquote nach und nach gesteigert wird. Der Zuzug von Menschen aus dem Ausland wird die beschriebene Tendenz im Übrigen nur kaum beeinflussen bzw. verändern! Wir sprechen hier von Größen, die fernab der Zahlen sind, die jährlich durch Zuzug in unser Land hinzukommen.

Welche Auswirkungen wird diese Entwicklung auf die Automobilbranche haben? Es gibt zu dieser Frage eine große Zahl an Studien und Prognosen, wobei diese in der Regel aber keine klare Aussage machen. Je nachdem, von welcher Grundannahme sie ausgehen, prognostizieren sie mehr oder weniger Autos, höhere oder niedrigere Verkehrsdichte und dies alles miteinander kombiniert. Betrachten wir ausschließlich die geringere Einwohnerzahl, so würde sicher der Schluss nahe liegen, dass weniger Autos verkauft bzw. gefahren werden. Wir müssen uns aber schon die einzelnen Gruppen der Bevölkerung etwas genauer anschauen.

Die Gruppe der Senioren wird in Zukunft noch stärker als bereits heute mobil bleiben wollen. Die Gruppe der über 65-Jährigen stellt sich schon heute völlig anders dar als noch vor einigen Jahrzehnten. Der Begriff „Ruhestand" trifft auf viele gar nicht mehr zu. Die freie Zeit, die durch das Ende der Berufstätigkeit gewonnen wird, muss genutzt werden! Und dazu gehört für viele nun einmal die individuelle Mobilität – sprich: das Auto! Zudem hilft der medizinische Fortschritt, dass ältere Menschen sehr viel länger „aktiv" bleiben können. Wer weiß, wie sich die Fitness der Senioren in 50 Jahren darstellt? 1996 lag der Anteil der Senioren am gesamten Pkw-Bestand bei rund 16 %, für das Jahr 2020 geht man davon aus, dass dieser bereits bei 25 % liegen wird. Die Gruppe der Senioren kann also bereits dazu beitragen, dass der Pkw-Bestand in Deutschland – trotz der geringeren Einwohnerzahl – nicht allzu sehr sinkt oder sogar gleich bleibt. Natürlich muss man dieser Zielgruppe dann entsprechende Angebote unterbreiten: Es ist schon einigermaßen amüsant, mit welchen Fahrzeugen und insbesondere Ausstattungsmerkmalen einige Fahrzeughersteller in den vergangenen Jahren versucht haben, bei der Zielgruppe „50+" zu punkten! Da wird aus der Fahrgastzelle ein „Cockpit", aus normalen Bedientasten „Joysticks", die Autos können per Email mit Werkstätten oder dem World-Wide-Web kommunizieren usw.! Nur das niemand die älteren Herrschaften gefragt hatte, ob sie diesen technischen „Schnickschnack" überhaupt haben wollen! Anstatt auf die Bedürfnisse der Zielgruppe einzugehen (z. B. angepasste Sitzposition, leichter Ein- und Ausstieg, konservative Bedienung), haben sich „jugendliche" Entwickler in den Neuerscheinungen der letzten Jahre selbstverwirklicht. Wenn Kunden regelmäßig in die Werkstatt kommen, um sich erklären zu lassen, wie man das Navigationssystem bedient, dann sollte dies zu denken geben.

Eine zweite Gruppe, die Beachtung finden muss, sind die Frauen. Früher war alles klar: Der Mann geht arbeiten, die Frau erzieht die Kinder und besorgt den Haushalt! Der Mann brauchte dazu natürlich ein Auto, die Frau nicht unbedingt. Diese Rollenverteilung ist „Schnee von gestern"! Das Bild der Familie hat sich verändert. Immer mehr Menschen leben lange Jahre als Single und selbst wenn eine Familie gegründet wird, bleiben viele Frauen berufstätig. Erziehung und Haushalt werden gemeinsam gemeistert. Frauen müssen daher viel stärker als früher selbst mobil sein. 1994 lag der Anteil der Frauen am gesamten Pkw-Bestand bei 24 %; 2007 waren es schon 31 %. Man rechnet damit, dass in gut 20 Jahren jede zweite erwachsene Frau ein eigenes Auto haben wird. Ähnlich wie zuvor bei den Senioren bleiben die Hersteller dieser Zielgruppe gegenüber relativ stur! Es ist doch faszinierend, welche Antwort man von einer rein männlichen Serviceberater-Gruppe bekommt, wenn man nach einem „typischen Frauenauto" fragt. Erst wird gelacht, gekichert, gefeixt, dann werden die üblichen Zoten gerissen und schließlich – wenn man zum Ernst der Lage zurückgekehrt ist – fallen dann die erwarteten Namen: Twingo, Polo, Ka, SLK, Clio, Fox,... usw. – wir wollen hier keinen Hersteller kleiner Autos vergessen! Denn das scheint eines der zentralen Kriterien eines „Frauenautos" zu sein: Klein muss es sein! Nicht zu viele PS sollte es haben, einfach einzuparken, große Staufächer etc. – hat mal jemand die Frauen gefragt, was sie eigentlich möchten?! Worauf sie Wert legen?!

Für die Automobilbranche – und damit auch für den Automobilservice – gibt es in Zukunft zwei Zielgruppen, die besonders angesprochen werden müssen: **Frauen und Senioren** (wobei die Männer der jüngeren Altersklassen natürlich nicht völlig vergessen werden sollten)! Die Zeiten, in denen man Senioren nicht beachtete, da man annahm, dass weder sie noch ihre Autos es noch „lange machen werden" und in denen „Frauen und Autos" einen scheinbar unauflöslichen Widerspruch bildeten, sind endgültig vorbei. Die Gewinner der Zukunft in der Automobilbranche werden die Hersteller bzw. Anbieter sein, die diese Zielgruppen am stärksten ansprechen!

Wie sich die Automobilbranche bzw. der Verkauf von Automobilen in den nächsten Jahren entwickeln wird, ist nur schwer vorherzusagen. Wie bereits erwähnt, gibt es verschiedene Studien und Prognosen, die zu ebenso verschiedenen Ergebnissen kommen – manche prognostizieren sogar sowohl eine positive, als auch eine negative Entwicklung. Die Faktoren, die die Entwicklung bedingen, sind zu vielschichtig, als dass man sie zweifelsfrei skizzieren könnte. Eines dürfen wir an dieser Stelle auch nicht vergessen: Wir sind, nicht nur an diesem Punkt, schnell dabei, die „Schuld" für eine bestimmte Situation auf die Politik, die Wirtschaft allgemein o. ä. zu schieben. Ob mehr oder weniger Fahrzeuge (auch einzelner Marken) verkauft werden, hängt natürlich auch immer von den Herstellern und Importeuren selbst ab. Tritt ein Hersteller etwa mit Produkten an den Markt, die weit am Bedarf und den Wünschen seiner Zielgruppen vorbei gehen, so darf er sich nicht wundern, wenn seine Absatzzahlen stagnieren oder zurückgehen. Es gibt das eine oder andere Beispiel (welches wir hier nicht nennen wollen), das gezeigt hat, dass ein Hersteller mit einer schlechten Modellpalette schwache Jahre verzeichnet, aber schon wenig später mit neuen Modellen verloren gegangene Marktanteile zurückerobern kann.

1.5 Die Stellung des Automobils in Politik und Gesellschaft

Das eigentliche Ziel des Kapitels soll ja eine Antwort auf die Frage sein, wie sich die Zukunft des Automobil-Service gestaltet. Wir haben uns dieser ein Stück genähert, da die Entwicklung der reinen Absatzzahlen darauf Einfluss haben: Werden weniger Autos verkauft, werden auch weniger gefahren und demnach kommen auch weniger in die Werkstatt.

Noch etwas näher kommt man einer Antwort, wenn man zudem die gesellschaftliche und insbesondere (verkehrs-)politische Bedeutung und Stellung des Automobils betrachtet. Viele Menschen sagen, dass sich die politischen Parteien kaum noch voneinander unterscheiden. Dies mag wohl so sein. Vor nicht allzu langer Zeit war das Thema „Automobil" aber noch ein Aspekt, bei dem die Ansichten der verschiedenen Parteien meilenweit auseinander lagen.

Angenommen, Parteiprogramme geben tatsächlich das wider, was eine Partei durch ihre Arbeit erreichen möchte, dann gibt es heute wohl diesbezüglich keinen großen Unterschied mehr! Keine einzige Partei will das Automobil – jedenfalls als Pkw – abschaffen. Alle akzeptieren den Wunsch der Menschen nach individueller Mobilität – und diese kann derzeit nun einmal nur durch den Pkw verwirklicht werden. Dabei steht ebenfalls für alle Parteien selbstverständlich ein verträgliches Miteinander von Mobilität, Sicherheit und Umweltschutz im Vordergrund, doch ist eine solche Forderung sicher nicht gegen das Automobil gerichtet.

Im Nutzfahrzeug-Bereich sieht es hingegen schon etwas anders aus. Es gibt zwar auch hier keine völlig unterschiedlichen Ansichten, doch sind diese eben eher gegen das Automobil gerichtet. Der große Anteil des Güterverkehrs auf der Straße stellt nach Ansicht der meisten Parteien eine enorme Belastung sowohl für die Sicherheit anderer Verkehrsteilnehmer, als auch für die Umwelt dar. Die Lösung, die angestrebt wird, ist eine stärkere Verlagerung dieses Verkehrs auf andere Verkehrsmittel – z. B. auf die Schiene. Der derzeitige Zustand des „Konkurrenz-Anbieters Eisenbahn" passt da aber nicht wirklich in die Konzepte der Parteien. Und solange sich dies nicht ändert – was derzeit nicht zu erwarten ist – müssen wir uns in punkto Nutzfahrzeuge noch keine Sorgen um die weitere Existenz machen.

Noch in der vorherigen Auflage dieses Buches, stand an dieser Stelle, dass „die Politik die Autofahrer eher verschont, als andere Gruppen". Nun, ob dies tatsächlich noch so der Fall ist, unterliegt im Zweifel dem subjektiven Empfinden jedes Einzelnen. Ökosteuer, Mehrwertsteuer und Kfz-Steuer sind nur einige Schlagworte in diesem Zusammenhang. Und auch der Begriff „Pkw-Maut" wird in regelmäßigen Abständen von Vertretern aller Parteien mal in den Raum geworfen. Für den Schwerlastverkehr ist dieses ja bereits realisiert. Da „fast jeder Bürger" gleichzeitig auch „Autofahrer" ist, scheint sich in der Politik eine Haltung verbreitet zu haben, die nach dem Motto verfährt: „Höhere Belastungen bei den Autofahrern sind sozial vertretbar, weil nahezu alle davon betroffen sind". Man wird hier abwarten müssen, wie lange der „Krug zum Brunnen geht, ehe er bricht"! Ein erstes Indiz für die Änderung dieser Einstellung ist die Überlegung, die Kfz-Steuer für die ersten Jahre zu reduzieren oder zu streichen.

Die Bedeutung der „automobilen Interessenverbände"

Im Zusammenhang mit der Verkehrspolitik sind die Interessenverbände zu nennen, die sich pro bzw. contra Automobil betätigen. Interessenverbände haben in Deutschland in allen Bereichen der Gesellschaft einen großen Einfluss. In der Regel gibt es solche, die sich für eine bestimmte Sache einsetzen und solche, die dagegen sind. Dieses Gleichgewicht führte in der Geschichte der Bundesrepublik zu einer gewissen Stabilität, da die Politik versuchen musste, Kompromisse zwischen den „Fronten" zu finden. Bestes Beispiel sind die Tarifparteien, die sich zwar in regelmäßigen Abständen über mehr oder weniger Prozent Lohnerhöhung streiten, doch im Vergleich zu anderen Staaten, stets erreicht haben, dass die Stimmung am Arbeitsmarkt relativ friedlich blieb.

Im Umfeld des Automobils stellt sich die Situation der Interessenverbände etwas anders dar: Unbestritten finden wir hier die großen Automobilclubs (z. B. den ADAC oder den AvD), in denen eine riesige Zahl von Fahrzeughaltern organisiert sind. Daneben gibt es die unterschiedlichen Verbände der Automobilindustrie – den „Verband Deutscher Automobilhersteller" (VDA), den „Verband Deutscher Importeure von Kraftfahrzeugen" (VDIK) und den „Zentralverband des Deutschen Kraftfahrzeuggewerbes" (ZDK), hinter denen Unternehmen stehen, die heute immer noch einen enormen Anteil am wirtschaftlichen Status Deutschlands haben. Diese Verbände bringen sich mit unglaublicher Macht – durch ihre Vertreterposition für weite Teile der deutschen Fahrzeughalter bzw. ihrer wirtschaftlichen Stärke – in politische Entscheidungsprozesse ein. Keine Regierung in Deutschland kann es sich derzeit erlauben, gegen diese Verbände Politik zu machen. Dieser Stärke steht auf Seiten der „contra Automobil"-Verbände keine wirkliche Konkurrenz gegenüber.

Naturschutzverbände, wie „Greenpeace" oder der „BUND" stehen dem Automobil aufgrund der Umweltbelastung sicher kritisch gegenüber, doch haben sie zum einen keinen vergleichbaren Einfluss und besetzen zum anderen, neben dem Thema „Automobil", noch eine ganze Reihe weiterer Problemfelder, die weite Teile der Energie dieser Verbände schlucken. Ein einziger Verband, der sich ausdrücklich gegen das Automobil ausspricht, ist der „Verkehrsclub Deutschland" (VCD). Diesem „Club" gehören gerade einmal 70.000 Mitglieder an, eine, im Vergleich zu den oben genannten „pro Automobil"-Verbänden, verschwindend geringe Zahl. Sein Einfluss auf politische Entscheidungen ist von daher auch eher gering.

Vor diesem Hintergrund betrachtet, bekleidet das Automobil in Deutschland (und ebenso in Europa, Nordamerika und anderen wirtschaftlich starken Regionen der Welt) eine recht komfortable Position. Ein deutlicher Einbruch im Automobil-Service-Markt ist also unter diesem Blickwinkel eher unwahrscheinlich.

Umweltschutz und neue Technologien

Einen Beitrag dazu, dass das Automobil beim überwiegenden Teil der Gesellschaft eine solch positive Stellung einnimmt, hat die Automobil-Branche in den vergangenen Jahren ganz sicher selbst geleistet. Die Sichtweise der Konzerne auf ihre gesamtgesellschaftliche bzw. globale Verantwortung hat sich in den vergangenen Jahrzehnten doch erheblich gewandelt. Das Ziel der Konstrukteure und Ingenieure der verschiedenen Automobilhersteller ist nicht mehr ein bloßes „höher, schneller, weiter". Sowohl **Umweltschutz**, als auch der **Sicherheitsaspekt** stehen deutlicher im Vordergrund als noch zu Zeiten, in denen dem individuellen Luxus und der Freiheit des Einzelnen der Vorzug gegeben wurde.

Klar ist hier aber auch: Wenn die Automobilbranche, oder zumindest Teile von ihr, Entwicklungen „verschlafen" oder so deutlich blockieren, dass es der Öffentlichkeit bewusst wird, dann schlägt dies mit entsprechender Stärke zurück! Die Beispiele Partikelfilter für Dieselfahrzeuge, kraftstoffarme Autos oder alternative Antriebstechnologien haben vor kurzem gezeigt, wie sensibel die Öffentlichkeit (und damit die Kunden) reagiert, wenn sie das Gefühl hat, dass ihre Sorgen von der Automobilindustrie nicht ernst genommen werden!

1.6   Die Zukunft des Servicemarkts

Jetzt endlich können wir – in Kenntnis der zuvor genannten Entwicklungen und Prognosen – dazu kommen, die weitere Zukunft des Servicemarktes an sich zu betrachten. Dies ist gerade für Sie wohl die weitaus interessanteste Frage, hängt doch von dieser Entwicklung möglicherweise auch die Zukunft Ihres Berufsbildes und eventuell sogar die Zukunft Ihres eigenen Arbeitsplatzes ab. Wir wollen nicht den Teufel an die Wand malen, doch ist sicher der Serviceberater im Vorteil, der weiß, wo es in Zukunft hingeht und dann darauf reagieren kann.

Wir werden uns in diesem Kapitel aber darauf beschränken, lediglich Faktoren zu beschreiben, deren weitere Entwicklung Auswirkungen auf den Servicemarkt haben wird. Es kann nicht das Ziel dieses Buches sein, Ihnen „eindeutig" zu sagen, wo es in Zukunft hingehen wird – dies kann zurzeit niemand! Sie sollen ein Gefühl dafür bekommen, einschätzen zu können, wie sich Ihr ganz spezieller Servicemarkt, auch unter Berücksichtigung weitgehender Entwicklungen, verändern wird.

Einflussfaktoren auf die zukünftige Entwicklung

Bevor wir die Faktoren auflisten und näher betrachten, die die Entwicklung des Servicemarkts in der Zukunft beeinflussen werden, ist es zunächst wichtig eine grundsätzliche Unterteilung vorzunehmen: Der Automobil-Service ist zunächst in zwei Gruppen zu unterteilen – die Wartungsarbeiten und die Reparatur- und Instandsetzungsarbeiten. Diese beiden Gruppen müssen sich nicht unbedingt gleich entwickeln. Einige Aspekte dieser beiden Gruppen hängen sogar in der Form zusammen, dass eine Steigerung der einen Gruppe, einen Rückgang der anderen nach sich zieht – dazu aber später mehr.

Welche Faktoren beeinflussen zunächst einmal den Wartungsbereich?

- Der Fahrzeugbestand in Deutschland (bzw. in Zukunft verstärkt auch in Europa)
- Das Verhältnis von Neu- und Gebrauchtfahrzeugen
- Die Wartungsintervalle und das Wartungsbewusstsein der Fahrzeughalter
- Das Alter der Fahrzeuge
- Die Technik und die Qualität der Fahrzeuge
- Die Entwicklung der Kosten

Diese Auflistung erhebt keinen Anspruch auf Vollständigkeit. Vielmehr soll sie bei Ihnen ein Bewusstsein dafür fördern, Einflussfaktoren in Betracht zu ziehen und zu bewerten.

Der Fahrzeugbestand in Deutschland

Wie sich der Fahrzeugbestand in Deutschland in der Zukunft entwickeln wird, haben wir schon betrachtet – unter dem Strich stand hier ein klares: „So oder so!" Genau wissen wir es also nicht. Gehen wir aber davon aus, dass dieser ungefähr gleich bleibt bzw. leicht rückläufig sein wird. Unter dieser Annahme – und unter

Vernachlässigung der anderen Faktoren – wird auch die Nachfrage nach Serviceleistungen nicht steigen, sondern eher sinken. Dies resultiert aus der simplen Erkenntnis, dass Serviceleistungen eben nur an vorhandenen Automobilen vorgenommen werden können. Sinkt deren Zahl, dann sinkt auch der Bedarf an
Wartungsarbeiten. Wie in der Auflistung bereits erwähnt, müssen Sie dabei in Zukunft viel stärker auch den europäischen Markt im Auge behalten. Zurzeit gilt dies
wohl nur für grenznahe Anbieter – wobei dort, aufgrund der höheren Preise in
Deutschland, die europäischen Nachbarn eher Interesse an der deutschen Situation haben.

Das Verhältnis von Neu- und Gebrauchtfahrzeugen

Das Verhältnis von Neu- und Gebrauchtfahrzeugen ist ein Faktor, der negative
Auswirkung für den einen Bereich, aber eine positive für den anderen bedeuten
kann. Zunächst ist hier festzuhalten, dass dieses Verhältnis in den letzten Jahren
recht konstant geblieben ist: Auf einen Neuwagen im gesamten Fahrzeugbestand
kommen rund zwei Gebrauchtwagen. Aufgrund einiger Änderungen – z. B. der
Verlängerung von gesetzlichen Gewährleistungsfristen und der Einführung obli-
gatorischer Gewährleistung auch bei Gebrauchtfahrzeugen sowie einem veränderten Konsumverhalten – wird sich dieses Verhältnis in den nächsten Jahren noch
weiter zugunsten der Gebrauchtfahrzeuge verschieben.

Wobei sich dann die Gestalt des „Gebrauchtwagens" verändert haben wird. Vor
einigen Jahren war es noch so, dass wir uns unter einem „Gebrauchtwagen" (sogar
noch in Abgrenzung zu einem „Jahreswagen") ein Fahrzeug vorgestellt haben, dass
schon etliche Jahre auf „dem Buckel" hat. Dies hat sich schon heute gewaltig verändert und wird in den nächsten Jahren noch weiter fortschreiten: Das Durch-
schnittsalter der Gebrauchtfahrzeuge sinkt! Woran liegt das: Zum einen – zumindest händlerseitig – sinkt das Alter des Gebrauchtwagen-Angebots, da der Kunde
auch bei diesen eben Anspruch auf ein Jahr Gewährleistung hat (sofern vertraglich
reduziert). Welcher Händler verkauft da noch gerne ein 4, 5 oder 6 Jahre altes Fahrzeug, bei dem man doch nie weiß, was an Reparaturen auf einen zukommt! Zum
anderen liegt es an den Marketingstrategien der Hersteller und Importeure: Insbesondere durch spezielle Finanzierungsangebote (z. B. Leasing, „Drei-Wege-Finan-
zierungen"), werden die Kunden animiert, Fahrzeuge in kurzen Intervallen zu
wechseln. So blicken wir bereits heute auf eine wachsende Zahl „junger Gebrauch-
ter", die den Händlern im Verkauf Kopfschmerzen bereiten. Bei diesen ganz jun-

gen Gebrauchtfahrzeugen lässt sich im Kundenverhalten mitunter kaum ein Unterschied zum Neuwagen erkennen. Die Wartungs- und Reparaturhäufigkeit richtet sich in erster Linie nach dem Fahrzeugalter und weniger an der Anzahl der Vorbesitzer.

Wartungsintervalle und das Wartungsbewusstsein der Fahrzeughalter

Jeder Hersteller gibt seinem Kunden vor, in welchem Intervall er sein Fahrzeug zur Wartung in die Werkstatt bringen soll. Dies geschieht sowohl über reine Zeit- als auch über Kilometerangaben und – dies in immer stärkerem Maße gerade bei Fahrzeugen höherer Klassen – durch fahrzeuginterne Systeme. Diese geben dem Kunden – abgestimmt u.a. auch auf seine Fahrweise – zum „richtigen" Zeitpunkt ein Signal, dass er sein Fahrzeug in die Werkstatt bringen soll. Diese Wartungsintervalle sind natürlich ein entscheidender Faktor für die Nachfrage nach Wartungsarbeiten. Denn schließlich können die wenigsten Kunden selbst einschätzen, wann ihr Fahrzeug „fällig" ist.

Für den Serviceanbieter ist dann wiederum von großer Bedeutung, in welchem Umfang diese Wartungsintervalle vom Kunden auch eingehalten werden. Man spricht in diesem Zusammenhang auch von dem „Wartungsbewusstsein" der Fahrzeughalter. Dieser Begriff beschreibt die Differenz zwischen vorgegebenen Intervallen (Herstellervorgaben) und tatsächlich durchgeführten Arbeiten. Der Verlauf dieser „Kennzahl" im vergangenen Jahrzehnt spiegelt nicht nur diverse wirtschaftliche Situationen wider, sondern lässt auch Interpretationen hinsichtlich des Kundenverhaltens zu. Mitte der 90er Jahre lag das Wartungsbewusstsein bei über 90 %, und damit auf einem sehr hohen Niveau. Zum Ende des letzten Jahrzehnts ging dieser Wert dann aber kontinuierlich nach unten – auf nur noch rund 84 % im Jahre 2000. Versetzen wir uns noch einmal in diese Zeit zurück: Die Jahre 1999 und 2000 brachten Deutschland nach etlichen Jahren wieder einen leichten Aufschwung, sodass wirtschaftliche Gründe für diesen Rückgang nicht alleine herangezogen werden können. Wie kam es zu diesem Wartungsbewusstsein? Denn schließlich sagt die Differenz alleine nicht alles. Die Vorgaben der Hersteller waren über Jahre hinweg sehr konstant geblieben. Zu konstant auf zu hohem Niveau für die Kunden! Der normale Kunde hörte doch ständig von immer besseren Fahrzeugen mit immer höherer Qualität – doch warum muss er dieses dann in den gleichen Abständen zur Wartung bringen, wie dies früher der Fall gewesen ist?! Die Wartung ist ein sensibles Feld, weil der Kunde nicht erkennt, warum sie jetzt plötzlich „fällig" wird (es gibt ja kein äußeres Anzeichen für die Wartung). Und er bemerkt auch keinen Unterschied, wenn sie durchgeführt wurde. Der Kunde lässt sie also in erster Linie aufgrund des Vertrauens durchführen, dass sie tatsächlich notwendig ist! Hat der Kunde aber das Gefühl, dass er vom Hersteller als „Melkkuh" missbraucht wird, der man nach Belieben das Geld aus der Tasche ziehen kann (schließlich müssen wir auch auf die Kosten für Wartungsdienste schauen!), dann dankt er dies mit Fernbleiben!

Die Hersteller brauchten dann scheinbar ein bis zwei Jahre, um dies zu verstehen und kamen dem Kunden mit geringeren Sollvorgaben entgegen! Die Folge: Die Schere wurde schlagartig wieder kleiner und erreichte sogar den höchsten Wert des Wartungsbewusstseins mit rund 95%! Verwunderlich, dass die Hersteller trotz dieses Effekts die Vorgaben sogleich wieder etwas anhoben – wie der Kunde darauf reagiert hat, können wir uns denken: Die „kalte Schulter" hat er uns gezeigt! Sicher kommt hier noch dazu, dass auch das Jahr 2008 zusätzlich mit wirtschaftlichen Schwierigkeiten für viele Kunden behaftet war, sodass sowohl das Wartungsbewusstsein (mit nur noch 87%), als auch das absolute Wartungs-Ist auf die niedrigsten Werte fielen.

Wer in solchen Zeiten fordert, die Wartungsintervalle wieder zu verkürzen, um den Werkstätten mehr Umsatz durch Wartungen einzubringen, hat sicher die deutlichen Signale der Kunden nicht verstanden. Viel eher wird es wohl über einen Trend gehen, der sich bei etlichen Herstellern schon deutlich abzeichnet: bereits beim Neufahrzeugverkauf die Serviceleistungen mit „zu verkaufen"! Anstatt ein paar Fußmatten oder 1%-Nachlass mehr von der Verkaufssumme, können die niedrigen Kosten für den „Unterhalt" des Fahrzeugs den Kunden überzeugen.

Es gilt hier also – wobei dies sicher nicht in der Verantwortung eines Serviceberaters liegt – ein Gleichgewicht zu finden zwischen notwendigen Terminen auf der einen Seite und wünschenswerten auf der anderen.

Das Alter der Fahrzeuge

Der Einfluss dieses Aspektes auf die Entwicklung der Wartungsarbeiten ist relativ leicht zu beschreiben. Je jünger ein Fahrzeug ist, desto eher hält sich der Kunde an die Vorgaben (was nicht gleichbedeutend ist mit einer größeren Zahl an Wartungen, da diese in den ersten Jahren noch nicht so häufig notwendig werden) – je älter ein Fahrzeug wird, desto eher weicht der Kunde auf notwendige Austausch-

(Instandsetzungs-)Arbeiten aus. Dem Halter eines älteren Fahrzeugs erscheinen die umfangreichen und eben auch teuren Wartungsdienste als nicht mehr angemessen, da er den vermeintlich gleichen Effekt auch durch schlichten Austausch einzelner Teile erreichen kann. Dies hat er zudem lange Jahre noch bei Spezialanbietern und freien Werkstätten (oder sogar im Do-it-yourself-Verfahren) machen lassen. Die Markenwerkstätten waren auf solche Kunden einfach zu wenig eingestellt. Mittlerweile haben diese aber reagiert und bieten zumeist eigene Serviceangebote speziell für die Gruppe der Kunden an, die ein älteres Fahrzeug besitzen – z. B. Fast-Fitter-Konzepte, spezielles Teile-Angebot, Rabatte. Trotzdem bleiben die Kunden dieser Zielgruppe, hart umkämpft und ein wenig mehr Kreativität darf da von den Markenwerkstätten durchaus verlangt werden …!

Die Rechnung, die der Kunde in seinem Kopf aufmacht, und die ihn dazu bringt, seinem Fahrzeug hier und da ein paar neue Teile zukommen zu lassen, kippt aber selbst bei dem sparsamsten Kunden irgendwann ins Negative. Von daher ist diese Gruppe auch so wichtig. Halter älterer Fahrzeuge sind potenzielle Käufer eines „neuen" Fahrzeugs!!! Allerdings haben sie in der Regel nur noch eine geringe Bindung an ihren „alten" Betrieb und damit auch an die Marke. Diese Bindung gilt es für Sie als Serviceberater wiederherzustellen.

Die Technik und Qualität der Fahrzeuge

Die Technik und Qualität der Fahrzeuge hat sich in den letzten Jahren stetig verbessert.

Vielfach hört man von „Fachleuten" die Kritik, dass die Autos mit dem ganzen modernen „Schnickschnack" viel anfälliger sind als früher. Und die Qualität habe insgesamt auch gelitten. Mag sein, dass der VW-Käfer-Werbeslogan „er fährt und fährt und fährt …." zutraf und heute nicht mehr auf jedes Auto übertragen werden kann, doch müssen Sie hier einfach akzeptieren, dass sich die Technik und die Qualität der Fahrzeuge tatsächlich immer weiter verbessert hat. Manchmal muss man in der Entwicklung erst einen Schritt zurückgehen bis man vorwärts kommt. Als die ersten Computer eingeführt wurden, waren die meisten Leute im Kopfrechnen oder auf der Schreibmaschine noch deutlich schneller und auch heute noch ist der Computer nicht ein absolut primitives Alltagshilfsmittel, sondern für viele Menschen immer noch das „unbekannte Wesen". Dies gilt auch für Neuerungen und Modernisierungen am und im Fahrzeug.

Die Lebensdauer der Fahrzeuge hat sich durch den Fortschritt auf jeden Fall deutlich erhöht. Der Bedarf an Wartungen ist dadurch natürlich etwas gesunken und wird es noch weiterhin tun. Doch bedarf es bei der immer komplizierteren Technik auch eines Mehr an Know-how! Der Do-it-yourself-Bereich und die Nachbarschaftshilfe können da nicht mehr allzu viel entgegensetzen. Würde man nicht manch düsteres Gespenst am Horizont erkennen, könnte man sogar sagen, dass die notwendige Spezialisierung des Personals geradezu eine Steilflanke für die Markenwerkstätten darstellt.

Die Entwicklung der Kosten

Wir können davon ausgehen, dass der normale Autofahrer ein – zumindest unterbewusstes – „Budget" für sein Automobil hat. Natürlich rechnet nicht jeder Autofahrer monatlich nach, wie viel er „rund um das Auto" ausgegeben hat, und wenn sein festgelegtes Budget erreicht oder sogar überschritten ist, stellt er dann sämtliche Ausgaben sofort ein. Dies hieße ja zum Beispiel, dass er – trotz leeren Tanks – Mitte des Monats nicht mehr tanken würde, nur weil er bereits zuviel ausgegeben hat. Der Autofahrer hat vielmehr ein Gefühl dafür, wie viel er noch ausgeben kann bzw. möchte. Dies gilt ja auch für andere Konsumgüter. Wie viele Lebensmittel kann ich kaufen, wie oft gehe ins Kino usw.? Ein Problem tritt auf, wenn bestimmte – häufig fixe – Kosten deutlich ansteigen. Wird z. B. die monatliche Prämie für die Kfz-Versicherung oder die Steuer angehoben, dann verzichtet der Autofahrer instinktiv auf Ausgaben, die nicht unbedingt notwendig sind. Und zu solchen zählt er – auch wenn Sie dies vielleicht anders sehen – die Wartungsarbeiten am Fahrzeug.

Wiederum ein einfacher Zusammenhang also: Steigen die Kosten, die für das Automobil anfallen, verzichtet der Fahrzeughalter unter anderem auch auf Wartungen!

> **!** Eins sollte für Sie fest stehen: Gehen Sie nicht davon aus, dass die Nachfrage an Wartungsarbeiten in der näheren Zukunft sprunghaft nach oben geht. Malen Sie aber auch nicht den Teufel an die Wand. Eine gesunde Mischung aus verhaltenem Pessimismus und gedämpftem Optimismus erscheint nicht nur realistisch, sondern sogar sinnvoll!

Reparaturarbeiten

Nun ein Blick auf den Bereich Reparatur- und Instandsetzungsarbeiten:

Wir werden uns aber nur noch die Faktoren anschauen, deren Entwicklung sich deutlich anders auswirken als im Bereich der Wartungsarbeiten.

Wie bereits angedeutet, ist das Verhältnis von Neu- zu Gebrauchtfahrzeugen für den Reparatur- und Instandsetzungsbereich eher positiv zu werten. Gebrauchtwagen – und da gerade ältere – lassen die Halter eher durch „Schönheitsreparaturen" wieder in Schuss bringen. Wie auch bereits gesagt, ist das den Markenhändlern bzw. den Herstellern selbst mittlerweile durchaus klar geworden. Nur, und dies kann auch eine Aufgabe für Sie sein, gibt es immer noch zu viele Betriebe, die sich nicht sonderlich dafür interessieren zu erfahren, wo ihre irgendwann einmal verkauften Neuwagen nach einigen Jahren gelandet sind. – Und dass ein Kunde, der einen Gebrauchtwagen gekauft hat, von sich aus zu dem Betrieb kommt, aus dem das Fahrzeug einmal gekommen ist, ist mehr als unwahrscheinlich!

Die angesprochene Verbesserung der Qualität und Technik der Fahrzeuge wirkt sich auf die Nachfrage nach Reparatur- und Instandsetzungsarbeiten eher negativ aus: Teile aus höherwertigen Werkstoffen weisen einen geringeren Verschleiß auf. Aber auch hier führt die steigende Komplexität der Materialien zu einem stärkeren Bedarf an hoch spezialisierten Fachkräften.

Die Kostenseite – also das „Auto-Budget" der Fahrzeughalter – spielt hier eine etwas geringere Rolle. Reparatur- und Instandsetzungsarbeiten – sofern es sich nicht um schlichte „Schönheitsreparaturen" handelt – resultieren aus einem Defekt, der zu beheben ist. Andernfalls müsste der Fahrzeughalter riskieren, dass sein Fahrzeug an Wert verliert oder sogar unbrauchbar wird. Von daher ist der Spielraum der Fahrzeughalter hier, unabhängig von sonstigen Preisentwicklungen, eher gering. Eine Reparatur steht an, ist notwendig – also muss er sie auch durchführen lassen.

Fazit und Auswirkungen

Der Bereich der Reparatur- und Instandsetzungsarbeiten lässt sich leider auch nicht klar und eindeutig prognostizieren. Allerdings kann man wohl erkennen, dass einige Faktoren, unter Berücksichtigung aktueller Tendenzen, eher positiv zu bewerten sind.

Man muss nun die beiden Bereiche zusammen sehen. Der Kern bleibt dabei erhalten: Es gibt weder Anlass für eine „Hurra-Stimmung", noch ist eine tiefe Depression angesagt. Leichter wird es auf dem Servicemarkt mit Sicherheit nicht, denn: Die Konkurrenz schläft nicht!

Was machen Sie nun mit diesen Informationen? Wenn Sie sich selbst diese Frage stellen, dann können wir dies recht gut nachvollziehen. Keine klaren Aussagen, vage Tendenzen und ohnehin ist alles auf den gesamten Servicemarkt hin ausgelegt. Wir wollen Ihnen daher noch eine Frage näher bringen, die mit Sicherheit Anstöße für Veränderungen bieten kann.

Wenn der Servicemarkt auf dem heutigen Level bleibt oder sogar zurückgeht, und wenn sich die Anbieterseite eher vergrößert, dann ist eine Frage von alles entscheidender Bedeutung:

Wo lassen Fahrzeughalter Wartungen und Reparaturen durchführen?

Selbst wenn es einen ausreichend hohen Bedarf an Wartungs- bzw. Reparaturarbeiten gebe, der alle Anbieter glücklich machen könnte, muss der Kunde trotzdem erst einmal in Ihren Betrieb kommen. Warum geht der Kunde in einen Betrieb? Ist er diesem dann treu oder wechselt er regelmäßig? Diese Fragen wollen wir versuchen zu beantworten.

Wir bedienen uns hier einiger Zahlen der Castrol Studie „Denn sie wissen, was sie sollen" aus dem Jahre 2004.

Zunächst betrachten wir die Kundenanteile am Gesamtmarkt. Etwas weniger als 60 % aller Kunden suchen für die Durchführung von Arbeiten am Fahrzeug eine Markenwerkstatt auf. Dieser Wert klingt sicher nicht so schlecht – doch müssen wir hier leider zur Kenntnis nehmen, dass er vor vier Jahren noch fast 10 % höher war! Rund ein Viertel „besuchen" dazu einen freien Anbieter – wobei dieser Wert recht konstant geblieben ist. Eine stärkere Bedeutung haben in diesen Jahren der „Do-it-yourself"-Bereich und die „Nachbarschaftshilfe" eingenommen. Insgesamt rund 13 % aller Kunden lassen Arbeiten am Fahrzeug über diesen Weg durchführen.

Am Gesamtmarkt für Wartungs- und Reparaturarbeiten haben Tankstellen einen immer größer werdenden Anteil. Dieser Anbieter darf keinesfalls unterschätzt werden! 2006 haben Tankstellen 100.000 Wartungen und Reparaturen durchgeführt. 2007 waren es schon 400.000. Dies entspricht also einer Steigerung um 300 %! Vertragswerkstätten der eigenen Marke konnten im Vergleich lediglich einen Zuwachs von 1,7 % erzielen!

Warum wenden sich die Kunden an die Werkstatt ihrer Wahl? Na ja, mit Sicherheit, weil sie in der Nähe liegt, preisgünstig ist und man ja schon immer dort hin gegangen ist! Weit gefehlt! Die mit Abstand überwiegenden Gründe – nämlich für rund zwei Drittel aller Befragten – sind die gute Erfahrung, die gute Arbeit und der gute Service, den der Kunde in seiner Werkstatt erleben konnte. Nicht der Preis und auch nicht die Erreichbarkeit, sind die Faktoren, die einen Kunden veranlassen, eine bestimmte Werkstatt aufzusuchen!

Sie können sich vielleicht schon denken, dass eine solch starke Betonung der Erfahrung und des guten Service zur Folge hat, dass ein Kunde „seinem" Anbieter – wenn er diesen denn gefunden hat – verhältnismäßig treu ist, und eher selten oder sogar gar nicht zu einem anderen Anbieter wechseln wird. Wiederum rund Zweidrittel der Befragten gaben an, dass sie „ihrer" Werkstatt absolut treu seien! Kein schlechter Wert, jedenfalls höher, als vielfach angenommen. Aber: Auch hier gab es einen deutlichen Rückgang in den vergangenen vier Jahren. Wiederum rund 10 %! Von einer „schleichenden Untreue" sprechen daher auch die Autoren dieser Studie.

Welches Fazit müssen wir daraus ziehen? Vergessen Sie die Treuen nicht!!! Interessanterweise sind es nämlich gerade diese Kunden, die seit Jahren treu sind, die wir aus dem Blickwinkel verlieren! Marketingaktionen zielen auf neue Kunden oder auf verloren gegangene ab. Neue, „frische" Kunden bekommen das „volle Programm" und werden gehegt und gepflegt – nur der leise, sich nie beschwerende Kunde, der zudem auch noch nie große Probleme mit seinem Fahrzeug hatte … der ist plötzlich nicht mehr da!

Wenn Sie es dann geschafft haben, so einen Kunden ordentlich zu „vergraulen", dann müssen Sie sich schon sehr beeilen! Wenn er nämlich eine andere Werkstatt findet, in der er einen guten Service und gute Arbeit erlebt, dann können Sie ihn fast abschreiben. Einen solchen Kunden zurückzuholen kostet sehr viel Zeit, Anstrengung und dadurch auch Geld! Bedenken Sie dies in Ihrer alltäglichen Arbeit. Ihr Kunde ist wie eine zarte Pflanze: Sie müssen sich um ihn kümmern, wenn Sie lange „Freude" an ihm haben wollen!

Interessant ist dabei noch, dass wenn es denn zu einer Kundenwanderung kommt, der Kunde sich nur selten von einer Markenwerkstatt zu einem freien Anbieter begibt oder umgekehrt. Die Mehrzahl der Kunden, ist entweder „Marken-Typ" oder „Freier-Typ". Nun können Sie aber nicht davon ausgehen, dass ein Kunde, den

Sie verloren haben, wenigstens der Marke erhalten bleibt und sich zum nächstgelegen Betrieb Ihrer Marke begibt. Denn jeder zweite, der von einer Markenwerkstatt zu einer anderen Markenwerkstatt „wandert", tut dies, weil er eben auch die Pkw-Marke gewechselt hat!

Die Unterschiede, die es früher zwischen den verschiedenen Automobilmarken noch gegeben hat, sind deutlich kleiner geworden. Von daher ist es sehr wahrscheinlich, dass ein „vergraulter" Kunde auch einmal bei einem anderen, vergleichbaren Anbieter vorbeischaut. Wenn er von einem solchen Betrieb zufriedengestellt wird, dann ist er nicht nur für Ihren Betrieb verloren – welche Marke wird wohl sein nächstes Fahrzeug sein? Er wird ganz sicher nicht in Ihren Betrieb zurückkommen, um ein Fahrzeug zu kaufen und auch eher nicht zu einem anderen Betrieb Ihrer Marke. Er wird das Fahrzeug wahrscheinlich von der Marke des Betriebes erwerben, bei dem er mit dem Service zufrieden ist!

1.7 Regionale Servicemärkte

Sie mögen sich zu Recht fragen, was es Ihnen bringen kann, Tendenzen und Entwicklungen des gesamtdeutschen bzw. sogar europäischen Servicemarktes zu kennen. Für Sie ist natürlich entscheidend, wie sich der Servicemarkt in Ihrer eigenen Region, in der unmittelbaren Umgebung Ihres Betriebes entwickeln wird. Dazu können wir natürlich nur sehr eingeschränkt Informationen geben, da das Umfeld eines jeden Betriebes in Deutschland unterschiedlich ist.

Es lassen sich aber auf jeden Fall einige Tendenzen darstellen, die sich hauptsächlich auf Wanderungsbewegungen innerhalb Deutschlands zurückführen lassen. Dort sind zwei Hauptströme zu erkennen: Es gibt eine deutlich erkennbare „Flucht" der Menschen aus den Städten hinaus in die ländlichen Gegenden um die Städte herum. Dies ist gerade für das Automobil von Bedeutung. Wie ergeht es einem Fahrzeug und seinem Halter in einer größeren Stadt? Überfüllte Straßen, Parkplatzmangel und ein mittlerweile recht gut ausgebautes Angebot an öffentlichen Verkehrsmitteln. Das Auto stört in einer größeren Stadt mitunter und wird auch durch entsprechende Stadtplanung (größere Fußgängerzonen, vermehrt Einbahnstraßen etc.) weiter aus den Städten herausgedrängt. Die Menschen reagieren darauf – und dies gilt gerade für Familien, indem sie aus den Städten in die Vororte oder angrenzende ländliche Bereiche ziehen. Diese befinden sich dann aber noch in Reichweite zur Stadt, sodass die tägliche Anfahrt zum Arbeitsplatz oder zu

Einkaufsgelegenheiten nicht zu viel Zeit in Anspruch nimmt. Die eben angesprochene Versorgung mit öffentlichen Verkehrsmitteln stellt in diesen Randgebieten immer noch keine Konkurrenz zum Automobil dar. Ländliche Regionen in nicht allzu großer Entfernung einer mittleren oder großen Stadt, können daher mit steigenden Einwohnerzahlen und auch mit einer höheren Pkw-Dichte rechnen. Wobei hier die weitere Entwicklung der Pendlerpauschale sowie die Handhabung der Eigenheimzulage zu beobachten sein wird. Diese beiden Instrumente (Subventionen) haben in den vergangenen Jahrzehnten erheblich zu der beschriebenen „Flucht" aus den Städten beigetragen. Und dieses als gewollter und gesteuerter Prozess der öffentlichen Hand. Die Politik hat mittlerweile erkannt, dass dieser Prozess nun (schon seit einigen Jahren) an einem Punkt angekommen ist, an dem es gilt, entgegenzusteuern: Die Städte „hungern" mehr und mehr aus (Menschen ziehen weg, damit gehen Kaufkraft und Steuereinnahmen für die Kommune verloren, dadurch sind diese gezwungen z. B. in der Kultur oder im Sport zu kürzen, was wiederum die Attraktivität der Städte mindert – ein Teufelskreis, den es zu durchbrechen gilt!) und die ländlichen Regionen wurden hinsichtlich ihrer Besiedelung und Infrastruktur immer „städtischer".

Eine zweite Wanderung, die immer noch anhält, ist das „Nord-Süd-Gefälle" in Deutschland. Gerade auch aufgrund von wirtschaftlichen Unterschieden, ist der Süden des Landes für viele Menschen attraktiver als der Norden. Durch die immer noch nicht bewältigte Diskrepanz zwischen den „alten" und den „neuen" Bundesländern, gibt es zudem noch die Wanderung vieler Menschen aus dem Osten in den Westen.

Regionale Entwicklung bedeutet aber mehr. In einer ansonsten wirtschaftlich gesunden Region, kann zum Beispiel die Pleite eines Unternehmens, welches den Arbeitsmarkt in einer Stadt oder in einigen Dörfern bestimmt, zu einer deutlichen Verschlechterung des Servicemarktes Ihres Betriebes führen. Dies können nur Sie selbst herausfinden. Informationen dazu findet man in regionalen Zeitungen, bei Radio-Sendern und Ähnlichem. Das beste Bild von Ihrem Servicemarkt erhalten Sie aber, indem Sie mit offenen Augen und Ohren Ihre Umgebung erkunden. Was hört und sieht man so, wenn man mit dem Auto durch die Gegend fährt, mit Bekannten oder Kunden spricht? Genau in diesen alltäglichen Situationen können Sie wertvolle Informationen erhalten! Mehr zu diesem Thema finden Sie im Kapitel „Servicemarketing".

? Lernfragen zum Kapitel 1

> Welche Schlagwörter können Sie zur Beschreibung der Entwicklung der „Angebotsseite" im Automobilhandel benennen und was bedeuten diese?

> Skizzieren Sie die Entwicklung der „Nachfrageseite" des Automobilhandels – welche Kriterien sind zu berücksichtigen, wie haben sich diese entwickelt und welche weitere Entwicklung scheint in Zukunft einzutreffen?

> Welche vorrangigen Ziele verfolgen heute die Hersteller in der Forschung und Entwicklung im Gegensatz zu früher?

> Welche wesentlichen Faktoren beeinflussen die zukünftige Entwicklung des Servicemarkts?

> Wo lassen Fahrzeughalter Wartungen und Reparaturen durchführen und wo liegen die Potenziale?

2 Der Kunde im Autohaus

2.1 Kundenorientierung heute

Ja, die guten alten Zeiten sind vorbei. Mehr als hundert Jahre Automobilgeschichte sind nicht spurlos am Kunden und am Kraftfahrzeuggewerbe vorübergegangen.

Die Zeiten haben sich gewandelt: Wir leben heute in einer Dienstleistungsgesellschaft. Mehr als 60 % des Bruttosozialproduktes der Bundesrepublik Deutschland wird im Dienstleistungsbereich erwirtschaftet, und etwa zwei Drittel der arbeitenden Bevölkerung sind mehr oder minder direkt mit der Erbringung einer Dienstleistung beschäftigt. Wir selbst nehmen vielerorts Dienstleistungen in Anspruch und entwickeln immer mehr Ansprüche gegenüber unseren Dienstleistungsgebern und den von ihnen erbrachten Leistungen. Wir als Kunden haben die Wahlmöglichkeit. Wir entscheiden, zu wem wir mit unseren Wünschen gehen. Ob das der Arzt, die Bank, die Reinigung, das Restaurant, der Rechtsanwalt oder das Kaufhaus ist; wir, die Kunden, bestimmen den Dienstleistungsmarkt.

In der Automobilbranche sieht das nicht anders aus. Hier sind es jedoch nicht wir, sondern hier ist es unser „König Kunde", der die Richtung bestimmt und sich an unseren Dienstleistungsaktivitäten orientiert. Auch hier hat der Kunde die Auswahl, kann sich sein Autohaus aussuchen. Mehr denn je wird somit unser Erfolg von der Kundenzufriedenheit bestimmt, denn sie bestimmt, ob der Kunde wiederkommt.

Um am Markt bestehen und auch langfristig Erfolge erzielen zu können, reicht es also nicht aus einzelne Dienstleistungen ein wenig besser zu erbringen als der Mitbewerber. Wir müssen das Niveau der Kundenzufriedenheit insgesamt erhöhen, indem wir unser Verhalten an den Wünschen und Bedürfnissen unserer Kunden ausrichten. Dazu sollten wir zunächst in der Lage sein, unsere Kunden zu verstehen, um auf sie eingehen zu können. Nur so sind hohe Kundenorientierung und Kundenzufriedenheit zu erreichen.

Aber auch das „richtige", nämlich kundenorientierte, Verhalten allein bewirkt noch nicht, dass sich unsere Kunden wieder für uns entscheiden. Erst die Kombination mit einer bestimmten Einstellung führt zu wirklicher Kundenorientierung. Übermäßige Freundlichkeit und dem Kunden jeden Wunsch von den Lippen abzulesen zum Beispiel wirken ohne die richtige kundenorientierte Einstellung schnell „aufgesetzt". Das wird unser Kunde merken und sich unwohl fühlen. Auch die richtige Einstellung wirkt ohne das entsprechende Verhalten noch „ungeschliffen". Schlimmstenfalls treffen eine Einstellung, die fernab von jeglicher Kundeorientierung ist, und ein dementsprechendes Verhalten aufeinander. Und als „Kundenorientierungsmuffel" sollten wir dem Kunden natürlich keinesfalls gegenübertreten, denn dann wird er sich höchstwahrscheinlich das „nächste Mal" für einen anderen Dienstleistungsgeber entscheiden.

Wirkliche Kundenorientierung zeichnet sich durch eine stark ausgeprägte kundenorientierte Einstellung und ein dementsprechendes Verhalten aus. Erst so kann man den Kontakt zum Kunden tatsächlich kundenorientiert gestalten. Ihre Kunden werden es Ihnen danken!

> **!** Eines wollen wir an dieser Stelle nicht vergessen und einmalig für das gesamte Buch als Ausgangspunkt festhalten: Bereits auf dieser ersten Seite ist häufiger von Kundenorientierung und -zufriedenheit die Rede gewesen und dass wir diese unbedingt erreichen bzw. erhöhen müssen. Es soll hier aber nicht darum gehen, dem „König Kunde" alles zu geben, was er möchte – koste es, was es wolle. Wir haben nichts oder zumindest nicht mehr viel zu verschenken. Und trotzdem müssen wir es erreichen, dass der Kunde mit uns als Dienstleistungsgeber zufrieden – ja, begeistert ist!

Eine wissenschaftliche Untersuchung hat vor nicht allzu langer Zeit „herausgefunden", dass es zwischen dem wirtschaftlichen Erfolg eines Unternehmens und der Zufriedenheit seiner Kunden keinen Zusammenhang gäbe. Ich erinnere mich dann an die Worte des Geschäftsführers einer der größten deutschen Automobilhandelsgruppen, der diese „wissenschaftliche Erkenntnis" sinngemäß mit folgender Feststellung erwiderte: *Das mag wohl so sein, dass es einen solchen Zusammenhang nicht gibt. Ein Zusammenhang ist aber unstreitig: Unternehmen mit unzufriedenen Kunden haben überhaupt keinen wirtschaftlichen Erfolg!*

Die Erwartungen des Kunden im Autohaus erfüllen

So manchem Autofahrer ist schon die Freude am Fahren und am neuen Fahrzeug vergällt worden, weil das „**Drumherum**" nicht stimmte. – **Neben dem rein sach-**

lich qualitativen Aspekt einer Leistung wird ihr Wert vom atmosphärischen Aspekt mitbestimmt. Kunden tragen gleichzeitig fachliche und menschliche Erwartungen an uns heran, wenn sie uns eine Leistung abverlangen. Aktion und Atmosphäre müssen stimmen; das gilt für jeden Bereich im Autohaus.

Kunden tragen ihre Erwartungen natürlich nicht auf der Stirn geschrieben, wenn sie zu uns kommen. Vielmehr sind sie in ihren Köpfen unsystematisch gespeichert. Ihre Erwartungen verändern sich außerdem im Laufe der Zeit, so wie sich ja auch die gesellschaftlichen Rahmenbedingungen stetig wandeln. Wenn wir ganz auf die Wünsche, Interessen und Bedürfnisse unserer Kunden eingehen wollen, ist es entscheidend zu erfahren, weshalb der Kunde etwas will bzw. was er sich davon verspricht.

> Deshalb sollten wir zunächst einmal betrachten, wie die Erwartungen unserer Kunden entstehen:

In erster Linie erwartet der Kunde von einem Produkt und/oder einer Dienstleistung, dass seine persönlichen Bedürfnisse befriedigt werden. Vielleicht hat der Kunde selbst schon früher Erfahrungen mit vergleichbaren Dienstleistungen gemacht oder wurde durch Meinungen und Empfehlungen von Freunden und Bekannten beeinflusst. Nicht zuletzt werden verschiedene Erwartungshaltungen des Kunden auch durch die Marketingkommunikation des Anbieters – also zum Beispiel durch unsere eigenen Werbemaßnahmen, aber auch die der Mitbewerber – erzeugt.

Kommt nun der Kunde ins Autohaus, vergleicht er unweigerlich die Leistungserbringung unsererseits – mehr oder weniger bewusst – mit den von ihm an uns herangetragenen Erwartungen. Über diesen Vergleichsprozess gelangt der Kunde zu seiner Bewertung der von ihm wahrgenommenen Leistung.

Die Anzahl der erfüllten Erwartungen ist dabei ein Maß des Kunden für die Qualität der Dienstleistung. Ein Beurteilungssystem, das mit dem Bild des heimischen Fernsehgerätes vergleichbar ist. Über 100.000 Lichtpunkte sorgen für ein brillantes Farbbild. Der Ausfall einiger dieser Lichtpunkte führt zum „Rauschen", die Erhöhung der Ausfallquote zur Bildstörung oder gar zum Bildausfall. Je mehr nicht funktionierende Lichtpunkte also, desto schlechter das Gesamtbild.

Unerfüllte Erwartungen rütteln den Kunden wach. Bewusst werden manche Wünsche dem Kunden also meist erst, wenn seine Erwartungen nicht erfüllt werden. Es entsteht in diesem Fall der Nicht-Erfüllung zweifelsohne Unzufriedenheit beim Kunden.

Erfüllte Erwartungen werden als selbstverständlich hingenommen. Das erklärt, warum zufriedene Kunden selten über ihre Zufriedenheit sprechen. Wenn die Wünsche des Kunden in dem Maße erfüllt werden, in dem er es auch erwartet hatte, sprechen wir von „moderater Zufriedenheit". Erst wenn wir die an uns gestellten Erwartungen des Kunden übertreffen können, wird beim Kunden Begeisterung hervorgerufen.

> Wovon aber hängen die Bewertungsprozesse bzw. das Entstehen von Zufriedenheit und Unzufriedenheit beim Kunden im Einzelnen ab?

Da gibt es zunächst die so genannten „**Basisfaktoren**" wie zum Beispiel die Arbeitsqualität, ein ausgewogenes Preis-Leistungsverhältnis und Termintreue. Diese setzt unser Kunde in jedem Fall als selbstverständlich voraus und verlangt sie deshalb auch nicht explizit von uns. Erfüllen wir diese Basisanforderungen nicht, so wird der Kunde in jedem Fall unzufrieden sein. Übertreffen wir die Erwartungen des Kunden diesbezüglich aber, so wird er es kaum honorieren.

„**Leistungsfaktoren**" wie Hol- und Bringservice, eine attraktive Wartezone und/oder Getränkeservice werden vom Kunden im Unterschied zu den Basisfaktoren meist ausdrücklich verlangt. Zwar entsteht auch hier Unzufriedenheit, wenn sie nicht den Erwartungen entsprechend erfüllt werden. Übertreffen wir die Erwartungen des Kunden allerdings wirkt sich das positiv auf die Zufriedenheit aus.

„**Begeisterungsfaktoren**" wie kleine Geschenke, handgeschriebene Grußkarten, oder ähnliches den Kunden überraschendes Verhalten werden vom Kunden nicht erwartet. Sie wirken sich aber stark auf die Zufriedenheit des Kunden aus. Erfüllen wir sie nicht, so hat das keinen Einfluss auf die Zufriedenheit des Kunden.

Möglicherweise haben Sie in Anbetracht der Beispiele hier und da die Stirn gerunzelt?! Ist etwa ein „Hol- und Bringservice" nicht längst zum Basisfaktor geworden? Klare Antwort: Vielleicht! Es gibt keine eindeutige Definition, was ein Basis-, Leistungs- oder Begeisterungsfaktor ist. Dies kann von Marke zu Marke, von Betrieb zu Betrieb, unterschiedlich sein. Und was heute ein Begeisterungsfaktor ist, kann in einigen Monaten oder Jahren zur absoluten Basis werden! Das hängt auch davon ab, wie wir mit Begeisterungsfaktoren umgehen. „Verkaufe" ich dem Kunden solche Dinge entsprechend oder tue ich sie einfach, ohne ihn gesondert darauf hinzuweisen.

> Die Folgen, die die Bewertungsprozesse nach sich ziehen, sind vielfältig.

Um nochmals den Vergleich zum heimischen Fernsehgerät heranzuziehen, der Betrachter zieht aus eventuellen Störungen oder gar dem Ausfall seine Konsequenzen: Korrekturversuche, Senderwechsel oder abschalten.

Unzufriedene Kunden tragen häufig deutlich die beobachteten Missstände nach außen; sie betreiben damit eine negative Mund-zu-Mund-Propaganda.

Auf der Basis von Unzufriedenheiten treffen unsere Kunden Wechselentscheidungen. Es ist hierbei allerdings wahrscheinlicher, dass sie kommentarlos abwandern, als dass sie aufgrund ihrer Unzufriedenheit eine Beschwerde an uns richten.

Unzufriedenheit macht frei! Zufriedenheit bindet!

Allerdings sind uns moderat zufriedene Kunden nicht so sicher, wie landläufig angenommen. Erst ein hoch zufriedener, begeisterter Kunde wird uns weiter empfehlen, wieder zu uns kommen und uns so seine Loyalität zeigen. Ein moderat zufriedener Kunde kann abwandern, wenn ihm andernorts etwas Besseres geboten wird.

> **!** **Machen wir uns bewusst:** Wir sind die Sender der „Dienstleistungs-Lichtpunkte", und jeder von uns im Autohaus hat Senderfunktion.
>
> Senden wir also gemeinsam, um ein klares und farbenfrohes Bild liefern zu können. Der Kunde hat längst schon seine Antennen ausgerichtet.
>
> Der Kunde setzt die Qualitätsanforderungen, die wir zu erfüllen haben. Er ist es, der das Programm bestimmt und wählen kann. Wir müssen nach „Dienstleistungsprinzipien" arbeiten, die den zahlreichen Ansprüchen unserer Empfänger genügen.

2.2 Die Situation des Kunden als bestimmender Faktor (am Beispiel des Werkstattbesuchs)

Im Wartezimmer des Zahnarztes verhalten Sie sich sicher anders als am abendlichen Stammtisch in Ihrem Vereinslokal. Genauso geht es den Kunden. Er reagiert auf Situationen, die einen persönlichen Ursprung haben und von uns nicht beeinflusst werden können, ebenso wie auf Situationen, die wir selbst in unserem Betrieb schaffen. Wir wollen uns hier nicht mit der persönlichen Situation des Kunden beschäftigen. Sicher ist es für sein Verhalten ausschlaggebend, wenn der Kunde Probleme, Ärger oder Sorgen hat. Der Krach im Büro, die familiäre Auseinandersetzung oder eine Krankheit können sich negativ auf sein Verhalten auswirken. Erhalten wir Informationen darüber, dann können wir unser eigenes Verhalten auf diese Umstände ausrichten. Doch mehr wohl kaum.

Was uns stark interessieren muss, ist die Situation, die wir selbst vorgeben oder die vom Besuchsanlass des Kunden ausgeht. Manche Kunden sehen nur die negativen Seiten ihres Werkstattbesuches. Sie fragen sich, was sie überhaupt davon haben – außer Ärger, wie sie meinen – wenn sie zum Beispiel ihren Wagen zu uns zur Inspektion bringen.

Wir wollen die fiktiven Gedanken der Kunden einmal fortsetzen und uns fragen, welche Nachteile der Werkstattbesuch mit sich bringt.

Nachteile

- Kosten, die durch den Werkstattaufenthalt entstehen: Sowohl die eigentlichen Reparatur- oder Wartungskosten, als auch Kosten wie Arbeitsausfall oder zusätzliche Fahrtkosten
- Fahrzeugausfall für den Zeitraum des Werkstattaufenthaltes und dadurch Verlust oder Einschränkung der Mobilität
- Zeitaufwand durch Hinfahrt, Wartezeit und Abholung
- Besondere Umstände, die sich aus der Lebenssituation des Kunden ergeben (z. B. Abholung, geänderter Tagesablauf, Stress der Anfahrt usw.)

Diese Nachteile sieht der Kunde und übersieht dabei vielleicht manchen Vorteil, den der Werkstattbesuch für sein Fahrzeug hat.

Vorteile

- Erhalt der Einsatzbereitschaft des Fahrzeugs
- Garantieerhalt, soweit sich das Fahrzeug noch in der Garantiezeit befindet
- Frühzeitiges Erkennen von Mängeln und dadurch Vermeidung von Folgeschäden und Zusatzkosten
- Langfristige Kostenminimierung und Erhalt der Wirtschaftlichkeit
- Positiver Einfluss auf eventuell später notwendige Kulanzentscheidungen des Herstellers
- Erhaltung der aktiven und passiven Fahrsicherheit
- Höherer Wiederverkaufswert

Wir haben hier zunächst einmal versucht, all die Dinge aufzuführen, die als Vor- oder Nachteil allein aus dem Besuchsanlass „Inspektion" entstehen. Es wurden noch keine positiven oder negativen Punkte aufgezählt, die sich aus besonderen Serviceleistungen des Betriebes (z. B. kostenlose Wagenwäsche) oder aus Verhaltensweisen eines Kundenkontaktmitarbeiters (z. B. Unfreundlichkeit) ergeben.

Betrachtet man die aufgeführten Vor- und Nachteile einmal danach, wann ihre Wirksamkeit eintritt, so stellt man fest, dass die negativen Punkte recht schnell eintreffen. Der Kunde hat **heute** die besonderen Umstände, muss **heute** auf sein Fahrzeug verzichten, investiert **heute** die Zeit und muss bei der Fahrzeugabholung bezahlen. **Die Nachteile (aus Kundensicht) werden sofort wirksam!**

Wann treten **Vorteile** in Kraft? **Meistens später** oder **nie**. So ist beispielsweise die aktive und passive Fahrsicherheit sofort wieder gewährleistet, doch wann spürt der Kunde sie? Vielleicht erst, wenn er eine brenzlige Verkehrssituation erlebt. Wann benötigt er den Garantieerhalt? Vielleicht nie, wenn sein Fahrzeug keinerlei Mängel aufweist. Die Kostenminimierung bemerkt er erst langfristig, und die Einsatzbereitschaft war seiner Meinung nach auch schon vorher gewährleistet. Aus der subjektiven Sicht unseres Kunden liefert der Besuchsanlass „Inspektion" ihm zunächst nur negative Dinge. Die Vorteile bleiben im Verborgenen, werden oftmals gar nicht gesehen. Daher empfinden viele Kunden Werkstattleistungen, insbesondere die Wartungs- und Pflegearbeiten, als „preisnegativ".

Dafür spricht die abnehmende Servicebereitschaft nach Ablauf der Garantiezeit.

Gerade für die Wartungsarbeiten gilt, dass die Leistung der Werkstatt nicht sichtbar wird. Woran erkennt unser Kunde eine solche Werkstattleistung? Am neuen Stempel im Wartungsheft, am neuen Aufkleber im Türrahmen, an einem neuen „Ölzettel" oder an der Rechnung? Böse Zungen behaupten gerne, dass man die durchgeführte Wartung am verstellten Fahrersitz und dem falschen Sender im Radio erkennt! Die Wartungsarbeiten bleiben für den Kunden weitgehend unsichtbar. Das muss Folgen haben.

Wir müssen zunächst diese subjektive, meist preisnegative Sichtweise unseres Kunden akzeptieren. Das notwendige Übel „Werkstattbesuch" bestimmt als Situation das Kundenverhalten mit. Ist es da noch verwunderlich, dass manche unserer Kunden schon schlecht gelaunt den Betrieb betreten?

Diese subjektive Kundensicht hat für den Service jedoch noch weit größere Auswirkungen. Wenn die Situation als „notwendiges Übel" empfunden wird, muss alles darangesetzt werden, um das Bild, die Vorstellung, die der Kunde hat, zu verändern. Nicht nur, indem versucht wird, eine höhere Wertvorstellung von der entsprechenden Leistung zu vermitteln, wobei die Vorteile in den Mittelpunkt der Betrachtung gerückt werden; nein, die Werkstatt muss auch ihre Leistungen transparenter machen und optisch erkennbare Leistungen bieten. An einer geputzten Frontscheibe, einem geleerten Aschenbecher, an einem gewaschenen Wagen, einer

Motorwäsche usw. sieht der Kunde viel eher Leistungen, die für ihn bedeutsam sind. Daneben gilt es natürlich auch, die Nachteile weniger negativ zu gestalten. So kann eine sinnvolle Terminplanung oder eine kurze Wartezeit vieles ausgleichen. Da kann die Bereitstellung eines Ersatzfahrzeuges Nachteile, wie Fahrzeug- und Mobilitätsverlust völlig beseitigen.

Die Nichtsichtbarkeit der Wartungsarbeiten hat noch eine weitere Auswirkung auf das Kundenverhalten: Er betrachtet sein Fahrzeug genauer als sonst, hört und fühlt angebliche Veränderungen. Da taucht plötzlich ein Geräusch auf, das vorher bereits vorhanden war, aber erst jetzt dem Kunden auffällt. Da ist der Kratzer der wochenlang unbemerkt blieb und plötzlich vom Kunden entdeckt wird. Die Besonderheit der Situation erhöht somit die subjektive Aufmerksamkeit unseres Kunden. Eine sehr häufige Konsequenz, mit der wir zu tun haben, ist dann die Reklamation: „… seit der letzten Inspektion!"

> **!** Wir haben es täglich mit vielen verschiedenen Menschen zu tun. Wir können uns unsere Kunden nicht aussuchen. Jeder Kunde ist anders, hat andere Interessen, ein anderes Temperament, andere Probleme. Und dennoch müssen wir uns auf diese Umstände einstellen und das Beste daraus machen.

2.3 Menschenkenntnis für den Serviceberater

Sicher geht es Ihnen auch manchmal so: Ein Kunde betritt erstmals die Räumlichkeiten und der erste Blick sagt Ihnen: „Das wird ein schwieriges Gespräch. Der wird an jeder Sache was zu meckern haben." Ihr Verhalten stellt sich darauf ein, blitzschnell und sicher, denn „man braucht halt Menschenkenntnis im Kundenkontakt"!

Menschenkenntnis ist eine wesentliche Fähigkeit, die uns die Arbeit im Kundenumgang erleichtert. Der tägliche Kontakt mit vielen verschiedenen Menschen erfordert von uns, sich schnell auf andere einzustellen und unser Verhalten nach diesen Menschen auszurichten. Je besser uns das gelingt, desto besser wird dann wahrscheinlich der Kontakt mit dem Kunden vonstatten gehen. Unsere Menschenkenntnis bildet damit die Grundlage des richtigen Verhaltens gegenüber unseren Kunden.

Wir sammeln Informationen über einen Menschen, verknüpfen diese Einzelinformationen zu einem Bild, vergleichen dieses Bild mit unseren gespeicherten Erfahrungen und fällen daraufhin unser „Urteil". Entsprechend diesem Urteil verhalten wir uns: „Der ist so und so, also werde ich mich so und so verhalten."

Die entscheidende Frage ist dabei jedoch immer: „Wie gut gelingt uns die Einschätzung unseres Kunden?" Wir wollen dieses Phänomen der Einschätzung systematisieren, uns fragen, was unser Urteil über andere Menschen beeinflusst, welche Gefahren dort lauern und wie wir unsere Menschenkenntnis professionalisieren können.

Sinn und Unsinn von Typologien bei der Kundeneinschätzung

Es lauern Gefahren auf dem Weg zur Menschenkenntnis! Gern greifen wir in diesem Einschätzungsprozess auf Typologien zurück. Täglich sprechen wir von Cholerikern, Extrovertierten, von Geizigen, Schwätzern, Aufdringlichen usw. und verwenden damit Typisierungen. Jeder von uns versucht, die Vielzahl von Menschen mit ihren unterschiedlichen Merkmalen, Konstitutionen, Temperamenten in Gruppen zusammenzufassen und ihnen gewisse Verhaltensweisen und Charaktere zuzuordnen.

Wir gehen davon aus, dass sich bestimmte Gruppen von Menschen in ihren Grundzügen, insbesondere in ihren charakterlichen Eigenschaften und Verhaltensweisen, ähnlich sind. Sie haben typische Merkmale. Oft sehen wir dabei nur die hervorstechenden Eigenschaften und begnügen uns mit einem Merkmal, um den anderen als Vertreter dieser oder jener Gruppe zu identifizieren. So entstehen typische Beamte, typische Geizkragen, Angeber und Rechthaber. Sicher, wir alle wissen, dass es Menschen vom gleichen „Schlage" gibt. Doch aufgrund irgendeines hervorstechenden Merkmales jemandem den „Stempel des Typischen" aufzudrücken ist gefährlich.

Wir sind nicht die ersten in der Menschheitsgeschichte, die den Versuch unternehmen, menschliches Verhalten, menschliche Charaktere und Persönlichkeiten nach Klassen oder Gruppen zu ordnen. Wir sind uns oft gar nicht darüber bewusst, dass wir einen Begriff verwenden, der schon vor mehreren tausend Jahren von Hippokrates in seiner Lehre der Temperamente geprägt wurde. – Warum auch, er wusste ja, dass man bei Cholerikern (herrschsüchtigen, rechthaberischen, jähzornigen Menschen) sowieso nichts machen konnte.

Was fesselt uns an solchen Einteilungen, und warum verwenden wir sie immer wieder? Nun, diese Frage könnte man mit einem einzigen Begriff beantworten: Einfachheit. Das Vortreffliche einer Typologie ist nun mal, dass man jegliches Verhalten, jegliche Persönlichkeit, auf einige wenige Grundkategorien zurückführen kann. Wir brauchen nicht lange über den anderen nachzudenken, uns mit seiner Lage und Situation auseinanderzusetzen, sondern können sein Verhalten eben auf seinen Typus zurückführen. Einfachheit und Schnelligkeit heißt die Triebfeder für dieses Handeln.

Doch welche Gefahren in dieser **Bequemlichkeit** stecken, ist kaum zu übersehen. Die Vielfältigkeit menschlichen Verhaltens wird reduziert auf einige wenige Grundkategorien. „Schublade auf – Mitmensch rein", das Ganze gemixt mit einigen Grundsätzen über menschliches Verhalten, „die ja wohl jeder kennt", und fertig ist das richtige Behandlungskonzept.

Aber: Menschenkenntnis ist mehr!

Vergleichen Sie diese „Schnelldiagnose" eines Menschen mit der täglichen Arbeit eines Serviceberaters am Fahrzeug. Auch da gibt es Fälle, wo man ziemlich schnell ahnt, was sich hinter einem Geräusch, einem Öl- oder Wasserverlust verbirgt. Aber wie oft muss erst lange gesucht werden, um den Fehler zu lokalisieren und ihn richtig zu diagnostizieren?

Die Gefahr der Fehldiagnose lauert nicht nur im Technikbereich. Kundenumgang erfordert Flexibilität auch in der Einschätzung des Gesprächspartners. Da führt uns die Typisierung unserer Kunden nur in die Sackgasse. „Kleine Dicke sind gemütlich", sagt der Volksmund und vergisst dabei, dass auch der „kleine Dicke" sich aufregen, ärgern und lautstark beschweren kann.

2.3.1 Was unser Bild vom Kunden beeinflusst

Kennen Sie das auch? Man hat sich in jahrelanger Kleinarbeit ein Bild von einem Menschen zusammengebastelt, und nun kommt ein Kollege daher und berichtet von ganz anderen Erfahrungen, zerstört mit wenigen Worten unser „Urteil" und behauptet dann noch, es würde an uns selbst liegen. Ja, nicht jeder sieht den Kunden, wie wir ihn sehen. Das liegt wohl daran, dass unsere Wahrnehmung subjektiv ist. Ein objektives Urteil wird bei der Kundeneinschätzung kaum möglich sein.

Wir machen uns ein Bild vom anderen

Immer dann, wenn sich zwei Menschen begegnen, machen sie sich ein Bild voneinander. Wir schätzen uns gegenseitig ein, nach den unterschiedlichsten Merkmalen und Kriterien. Betrachtet man diesen blitzartig ablaufenden Prozess des Einschätzens einmal näher, dann stellt man fest, dass er aus verschiedenen Phasen besteht.

> **Die Phase der Wahrnehmung**

Wir sammeln über unsere Sinne verschiedene Informationen. Wir sehen und hören unseren Partner, erfassen seine Kleidung, seine Gesichtszüge, bemerken die Art seines Ganges, die Bewegungen und nehmen vielleicht sogar von ihm ausgehende Gerüche wahr. Tausend Reize strömen auf uns ein, und nur einen Bruchteil davon nehmen wir bewusst auf.

> **Die Phase der Zuordnung**

Wir verbinden die wahrgenommenen Informationen mit gespeicherten Gedächtnisinhalten, verknüpfen das Neue mit dem Bekannten. Wir sehen z. B. am Handgelenk des Kunden eine sehr teure Markenuhr, erinnern uns an jemanden, der auch diese Uhr trägt und sehr wohlhabend ist.

> **Die Phase der Beurteilung**

Wir ziehen Schlüsse aus den ersten beiden Phasen, wir fällen unser Urteil: „Herr X ist leicht reizbar, Y hat Ähnlichkeit mit X, also ist Y wahrscheinlich auch leicht reizbar." Oder: „Wenn X und Y die gleiche teure Uhr tragen, X wohlhabend ist, dann muss Y auch zur wohlhabenden Klasse gehören."

> **Die Phase des Verhaltens**

Wir treffen aufgrund unseres „Urteils" eine Verhaltensvorhersage („Y ist wahrscheinlich leicht reizbar") und stellen unser eigenes Verhalten darauf ein: „Vorsicht! Pass' genau auf, was du sagst, sonst geht der auch gleich in die Luft."

Die subjektive Wahrnehmung

Unsere Wahrnehmung wird durch sehr persönliche Faktoren bestimmt, wie

- die eigenen Gefühle, Empfindungen,

- Stimmungen und Launen,

- Motive,

- die jeweilige Situation und/oder

- die eigenen Erfahrungen.

Haben Sie schon einmal unterschiedliche Zeugenaussagen nach einem Unfall gehört? Jeder Befragte hat seiner Überzeugung nach Recht; der eine sah ein blaues Auto, der andere ein grünes. Oder denken Sie nur an manche Geräusche, die ein Kunde an seinem Fahrzeug beanstandet. Sie geben sich noch so viel Mühe und können das Geräusch nicht wahrnehmen. Oft denken wir, der Kunde würde „das Gras wachsen hören". Wer aber gibt uns das Recht, solch eine Beanstandung als „spinnert" abzutun, nur weil wir nicht im ersten Moment die gleiche Wahrnehmung haben? Besser ist es doch, in solchen Fällen einen Dritten hinzuzuziehen.

Welche Beurteilungsfehler uns im Kundenkontakt unterlaufen können!

> Der erste Eindruck

Dies ist eine der typischen Gefahren bei der Beurteilung, die im Kundenkontakt auf uns lauern. Ein Kunde betritt erstmals unseren Betrieb, und wir nehmen in der Kürze des Erstkontaktes eilig Informationen von ihm auf. Sehen seine Kleidung, seinen Gang, sein Verhalten und hören auf seine Sprache. Wenige Informationen genügen uns dann für ein Urteil.

Vom ersten Eindruck auf Charaktereigenschaften zu schließen oder gar Mutmaßungen über das zukünftige Verhalten der Person anzustellen ist gefährlich, denn diese Voraussagen entbehren in der Regel jeder Grundlage. Oftmals sind es Erfahrungen mit anderen, ähnlichen Personen, die in unser Urteil mit einfließen.

Also Vorsicht! Der erste Eindruck kann uns gehörig täuschen. Er bleibt besonders lange in unserem Gedächtnis, länger als viele andere, spätere Begegnungen mit dem Kunden. Die große Gefahr des ersten Eindrucks besteht darin, dass wir auf der Basis dieses frühen Urteils nur nach Bestätigungen unseres Eindrucks suchen. Ein Kunde begegnet uns im Erstkontakt unfreundlich, und wir neigen jetzt dazu, weitere Beweise für diese Unfreundlichkeit zu suchen. Der erste Eindruck lenkt somit unsere Wahrnehmung nur in die negative Richtung. Geben Sie Ihrem Kunden eine Chance – packen Sie ihn nicht zu früh in irgendeine Schublade!

> Der Sympathiefehler

Wir beurteilen unbewusst unsere Kunden nach den Kriterien „sympathisch" und „unsympathisch". Nehmen wir einen Menschen zunächst als unsympathisch wahr, so begeben wir uns unbewusst im Verlauf des weiteren Kontaktes auf die Suche nach Eindrücken, die mit dem ersten übereinstimmen. Wir werden wahrscheinlich die netten, freundlichen, sympathischen Züge des anderen erst gar nicht aufnehmen, damit unser Urteil auch stimmig ist. Im Falle der Antipathie werden wir uns distanzierter und vorsichtiger verhalten und damit auch schon unserem Prinzip des offenen Kontaktes zum Kunden untreu werden.

Nun wäre es sicher ein wenig zuviel verlangt, jeden Kunden, der unser Autohaus betritt, sofort sympathisch zu finden. Aber wir können unsere eigene Wahrnehmung beobachten, können uns zwingen, nicht vorschnell zu urteilen, sondern versuchen, die Phase unseres ersten Eindrucks auszudehnen. Natürlich bekommt auch unser Kunde einen „ersten Eindruck" von uns und unserem Betrieb, und wir müssen deshalb bemüht sein, einen guten Eindruck zu hinterlassen.

> Der „Tiefkühl-Effekt"

Da wir unsere Menschenkenntnis auf Erfahrungen aufbauen, versuchen wir die Informationen über einen Menschen zu speichern, um sie dann bei späterer Gelegenheit zur Einschätzung einer Situation heranzuziehen. Dabei kann es passieren, dass wir zu starr sind in unserer Speicherung oder zu wenige Informationen, beispielsweise aus dem ersten Eindruck, abspeichern. Wir „frieren" dann unsere Wahrnehmung ein, nach dem Motto: „Wer einmal lügt…", hören nur noch auf das „eingefrorene" Urteil und suchen nach dessen Bestätigung. Frau Koller fällt einmal der Fahrzeugschein aus der Hand, und unser Urteil lautet: „Frau Koller ist nervös!" Fertig, aus, für uns ist das so. Wenn dann Frau Koller das Gleiche noch einmal passiert, wird unser eingefrorenes Urteil nur bestätigt.

Wir Menschen haben das Bedürfnis nach Orientierung, nach Sicherheit, insbesondere dann, wenn wir uns in neuer, unbekannter Umgebung befinden oder einem wildfremden Menschen begegnen. Denn wir wollen handeln, und hierzu benötigen wir – möglichst schnell – eine Informationsgrundlage, damit keine Verzögerung auftritt. Wir verschaffen uns dadurch auch die nötige Sicherheit im Umgang mit unserem Gegenüber. Hier ist jedoch Vorsicht geboten. Diese Orientierung darf zu keiner Vorausverurteilung der Person führen.

2.3.2 Kriterien für eine sinnvolle Kundeneinschätzung

Wir haben die Gefahren der Kundenbeurteilung gesehen und uns bewusst gemacht, was da so „abläuft", wenn wir andere Menschen einschätzen. Wir müssen also vorsichtig sein mit unserem Urteil, sonst sitzen wir schnell einem Vorurteil auf. Welche Konsequenzen das für den weiteren Kundenkontakt haben kann, wissen wir alle. Was also tun, um den Kunden besser zu kennenzulernen, seine Art zu erfassen und daraus die richtigen Maßnahmen für die Kundenbehandlung abzuleiten?

Zu ersten **vorsichtigen** Einschätzung eines unbekannten Kunden können wir eine Reihe von Merkmalen heranziehen:

- Physiognomie (äußere Erscheinung)

- Mimik

- Gestik

- Körperbau

- Körperhaltung

- Gang

- Kleidung

- Stimme

- Sprache

- Sprechart

und darüber hinaus:

- Fahrzeugtyp

- Zustand des Fahrzeugs

- Begleitpersonen usw.

Diese „Beurteilungsmerkmale" sind jedoch mit äußerster Vorsicht zu genießen, denn wir wissen, der erste Eindruck kann gehörig täuschen. Besser ist es, sich zunächst im Verlauf des Kontaktes auf folgende Merkmale zu konzentrieren, um die notwendigen Informationen für eine Einschätzung zu sammeln:

Welche Handlung vollzieht der Kunde, wie führt er sie aus?

Wir können hier nicht alle möglichen Kundenhandlungen erfassen; das würde den Rahmen des Buches sprengen. Schauen wir uns einige zufällig ausgewählte Beispiele an: Geht er vorsichtig, sich immer umschauend durch die Halle und signalisiert damit Unsicherheit? Drängelt er sich vor, oder wartet er geduldig ab, bis er an der Reihe ist? Nimmt er den angebotenen Platz an, oder will er lieber (aus Zeitdruck/Nervosität) stehen bleiben? Kommt er forschen Schrittes auf uns zu, oder schaut er sich zunächst vorsichtig, vielleicht verlegen um? Reicht er uns seine Hand zum Gruß, oder hält er sie zurück? Zeigt er eine freundliche, entspannte Mimik oder einen verbissenen, vielleicht ärgerlichen Gesichtsausdruck? – Das menschliche Verhalten bietet hier vielfältige Varianten, die wir beobachten können.

Was sagt der Kunde, und wie sagt er es?

Erwidert der Kunde unsere freundliche Begrüßung, oder handeln wir uns nur ein mürrisches „Morgen" ein? Schildert er seine Wünsche und Probleme umständlich und abschweifend, oder kommt er direkt und klar zur Sache? Verwendet er Fachausdrücke richtig, oder drückt er sie laienhaft aus? Spricht er mit leiser, zurückhaltender Stimme, oder trägt er laut und deutlich sein Anliegen vor? Zittert seine Stimme vor Ärger, oder klingt sie ruhig und entspannt? Spricht er Dialekt oder reinstes Hochdeutsch? Ist seine Wortwahl angreifend, aggressiv oder rein sachlich orientiert? Spricht er über sein Privatleben oder nur über die Sache? Hat er Einwände, oder stimmt er allem vorbehaltlos zu? Stellt er Fragen, oder schweigt er die meiste Zeit? Nennt er konkret seine Erwartungen und Wünsche, oder drückt er sie versteckt aus? – Das Leben bietet auch in diesem Bereich die unterschiedlichsten Signale, die der aufmerksame Beobachter nutzen kann.

Aber: Hüten Sie sich vor vorschnellen Schlüssen!

Überprüfen sie von Zeit zu Zeit Ihr Urteil, und revidieren Sie es gegebenenfalls.

Persönliche Stärke zeigt derjenige, der auch einmal einen Beurteilungsfehler zugeben kann.

Warum verhält sich der Kunde so und nicht anders?

Oftmals stellen wir uns die Frage: „Warum verhält der Kunde sich gerade so, was hat ihn dazu gebracht?" Diese Frage ist in den meisten Fällen sicher nicht zweifelsfrei zu beantworten, denn dazu müssten wir tiefer in den Kunden hineinsehen können. Aber dennoch spielt sie eine wichtige Rolle; ihre Beantwortung hat Konsequenzen für unser eigenes Verhalten. Wenn wir den Ursprung des Kundenverhaltens kennen, wissen, warum jemand sich so und nicht anders verhält, haben wir einen Ansatzpunkt, unser eigenes Verhalten danach auszurichten. Vereinfacht ausgedrückt kann Kundenverhalten zwei Ursprünge haben: die Persönlichkeit des Kunden und/oder die besondere Situation, in er der sich befindet.

Kundenverhalten ist also eine Funktion aus zwei Faktoren:
Persönlichkeit + Situation

Welcher der beiden Faktoren stärker für das Kundenverhalten verantwortlich ist, können wir zunächst nicht sagen. Wir müssen jedoch den Versuch unternehmen, dies zu ergründen. Warum? **Die Persönlichkeit unseres Kunden können wir nicht ändern**, auch wenn wir es wollen. Sie ist bei einem erwachsenen Menschen weitgehend festgelegt und überdauert eine lange Zeit. Darüber hinaus ist sicher das Autohaus auch nicht der rechte Ort für die Persönlichkeitsveränderung eines Menschen. Wir müssen uns also mit ihr als Vorgabe abfinden und können nur Möglichkeiten suchen, um mit ihr besser zurechtzukommen.

Situationen dagegen wechseln, verändern sich. Weiß man, dass eine momentane Situation das Kundenverhalten beeinflusst, so kann man Maßnahmen ergreifen, um diese Situation erträglicher zu gestalten. Zusätzlich schaffen wir im Autohaus selbst verhaltensbestimmende Situationen für den Kunden: Sei es durch den Anlass seines Besuchs, durch das von uns gebotene Umfeld und/oder durch unser eigenes Verhalten. **Diese von uns geschaffenen Situationen können wir in einem sehr starken Maße beeinflussen.**

Verdeutlichen wir uns dies an einem **Beispiel**: Stellen Sie sich vor, ein Kunde bezeichnet einen Reparaturpreis (z. B. Auspuffreparatur) als zu teuer. Wir hören die Worte „zu teuer", bemerken, dass er dies spontan, mit gereizter Stimme sagt, dabei eine abweisende Gestik macht und seine Mimik sich verändert. Das ist unsere Beobachtung. Würden wir daraus den Schluss ziehen, dass der Kunde geizig sei, dann würden wir sein Verhalten auf seine Persönlichkeit zurückführen. Das wäre sicher verfrüht. Wüssten wir außerdem, dass der Kunde sich beim Hausbau „übernommen" hat, läge der Schluss vielleicht nahe, „der Kunde kann nicht zahlen", und wir würden in seiner persönlichen Situation den Ursprung für sein Verhalten sehen. Wäre uns aber bekannt, dass unser Reparaturpreis weit höher als beim Mitwerber ist, so würden wir vielleicht die Ursache für das Kundenverhalten in der von uns bzw. vom Mitwerber geschaffenen Situation (= Preisgestaltung) sehen.

Aus jeder der drei Interpretationsmöglichkeiten würden wir vielleicht ein anderes Verhalten ableiten. In Möglichkeit 1 (Geiz) wäre es eventuell sinnvoll, durch eine ausführliche Preisargumentation den Kunden zu überzeugen. Möglichkeit 2 (Zahlungsschwierigkeiten) könnte uns eventuell zu einem Angebot bezüglich der Zahlungsweise veranlassen. In Möglichkeit 3 (Preisvergleich) würden wir die Vorzüge von Original-Teilen herausstellen und vielleicht zukünftig unsere Preisgestaltung überdenken.

Sicher eine vereinfachte Darstellung. Aber eines bleibt: **Je nach Verhaltensursprung richten wir unser eigenes Verhalten auf die Kundenbehandlung aus.**

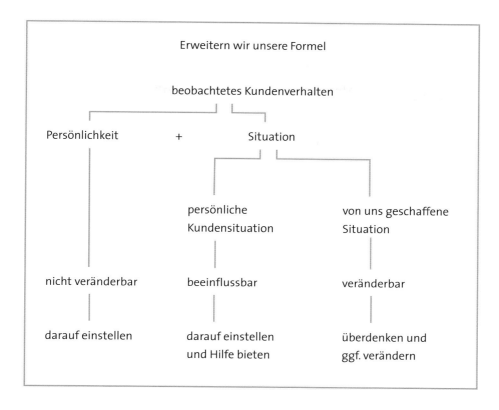

Erweitern wir unsere Formel

beobachtetes Kundenverhalten

Persönlichkeit + Situation

persönliche Kundensituation   von uns geschaffene Situation

nicht veränderbar   beeinflussbar   veränderbar

darauf einstellen   darauf einstellen und Hilfe bieten   überdenken und ggf. verändern

2.4 Kundenzufriedenheitsmessungen durch Hersteller, Importeur und Autohaus

2.4.1 Methoden und Ziele von Kundenzufriedenheitsmessungen

Zufriedenheitsmessungen bei Kunden haben eine lange (amerikanische) Tradition und sind in diesem Zusammenhang eng mit dem Firmennamen J.D. Power and Associates verbunden, eine Art amerikanische „Stiftung Warentest". Vor mehr als 40 Jahren erfunden, war ursprünglich an einen Ratgeber für Kaufwillige der verschiedensten Produkte gedacht. Seit 1992 gibt es Filialen in Deutschland.

Die Automobilbranche hat diesen „König" unter den verschiedensten Instituten und Studien zum Maßstab gemacht. Die veröffentlichten Befragungsergebnisse werden mit Spannung verfolgt, die aktuellen Rankings der Hersteller und Importeure zur

Kenntnis genommen und entsprechende Konsequenzen gezogen. Die Erhebungen erfolgen durch umfangreiche Fragebögen bei Autohauskunden, die kürzlich ein Fahrzeug erworben oder Werkstattleistungen in Anspruch genommen haben. Dazu kommen die regelmäßig erscheinenden Auswertungen von Werkstatttests, die uns im Auftrag von Herstellern, Importeuren, der Fachpresse oder vom Autohaus selbst initiiert, ein Spiegelbild der Beratungs- und Arbeitsqualität in der Werkstatt liefern.

Einige Hersteller und Importeure sind schon vor Jahren dazu übergegangen, den Customer Satisfaction Index (CSI) margenwirksam zu erklären. Kritisch werden daher – zumindest bei schlechten Ergebnissen – die Methoden der Befragung und Auswertung gesehen. So sind die Hauptpunkte der Kritik die Repräsentativität der zumeist schriftlichen oder telefonischen Befragungen, die starke Frequenz der Kontaktaufnahmen und der lange zeitliche Abstand (bis zu 3 Monaten) zwischen Werkstattbesuch und Befragung.

Sind diese Zufriedenheitsmessungen margenrelevant, neigen einige Händler dazu, Einfluss auf das Befragungsergebnis zu nehmen. Diese Einflussnahme ist vielleicht nachvollziehbar, jedoch hindert sie jeden Händler und Mitarbeiter, ungefälschte Ansätze für Verbesserungen zu erhalten.

Bei aller Kritik stehen wir den Zufriedenheitsmessungen grundsätzlich positiv gegenüber. Schließlich verfügen wir über kein anderes systematisches Mittel, uns selbst zu messen und mit den anderen zu vergleichen. Oder wer von Ihnen fragt den Kunden bei Fahrzeugabholung „Na, wie habe ich das wieder gemacht?"

Die Ziele von Kundenzufriedenheitsmessungen sind es,

1. den Zufriedenheitsindex zu bestimmen, um eine Vergleichbarkeit der Anbieter zu erreichen und so dem „Kaufinteressenten" die „Qual der Wahl" zu ersparen.
2. dem Anbieter – in diesem Fall der Werkstatt als Teil des Autohauses – Ansätze zur Verbesserung von Dienstleistungen zu geben.
3. einen Anlass zu schaffen, mit dem Kunden in Kontakt zu treten und ihm damit das Gefühl zu geben, „Hier bin ich König, hier darf ich's sein."

Der letztgenannte Punkt ist vielleicht erklärungsbedürftig. Da die Inspektionsintervalle immer länger werden und gleichzeitig die Reparaturbedürftigkeit der Fahrzeuge sinkt, werden die Gelegenheiten, einen Kunden von der Erstklassigkeit und den herausragenden Besonderheiten des eigenen Hauses zu überzeugen, immer seltener. Nicht Geschenke, sondern eben Gelegenheiten, also Kontakte machen Freunde. Wenn wir also unsere Kunden planmäßig immer seltener sehen können, brauchen wir zusätzliche Kontaktanlässe. Diesen Zweck erfüllen auch telefonische oder wenigstens schriftliche Zufriedenheitsnachfragen.

Warum greifen Sie nicht selbst zum Telefon und befragen – bevor der Hersteller beziehungsweise eine von ihm beauftragte Agentur dies übernimmt – selbst die Kunden. Nennen wir diese Telefonate „Service Follow ups" oder einfach „Zufriedenheitsnachfragen nach Werkstattbesuch". Sie werden vielleicht denken, was Sie denn noch alles tun sollen. Natürlich ist der Arbeitstag nicht beliebig ausdehnbar. Es lohnt sich jedoch, bestimmte Kunden für einen solchen Anruf auszuwählen. Vielleicht ist es der Kunde mit einer unerwartet hohen Rechnung, der Wiederholungsreparatur-Kunde oder der Kunde mit mehreren Fahrzeugen. Das Gespräch wird, wie in der Praxis oft bewiesen, zu einer Steigerung der Kundenzufriedenheit führen und Informationen liefern, wie Sie Ihren Service weiter optimieren können. Die durchschnittliche Gesprächsdauer von zwei Minuten können Sie allemal investieren – Kunden werden diese Investition belohnen, vorausgesetzt, die Telefonate werden professionell geführt.

2.4.2 Ansätze zur Optimierung in die Praxis umsetzen

Was können Sie als Serviceberater schon tun, wenn Kunden in Zufriedenheitsbefragungen nach Werkstattbesuchen reklamieren, dass der Preis zu hoch, die Anzahl der Parkplätze zu gering oder die Wartezeit zu lang ist? Auf den ersten Blick scheint es, als ob Sie nichts ausrichten könnten, aber eben nur auf den ersten Blick. Nehmen wir das Beispiel des zu hohen Preises. Ja, im Verhältnis wozu? Wohl im Vergleich zur wahrgenommenen Leistung, also der „gefühlte" Preis! Abhilfe schafft hier ganz sicher ein wohlmeinend kritischer Blick auf die Praxis der Auftragsbesprechung, der (telefonischen) Auftragserweiterung und der Rechnungserklärung bei Fahrzeugabholung. Lesen Sie hierzu Ausführlicheres unter dem Abschnitt „Die Fahrzeugübergabe mit System".

Wenn Kunden uns sagen, womit Sie nicht zufrieden oder einverstanden sind, ist dies zunächst eine große Wertschätzung, die sie uns entgegenbringen. Natürlich hört niemand von uns gern Kritik und die emotionale Reaktion ist entsprechend. Die oft gepriesene Weisheit, „Nimm Kritik nicht persönlich!" ist leichter zu sagen, als im konkreten Beschwerdefall umzusetzen. Hilfreich ist dann der Gedanke, dass ein Kunde, der sich beschwert, noch nicht abgewandert ist, sondern uns die Chance gibt, etwas zu verbessern.

Es wird oft die Frage gestellt: „Worüber ärgern sich Kunden am meisten?" Entsprechende statistische Auswertungen zeigen – sogar branchenübergreifend –, dass sie sich ärgern über **schlechte Beratung** und **mangelnde Aufmerksamkeit**. Und hier kommen Sie wieder ins Spiel! Menschliche **Zuwendung** und kompetente, souveräne Beratung sind gefragt. Es wird oft belächelt, wenn ich in meinen Seminaren über das Thema Zuwendung spreche. Hier ist aber eben nicht die floskelhafte Frage nach dem „Befinden der werten Frau Gemahlin" gemeint, sondern das echte Interesse am Gesprächspartner. Gleichzeitig habe ich aber auch immer bestätigt gefunden, dass Kundenkontakter im Service wirklich echte Menschenkenner sind, die sich oft ihrer Fähigkeiten und ihres besonderen Wissens gar nicht bewusst sind. **Fazit:** Lesen Sie die Auswertungen von Kundenzufriedenheitsmessungen unter dem Aspekt, was Sie bei Ihren täglichen Kundenkontakten verbessern können, um deren Zufriedenheit zu steigern. Sie werden erkennen, dass viel mehr in Ihrem Handlungs- und Verantwortungsbereich liegt, als Sie bisher glaubten.

2.4.3 Mitarbeiterbezogene Auswertungen – Damoklesschwert oder Chance?

Das Damoklesschwert, also das nur an einem Pferdehaar aufgehängte Schwert über dem Haupt des Damokles ist das Sinnbild drohender Gefahr, also nichts Gutes und keine schöne Vorstellung. Wir dürfen aber Kundenbefragungen nicht als etwas Bedrohliches empfinden!

In vielen Autohäusern werden mitarbeiterbezogene, also nicht anonymisierte Auswertungen als eine der Kennzahlen einer leistungsbezogenen Bezahlung herangezogen. Dies soll dazu führen, dass das eigene engagierte Bemühen um jeden Kunden honoriert wird, auch wenn man nur ein Glied in einer Prozesskette ist. Natürlich kann das nur einen Teil der Motivierung darstellen, jeden Tag das Beste zu leisten. Die Basis für die eigene berufliche Zufriedenheit ist die Einstellung, Kunden zu begeistern oder – sagen wir weniger euphorisch – positiv überraschen zu wollen und den Werkstattbesuch zu einem angenehmen Erlebnis zu machen.

Mitarbeiterbezogene Auswertungen der Kundenzufriedenheit sind ein wichtiges Mittel, Abläufe im Service zu optimieren. Sie sind vor allem Quelle für die eigene Zufriedenheit. In meinem Beruf als Trainerin ist das Teilnehmerfeedback zu Seminaren längst Praxis. Nach der Rückkehr aus Seminarveranstaltungen freue ich mich beim Lesen dieser Feedbackbögen über positive Beurteilungen und denke sorgfältig über kritische Meinungen nach und darüber, wie ich zukünftig das Programm noch besser an die Erwartungen der Teilnehmer anpassen kann. Diese Teilnehmerkommentare sind für mich eine wichtige Quelle der Motivation, immer wieder aufs Neue das Beste zu geben.

2.4.4 Treiber der Kundenzufriedenheit – Faktoren mit Hebelwirkung

Unter dem Punkt 2.1 sprachen wir über die „Kundenorientierung heute". Dort haben wir dargestellt, wie durch die Erfüllung der sogenannten Basis- und Leistungsfaktoren Kundenerwartungen zwar erfüllt werden können, gleichwohl nur eine moderate Zufriedenheit erreicht wird. Es geht also darum, herauszufinden, mit welchen Leistungen die Kundenerwartungen übertroffen werden und somit zu Begeisterung und Loyalität führen.

Viele Dienste, die wir heute jedem Autohauskunden selbstverständlich anbieten und ausführen, waren vor einigen Jahren noch nicht denkbar oder wurden nur „besonderen" Kunden geboten. Hierzu gehörte der Hol- und Bringservice, die Bereitstellung eines Mobilitätsfahrzeugs oder die kostenlose Fahrzeugwäsche, um nur einige Beispiele zu nennen. Heute empfinden sich Autohäuser und hier insbesondere Werkstätten und ihr Personal viel stärker als Dienstleister und suchen jeden Tag aufs Neue nach Möglichkeiten, den individuellen Bedürfnissen der Kunden durch entsprechende Leistungen gerecht zu werden.

Die Treiber – also die Faktoren, die eine besonders starke Hebelwirkung auf die Kundenzufriedenheit haben – sind relativ einfach und schnell identifiziert. Es sind all die Prozessschritte, die einen unmittelbaren Kontakt mit dem Kunden erfordern. Ein besonders starkes Gewicht haben dabei:

- die Serviceberatung bei der Fahrzeugannahme,
- die telefonische Auftragserweiterung, falls nötig,
- die Fahrzeugübergabe mit der Erläuterung der durchgeführten Arbeiten und der Rechnung.

Durch diese einzelnen und aufeinander abgestimmten Schritte im gesamten Serviceprozess kann im Kundengespräch eine besondere Beziehung und Vertrauen zur Werkstattleistung aufgebaut werden. Insbesondere mit der Erläuterung der durchgeführten Arbeiten und der detaillierten Erklärung der Rechnung wird zusätzlich Transparenz und damit Vertrauen geschaffen. Selbstverständlich führen das freundlichste Beratungsgespräch und eine verständliche Rechnungserklärung nicht zu besonderer Zufriedenheit beim Kunden, wenn die Arbeitsqualität nicht stimmt. Die technisch einwandfreie Ausführung aller in Auftrag gegebenen Arbeiten gehört eben zu den Basisfaktoren und wird von den Kunden schlicht vorausgesetzt.

? Lernfragen zum Kapitel 2

> Wie können Erwartungen, die der Kunde uns, unserer Leistung und unseren Produkten gegenüber hat, entstehen? Und welche Faktoren können wir bei der Erwartungshaltung des Kunden unterscheiden?

> Welchen grundlegenden Aussagen lassen sich zur Situation des Kunden festhalten, wenn er die Leistungen der Werkstatt in Anspruch nehmen muss?

> Welche Fehler machen Menschen häufig, wenn sie eine unbekannte Person einzuschätzen bzw. zu bewerten versuchen?

> „Das Verhalten ist die Summe aus der Persönlichkeit und der Situation eines Menschen" – Welche Hinweise bietet Ihnen dieser Leitsatz im Umgang mit Kunden?

> Welche Ziele haben Kundenzufriedenheitsmessungen und wie werden sie durchgeführt?

> Welche Treiber der Kundenzufriedenheit kennen Sie?

3 Der Serviceberater

3.1 Die Anforderungen an den Serviceberater

3.1.1 Die Bedeutung des Service und des Serviceberaters

Wer kennt sie nicht, die **Vorurteile gegenüber Service- und Werkstattmitarbeitern**? Überall in deutschen Autohäusern sind sie leider noch anzutreffen. „Schrauber", „Blaumänner" oder gar „Schmiernippel" werden sie abfällig genannt und ihre Wichtigkeit für das Bestehen und den wirtschaftlichen Erfolg des Autohauses völlig verkannt. Sicher, ohne Neuwagenverkauf keine Werkstattarbeit. Doch gäbe es ohne die Werkstatt noch den Verkauf?

Und wie verhält es sich mit der Situation des gesamten Betriebs? Nun ja, wenn man auf die Umsätze schaut, dann liegt der Verkauf natürlich uneinholbar vor dem Service. Doch was bleibt von diesen „Riesen"-Umsätzen? Die Ertragsseite stellt sich nämlich ganz anders dar: In einem durchschnittlichen Betrieb werden gut ¾ der Erträge im After-Sales-Bereich erwirtschaftet!

Und wer die Bedeutung des Service tiefer verstehen will, sollte sich folgenden Gedanken nicht verschließen: Der Automobilmarkt in der ganzen Welt hat sich gewandelt. „Käufermarkt" heißt die Kurzformel für diese Veränderung. Der Käufer bestimmt heute die Richtung, weil das Angebot größer als die Nachfrage ist.

Nach dem Gesetz der Entscheidungsfreiheit handelt unser Kunde und geht dorthin, wo seine Wünsche erfüllt werden. „König Kunde" bestimmt den Markt und orientiert sich bei seiner Kaufentscheidung heute zwar immer noch an Qualität, Leistung und Lebensdauer, Wirtschaftlichkeit und dem Preis des Neuwagens, aber stärker denn je orientiert er sich auch an den Verkaufs- und **Dienstleistungsaktivitäten** des Autohauses. Und zu den Dienstleistungsaktivitäten gehört nun mal der Service. Wohin sollte der Kunde sonst zur Inspektion fahren? Wer hilft ihm bei Problemen und wer berät ihn in technischen Fragen? Und das mitunter rund um die Uhr?

Eine wichtige Aufgabe des Service ist die Absicherung der Kaufentscheidung!

Der Service liefert nicht nur Verkaufsargumente, er verkauft auch indirekt Neufahrzeuge selbst. Heute wie gestern gilt der Satz: *Das erste Fahrzeug verkauft der Ver-*

kauf, das zweite der Service! Im Service werden getroffene Kaufentscheidungen absichert und weitere vorbereitet.

Denn bedingt durch die große Auswahl, trifft der Neuwagenkunde in vielen Fällen heute beim Kauf eine Kompromissentscheidung. Aus der Fülle des Angebotes sucht er jenes Fahrzeug, das seinen Vorstellungen am nächsten kommt. Selten wird der Neuwagen all die gewünschten Eigenschaften in sich vereinen und noch seltener wird es kein ähnliches Angebot auf dem Markt geben. Der Kunde muss also zwangsläufig eine Kompromissentscheidung treffen.

Was daher neben den Produkteigenschaften zählt, sind die Servicequalitäten des Autohauses. Ohne sie würden weitaus weniger Fahrzeuge verkauft werden, ohne sie fehlten dem Verkaufsberater wertvolle und überzeugende Verkaufsargumente. Oder sollte er lieber sagen: „Und wenn Sie mal was am Fahrzeug haben, dann suchen Sie sich eine Tankstelle."

Auch wenn der Kunde sich die Kaufentscheidung noch so gründlich überlegt hat, bleibt ein Restrisiko. Nun nagen an ihm die heimlichen Zweifel: „War meine Entscheidung richtig?", „Hätte ich nicht doch lieber den … kaufen sollen?" Die getroffene Entscheidung muss abgesichert werden, damit der Kunde frohen Herzens zu sich sagen kann: „Du hast richtig gehandelt!" Doch bis dahin ist ein weiter Weg. Zwar hat unser Kunde bereits vor der Entscheidung versucht, eine Vielzahl von Informationen zu sammeln. Schaute sich hier und dort auf dem Markt um, las diese und jene Autozeitschrift, fragte hier nach der Zufriedenheit und sprach dort mit dem Kollegen, Freunden, Verwandten über Autos und ließ sich im Verkauf eingehend beraten. Doch trotz all dieser frühzeitigen Absicherungsaktionen blieb diese „Restunsicherheit", und die gilt es nun zu beseitigen.

In den ersten Tagen und Wochen wird unser Kunde noch häufiger ans Fenster treten und seinen auf der Straße geparkten Wagen betrachten. Dabei wird er häufiger unbewusst die Beschwörungsformel „Ist ein tolles Auto!" vor sich hinsagen. Er wird die Reaktionen der Nachbarn heimlich beobachten, wird sich freuen, wenn diese heimliche oder offene Zustimmung oder gar Bewunderung bekunden. Er wird jedes zustimmende Wort von Kollegen als Bestätigung seiner Wahl oder Aufwertung seiner Person empfinden, das ihm „runtergeht wie Öl". Seine Augen werden auf der Straße, in der Fülle der anderen Fahrzeuge gleiche Modelle entdecken, gleiche Farben finden und gleiche Ausstattungsmerkmale erkennen. Und jedesmal wird er denken: „Wenn so viele andere die gleiche Entscheidung getroffen haben, dann kann meine ja nicht falsch gewesen sein." Insgeheim hofft er natürlich, seinen Wagen nicht allzu häufig zu sehen, er hat ja schließlich kein Allerweltsprodukt erworben.

Die ersten Fahrten mit dem Wagen werden zu reinsten Expeditionen. Das Auge ist wachsam, das Ohr hellhörig und der Geruchssinn geschult. Klappert es irgendwo? Kein Fleck zu entdecken und wie angenehm riecht es in diesem neuen Wagen? Da bleibt kaum ein Auge für den umliegenden Verkehr, denn auch hier gilt es, die eigene Wahl zu bestätigen.

Und dann die ersten Kontakte mit dem Service! „Macht hoch die Tür, das Tor macht weit…", es kommt der Neuwagenkunde zur ersten Inspektion. „Was sagte der Serviceberater da eben, ich hätte mir ein feines Auto gekauft? Na ja, der Mann ist vom Fach, muss es ja schließlich wissen. Richtig nett hier, bemühen sich um einen. Na, Mängel hab' ich ja glücklicherweise keine an meinem Wagen."

Doch wehe, wenn der Nachbar abfällig den Wagen betrachtet, die Kollegen Bemerkungen machen, es im Kofferraum irgendwo undefinierbar klappert und der Serviceberater noch irgend etwas von kleinen Mängeln erzählt. Dann „Gute Nacht!" Da wird dann der stolze Neuwagenkunde zum ewig nörgelnden Werkstattkunden und spricht schlimmstenfalls seine innere Kündigung zum Wagen aus. „Nie wieder…", heißt es dann. Zufriedenheit ade! Willkommen im Kreis der Werbeträger für das Negativimage.

Der Kunde, der innerlich den Schluss ziehen muss, seine Kaufentscheidung sei nicht die richtige gewesen, ist für das Produkt und das Autohaus zumeist verloren. Nur über **Kundenzufriedenheit** ist langfristig **Kundenbindung** zu erreichen. Dem Service kommt dabei eine entscheidende Rolle des „Nachverkaufs" zu. Und jeder Nachverkauf ist auch eine Vorbereitung des nächsten Verkaufs. Nicht grundlos wird im englischen Sprachraum der Service als After-Sales (frei übersetzt: nach dem Verkauf) bezeichnet. Wer wollte da noch dem Serviceberater seine After-Sales-Manager-Funktion abstreiten?

3.1.2 Beruf im Wandel

Der Kunde begnügt sich heute nicht mehr mit der reinen Reparaturannahme. Um Kundenzufriedenheit und Kundenbindung zu erreichen, musste sich daher das Bild der ersten Kontaktperson im Werkstattbereich ändern. Jetzt tritt das kommunikative Element des Kundenkontaktes verstärkt in den Vordergrund: **Beraten,**

Betreuen und Verkaufen sind die Schlüsselbegriffe der Aufgaben des Serviceberaters.

Ansprechpartner im Service kommen heute mit verschienartigen Kundentemperamenten und entsprechenden Kundenerwartungen in Berührung. Ein Höchstmaß an Flexibilität, Anpassungsvermögen, Einfühlung und den entsprechenden kommunikativen Fähigkeiten wird da von dem Serviceberater erwartet. Reparaturannehmer allein werden mit diesen vielfältigen Aufgaben nicht fertig.

Der Serviceberater heute ist auch Leistungsverkäufer. Sinkende Kontakthäufigkeiten, bedingt durch längere Wartungsintervalle, erfordern mehr denn je eine Intensivierung der wenigen Kontakte des Kunden zur Werkstatt, auch in verkäuferischer Hinsicht.

Wenn vom Serviceberater oder auch **Serviceleistungsverkäufer** mehr verkäuferisches Denken und Handeln erwartet wird, sind wir schnell bei einer neuen Anforderung, die eine immer stärkere Rolle spielt. Gemeint ist das **unternehmerische Denken**. Der Serviceberater soll sich als Unternehmer im Unternehmen verstehen. Natürlich soll ein Mitarbeiter nicht die Chancen und Risiken des Unternehmens Autohaus anstelle des Inhabers oder Geschäftsführers auf seine Schultern nehmen. Jedoch bekommt die Führung auf der Grundlage von verschiedenen Service-Kennzahlen und die Vereinbarung von mitarbeiterbezogenen Zielen eine immer stärkere Bedeutung. Kaufmännisch kluges Handeln muss also von jedem Serviceberater verlangt werden können.

Zumindest in größeren Betrieben kommt häufig noch eine weitere Anforderung auf den Serviceberater zu. Er ist verantwortlich für ein Team von Werkstatt-Mitarbeitern und koordiniert die Arbeiten, ist also **Führungskraft**. Weil er meistens aufgrund seines besonderen technischen Wissens und Könnens aus dem Werkstatt-Team ausgewählt wird, ist er auf die Aufgabe als Führungskraft am wenigsten vorbereitet und wird dafür auch nicht geschult. Daher muss er durch die tägliche Arbeit in diese Rolle hineinwachsen, womit er indes regelmäßig überfordert sein dürfte.

Da muss sich heute jeder Entscheidungsträger im Kfz-Betrieb fragen lassen, ob die noch immer vorhandenen Auswahlkriterien für den Mann (oder die Frau) im Service noch die richtigen sind. Ist es noch wirklich zeitgemäß, den besten Techniker nach vorne zu schicken? Der beste Werkstattmann ohne ein ausbaufähiges Mindestmaß an Kontaktbereitschaft und -fähigkeit wird im Kundenumgang Schiffbruch erleiden.

3.1.3 Die Aufgaben des Serviceberaters

Klare Kompetenz- und Aufgabenregelung ist Voraussetzung für eine optimale Stellenerfüllung. Stellenbeschreibungen können hierbei helfen. Sie geben jedem Mitarbeiter Verhaltenssicherheit und schaffen für den Vorgesetzten die notwendigen Rahmenbedingungen für Personalplanung und Personalentwicklung. Natürlich dürfen Stellenbeschreibungen nicht zum Formalismus degradiert werden und müssen daher den jeweiligen individuellen Bedingungen des Unternehmens angepasst werden.

Zu den vielfältigen Aufgaben des Serviceberaters gehören:

A Diagnose und Auftragserstellung

- Der Serviceberater bespricht – direkt am Wagen und ggf. nach einer Probefahrt – die Probleme und Wünsche des Kunden.

- Er stellt die technischen Störungen in ihrer Erscheinungsform fest und schließt nach technischer Prüfung auf die Ursache.

- Der Serviceberater informiert und berät den Kunden über Verkehrssicherheit, Betriebsbereitschaft und über die nächsten fälligen Prüfungen unter Beachtung des Fahrzeugwertes. Anschließend schlägt er mögliche Auftragsergänzungen vor.

- Lehnt ein Kunde die Beseitigung eines die Betriebssicherheit des Fahrzeugs betreffenden Mangels ab, so muss der Serviceberater dieses schriftlich fixieren (z. B. auf der Rechnung).

- Durch seine Beratung fördert der Stelleninhaber zusätzlich den Verkauf von Teilen, Zubehör, Reifen, Öl sowie Hohlraum- und Unterbodenschutz.

- Als Serviceleistung erledigt er kleine Handreichungen am Fahrzeug des Kunden selbst.

- Nach betrieblichen Grundsätzen vereinbart der Serviceberater die Zahlungsweise.

- Auf der Basis der Diagnose erstellt er Aufträge mit Auftragstexten, Arbeitspositionsnummern und AW-Vorgaben entsprechend dem AW-Katalog. Außerdem nimmt er die Adresse und Telefonnummer des Fahrzeughalters auf.

- Den Kunden informiert er über die Reparaturbedingungen. Arbeitswerte und Teilepreise wandelt er in eine Kostenschätzung um und spricht die Termine ab.

- Der Serviceberater lässt den Kunden alle Aufträge unterzeichnen und übergibt ihm eine Auftragskopie. Er übernimmt die Kraftfahrzeugpapiere und -schlüssel und das Servicescheckheft.

- Benötigt ein Kunde einen Leihwagen oder ein Taxi, so kümmert sich der Serviceberater darum.

- Der Serviceberater gibt die Aufträge an die Disposition weiter bzw. erteilt Unteraufträge an die Abteilungen Elektrik, Karosserie, Lackiererei oder an Fremdleistungsbetriebe.

- Je nach innerbetrieblichen Gegebenheiten erteilt er Aufträge für Verwaltung, Verkauf, Teiledienst und Werkstatt.

- Liegt ein Anspruch auf Garantie oder Kulanz vor, trägt er diese in den Auftrag ein und benachrichtigt den zuständigen Sachbearbeiter.

B Durchführung eines Auftrages

- Kann ein geplanter Termin nicht eingehalten werden, so nimmt der Serviceberater sofort telefonischen Kontakt mit dem Kunden auf.

- Eine Auftragserweiterung darf nicht ohne Zustimmung des Kunden erfolgen.

 Als Empfehlung: Vereinbaren Sie individuell mit dem Kunden, bis zu welchem Betrag zusätzliche Reparaturen durchgeführt werden dürfen, und fixieren Sie dies auf dem Reparaturauftrag.

- Nach Auftragsabschluss überprüft der Serviceberater das Fahrzeug auf Sicherheit und auf die Qualität der Arbeiten nach den Richtlinien der Endabnahme.

- Je nach Struktur des Betriebs führt der Serviceberater die Endkontrolle nur vertretungsweise durch.

- Die Durchführung von Inspektionen trägt der Serviceberater ordnungsgemäß in das Servicescheckheft ein.

- Holt der Kunde sein Fahrzeug ab, so übergibt der Serviceberater ihm den Wagen persönlich und erläutert ihm die ausgeführten Arbeiten, den Befundbericht und die Rechnung.

C Serviceförderung

- Der Serviceberater ermittelt auf Basis der Monteureinheiten die zur Verfügung stehende Werkstattkapazität und überwacht die Werkstattauslastung.

- Monatlich wertet er die Durchgangsstatistik aus und regt Maßnahmen zur Verbesserung an.

- Anhand der Kundendatei kontrolliert er die Zahl der Stammkunden, deren Fahrzeugdaten und den Betreuungsgrad.

- Außerdem überwacht er Daten wie TÜV, Wartungsintervalle, letzter Werkstattbesuch usw.

- Regelmäßig wertet der Serviceberater die Kartei aus und führt Service- und Marketingmaßnahmen durch wie zum Beispiel:
    - Werbebriefe
    - telefonische Kontakte
    - Weitergabe der Informationen an die Verkaufsabteilung
    - Information bei saisonalen Angeboten und Sonderaktionen

D Image des Service

- Der Serviceberater pflegt das Image seiner Abteilung.

- Er achtet auf Sauberkeit des Betriebes, insbesondere im Aufenthaltsbereich der Kunden und am Arbeitsplatz.

- Des Weiteren aktualisiert er Preisaushänge, Serviceplakate und andere Organisationsmittel.

- Auf korrekte Kleidung und gepflegte Erscheinung legt er Wert.

- Zur Hauptannahmezeit sorgt er für freie Park- und Abstellmöglichkeiten der Kundenfahrzeuge.

- Der Serviceberater beobachtet die Abstellplätze, den Hof und die Annahme, um die Kunden sofort empfangen und ansprechen zu können.

3.2   Die Persönlichkeit des Serviceberaters

So verschieden das Aussehen der unterschiedlichsten Menschen ist, so unterscheiden sich auch „Persönlichkeiten". Aber was verstehen wir eigentlich unter diesem Begriff?

Im allgemeinen Sprachgebrauch bezeichnen wir eher einen Menschen selbst damit. Besitzt er für uns herausragende Eigenschaften, dann sagen wir, er sei eine „Persönlichkeit". Psychologisch gesehen ist mit „Persönlichkeit" aber die Summe von Eigenschaften gemeint, die einen Menschen langfristig auszeichnen.

Tagtäglich verwenden wir Adjektive in Hülle und Fülle, um andere zu beschreiben. Wenn man es genau betrachtet, lassen sich die Eigenschaften einer Person aber nicht direkt beobachten. Sie lassen sich nur vermittelt durch ihr Verhalten erschließen. Je häufiger eine Person in verschiedenen Situationen ein und dasselbe Verhalten an den Tag legt, desto eher wird man auf eine bestimmte Eigenschaft Rückschlüsse ziehen, der Person ein bestimmtes Persönlichkeitsmerkmal zuschreiben.

Beruf und Persönlichkeit

Sicherlich muss jeder Mitarbeiter eines Unternehmens ausreichend fachlich qualifiziert sein, um seine individuellen Aufgaben im Betrieb erfüllen zu können. Allerdings sollte sich ein Unternehmen auch schon zu einem sehr frühen Zeitpunkt, nämlich bei der Auswahl und der Platzierung eines Mitarbeiters im Betrieb, Gedanken über die Berücksichtigung individueller Persönlichkeitszüge machen. Auch in Fragen der Weiterbildung ist ein Bedenken der Wünsche, Interessen und Stärken des Einzelnen anzuraten.

Dies wird insbesondere wichtig, wenn ein Mitarbeiter nach und nach in der Unternehmenshierarchie aufsteigt. In zunehmenden Maße werden die fachlichen Anforderungen an Bedeutung abnehmen und an deren Stelle überfachliche Kompetenzen gefragt sein (z. B. Kontaktfähigkeit oder Teamorientierung).

Wenn die Persönlichkeit des Mitarbeiters und die Anforderungen, die seine Tätigkeit ihm abverlangen, gut aufeinander abgestimmt sind, wird er am ehesten großes Engagement entwickeln und so auch gute Leistungen erbringen.

Doch wenn man ständig unter- oder überfordert wird, wird man unzufrieden und übt seine Tätigkeit nicht mit Erfolg aus. Schlimmstenfalls wird man früher oder später beruflich scheitern.

 Also liegt es sowohl im Interesse des Unternehmens als auch des Mitarbeiters, dass er den zweifellos immer größer werdenden Anforderungen gewachsen ist, damit er seine Tätigkeit optimal ausüben kann.

3.2.1 Selbst- und Fremdbild

Selbstbild

Wir wissen schon, dass sich Eigenschaften nur am Verhalten ablesen lassen. Auch unser Selbstbild entsteht in erster Linie dadurch, dass wir unser eigenes Verhalten beobachten und dann daraus schließen, wie wir eigentlich sind. Wir vergleichen uns mit anderen und bewerten so zum Beispiel unseren eigenen Erfolg in Relation zu ihnen.

Unser Selbstbild ist ungleich komplexer als das, welches wir von anderen Personen haben. Wir erinnern uns wie wir uns in der Vergangenheit in bestimmten Situationen verhalten haben. Wir hatten ja schon unseren gesamten Lebensweg hindurch die Gelegenheit verschiedene Erfahrungswerte sammeln können. Demzufolge können wir meist auch ableiten, wie wir uns in entsprechenden Situationen zukünftig aller Wahrscheinlichkeit nach verhalten werden.

Wir entwickeln immer wieder neue Strategien, um ein positives Bild unserer Selbst aufrecht zu erhalten. Dazu bevorzugen wir z. B. zur Erklärung unseres eigenen Verhaltens, auch wenn es eigentlich negativ zu bewerten wäre, positiv einzuschätzende Aspekte. Haben wir Erfolg, so führen wir dies gern auf die eigene Kompetenz zurück. Scheitern wir aber, so werden wir wahrscheinlich eher die äußeren Umstände dafür verantwortlich machen.

Gesicherte Erkenntnisse über die Wirkung unserer eigenen Person nach außen können wir nur über die Rückmeldung anderer erhalten. Auf diesem Weg können wir dann unser Selbstbild an die Wirkung auf andere anpassen. Ein solches „Feedback" erfordert – insbesondere dann, wenn etwas nicht gerade Positives zurückgemeldet werden soll – ein sensibles Vorgehen. Sie kennen es aus dem Berufsleben vielleicht in Form betrieblicher Beurteilungssysteme.

Das Selbstbild ist nicht nur ein abstraktes gedankliches Gebilde. Es dient nicht nur der gelegentlichen Reflexion. Es ist uns meist wichtig, dass unser Gegenüber in ähnlicher Weise über uns denkt, wie wir selbst. Wir richten deshalb unser Verhalten darauf aus, ein entsprechendes Bild bei anderen zu erzeugen. Da wir außerdem danach streben, dass dieser Eindruck konsistent ist, also durchgängig und stimmig, bemühen wir uns ihn aktiv zu steuern, durch die so genannte „Selbstdarstellung".

Wir verhalten uns in bestimmten Situationen immer wieder auf ähnliche Weise oder setzen bei Berichten über unser Leben bestimmte Schwerpunkte. Vorzugsweise rücken wir positive Aspekte in den Vordergrund, aber auch ein paar kleine „Schwächen", die ja bekanntlich sympathisch machen.

Fremdbild

Wir selektieren unwillkürlich, die uns relevant erscheinenden, Informationen über unser Gegenüber aus der Menge der Eindrücke, die wir erhalten, heraus.

Dabei nehmen bestimmte Persönlichkeitsmerkmale einen zentralen Stellenwert ein. Sie entscheiden in stärkerem Maße darüber, ob wir von einer Person ein insgesamt eher positives oder eher negatives Bild erhalten. Das Merkmal „Vergesslichkeit" z. B. wird uns nicht gleich dazu veranlassen, eine Person als gänzlich negativ zu empfinden. Das Merkmal „Falschheit" dagegen, wird wahrscheinlich eher die positiv zu bewertenden Eigenschaften einer Person „überstrahlen" und das Gesamtbild daher eher negativ erscheinen lassen.

Auch unsere eigenen Wertvorstellungen und Einstellungen nehmen Einfluss auf die Beurteilung anderer. Was wir für uns selbst als relevant erachten, suchen wir auch verstärkt beim Gegenüber. Je mehr Übereinstimmungen sich finden lassen, desto sympathischer erscheint uns jemand. Der Volksmund drückt dies sehr treffend mit der Redensart „Gleich und Gleich gesellt sich gern" aus. Das Fremdbild wird also nicht nur durch das zu beobachtende Verhalten, sondern auch durch die beobachtende Person selbst beeinflusst.

Im Gegensatz zu der bevorzugten Erklärung des eigenen negativ einzuschätzenden Verhaltens durch die Situation, ziehen wir bei andern eher ihre mutmaßlichen Eigenschaften zur Erklärung heran. Dementsprechend wird auch der Erfolg anderer häufig mit den äußeren Umständen, wie z. B. Glück, erklärt.

3.2.2   Selbstmotivation des Serviceberaters

Kennen Sie das auch? Man wird genervt von den negativen Bemerkungen über die Arbeit. Man mag sie nicht mehr mit anhören, die demotivierten und demotivierenden „Sprüche" der anderen. Der Kragen platzt, dem Herzen wird Luft gemacht und die Ratschläge, wie „Mensch, mach doch mal was dagegen!" werden verteilt. – Was tut man, wenn einem die Motivation zur Arbeit plötzlich abhanden gekommen ist? Kann ja durchaus passieren, erst recht, wenn man eine solch aufreibende Tätigkeit wie die des Serviceberaters ausübt.

Motivation zur Arbeit – mehr als nur ein Schlagwort? Die Motive, die uns arbeiten lassen, sind vielfältig. Sie reichen vom reinen „Geldverdienen" über Streben nach Anerkennung bis hin zur Selbsterfüllung. Wir suchen den zwischenmenschlichen Kontakt durch die Arbeit, polieren mit dem Beruf unser Image auf, befriedigen unser Machstreben oder unseren Spieltrieb. Meist sind es mehrere Motive gleichzeitig, die uns dazu „treiben", unserem Beruf nachzugehen. Beim einen sind es eher äußere Anreize, beim anderen innere Motivatoren, welche wirken.

Motivation von außen ist nur die Hälfte wert!

Wer kennt sie nicht, die Anreize, die von außen kommen und uns zur Arbeit motivieren. Ob nun Gehaltserhöhung, Umsatzbeteiligung, Dienstwagen oder sonstige Vergünstigungen. Ihnen ist eines gemeinsam: Sie motivieren uns, aber nur für eine begrenzte Zeit. Hand auf's Herz! Wie lange hielt Ihre frische Motivation nach der letzten Gehaltserhöhung an? Bestenfalls einige Wochen, falls – ja, falls Sie nicht in Ihrem Innern selbst zur Arbeit motiviert waren.

Die dauerhafteste Motivation ist der Antrieb von Innen, aus einem selbst kommend. Er ist wie der Motor, der anspringt und dann läuft und läuft und läuft und… Schier unendlich scheint die Kraft dieser inneren Motivation zur Arbeit zu sein. Es ist die Identifikation mit der Arbeit, die uns den Spaß bringt. Der Anreiz liegt in der Tätigkeit selbst und in unserer Einstellung zu ihr.

Auf die Einstellung kommt es an!

Arbeit muss Spaß machen, sonst wird sie zur Last. Doch ob Arbeit Spaß macht, hängt nicht allein von der Art der Arbeit ab, sondern auch entscheidend von unserer Einstellung zu ihr. Kritiker mögen jetzt sagen, hier soll die Hölle zum Paradies, der frustrierende Job zum Traumberuf gemacht werden, weil es ja nur auf die Einstellung zur Tätigkeit ankäme.

Nein, aber vergleichen Sie einmal Ihre Tätigkeit im Service mit anderen Berufen! Sind die anderen Berufe wirklich so viel schöner, weniger anstrengend oder lukrativer, wie Sie manchmal meinen? Machen Sie sich selbst einmal eine Plus-Minus-Liste von Ihrem Beruf. Notieren Sie einerseits Vorteile, andererseits vermeintliche Nachteile. Sie werden sich wundern, wie viele positive Seiten Ihre Tätigkeit hat. Oftmals sehen wir den Wald vor lauter Bäumen nicht, übersehen das Angenehme, weil das Negative uns ins Auge sticht. Rücken Sie Ihre eigene Einstellung wieder gerade! Wollten Sie als Kind auch gern in einer Schokoladenfabrik arbeiten? Würden Sie dies heute als Erwachsener noch gern tun?

Fangen Sie Ihren Tag positiv an!

Muss man sich eigentlich über die eigene fehlende Motivation wundern, wenn man zu spät aufsteht, das Frühstück in Hetze einnimmt, im Autohaus steht und gleich den ersten Kunden bedienen soll? Auf die zehn Minuten mehr Halbschlaf hätte man lieber verzichten sollen, denn der Preis dafür ist nur Frustration. Motiviert den Tag beginnen heißt auch, am Morgen genügend Zeit für sich selbst zur Verfügung zu haben, sich innerlich auf den Tag vorbereiten zu können, sich einzustellen und ihn bewusst zu beginnen.

Suchen Sie nach Anerkennung!

Nein, damit ist nicht gemeint, dass Sie ab heute auf Komplimentefang gehen sollten, nach dem Motto „Na Chef, wie war ich heute?" Suchen Sie selbst nach Ihrer Anerkennung! Freuen Sie sich darüber, wie gut Ihnen diese oder jene Arbeit gelungen ist. Sehen Sie das Lächeln und die freundliche Verabschiedung des Kunden nicht als Selbstverständlichkeit, sondern als Dank und Anerkennung für Ihre freundliche und fachkundige Beratung.

Klopfen Sie sich bewusst auf die Schulter dafür, wie Sie heute die Stresssituationen so ruhig und gelassen gemeistert haben. Tun Sie es nicht nur in Gedanken. Sagen Sie es sich laut und deutlich auf dem Heimweg oder vor dem Spiegel im häuslichen Badezimmer.
Freuen Sie sich über den gelungenen Tag und zeigen Sie es Ihren Mitmenschen. Lächerlich sagen Sie? Nein, lächerlich oder zu belächeln sind eher die vielen griesgrämigen Gesichter, die Ihnen abends auf dem Heimweg begegnen. Schauen Sie einmal beim Ampelhalt in die anderen Fahrzeuge! Möchten Sie so griesgrämig aussehen wie viele unserer Mitmenschen?

Lächeln Sie häufiger!

Ich höre Sie jetzt schon sagen: „Ich bin kein Schauspieler, der auf Stichwort lächeln kann." Sie können! Sie müssen es nur probieren.

Mimik und Einstellung hängen eng miteinander zusammen. Wenn Sie sich einmal bewusst zum Lächeln zwingen, werden Sie feststellen, wie sich auch Ihre Einstellung verändert. Übrigens: Lächeln macht Freunde und wird belohnt.

Planen Sie Ihren nächsten Arbeitstag!

Verlassen Sie nicht Hals über Kopf sofort zum Feierabend das Autohaus. Natürlich, Sie haben sich Ihren Feierabend redlich verdient. Sie haben es aber auch verdient, mit Ruhe und Gelassenheit an den nächsten Arbeitstag zu gehen.

Schreiben Sie Ihren Tagesplan für den nächsten Tag schon am Abend. Dadurch geben Sie sich selbst Ordnung und Klarheit und Sie können sich innerlich auf den nächsten Tag einstellen.

Reizen Sie sich selbst!

Nicht zur Weißglut, sondern zur Zielerreichung. Nehmen Sie sich etwas vor, stecken Sie sich Ziele. Kurzfristige, erreichbare Ziele und genießen Sie den Spaß des Ausprobierens. Sie arbeiten jeden Tag mit vielen Menschen. Wer hat darüber bestimmt, dass Sie 20 Jahre Ihres Lebens mit den gleichen Worten nach den Wünschen des Autohauskunden fragen? Probieren Sie einmal etwas Neues aus: Redewendungen, Formulierungen, Argumentationen. Lassen Sie sich „reizen" von den Einwänden Ihrer Kunden. Reizen, zum Spaß an der Beeinflussung, der Überzeugung. Kennen Sie das Gefühl, das man hat, wenn man einen anfänglich sehr skeptischen Kunden von einer Sache überzeugen konnte? Nicht aufschwatzen, überzeugen macht Spaß und motiviert.

Stecken Sie andere an!

Stecken Sie Ihre Kolleginnen und Kollegen mit Ihrer guten Laune an. Sie kennen das doch: Es gibt Tage, da läuft alles wie geschmiert. Es läuft vielleicht darum so gut, weil alle motiviert sind. Da werden dann die schwierigsten Situationen gemeistert, der größte Stress eingesteckt und obendrein macht die Arbeit noch Spaß. Warten Sie nicht auf motivierte Kollegen, motivieren Sie sich selbst, sich und andere!

3.2.3   Selbstverantwortung und positives Denken

> Jeder Serviceberater muss seine eigene Verantwortung dem Kunden gegenüber bedenken. Vorbei sollten die Zeiten der „Kollege-kommt-gleich-Haltung" und der „Das-geht-mich-nichts-an-Einstellung" sein.

Es sind oftmals gerade die kleinen Dinge des Kundenkontaktes, die unseren Kunden bitter „aufstoßen": Der fehlende Gruß eines vorübergehenden Mitarbeiters, die nicht erfolgte Ansprache, wenn der Kunde „Suchsignale" sendet, oder die lapidare Telefonauskunft: „Rufen Sie später nochmals an, der Kollege ist jetzt nicht da!" – Es gibt eine Fülle solcher Situationen, in denen der Kunde die Mitverantwortung eines Mitarbeiters vermissen kann.

Das Prinzip der Verantwortung zieht sich natürlich noch weiter. Was wäre der Verkauf, wenn nicht der Service gegebenenfalls von einer Reparatur abriete und die Überlegung eines Neu- oder Gebrauchtfahrzeuges ins Spiel brächte? Was wäre wiederum der Service, wenn man nicht im Teileverkauf den „Do-it-yourself-Kunden" auf ein Komplettpreisangebot der Werkstatt hinwiese? Und was täte das Lager mit so manchem Zubehör, wenn nicht ab und zu auch aus der Werkstatt ein Hinweis an den Kunden käme? Gemeinsamkeit schafft hier Erfolge. Diese Erfolge können jedoch nicht erzielt werden, wenn das „Profit-Center-Denken" blind macht. Hand in Hand zu arbeiten ist heute notwendig, um das komplette Leistungsspektrum des Autohauses an den „Mann" zu bringen.

> **!** Das Gleiche gilt, wenn uns der Kunde in Konfliktfällen zur Verantwortung zieht. Welchen Kunden interessiert es, ob das Lager zu lahm, die Werkstatt zu schlampig, der Verkauf zu oberflächlich oder die Verwaltung zu bürokratisch gehandelt hat. Verantwortlichkeit abzuschieben „gilt nicht" in den Augen des Kunden. Der jetzige Gesprächspartner des Kunden zählt, ob er den Fehler selbst verbockt hat oder nicht.

Tiefsitzende Vorurteile unter den Mitarbeitern sind es oft, die die „Das-geht-mich-nichts-an-Haltung" verursachen. Wo noch die Vorurteile vom „ungehobelten Schrauber", dem „arbeitsscheuen Krawattenträger" oder dem „Schräubchenzähler" existieren, kann kein Teamgeist und gemeinsames Verantwortungsgefühl wachsen. Jeder sollte sich an die eigene Nase fassen und seine innere Position überdenken. Bestimmte Berufe haben eben ihre Eigenheiten und führen schon manchmal zu Verhaltensweisen, die anders sind als die eigenen. Was wäre ein ungenauer Buchhalter, ein schweigsamer Verkäufer oder ein allzu gesprächiger Werkstattmitarbeiter? Unter wahren Kollegen respektiert man das! Den Kunden interessieren diese innerbetrieblichen Grabenkämpfe auch keineswegs, und er sieht die Kollegenschelte nur als Imagebeeinträchtigung des Gesamtbetriebes. Bedenken wir: Der innere Zustand des Betriebes und das Betriebsklima werden für den Kunden an vielen Stellen sichtbar.

Positives Denken im Kundenkontakt

Banal, aber wahr: Freundlichkeit ist die Mutter der Dienstleistung. Ohne sie läuft nichts! Wo Freundlichkeit fehlt, fehlt die Grundsubstanz des menschlichen Miteinanders. Freundlichkeit kann man lernen und täglich praktizieren. Sie ist der Schlüssel zum gemeinsamen Kontakt. Zu einem Lächeln gesellt sich gern ein zweites; denn Freundlichkeit hat einen sozialen Charakter. Doch wie erreicht man sie, die Freundlichkeit? Einfach lächeln, und schon ist alles o.k.? Nein, so einfach ist es sicherlich nicht. Da muss schon die innere Einstellung zum Beruf, zum Kundenkontakt und zum Kunden stimmen. Dann stellt sich die Freundlichkeit fast von selbst ein.

Ein Glas kann halb voll oder halb leer sein; wie man es sieht, ist eine Frage der eigenen Einstellung. Kundenkontakt kann anstrengend oder reizvoll sein, auch dies ist oft eine Frage der Betrachtungsweise.

Denken Sie positiv! – Wer die Kraft der inneren Einstellung noch nicht kennt, kann sie mit einem kleinen Versuch ausprobieren! Stellen Sie sich morgens vor den Spiegel und sagen Sie zu sich selbst: „Mir geht es schlecht, und ich seh' schon ganz elend aus." Wiederholen Sie täglich diese „Beschwörung". Spätestens nach einer Woche werden Sie sich so krank fühlen, dass Sie am liebsten gleich wieder ins Bett gingen. – Sie lachen und denken vielleicht, dass sei doch völliger Blödsinn. Ist es auch. Aber diesen „Blödsinn des negativen Denkens" betreiben viele Menschen, ohne sich über die Folgen bewusst zu sein. „Das wird wieder ein Tag!" „Besser wäre ich im Bett geblieben!" „Schon wieder dieser ewige Stress!" „Warum komm' ich eigentlich immer in den Stau?" „Ich hab' keine Lust!" „Schon wieder ein nörgelnder Kunde!" So oder ähnlich lauten unsere **negativen Selbstbeschwörungen**, die wir täglich von uns geben. Muss man sich da wundern, wenn manches schiefgeht? Es gibt Menschen, die regen sich jeden Tag über die gleichen Kleinigkeiten auf: über zu heißen Kaffee, ewig rote Ampeln, die dummen Autofahrer, über lahme Kollegen und anspruchsvolle, ständig nörgelnde Kunden.
Wer sich jeden Morgen über den zu heißen Kaffee ärgert, sollte seine Nerven schonen und die Konsequenzen daraus ziehen. Er kann ja kaltes Wasser hinzugießen, einige Minuten warten oder gänzlich zu kalten Getränken übergehen. Möglichkeiten gibt es da viele. – So ist es auch mit dem Kundenumgang. Kunden sind anspruchsvoll. Das ist so! Was hilft es da, sich darüber aufzuregen und diese Aufregung noch unbewusst den Kunden spüren zu lassen. Wir müssen viele Dinge akzeptieren, weil sie unweigerlich mit unserer Tätigkeit verbunden sind. Den Kunden können wir nicht ändern. Er ist so, mit all seinen kleinen Fehlern und seinem Temperament. Ihm dies innerlich zum Vorwurf zu machen hilft überhaupt nicht.

Die besten psychologischen Regeln, Tipps und Tricks zum Kundenkontakt, zur Gesprächsführung oder Argumentation sind zwecklos, ja völlig vergebens, wenn die Grundeinstellung, die innere Haltung zu unserem Kunden und zu unserer Arbeit nicht stimmt. **Unsere Einstellung beeinflusst unser Verhalten.** Wenn wir einem Menschen innerlich ablehnend gegenüberstehen, so wird es uns kaum gelingen, eine freundliche Gesprächsatmosphäre, einen persönlichen Kontakt aufzubauen. Diese Gesprächsatmosphäre ist jedoch für einen erfolgreichen und befriedigenden Kundenkontakt notwendig und hat natürlich einen entscheidenden Einfluss auf die Kundenbindung. Wenn unsere innere Einstellung nicht stimmt, verzerrt sich das Lächeln zur schauspielerischen Maske. Unser Gegenüber wird diese Fassade schnell durchschauen.

Die Worte und Sätze, die wir unseren Kunden sagen, mögen von uns noch kontrollierbar sein. Unsere Körpersprache, unsere Stimme, unser Tonfall aber verraten unsere Einstellung. Menschen haben ein sehr feines Gespür für solche Signale. Hüten Sie sich also vor unglaubwürdigen und durchschaubaren Fassadentechniken!

„Ich bin o.k. – Der Kunde ist o.k." – Mit dieser Einstellung klappt der Kundenkontakt. Erfolgreiche Serviceberater sagen sich dies täglich. Gegenseitige Akzeptanz und Zutrauen zu sich selbst, auch mit schwierigen Situationen oder Kunden umgehen zu können, sind Merkmale dieser positiven inneren Einstellung. Das hat nichts mit Naivität zu tun. Es ist nicht „nur das Gute im Menschen sehen". Nein, es ist eine realistische Sichtweise, die unseren Kunden, so wie er ist, akzeptiert, auch wenn er mit kleinen Marotten oder Fehlern behaftet ist. Na, und selbstverständlich werden auch die eigenen Ecken und Kanten gesehen. Akzeptieren Sie auch Ihre Fehler, aber ruhen Sie sich nicht auf ihnen aus!

Erst mit dieser Einstellung wird der Aufbau eines Sympathiefeldes zum Gesprächspartner möglich. Partnerschaft heißt der Grundgedanke dieser Haltung, die den Weg zu einem fairen und befriedigenden Kundenkontakt ebnet.

3.2.4 Das Modell der Transaktionsanalyse

Ja, es ist schon seltsam mit dem menschlichen Verhalten! Geradezu phänomenal. Da begegnen uns unsere Kunden auf die merkwürdigste Art und Weise: Sie sind manchmal gereizt, wo man sicher ist, nichts dazu beigetragen zu haben, und sind dann wieder „lammfromm" in Situationen, in denen einem längst selbst der Hut „hochgegangen" wäre. Da schlägt das Verhalten innerhalb von Sekunden um, da verhalten sich Männer wie Kinder, Frauen wie Häuptlinge, Kinder wie ihre eigenen Urgroßeltern – unergründlich wie ein Schnittmusterbogen aus einer Modezeitschrift. Doch den können ja einige Menschen durchschauen; warum sollte das nicht beim menschlichen Verhalten möglich sein?

Gibt es solche Schnittmusterbögen für die Kundenpersönlichkeit? Nun, ganz so einfach können wir das Prinzip auf den Kundenumgang nicht übertragen. Aber es wäre schön, wenn wir solch einen Plan für das Kundenverhalten hätten.

Das Model der Transaktionsanalyse liefert diesen „Schnittmusterbogen". Die Transaktionsanalyse dient dazu, das menschliche Verhalten, Denken und Fühlen zu erklären. Sie tut dies auf einfache, klare und damit verständliche Weise. Sie gibt dadurch die Möglichkeit, alltägliche Verhaltensweisen unserer Mitmenschen und insbesondere unserer Kunden besser verstehen zu können. Komplizierte Prozesse werden durchschaubarer, und wir gewinnen mehr Sicherheit im Umgang mit alltäglichen Problemen und Konfliktsituationen.

Zunächst taucht natürlich die Frage auf: Was sind Transaktionen? Es handelt sich dabei nicht um finanzielle Transaktionen aus der Banken- und Börsenwelt der Wall Street. Nein, Transaktionen sind Grundeinheiten des menschlichen Verhaltens. Es sind Signale, die wir unserer Außenwelt senden, wenn wir mit ihr in Kontakt treten. Das kann ein kurzes „Grüß Gott", eine auffordernde Geste oder auch ein längerer Satz sein. Es sind Signale, von Mensch zu Mensch, die sprachlich oder körpersprachlich übermittelt werden. – Diese Transaktionen sind es oft, die unsere zwischenmenschlichen Beziehungen so spannend machen. Da fragen wir den Kollegen: „Kannst du mir sagen, wo mein Kugelschreiber ist?" und bekommen zur Antwort: „Kannst du nicht endlich selber mal auf deine Sachen aufpassen?" Knall! Wir stehen verdutzt da. „Spinnt der?", denken wir und fragen uns, warum wir keine vernünftige Antwort bekommen haben.

 Die Transaktionsanalyse ist ein Betrachtungsmodell der Psychologie und erklärt menschliches Verhalten. Sie basiert auf der Untersuchung von Grundeinheiten des menschlichen Miteinanders, den so genannten Transaktionen. Diese sind Signale, Reize und Reaktionen, die Menschen im täglichen Kontakt austauschen.

Die Transaktionsanalyse kann solche Situationen verdeutlichen und erklären, doch müssen wir uns zuvor mit einigen Erkenntnissen vertraut machen.

Erkenntnis Nr. 1

Das menschliche Gehirn arbeitet wie ein „Videogerät". Alle Erlebnisse werden von Geburt an aufgenommen und gespeichert.

Zugegeben, ein vielleicht etwas seltsamer Vergleich! Doch Menschen sammeln in Ihrem Leben Erfahrungen und dies von ihrer frühsten Jugend an. Das sind nicht nur Gedächtnisinhalte, wie Regeln, Schlussfolgerungen oder Gesetzmäßigkeiten. Nein, es sind verschiedenartigste Erlebnisse mit sich selbst und der Umwelt. Diese Erlebnisse werden wie mit einem Videogerät aufgezeichnet. Nur hat das menschliche Gehirn mit seinen 10 bis 14 Milliarden Zellen eine wesentlich höhere Aufzeichnungskapazität. Da werden vom ersten Lebenstag an nicht nur Eindrücke gesammelt, sondern auch Gefühle. Ob es sich dabei um das Gefühl der Unterlegenheit unserer Kindheit oder um ein unangenehmes Kundengespräch im vergangenen September handelt, beides wird festgehalten und gespeichert.

Erkenntnis Nr. 2

Zur Aufzeichnung von Eindrücken stehen verschiedene „Speicher" zur Verfügung. Bleiben wir bei unserem Bild des „Videorecorders": So, wie Sie vielleicht bei Ihrer heimischen Videoanlage verschiedene Kassetten für Sport, Filme oder private Aufzeichnungen parat haben, so hat auch unser „Eindrucksrecorder" verschiedene Speichersysteme zur Verfügung. Diese „Speicher" sind in der Transaktionsanalyse die Ich-Zustände.

Von dem Begründer der Transaktionsanalyse, Eric Berne, wurde solch ein Ich-Zustand als ein System von Gedanken und Gefühlen bezeichnet, welches gleichzeitig mit äußeren Verhaltensweisen verknüpft ist. Es werden also nicht nur Gedanken (z. B. die Erinnerung an einen Geburtstag) aufgenommen. Nein, unser Recorder hat neben der „Gedankenspur" auch eine „Gefühlsspur", genauso wie auf einem Videoband auch Bild und Ton aufgezeichnet werden. Zu einem Erlebnis (Gedanken) wurde und wird das von uns zu dem entsprechenden Zeitpunkt empfundene Gefühl mit aufgezeichnet (z. B. das Gefühl der Freude an dem besagten Geburtstag).

Drei solcher Speicher (= Ich-Zustände) mit Gedanken und Gefühlen besitzen wir. Sie bilden zusammen unsere Persönlichkeit. Es sind Zustände mit unterschiedlichsten Inhalten, die dort zusammenwirken.

Ihre Namen klingen vielleicht etwas befremdlich. Doch lassen Sie sich davon nicht gleich abschrecken!

Da ist zunächst einmal der Zustand des **Kindheits-Ich**: Hier wurde von unserem frühsten Leben an aufgezeichnet. All das, was wir als Kind fühlten und dachten, ist dort gespeichert. Unsere frühsten Erfahrungen mit der Umwelt, mit den Menschen unserer damaligen Umgebung wurden hier aufgenommen – das Gefühl der Ohnmacht oder Hilflosigkeit etwa, das wir erlebten, wenn wir etwas nicht erreichen konnten, weil wir noch zu klein waren; aber auch die spontane Freude über ein Geschenk und das Gefühl des Trotzes, wenn wir gegen jegliche Regeln und Ermahnungen unserer Eltern etwas doch tun wollten. Und auch heute noch kommt diese Kindheits-Ich zum Zuge, z. B. wenn wir trotzig zu uns sagen: „Der soll noch mal kommen, dem helf' ich nicht mehr!"

Daneben wurde aber auch schon recht früh der Speicher des **Eltern-Ich** aktiv. Man sagte uns in jungen Jahren, wie wir uns zu verhalten hätten. Sagte uns, was erlaubt und was verboten sei. Gab uns Lebensregeln, Normen, Gebote und Verbote mit auf den Weg, um besser in diesem Leben zurechtzukommen. Manche dieser Regeln sind noch heute für uns von Nutzen, z. B. wenn wir automatisch vor dem Überqueren einer Straße nach links und dann nach rechts schauen. Andere wiederum sind recht antiquiert, überholt oder sogar hinderlich. Denken sie nur an die Lebensregel: „Man isst auf, was auf den Teller kommt!" Würden manche von uns heute diese Regel öfter mal nicht befolgen, hätten wir vielleicht weniger Übergewichtige.

Eltern und Erzieher, die „Großen", haben uns diese „Kassette" aufzeichnen lassen. Wir orientieren uns auch heute noch daran: mal beschützend/helfend, aber auch antreibend oder kritisch/tadelnd.

Das dritte im Bunde ist unser **Erwachsenen-Ich**. Es nahm seine Tätigkeit erst in unserer späteren Kindheit und Jugend auf. Es ist das „Vernünftige" in uns, das Fakten erst abwägt, bevor es eine Entscheidung fällt. Es fragt, prüft und vergleicht verschiedene Möglichkeiten – so wie ein Erwachsener, der Preise vor dem Kauf vergleicht und erst nach gründlicher Überlegung zum Kauf bereit ist.

Ohne dieses Erwachsenen-Ich wären wir kaum zu wichtigen sachlichen Entscheidungen in unserem Leben fähig. Es ist der präzise arbeitende Computer in uns, der uns glücklicherweise oft vor Fehlentscheidungen bewahrt, z. B. wenn unser Kindheits-Ich uns mal wieder in eine spontane Handlung hineinzwingen will.

Alle drei haben ihre Berechtigung und stehen in uns gleichwertig nebeneinander. Welcher der drei aber jeweils zum Sprechen, Fühlen oder Handeln kommt, das hängt von der Situation und den an uns herankommenden Signalen unserer Mitmenschen ab.

Erkenntnis Nr. 3

Jeder Mensch kann in jeder Situation aus einem der drei Ich-Zustände heraus reagieren. Oft werden diese Ich-Zustände von anderen Menschen aktiviert, ohne dass es uns bewusst wird.

All unsere gespeicherten Gedanken, Gefühle und Verhaltensweisen („die alten Videobänder"), die in den Ich-Zuständen aufgezeichnet wurden, können spontan abgespielt werden. Es kommt auf die Situation und auf die von ihr und den dort beteiligten Menschen ausgehenden Reize an, welcher Ich-Zustand in uns anspringt. Schauen wir uns diese verschiedenen Möglichkeiten einmal an einem **Beispiel** an:

Es ist Freitag, 18:00 Uhr, kurz vor Werkstattfeierabend. Stammkunde Müller steht vor Serviceberater Meier mit einem Problem an seinem Fahrzeug: Er benötigt eine neue Wasserpumpe; noch heute, weil er in den Urlaub fahren will. Herr Müller könnte aus jedem seiner Ich-Zustände heraus reagieren, um den Serviceberater zum Einbau dieser Pumpe zu bewegen.

Reaktionsmöglichkeit 1

„Hören Sie mir mal zu, mein Lieber! Entweder Ihre Leute machen das heute noch, oder Sie haben mich das letzte Mal in Ihrer Werkstatt gesehen. Was Ihr Chef dann dazu sagen wird, brauch' ich Ihnen ja wohl nicht zu erklären!"

In dieser Form hätte das kritische **Eltern-Ich** des Kunden reagiert. Von oben herab, mahnend, mit der offenen oder versteckten Drohung. Kennen Sie solche Reaktionen von Ihren Kunden?

Reaktionsmöglichkeit 2

„Sie sagen, Ihre Leute machen gleich Feierabend und würden den Einbau in der Zeit nicht mehr schaffen. Wäre es nicht möglich, jemanden zu einer Überstunde zu bewegen?"

Sachlich, fragend und die Möglichkeiten abwägend, hätte das **Erwachsenen-Ich** reagiert. Ohne Drohung, ohne leidenden Unterton. Sachlich und freundlich. Sind Ihnen solche Kundenreaktionen nicht unbekannt?

Reaktionsmöglichkeit 3

„Ich weiß wirklich nicht, was ich noch machen soll, wenn Sie mir jetzt nicht helfen. Meine Kinder freuen sich so auf die Ferien. Bitte tun Sie doch was für mich!"

Abhängig, hilflos der Situation ausgeliefert, hätte das **Kindheits-Ich** reagiert, um den Serviceberater zu einer Reaktion zu bewegen. „Auf die Tränendrüse drücken" ist eine Reaktionsmöglichkeit aus diesem Ich-Zustand. Kennen Sie auch diese Reaktion von Ihren Kunden?

Jede mögliche menschliche Kontaktmöglichkeit bietet also Gelegenheit, aus einem der drei Ich-Zustände heraus zu reagieren. Oft ist es jedoch so, dass wir uns diesen Ich-Zustand nicht bewusst aussuchen, sondern in ihn hineinmanövriert werden. Denken Sie nur an unser Beispiel. Auf welche Kundenfrage würden Sie selbst in der Rolle des Serviceberaters wie reagieren? Haben Sie selbst nicht schon Situationen erlebt, in denen Kunden Sie zu Reaktionen brachten, die sie eigentlich gar nicht geben wollten? Sie beispielsweise zu einer Zusage gebracht, von der Sie wussten, dass Sie sie nicht einhalten können? Oder Sie ließen sich zu einer ärgerlichen Antwort hinreißen, obwohl Sie gar keinen Grund dazu hatten? Oder hat man Sie zu hilflosen Reaktionen in einer Situation verleitet, die Sie sonst mit Bravour meisterten?

Auch hier können wir wieder unseren Videorecorder-Vergleich heranziehen. In den beschriebenen Situationen ist es oft so, als habe jemand die „Fernbedienung" unseres Recorders entwendet, drücke alle Knöpfe, bis eine Reaktion erfolgt und lasse nun nach Belieben „alte Videos" ablaufen.

Wer von uns hat sich nicht schon einmal vorgenommen, sich ganz anders zu verhalten, wenn dieser nörgelnde Kunde wiederkommen sollte. Steht er dann mit seinem kritischen Blick und seinem „Geht's-nicht-ein-bisschen-schneller-Gedrängel" vor uns, sind plötzlich alle guten Vorsätze dahin, und wir reagieren so, wie wir es diesmal nicht machen wollten. Man hat uns wieder einmal in Verhaltensweisen hineingebracht; wir fühlen uns angegriffen, klein, ohnmächtig und haben gerade noch Platz für eine trotzige Reaktion, die unser Kindheits-Ich sprechen lässt. – Ob so oder anders, jedem von uns passiert dies immer wieder; und es ist so als hätte jemand den falschen Knopf gedrückt.

Sie sehen, wundersame Dinge kann die Transaktionsanalyse erklären. Täglich begegnen wir diesen uns bisher vielleicht nicht erklärlichen Verhaltensweisen.

Wie zeigt sich das Verhalten aus den verschiedenen Ich-Zuständen?

> Eltern-Ich (EL)

- **kritisches Eltern-Ich**

  „Schulmeister-Verhalten", Anweisungen, Drohungen, Mahnungen, Befehle, Urteile

  belehrend, kritisierend, von oben herab, abschätzend, ironisch, empört, missbilligend

  mahnender Zeigefinger, Blick von oben, kritische Mimik, Hände in die Hüften gestemmt oder vor der Brust verschränkt, sich vor jemandem aufbauend

- **fürsorgliches Eltern-Ich**

  „Beschützer-Verhalten", „Ich-mach'-das-für-Sie-Verhalten"

  „Lass-mich-das-mal-machen-Verhalten", Mut machen, „Tröster-Verhalten", helfend

  unterstützend, tröstend, entmündigend, bemitleidend

  Fürsorger-Miene, freundliches Belächeln, tröstendes Schulterklopfen

> **Erwachsenen-Ich (ER)**

Fragehaltung, Information einholen, Meinungen erkunden, Wahrscheinlichkeiten abwägen, Chancen einschätzen, Auskunft geben

sachlich, fragend, ohne Unterton, neutral, freundlich, verständnisvoll, interessiert, aufmerksam

verständnisvolle Mimik, offene Körpersprache, erklärende Gestik, offener Blickkontakt

> **Kindheits-Ich (KI)**

- **hilfloses Kindheits-Ich**

  Hiflosigkeit, Ohnmachtsgefühl, angepasstes „Nicht-weiter-wissen", Niedergeschlagenheit, „Was-soll-ich-denn-nur-machen-Haltung", „Ich-kleines-Würstchen-Haltung", sich ausgeliefert fühlen

  schmollend, weinerlich, gefühlvoll, bittend, unsicher, hilflos, vorsichtig

  Schmollmund, hilfloser Augenaufschlag, flehender, bittender Blick, gesenkte Schultern, Kann-nicht/Weiß-nicht-Gestik, gedrückter Gang, unsichere Mimik und Gestik, Achselzucken

- **trotziges/rebellisches Kindheits-Ich**

  „Ätsch-Haltung"

  „Mach-ich-nicht-/Will-ich-nicht-Verhalten"

  „Mit-mir-nicht-mehr-Einstellung", „Götz-von-Berlichingen-Einstellung"

  „Hast-Du-Pech-gehabt-Einstellung"

  trotzig, polternd, abweisend, spontan abwehrende Mimik und Gestik, Trotz-Mimik

- **freies/natürliches Kindheits-Ich**

  lachen, tratschen, spontane Freude, veräppeln, Zoten reißen, austricksen, Kreativität, Übertreibungen, „Angler-Latein" spontan, frei, ungezwungen, unvorsichtig, draufgängerisch, lachend, rücksichtslos (ohne Nachdenken), lässig, übertriebene Gesten, ungezwungenes Lachen, ausgebreitete Hände

Wir erkennen die verschiedenen Ich-Zustände nicht nur an den Worten, die gesprochen werden. Auch der Tonfall und die Körpersprache, die das gesprochene Wort begleiten, sagen uns, woher eine Äußerung kommt. So kann der einfache Satz „Mein Auto ist kaputt", je nachdem, wie er betont wird, aus den verschiedenen Ich-Zuständen kommen. Probieren Sie es doch mal aus, versuchen Sie einmal die verschiedenen Betonungen zu imitieren und diesen Satz mal aus Kindheits-, Eltern- und Erwachsenen-Ich kommen zu lassen.

3.2.5 Kundengespräche mit der Transaktionsanalyse lenken

So richtig spannend wird die Sache mit der Transaktionsanalyse erst dann, wenn zwei Menschen aufeinander treffen und jeweils zwei Ich-Zustände miteinander in Verbindung treten. Dann entstehen erst die eigentlichen Transaktionen. Dann tritt ein Ich-Zustand des einen Menschen mit einem Ich-Zustand des anderen Menschen in Verbindung. Daraus ergibt sich eine Vielzahl von Kontaktmöglichkeiten, die wir Ihnen hier systematisch darstellen wollen.

Situation 1

Kunde: „Wie kann es denn zu einem solch hohen Ölverbrauch kommen? Ist das denn noch normal?" (1)

Serviceberater (SB): „Die Werte, die Sie mir nannten, liegen durchaus noch im Toleranzbereich. Es kann verschiedene Ursachen haben, wenn es zu einem höheren Ölverbrauch kommt." (2)

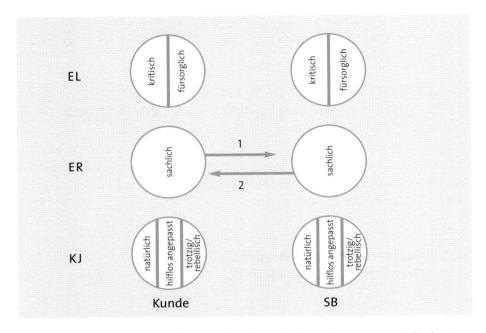

Hier tritt das Erwachsenen-Ich des Kunden mit dem Erwachsenen-Ich des Serviceberaters in Verbindung. Der Kunde fragt sachlich interessiert ohne verletzenden oder vorwurfsvollen Unterton, und unser Serviceberater antwortet entsprechend. – Die meisten Kundengespräche führen wir auf dieser Ebene. Gespräche, die so verlaufen, sind konfliktfrei und bringen einen Gesprächsfortschritt; denn hier werden Fragen gestellt und beantwortet, werden Meinungen ausgetauscht und sachlich, freundlich Probleme diskutiert. Gespräche, die auf dieser Ebene geführt werden, sind konfliktfrei.

Situation 2

Kunde: „Wir Autofahrer werden doch heute vom Vater Staat an jeder Ecke zur Kasse gebeten. Jetzt soll schon wieder die Mineralölsteuer erhöht werden. Die Herren in Berlin bestimmen, und wir kleinen Würstchen müssen die Suppe auslöffeln." (1)

Serviceberater: „Da sagen Sie ein wahres Wort. Wir müssen immer dran glauben. Aber ändern können wir ja doch nichts." (2)

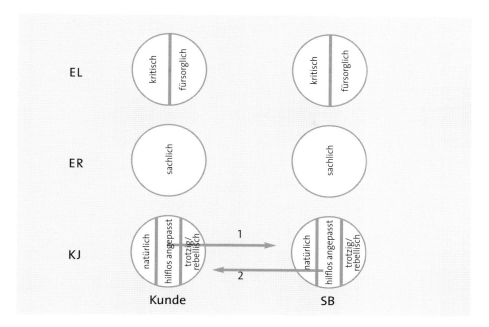

EL

ER

KJ

Kunde   SB

Die beiden Gesprächspartner sind richtig zu bedauern. Sie klagen sich gegenseitig ihr Leid aus ihrem hilflosen Kindheits-Ich. „Die da oben – wir hier unten", so könnte man Gespräche bezeichnen, die auf der Kindheitsebene geführt werden (zumindest wenn das hilflose Kindheits-Ich am Werke ist). Keiner kann dem anderen behilflich sein, also klagt man sich gegenseitig etwas vor. Auch hier handelt es sich um eine parallele Transaktion, die somit konfliktfrei ist. Solange beide auf der gleichen Ebene bleiben, wird man sich vertragen, wird das Gespräch konfliktfrei bleiben. Doch mit einem Unterschied zur vorangegangenen Situation: Man kann sich zwar stundenlang auf dieser Ebene unterhalten, doch bringt es keine Veränderung, keine echte Hilfe, keinen sachlichen Fortschritt.

Situation 3

Kunde: „Das darf doch bei einem Neuwagen nicht vorkommen. Dieser hohe Benzinverbrauch ist ja wohl das Letzte!" (1)

Serviceberater: „Es tut mir leid, wenn Sie mit dem Wagen nicht zufrieden sind. Bitte sagen Sie mir doch, wie hoch der Verbrauch ist, den Sie errechnet haben." (2)

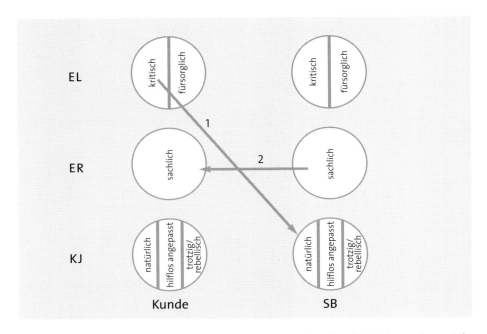

Hier kommt der Kunde wieder aus seinem vorwurfsvollen kritischen Eltern-Ich. Der Serviceberater reagiert nicht getroffen oder beleidigt. Er gibt sich auch nicht hilflos geschlagen, sondern setzt bewusst sein Erwachsenen-Ich zur Gesprächssteuerung ein. Er zeigt dem Kunden Verständnis und versucht, durch Hintergrundfragen zunächst den Sachverhalt zu beleuchten. Diese Reaktion hilft weiter, führt zu einem klärenden Gespräch, in dem der Verstand die Schwierigkeiten bewältigt. Der Kunde muss langfristig aus dem Erwachsenen-Ich reagieren und die sachlichen (aber freundlichen) Fragen des Serviceberaters beantworten.

Jeder unserer Ich-Zustände hat seine Berechtigung, keiner ist schlecht oder überflüssig. Wichtig bei jeder unserer Reaktionen ist jedoch das **Prinzip der Angemessenheit**. Denken Sie nur an das fürsorgliche Eltern-Ich. Es kann uns oftmals gute Dienste leisten und ist in vielen Fällen auch angemessen. Da kommt der Kunde vielleicht aufgeregt und hilflos zu uns: „Ich weiß gar nicht, was ich jetzt machen soll! Mein Wagen ist an der Ecke liegengeblieben und ich muss zu einem wichtigen Termin!" Wer wollte uns da eine unterstützende Reaktion nach dem Motto: „Keine Angst wir helfen Ihnen weiter!" verwehren? Die gleiche Reaktion jedoch zu zeigen, wenn der Kunde keineswegs hilflos ist, sondern sachlich fragt und sich auf der Suche nach handfesten Informationen befindet („Ist es möglich, dass jemand mal nach meinem Wagen sehen kann?"), wäre wahrscheinlich unangemessen. Nicht

Standardreaktionen sind daher gefragt, sondern die Situation und den Ich-Zustand des Kunden berücksichtigende Verhaltensweisen.

Weitere Situationen und Beispiele finden Sie im Internet unter www.auto-business-shop.de unter Eingabe der Artikelnummer 040.

? Lernfragen zum Kapitel 3

> Die Anforderungen an den Serviceberater haben sich in den vergangenen Jahren/Jahrzehnten erheblich gewandelt – beschreiben Sie diesen Wandel mit Ihren eigenen Worten.

> Was verstehen Sie unter dem Begriff „Serviceleistungsverkäufer"?

> Wie entstehen Selbst- und Fremdbilder eines Menschen und mit welcher Methode können wir diese „zueinander" bringen?

> Welche Möglichkeiten haben Sie, um sich im beruflichen Alltag selbst zu motivieren?

> Welche „Ich-Zustände" kennt die „Transaktionsanalyse"? Benennen Sie diese und beschreiben Sie mit eigenen Worten, was den jeweiligen Ich-Zustand kennzeichnet.

„Schrauber oder After-Sales-Manager?" – Der Serviceberater

4 Kommunikation und Gesprächstechniken

Der Begriff Kommunikation hat in den letzten Jahren immer stärker Einzug in unsere Sprache gehalten, doch die Ansichten darüber, was darunter zu verstehen ist, gehen manchmal weit auseinander.

Kommunikation umfasst einen sehr weiten Bereich. Auch die Übertragung von Informationen über die Massenmedien, wie Fernsehen, Radio oder Zeitschriften und Tageszeitungen, fällt unter diesen Begriff. Selbst Informationsübertragung durch Hinweisschilder, Piktogramme usw. kann man als Kommunikation auffassen. Ja, sogar die Fahnen, die vor Ihrem Betrieb wehen, sind Teil der Kommunikation, einer Botschaft also, die Sie Ihrem Kunden senden. „Seht her", sagen Sie damit, „hier befindet sich ein Händler des Fabrikates X." Die Fahne ist das Medium, der Betrachter ist der Empfänger der Botschaft, und der Hersteller und/oder das Autohaus ist der Sender dieser Nachricht.

Das wichtigste Mittel der Kommunikation für den Serviceberater ist die Sprache in gesprochener und geschriebener Form. Daneben kommt noch der so genannten nichtsprachlichen Kommunikation eine weitere, wichtige Bedeutung zu.
Wir wollen uns auf die Kommunikation zwischen Kunden und Serviceberater durch die Sprache und Körpersprache beschränken, das Kundengespräch als Kommunikationsprozess ansehen, seine Besonderheiten betrachten und Wege zu einer Verbesserung der Kundenkommunikation aufzeigen.

4.1 Menschen sind wie Eisberge

Das Gefühl ist immer mit von der Partie, auch im Kundenkontakt, wo alles zunächst nur nach Sachlichkeit aussieht. – Das erinnert schon manchmal an eine Expedition in die Antarktis. Da begegnen sich zwei Eisberge, führen sachliche Gespräche, verbergen ihre Gefühle und geraten dennoch unter Wasser aneinander.

Der kleinere Verstandsteil schaut aus der Wasseroberfläche heraus und der große Bruder liegt verborgen unter der Wasseroberfläche. Uns selbst manchmal unbekannt, verbergen wir ihn erst recht vor unseren Mitmenschen. Man begegnet sich in der Regel sachlich, rational. Erst nach einer Zeit der Vertrauensbildung ist man bereit, seinen Wasserspiegel etwas herabzusenken und einen Teil seines Innenlebens preiszugeben. Verständlich, denn der empfindliche und leicht verletzbare Gefühlsteil benötigt Schutz.

Der Kunde hat ein sachliches Anliegen – er interessiert sich für ein Zubehör, möchte seinen Wagen warten oder reparieren lassen – und erwartet sachliche Lösungen. Von Gefühl keine Spur, meinen wir da. Doch lassen wir uns nicht täuschen! Der Gefühlszustand bleibt verdeckt. Ärger daheim oder im Beruf, Krankheit, freudige Ereignisse oder irgendwelche anderen Gefühle bestimmen zwar sein Verhalten mit, bleiben aber unausgesprochen. Über Gefühle spricht man nicht! Oder was würden Sie von einem Kunden denken, der erstmals zu Ihnen käme und gleich vertraulich von seinen Ehestreitigkeiten berichtete. Sie würden ihn wahrscheinlich als „gestört" ansehen. Das Gleiche gilt natürlich auch für unseren eigenen Gefühlszustand. – Gefühle spielen also zunächst im Kundenkontakt „Verstecken". Sie sind zwar vorhanden, aber keiner der Beteiligten zeigt sie offen.

Nun gut, sagen Sie vielleicht, dann können wir die Gefühle ja vergessen und uns voll auf die Sachlage konzentrieren. Halt, damit würden wir uns den Kundenkontakt zu einfach machen. Natürlich sind die Gefühle nach wie vor im Kontakt vorhanden und müssen auch berücksichtigt werden.

Der „Titanic-Effekt"

Das menschliche Miteinander ist oft paradox. Einerseits spricht man nicht über seine Gefühle, andererseits erwartet man jedoch von seinem Mitmenschen, dass er diese Gefühle berücksichtigt. Unser Kunde hat die gleichen Erwartungen. Auch er möchte, dass seine unausgesprochenen Gefühle mit berücksichtigt werden. Wenn er sich freut, möchte er von uns kein Trauergesicht, wenn er trauert, möchte er kein Freudengesicht. Unsere Reaktionen müssen immer der momentanen Gefühlslage des Kunden angepasst sein.

Kundengefühle müssen erkannt und das eigene Verhalten darauf abgestellt werden. Tun wir das nicht, würde schnell der „Titanic-Effekt" entstehen. Sie kennen die Geschichte des berühmten Luxusliners „Titanic", der bei seiner ersten Fahrt einen Eisberg rammte und unterging. Noch heute liegt er da am Meeresgrund. Es wurde nämlich missachtet, dass die Ausladung eines Eisberges unter Wasser weit größer ist, als man bei der Betrachtung der Eisbergspitze ahnt. Beachten wir dieses

Naturgesetz auch nicht, so könnte es uns wie der Titanic ergehen, und wir würden im Kundenkontakt untergehen. Wir müssen erkennen, dass in unseren Kundengesprächen die Ausladung der emotionalen Kontaktseite weit größer ist, als wir auf den ersten Blick sehen. Die Gefühlsseite im Gespräch zwischen uns und dem Kunden ist weder zu leugnen noch zu unterschätzen.

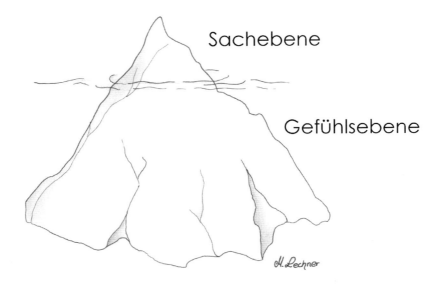

Gefühlssignale des Kunden erkennen und ihnen richtig begegnen heißt die Devise. Kundenumgang ist mehr als reine Sachlichkeit. Versteckte Gefühlssignale sind vielerorts sichtbar: Gerade die nonverbalen Signale können uns im Alltag eine Fülle von Hinweisen liefern. Da ist es die Ausdrucksweise, der Tonfall, dort sind es Handlungen oder auch Signale der Körpersprache.

4.2 Gesprächsführung im Kundenkontakt

Kunden erwarten, im Serviceberater einen kompetenten Gesprächspartner zu finden, der informieren, zuhören, fragen und überzeugen kann. Das verlangt nicht nur fachliche Kompetenz, sondern auch die Fähigkeit, ein Gespräch zu führen.

Das **Gespräch ist wesentlicher Bestandteil des Kundenkontaktes**. Gespräche sind zwischenmenschliche Kontakte, Begegnungen, wo über Sprechen, Hören und Verstehen eine Verständigung oder wechselseitige Beeinflussung erzielt wird. Gesprächsführung ist somit die Fähigkeit, diese Verständigung oder Beeinflussung in optimaler Weise zu erreichen. **Gesprächsführung hat nichts mit Manipulation zu tun.** Unser Ziel ist es nicht, den Kunden hereinzulegen, ihn gegen seinen Willen zu beeinflussen. Natürlich, wir wollen den Kunden lenken, ihn führen und überzeugen. Aber mit fairen Mitteln! Er soll den Eindruck bekommen und behalten, dass er in unserem Betrieb gut aufgehoben ist, dass er als Kunde akzeptiert wird und seine Wünsche befriedigt werden, dass er in uns einen kompetenten Gesprächspartner hat, an den er sich wenden kann, wenn es um sein Fahrzeug geht. All das können wir über eine partnerschaftliche Gesprächsführung erreichen; nur müssen wir dazu eine Reihe von „Techniken" beherrschen.

Reden kann doch jeder Mensch! Natürlich, außer er ist stumm. Wir alle haben das Sprechen von unseren Eltern gelernt. Man brachte uns bei, erst Worte, dann ganze Sätze zu formulieren. Später in der Schule verfeinerte man diese Technik. Wir mussten Rechtschreibung, Grammatik, Zeichensetzung lernen und uns darin üben, Zusammenhänge in Worten darzustellen. Doch kaum jemand brachte uns die Psychologie der Gesprächsführung bei. Niemand sagte uns, welche Gesprächstechnik in welcher Situation sinnvoll ist, wie man richtig zuhört, wie man Erklärungen so gestaltet, dass sie beim anderen auch wirklich ankommen. Und noch weniger unterrichtete man uns in der Kunst der Überzeugung. Man gab uns keine Regeln an die Hand, um ein **Gesprächsklima positiv zu gestalten**. In der Arbeitswelt wird das aber heute von uns verlangt, insbesondere dann, wenn man im Kundenkontakt eines Autohauses täglich Kundengespräche führen muss. **Psychologische Gesprächsführung ist mehr als Sprechen!**

4.2.1   Vom Monolog zum Dialog

Reden will also gelernt sein. Klar, aber das Reden allein genügt nicht, um eine befriedigende Gesprächsführung zu erreichen. Der Tagesschau-Sprecher redet auch, aber wir kämen nie auf die Idee, das Ansehen der Tagesschau als Gespräch zu bezeichnen. Zu einem Gespräch gehören immer zwei. Aber jeder der Beteiligten muss die Gelegenheit bekommen, auch mal was sagen zu dürfen und vom anderen gehört zu werden. Das ist bei der Tagesschau wohl nicht möglich. Wir aber können dieses **Prinzip der zweiseitigen Kommunikation** erreichen. Dazu müssen wir zwei Herren kennen: „Herrn Monolog" und „Herrn Dialog". Einen der beiden können Sie gleich wieder vergessen! Wen wohl?

> „Gestatten, mein Name ist **Monolog**. Ich könnte mich auch Selbstgespräch nennen, aber das ist mir zu einfach. Wissen Sie, die Leute lieben ja das Komplizierte. Also, ich für meinen Teil spreche am liebsten mit mir selbst. Da weiß man wenigstens, wen man als Gesprächspartner hat. Also, Fragen gibt es bei mir nicht, und schon gar nicht achte ich auf meinen Gesprächspartner. Ist mir doch egal, wie der reagiert. Na, wo kämen wir denn da hin, wenn ich jeden anschauen sollte, dem ich etwas erzähle. Könnte ja jeder kommen. Aber was ich noch sagen wollte ... He! Hören Sie mir überhaupt noch zu?"
>
> „Guten Tag, ich heiße **Dialog**, aber nennen Sie mich ruhig Zweiergespräch. Ich lege Wert auf Ihre Meinung und interessiere mich für Ihre Ansichten ... Wie bitte? ... Gern, fragen Sie mich nur, ich hör' Ihnen gerne zu."

„Herr Monolog" ist der Feind eines jeden Kundengesprächs; er tötet jegliche Partnerschaft im Keim. Er führt zur **Ermüdung des Zuhörers**, lähmt ihn in seinen Entscheidungen und ist der beste **Dünger für Unzufriedenheit**, Widerstand und gar Aggressivität des Gesprächspartners. „Herr Dialog" dagegen fördert eine positive Gesprächsführung, lässt den anderen auch mal zu Wort kommen, schafft Klarheit, führt zur Verständigung und zum Verständnis, erkennt andere Meinungen an und erzielt somit Zufriedenheit auf beiden Seiten. Darum: **Schicken Sie in all Ihren Kundengesprächen „Herrn Monolog" nach Hause und laden Sie lieber „Herrn Dialog" zu sich ein.** Er ist ein weitaus besserer Gesellschafter!

Übrigens: „Herrn Monolog" kennen wir meist aus unserer Kindheit, wenn die Großen uns „Vorträge" hielten: „Red' nicht andauernd dazwischen!" oder „Wenn ich spreche, hast du Pause!" Wenn wir heute durch unseren eigenen Monolog den Kunden in eine ähnliche Situation bringen, brauchen wir uns über Unaufmerksamkeit oder Trotzreaktionen nicht zu wundern. Wer zum Schweigen „verdammt" wird, fühlt sich in sein Kindheits-Ich verbannt und dort in aller Regel höchst unwohl.

4.2.2 Fragetechnik

„Mehr als fragen kann man ja nicht!" Kommt Ihnen dieser Satz auch ab und zu in den Sinn, wenn Ihre Kunden abwehrend oder gar nicht auf Ihre Fragen reagieren? – Wir können aber mehr tun, wir müssen nur die „richtigen" Fragen stellen. Denn oft liegt es an uns selbst, an uns Fragestellern, dass wir so unerschöpfende Antworten bekommen.

Der Kundenkontakter von heute muss auch in der **Fragetechnik** fit sein, um seine Gespräche richtig lenken zu können. Fragen bringen mehr als Informationen. Sie steuern das Gespräch, führen es in die gewünschte Richtung und aktivieren den Gesprächspartner. Wer Fragen gekonnt einsetzt, lernt die Wünsche, Einstellungen und Bedürfnisse des Kunden kennen. Diese Informationen benötigen wir nun einmal, um z. B. ein Beratungsgespräch führen zu können oder unserem Kunden das „maßgeschneiderte Angebot" unterbreiten zu können.

Was hat der Mitarbeiter falsch gemacht, wenn er vom Schreibtisch aus einem sich umschauenden Kunden zuruft: „Na, kann ich Ihnen helfen?" Ganz abgesehen von seinem keineswegs kundenorientierten Herüberrufen, hat er das Gespräch mit einer ungeschickten Frage begonnen. Wer mag schon eine Unterhaltung über eine Entfernung von drei Metern oder mehr führen? Und was kann man denn auf die Kaufhausfrage „Kann ich Ihnen helfen?" antworten? Da bleibt dem Kunden doch nur das „Nein, danke!" Wie oft haben wir selbst auf diese Frage eine abschlägige Antwort gegeben.

Informationsfragen

Die reinen Informationsfragen sind die am häufigsten verwendeten Fragen. Sie helfen uns, von unserem Kunden die richtigen Antworten zu bekommen.

> **Die geschlossenen Fragen:**

Die geschlossenen Fragen zeichnen sich dadurch aus, dass der Befragte nur mit „Ja" oder „Nein" antworten kann.

„Benötigen Sie Ihr Fahrzeug noch heute?"

„Kann ich Ihnen behilflich sein?"

„Sind Sie mit dem Vorschlag einverstanden?"

„Wann möchten Sie Ihren Wagen bringen?"

Sie sehen, die Antwort ist immer kurz und bündig: Ja oder nein. Es ist die alte „Robert-Lemke-Frage" aus der bekannten Fernsehsendung „Was bin ich?". Dort durfte die Jury nur geschlossene Fragen stellen, um den Beruf des Kandidaten zu erfahren. Bei „Ja" durfte weitergefragt werden, beim „Nein" gab es ein „Fünferl ins Schweinderl". Jetzt sehen Sie auch schon den Nachteil dieser Fragenart: Die Antworten des Befragten sind äußerst spärlich! Geschlossene Fragen führen zu einer einseitigen Gesprächsführung, wenn sie zu häufig eingesetzt werden. Des Weiteren sind geschlossene Fragen zur Gesprächseröffnung ungeeignet. Sie aktivieren nicht, sie lassen den Partner bestenfalls reagieren. So werden Gesprächstüren nicht geöffnet, nein, sie werden zugeschlagen, bevor der Kunde überhaupt hindurchschauen konnte. Denken Sie nochmals an die Kaufhausfrage: „Kann ich Ihnen helfen?" Diese Frage hilft Ihnen nicht weiter, denn bei „Ja" als Antwort müssten Sie trotzdem noch fragen: „Womit?"

> Die offenen Fragen

„Guten Tag, was kann ich für Sie tun?" Diese Frage – auf den Kunden zugehend gestellt – bringt sichtlich mehr Kontakterfolg. Die öffnenden Fragen mit dem kleinen „w" am Anfang – wie, was, wo, wer, warum, wann – lösen umfassendere Reaktionen aus.

„Wann macht der Wagen diese Geräusche?"

„Wie viel Verbrauch haben Sie an Ihrem Fahrzeug gemessen?"

„Welches Fahrzeug interessiert Sie besonders?"

„Wann möchten Sie Ihren Wagen bringen?" usw. usf.

Sie geben mit solchen **öffnenden Fragen** Ihrem Kunden die Gelegenheit, über seine Wünsche, Erwartungen und Probleme zu sprechen. Das hat der Kunde gern, denn er erhält dadurch das Gefühl, wichtig genommen zu werden, und kann sein **Geltungsbedürfnis** befriedigen. Außerdem bekommen Sie oft wesentlich schneller die Informationen, die Sie benötigen, als wenn Sie diese mühsam mit vielen geschlossenen „Ja-Nein-Fragen" aus dem Kunden „herausgequetscht" hätten. Doch natürlich sind auch offene Fragen nicht immer angebracht. Denken Sie nur an den viel redenden Kunden. Wenn Sie ihn mit öffnenden Fragen zum Reden ermuntern, wird er das als willkommenes Signal zum Erzählen seiner Geschichte deuten. – Oder denken Sie an die Terminvereinbarung im Service. Wie oft wird da am Telefon die Frage gestellt: „Wann möchten Sie Ihr Fahrzeug bringen?" Das klingt zwar im ersten Moment sehr kundenorientiert und freundlich, doch der Kunde nennt natürlich seinen Terminwunsch und wird meist durch einen abschlägigen Bescheid („Da ist leider die Werkstatt schon voll!") enttäuscht. Also: Wenn nur eine begrenzte Auswahl zur Verfügung steht, dann ist die offene Frage unangebracht, weil sie dem Kunden eine unbeschränkte Wahlmöglichkeit vorgaukelt. Wenn Sie nur Tee und Mineralwasser im Haus haben, werden Sie wohl kaum Ihren Gast fragen: „Was möchten Sie trinken?" Denn sollte Ihr Gast Cola oder sonst etwas wünschen, müssten Sie ihn enttäuschen, also werden Sie ihm gleich die beiden vorhandenen Getränke anbieten. Nicht anders ist es bei der Vereinbarung eines Werkstattermins.

Taktische Fragen

> Die Alternativfrage

Wissen Sie, wie ein Kellner im Restaurant den Umsatz von Frühstückseiern steigern kann? Nein? Ganz einfach! Er fragt nicht mehr: „Möchten Sie ein Ei zum Frühstück?", sondern: „Möchten Sie ein hart- oder weichgekochtes Ei zum Frühstück?" Wo ist der Unterschied? Im zweiten Fall bietet er Alternativen an und setzt wie selbstverständlich voraus, dass der Gast ein Frühstücksei haben möchte. Wesentlich mehr Gäste werden Eier bestellen.

Die Alternativfrage bietet uns im Kundenkontakt hervorragende Möglichkeiten der Kundenlenkung:

„Zahlen Sie bar oder mit Karte?"

„Werden Sie Ihr Fahrzeug um 16.00 oder um 17.00 Uhr abholen?

„Passt es Ihnen besser am Vormittag oder am Nachmittag?"

„Möchten Sie Ihr Fahrzeug lieber am Montag oder am Donnerstag bringen?"

„Sollen wir im Bedarfsfall die Bremsen gleich belegen, oder sollten wir Sie vorher anrufen?"

„Herr Müller hat gerade ein Gespräch auf der anderen Leitung. Möchten Sie warten, oder soll er Sie in zehn Minuten zurückrufen?"

So lassen Sie dem Kunden immer die **Wahlmöglichkeit** zwischen zwei angebotenen Alternativen. Dadurch kann er frei entscheiden, und wir haben die Möglichkeit der **positiven** Lenkung, denn wir suchen die angebotenen Alternativen aus. Die Erfahrung zeigt, dass Alternativfragen vom Kunden sehr positiv empfunden werden, weil sie dem Prinzip der Entscheidungsfreiheit entsprechen. Wir bestimmen nicht über ihn, wir bieten an und er entscheidet. Häufig entscheidet sich der Kunde für die zweite der genannten Möglichkeiten.

> Die Suggestivfragen

Die Suggestivfrage gehört zu den wenigen Fragen, die mit Vorsicht zu genießen sind. Sie ist wie ein Gewürz zu behandeln: Leicht dosiert kann sie das Gespräch verfeinern, im Übermaß die Suppe versalzen.

„Sie sind doch sicher damit einverstanden, wenn…"

„Ihnen ist doch auch daran gelegen, dass…"

„Sie würden sicher gern…"

Merken Sie etwas? Ja, die Suggestivfrage schließt die Antwort schon in die Fragestellung mit ein. Wir suggerieren unserem Kunden die Antwort, er hat kaum eine andere Möglichkeit, als ja zu sagen. Das ist das Interessante, aber auch zugleich das Gefährliche an dieser Frageart.

Theoretisch könnte ein mit Suggestivfragen geführtes Frage-und-Antwort-Spiel so aussehen:

A: „Sie fahren doch sicher gern sportlich?!"

B: „Ja!"

A: „Und da fahren Sie doch bestimmt gern scharf an?!"

B: „Ab und zu schon."

A: „Dann überholen Sie manchmal bestimmt schnell und beschleunigen dann sehr stark?"

B: „Klar, muss man doch!"

A: „Dann macht es Ihnen doch bestimmt auch Freude, wenn die Reifen in der Kurve mal quietschen?"

B: „Ja, doch. Kommt ab und zu vor."

A: „Sie lassen sich Ihr Hobby ‚Autofahren‘ bestimmt einiges kosten?"

B: „Ja. Mach' ich doch gerne!"

A: „Dann akzeptieren Sie es doch bestimmt, wenn das Werk nicht für die Kosten Ihrer Raserei verantwortlich gemacht wird?!"

B: „…"

Ja, wenn das so einfach wäre. Sie haben in unserem kleinen Dialog natürlich sofort gemerkt, dass der Kunde nur mit Suggestivfragen bombardiert wurde. So würden wir unseren Kunden zum „Ja-Sager" degradieren und ihn verärgern.

Es gibt aber auch einige wenige Fälle, in denen uns diese Frageart gute Dienste leisten kann: Besonders zur Vorbereitung einer Argumentation kann man sie einsetzen.

„Ihnen ist ein wirtschaftliches Fahrzeug wichtig?"

„Sie legen Wert auf…
… Sicherheit?"
… Wirtschaftlichkeit?"
… Zuverlässigkeit?"
… hohe Qualität?"
… Kostenersparnis?"
usw.

In diesen Fällen ist es wahrscheinlich, dass unser Kunde mit „Ja" antwortet und nicht der Eindruck einer offensichtlichen Beeinflussung besteht. Die Suggestivfrage kann dann dazu benutzt werden, die Partnerschaft und die Übereinstimmung mit dem Kunden herauszustellen.

Ein **Beispiel**:

> Sie führen ein Telefonat wegen einer Terminvereinbarung. Ihr Kunde drängelt auf einen sehr frühen, nicht zu verwirklichenden Termin. Sie könnten hart „Das geht nicht!" sagen und dabei riskieren, den Kunden zu verärgern. Sie machen es anders: Sie setzen zunächst eine Suggestivfrage ein. „Herr Kammer, ich weiß, Sie legen immer großen Wert auf ein einwandfrei gewartetes Fahrzeug?!" Klar, der Kunde brummt ein „Ja". Jetzt können Sie Ihre Argumentation beginnen. „Schauen Sie, Herr Kammer, für die 20.000er-Inspektion benötigen wir mindestens 2 ½ Stunden, alles, was darunter gemacht wird, wäre Pfusch." Hier dient die Suggestivfrage dazu, den Kunden auf die Argumentation einzustimmen.

Denken Sie immer daran, dass Sie mit zu vielen Suggestivfragen den Kunden verärgern könnten. Suggestivfragen unterstellen die Antwort und werden meist im Zusammenhang mit „sicher" oder „doch" bzw. „auch" gebraucht. „Über die Bedienung wissen Sie doch sicher Bescheid?!" ist eher eine Behauptung als eine echte Frage. **Vorsicht also!** Nur wenn wir sicher sind, dass unser Kunde mit „Ja" antworten wird, können wir diesen kleinen rhetorischen Kniff anwenden.

Knigge für Profis in Sachen Fragetechnik

Auch bei der Fragetechnik gibt es einen „Knigge", den wir nicht vergessen sollten. Unser kleines Fragealphabet kann Ihnen da sehr helfen:

F wie Fachchinesisch

Fachchinesisch gehört in keine Frage. Die Kundensprache ist nicht die Sprache des Technikers. Sprechen Sie die Sprache Ihres Kunden, und formulieren Sie kurz, prägnant und verständlich. Es gibt keine dummen Fragen, aber ungeschickt gestellte.

R wie Reihenfolge

Zu viele Fragen können so ungesund sein wie zu viele Medikamente. Auch hier kommt es auf die richtige Dosierung an. Bringen Sie Ihre Fragen in eine sinnvolle Reihenfolge! Stellen Sie immer nur eine Frage nach der anderen!

A wie Antwort

Sicherlich wollen Sie, dass Ihr Gesprächspartner Ihre Fragen beantwortet, außer Sie stellen eine rhetorische Frage. Lassen Sie ihm auch die Zeit hierfür. Schon so manche Antwort wurde durch Ungeduld im Keim erstickt.

G wie Generalstaatsanwalt

Denken Sie daran: Ihr Kunde sitzt nicht auf der Anklagebank. Inquisitorische Fragen sollten wir tunlichst vermeiden, sowohl vom Tonfall, als auch von der Wortwahl und der Körpersprache. Mancher Kunde hat schon allergisch auf einen bohrenden Blick oder ein „Warum" oder „Wieso" reagiert.

E wie Engagement

Fragen zeigen Interesse und Engagement. Geben Sie in bestimmten Fragesituationen zusätzliche Hintergrundinformationen. Hiermit zeigen Sie Ihrem Kunden, dass Sie die Fragen in seinem Interesse und zu seinem Wohl stellen. „Herr Klaus, haben Sie den letzten Ölwechsel in einer anderen Werkstatt ausführen lassen? Wissen Sie, ich frage deshalb, weil ein völlig anderes Öl dort aufgefüllt wurde." Das macht die Frage des Serviceberaters verständlich, und der Kunde hat nicht das Gefühl, ein schlechtes Gewissen haben zu müssen. Engagement bedeutet übrigens auch, eine offene Körpersprache beim Fragen einzusetzen. Das unterstreicht Ihr Interesse und Ihre Glaubwürdigkeit.

N wie Notfall

Wir können manchmal gezwungen sein, Fragen zu stellen, die als „intim" oder unangenehm empfunden werden. In diesem „Notfall" kann der kleine Satz „Darf ich

Sie fragen …" vieles erleichtern. Er nimmt die Härte und zeigt Ihre Behutsamkeit. Begründungen sind auch hier angebracht.

> **!** „Mehr als fragen kann man ja nicht!" Falsch! Denn warum antwortete der Abt eines Klosters auf die Frage eines Novizen: „Darf ich beim Beten rauchen?" mit „Nein" und auf die Frage des erfahrenen Mönches: „Darf ich beim Rauchen beten?" mit „Ja"? Beide wollten rauchen und beten, nur einer durfte beides zugleich. Er hatte die richtige Frage gestellt.

4.2.3 Die Kunst des Zuhörens

Zuhören ist nicht immer einfach, das kennen wir aus verschiedenen Situationen des täglichen Kundenkontaktes. Doch **Zuhören ist die Basis dieses Kundenkontaktes**; denn nur wenn wir aufmerksam zuhören, den Sinn, die Wünsche, die Erwartungen und Ziele unseres Kunden erfahren, können wir diese entsprechend befriedigen und eine vertrauensvolle Zusammenarbeit erreichen.

Zuhören ist die Basis einer erfolgreichen Gesprächsführung im Kundenumgang. Richtiges Zuhörverhalten verschafft uns nicht nur die notwendigen Informationen, es vermittelt gleichzeitig Sympathie, baut Vertrauen auf.

An der Fähigkeit des Zuhörens erkennt man einen erfolgreichen Gesprächspartner.

Falsches Zuhörverhalten begegnet uns täglich. Die Folgen sind in aller Regel: Es entstehen Missverständnisse, das Gespräch läuft in eine falsche Richtung, und manchmal sogar entwickeln sich daraus Konflikte. – Schon als Kinder wurden wir auf das „richtige Zuhören" aufmerksam gemacht. „Hör gut zu!" hieß es da, doch wer sagte uns, wie man richtig und gut zuhört?

Zuhörfehler und ihre Vermeidung

Natürlich, Zuhören ist zunächst vom Sprechverhalten des Gegenüber abhängig. Je klarer, eindeutiger, weniger abschweifend und damit verständlicher der andere formuliert, desto besser können wir selbst seine Aussage erfassen. Doch wir müssen mit unseren Kunden und ihren Formulierungseigenarten leben. Selbstverständlich können wir den Gesprächspartner durch eine entsprechende Fragetechnik lenken. Die Kunst des Zuhörens müssen wir dennoch beherrschen. Wir, die Zuhörer, sind es also selbst, die die richtige Technik anwenden und die Zuhörfehler vermeiden müssen.

Was hindert uns am richtigen Zuhören?

Überspitzt formuliert könnte man sagen, das Denken behindert das Zuhören. Nun können wir ja unseren Kopf nicht ausschalten, was auch im Sinne des optimalen Zuhörens verfehlt wäre. Trotzdem, etwas Wahres steckt in der Formulierung. Überlegen Sie einmal, was in uns während des Hinhörens vorgeht. Wir ertappen uns manchmal bei gedanklichen Abschweifungen und fragen uns dann: „Wovon sprach er doch gleich?" Garantiert haben Sie dies schon während eines langen Gesprächsbeitrags erlebt. Da gingen die Gedanken mit uns durch – oder wir suchten in unserem Gehirn nach Gegenargumenten, nachdem unser Kunde einen Einwand gebracht hatte. Ein Wort genügte uns, und schon war unsere Denkmaschine in vollem Arbeitseifer. Wir hatten dann auch schnell eine Antwort parat, doch leider, was unser Sprecher da in der Zwischenzeit gesagt hatte, war uns entgangen.

Eigentlich haben wir als Zuhörer viel zu viel Zeit zum Denken! Unser Gesprächspartner spricht zu langsam. Wissen Sie, wie viele Worte pro Minute Ihre Kunden sprechen, wenn Sie sich mit Ihnen unterhalten? Die meisten Menschen unterschätzen diese Zahl. Bis auf wenige Ausnahmen einiger Radiosprecher oder Fernsehstars spricht der durchschnittliche Bundesbürger **100 bis 200 Worte pro Minute**. Eine beachtliche Zahl, aber es sind weit weniger, als wir in einer Minute aufnehmen könnten. Das wären ungefähr 400 Worte. Man lässt uns zu viel Zeit und Möglichkeiten zum Nachdenken. Und genau diese Zeit verwenden wir dazu, nach Antworten und Erwiderungen zu suchen, und überhören einen Großteil des Gesagten. So können in unseren Gesprächen auf beiden Seiten wichtige Informationen verloren gehen.

Vielen Menschen fehlt etwas, was als oberstes Gebot des Zuhörens angesehen werden muss: **Geduld und Zurückhaltung**. Zuhören bedeutet zunächst: Nicht sprechen. Hieran scheitern schon die meisten Gespräche. Da treibt uns die brennende Ungeduld zum Wort, da verhalten wir uns oft so, als hätten wir Jahre in der Einsamkeit verbracht, fern von jedem Gesprächspartner. Sie kennen sicher dieses

„Wartezimmer-" oder „Robinsonsyndrom" des Zuhörens. Patienten im Wartezimmer des Arztes geht es häufig so. Kaum beginnt einer von seiner Krankheit zu sprechen, schon bekommt er 100 Symptome, Diagnosen und Therapien vom Gesprächspartner geschildert. Für uns im Kundenkontakt undenkbar! Aber auch wir müssen darauf achten, beim Zuhören eine **„erlaubende Atmosphäre"** zu schaffen. Zeigen wir unserem Gegenüber: „Jetzt kannst du frei und offen sprechen – ich höre dir zu." Zuhören bedeutet zuwenden, innerlich und äußerlich sich auf den Kunden einstellen; es beinhaltet auch entsprechende körpersprachliche Signale.

Richtiges Zuhören bedeutet nicht, dass wir zur völligen Teilnahmslosigkeit verdammt wären. Damit würden wir genau das tun, was einen guten Zuhörer nicht auszeichnet. Sie mögen das zunächst als Widerspruch empfinden. Aber gekonntes Zuhören ist eine gelungene Mischung aus Passivität und Aktivität. Auf das richtige Mischungsverhältnis kommt es an, so wie bei einem guten Cocktail. So auch in unseren Kundengesprächen: Wann welches Zuhörverhalten gezeigt werden sollte, ist von der Gesprächssituation abhängig. Einem Kunden, der von einem schweren Unfall berichtet, bei dem er selbst oder andere schwer verletzt wurden, werden wir anders zuhören als bei der Schilderung eines Lackschadens.

Um die Sache etwas zu vereinfachen, wollen wir zwei verschiedene Intensitäten des Zuhörens unterscheiden.

Zeigendes Zuhören

Zuhören ist mehr als nur „ein Ohr leihen". Es kann ein recht aktiver Vorgang sein, auch ohne vorschnell auf unseren Gesprächspartner zu reagieren. Zum „zeigenden Zuhören" gehören:

- Schweigen
- Kopfnicken
- Interessierte, angemessene Mimik
- Zugewandte Körperhaltung
- Blickkontakt

Sprachliche Signale der Aufmerksamkeit

- „Mhmm"
- „Aha"

- „Ja"
- „Interessant" usw.

Diese Aufmerksamkeiten wird Ihr Gesprächspartner wohlwollend registrieren, denn Sie zeigen ihm, dass Sie ein aufmerksamer Zuhörer sind und seinen Ausführungen aufmerksam folgen. Natürlich darf dieses Verhalten nicht vorgetäuscht sein. Ihr Kunde wird ziemlich schnell erkennen, wenn es sich bei Ihrem Verhalten nicht um echtes Interesse handelt.

Umschreibendes Zuhören

Das umschreibende Zuhören verringert Missverständnisse. Die „Technik" besteht darin, die Aussage des Kunden mit eigenen kurzen Worten zu wiederholen. Wir zeigen dem Gesprächspartner damit, wie seine Worte bei uns angekommen sind. Dieses „**Kontrollverhalten**" räumt Unklarheiten aus und stellt sicher, dass Sie die Worte des Kunden in seinem Sinne erfasst haben.

Folgende Sätze könnten Sie dabei verwenden:

„Verstehe ich Sie richtig, dass …"
„Sie meinen also, dass …"
„Es war also so, als Sie …"
„Sie haben zunächst …"

Natürlich gibt es weitaus mehr Formulierungen, die Sie im umschreibenden Zuhören einsetzen können. Die meisten Möglichkeiten ergeben sich aus der jeweiligen Situation. Wichtig ist: Sie filtern mit diesen Sätzen die Kernaussage aus der Kundenformulierung. Vielleicht erklärt Ihr Kunde Ihnen einen Sachverhalt recht umständlich, packt viele Nebensächlichkeiten in seine „Geschichte" und trägt damit unabsichtlich zur Unklarheit bei, anstatt – wie es wahrscheinlich seine Absicht ist – seine Aussage klarer zu gestalten. Möglicherweise schildert der Kunde den ganzen Wochenendausflug mit allen Einzelheiten, spricht von Schwiegermutter und Kindern, um uns „eigentlich" nur mitzuteilen, dass ein unbekanntes Geräusch bei 120 km/h in einer Linkskurve auftrat, weswegen er heute anruft. Er als Laie glaubt vielleicht, dass diese Zusatzinformationen für uns hilfreich seien. Das umschreibende Zuhören hilft in solchen Momenten, Gespräche zu strukturieren, Klarheit und Verständlichkeit hineinzubringen.

Stellen Sie sich auf den Kunden ein. Versuchen Sie, ihn, seinen Standpunkt und seine Situation zu verstehen. Geben Sie ihm **Aufmerksamkeit und Rückmeldung.** Das führt zu besseren Gesprächen und zufriedenen Kunden. Hüten wir uns aber vor vorschnellen Kommentaren, Überinterpretationen und Ratschlägen! **Manchmal ist Schweigen besser.** Vielleicht hat uns die Natur deshalb nur mit einem Mund, aber mit zwei Ohren ausgestattet.

4.2.4 Verständliche Informationen

Information ist das A und O des Beratungsgesprächs. Doch das setzt voraus, dass der Kunde unsere Informationen auch versteht. Nur so kann Kommunikation zwischen Kundenkontaktmitarbeiter und Kunde funktionieren.

So sollten Sie **nicht** mit Ihrem Kunden reden:

> **„Ein Hoch der Spontanität!"**
  Wir sprechen drauflos und vergessen die gedankliche Ordnung unserer Aussage. Ein Schachtelsatz jagt den anderen, und keiner kommt an.

> **„Zeit ist Geld!"**
  Nach diesem Motto sprechen wir möglichst schnell, damit unser Gesprächspartner nicht den Eindruck gewinnt, wir hätten viel Zeit.

> **„Pausen, warum?"**
  Wir reden ohne Unterlass. Der Zuhörer könnte sonst denken, uns seien die Argumente ausgegangen.

> **„Wir sind die Fachleute!"**
  Wir zeigen, dass wir von der Sache etwas verstehen und verwenden möglichst viele Fachausdrücke und Fremdwörter.

> **„Wichtige Erklärungen verlangen ein ernstes Gesicht!"**
  Mimik und Gestik setzen wir nicht zur Sprachunterstützung ein.

> **„Es lebe die therapeutische Sprachwirkung!"**
  Unsere gleichförmige Sprechweise wirkt dann als Beruhigungsmittel auf den Kunden.

> **„Die Gedanken sind frei!"**
  Wir bilden möglichst lange Sätze, damit das Gehirn unseres Zuhörers auch richtig beschäftigt ist.

Die Anwendung einer oder mehrerer dieser „Grundregeln" führt todsicher zum Missverständnis oder Unverständnis.

Richtig, es liegt nicht immer nur am Sprecher, wenn es zu Missverständnissen im Gespräch kommt. Unaufmerksame Zuhörer sind oft mitverantwortlich. Doch können wir uns kaum auf dieser Feststellung ausruhen, vielmehr müssen wir unsererseits alles daransetzen, um unsere Informationen so verständlich wie nur möglich zu gestalten. – **Sprecher haben meist die Zuhörer, die sie verdienen.**

In unserer täglichen Praxis treten Übermittlungsfehler zuhauf auf. Nehmen wir nur ein kleines **Beispiel** heraus, um das Problem zu veranschaulichen:

Der Serviceberater sagt zum Kunden:
„Das ist eine Kleinigkeit!"
und meint damit, das Problem sei einfach zu lösen, bereite uns keine Schwierigkeiten.

Der Kunde versteht:
„Das wird preiswert sein und nicht viel Zeit in Anspruch nehmen."
und wundert sich später darüber, dass die Kleinigkeit 150,- € zusätzlich kostet.

Kennen Sie nicht auch eine Fülle solcher Beispiele aus Ihrem Arbeitsbereich? – Was wir mit einer Aussage meinen, ist unerheblich. Wichtig ist, was beim Kunden ankommt. Das klingt hart, ist aber Gesetz im Kundenkontakt. Wenn Sie selbst Formulierungen wie „So meinte ich das aber nicht!" verwenden, dann haben Sie schon ein untrügliches Zeichen dafür, dass Ihre Erklärung nicht zweifelsfrei war oder gar zu einem Missverständnis führte. Wir als Erklärer haben immer die Pflicht, unsere Aussagen zweifelsfrei zu gestalten.

Damit bei Ihren Kunden zukünftig auch das Richtige ankommt, wenn Sie etwas erklären, sollten Sie die „**Vier Verständlichmacher**" nach Schulz von Thun verwenden:

> **Einfachheit:**

Formulieren Sie kurze Sätze. Eindeutigkeit ist angesagt! Nicht: „Bei näherer Betrachtung des Problems und unter Berücksichtigung aller Unwägbarkeiten erscheint es mir sinnvoll, wenn…", sondern: „Ich empfehle Ihnen. Dafür spricht…" – Vermeiden Sie Fremdwörter und Fachausdrücke. In unserer Alltagssprache verwenden wir oft viele Begriffe, die nur von uns verstanden werden, beim Gesprächspartner aber häufig nur „Bahnhof" ankommt. Informieren Sie anschaulich.

> **Gliederung/Ordnung:**

Bringen Sie Ihre Informationen und Argumente in eine sinnvolle Reihenfolge. Lassen Sie Ihrem Gesprächspartner durch Pausen Zeit zum Nachdenken. Fassen Sie Ihre Erklärungen abschnittweise zusammen, und heben Sie wichtige Aussagen besonders hervor. So vermeiden Sie Unübersichtlichkeit.

> **Kürze/Prägnanz:**

Stellen Sie die wesentlichen Punkte Ihrer Aussage kurz und bündig dar. Üben Sie Enthaltsamkeit und geben Sie soviel Informationen wie nötig, mit so wenigen Worten wie möglich. Sie bezwingen damit die Weitschweifigkeit.

Vermeiden Sie „Weichmacher" in Ihren Aussagen: z. B. den **Konjunktiv** (die Möglichkeitsform): „Ich würde sagen, dass…" „Das dürfte kein Problem sein." Ist es nun ein Problem oder nicht? Sagen Sie es oder sagen Sie es nicht? Das Wörtchen „**eigentlich**": „Eigentlich sieht der Schaden nicht so schlimm aus." Sieht er nun schlimm aus oder nicht? Der Begriff „**normalerweise**": „Normalerweise führen wir unsere Inspektionen immer gründlich aus." Aha, es gibt auch Fälle, wo das nicht passiert.

> **Zusätzliche Stimulanzien:**

Verwenden Sie Beispiele aus der Welt Ihres Kunden. Ein Arzt hat eine andere Erlebniswelt als eine Hausfrau; ein Fliesenleger versteht andere Erklärungen besser als der kaufmännische Angestellte.

Unterstützen Sie Ihre Aussagen durch den bewussten Einsatz von Mimik und Gestik.

Verwenden Sie sprachliche Bilder. Die „Stotterbremse" wird von vielen Ihrer Kunden eher verstanden als die ausführliche technische Erklärung eines ABS.

Fertigen Sie kleine Zeichnungen an, wenn Sie etwas erklären. Vieles kann mit einer Skizze viel besser „gesagt" werden als mit einer Fülle von Worten.

Grundsätzlich gilt: Je mehr Sinne Sie ansprechen, desto besser wird Ihre Information aufgenommen. Zeigen Sie das Erklärungsobjekt, und unterstützen Sie Ihre Aussagen mit weiteren visuellen Hilfsmitteln. Gehen Sie mit dem Kunden ans Fahrzeug und erklären Sie technische Dinge am Objekt.

Darüber hinaus müssen wir uns durch Rückfragen beim Gesprächspartner erkundigen, ob unsere Information „richtig angekommen" ist. Besser als die Formulierung: „Haben Sie mich richtig verstanden?" ist der Satz: **„Habe ich mich verständlich ausgedrückt?"** Sie erleichtern damit Ihrem Kunden, sein Unverständnis zuzugeben. Wir müssen fragen, damit auch unser Kunde fragt:

„Kann ich Ihnen noch eine Frage beantworten?"

„Gibt es Ihrerseits noch offene Fragen?"

„Ist meine Erklärung ausreichend?"

„Welche Fragen darf ich Ihnen noch beantworten?"

Natürlich immer freundlich, verbindlich gefragt, ohne belehrenden oder herrischen Unterton. Vergessen wir nie, eines mag unser Kunde überhaupt nicht: den Schulmeister in uns.

Genauso überflüssig, ja fast schon beleidigend, ist der immer gleiche Nachsatz nach jeder Erklärung: „Verstehen Sie?" Diese von vielen Menschen häufig verwendete Formulierung gibt dem Kunden den Eindruck, er könne unseren Ausführungen geistig nicht richtig folgen.

Informationen über verschiedene Übermittler

Besonders gefährlich wird es, wenn Informationen über verschiedene Zwischenstufen zum Empfänger gelangen. Ein **Beispiel** aus dem Service hierzu:

Der Ehemann trägt seiner Gattin auf, den Wagen in die Werkstatt zu bringen und ein paar Dinge in Ordnung bringen zu lassen. Die Ehefrau schildert es dem Serviceberater; der formuliert es in einem Auftrag; das liest der Werkstattmeister und der Mechaniker führt die Arbeiten aus. Wenn sich da kein Übermittlungsfehler einschleicht, muss es mit dem „Teufel zugehen"!

Zweifelsfreiheit und Eindeutigkeit ist also gerade in Fällen der Informationsweitergabe über Dritte angesagt.

Halt, Stopp! Ich weiß genau, dass manch ein Leser diesen vorherigen Absatz überflogen hat, mit einem „So etwas passiert mir nicht"-Lächeln auf den Lippen. Doch genau solche Übermittlungsfehler passieren tagtäglich in Kfz-Werkstätten! Und zwar nicht, wenn es über 5, 6 oder mehr Stufen geht. Nein, Kunde–Serviceberater–Monteur (oder Diagnosetechniker): 3 Stufen mit nur zwei Übergängen und trotzdem gehen Informationen verloren. Der Kunde berichtet mit vielen Worten und bunten Bildern von seiner Beanstandung: Wann der Fehler auftritt, wie er sich genau zeigt, woran ihn ein Geräusch erinnert (manch ein Kunde imitiert in dieser Phase sogar Tiere, um dieses besonders gut darzustellen). Der Serviceberater hat natürlich nach den ersten zwei Sätzen das Zuhören eingestellt, weil ihm die Diagnose sowieso klar ist ("Bei dem Modell, zu der Jahreszeit, ein Geräusch,… das kann nur X sein!") und also landet auf dem Auftrag folgende Formulierung: „Geräusch hi. li. n. B. beseitigen"! Der Monteur nimmt sich den Auftrag, macht direkt mal (weil Geräusch) eine ausgiebige Probefahrt (bei völlig anderen Bedingungen, als der Kunde berichtet hatte! Aber woher soll der Monteur dies auch wissen?!), hört bei dieser ein „Geräusch hi. li." (hinten links) und macht sich daran, dieses zu beseitigen. Eine Woche später steht der Kunde schon wieder auf dem Hof – Sie wissen schon: das Geräusch!

Die Konsequenzen aus solch schlechter Informationsweitergabe: Der Kunde muss mehrfach wegen eines Problems in die Werkstatt kommen, es wird unnötige Zeit mit falschen Diagnosen, Nachfragen beim Serviceberater oder sogar beim Kunden, falschen Reparaturen (nach dem Motto: irgendetwas müssen wir ja reparieren!) vergeudet und schließlich führt dies beim Kunden zu Unzufriedenheit, die ihn über kurz oder lang zum Wechsel bewegen wird!

4.2.5 Gefahren im Kundengespräch beim Erteilen von Ratschlägen

Wir als Fachleute müssen oft unseren Kunden nicht nur Informationen geben, sondern auch Empfehlungen aussprechen und Ratschläge erteilen. Das erwartet der Kunde von einem Profi in Sachen Auto, denn „der ist ja schließlich Fachmann"! Genau diese Empfehlungen und Ratschläge sind es aber, die schiefgehen können.

Wie wir bereits gesehen haben, laufen Gespräche nicht nur auf einer rationalen Ebene. Sie bestehen nicht nur aus einem sachlichen Informationsaustausch. In jedem Gespräch können wir einen emotionalen, zwischenmenschlichen Aspekt, eine Beziehungsebene beobachten. Auf dieser Ebene geht es darum, wie die Partner zueinander stehen, welche „Beziehung" sie zueinander haben, es geht um die Art und Weise, wie sie miteinander sprechen. Störungen dieses Miteinanders können vielfältig sein.

Oftmals sind es nur kleine Redewendungen, mit denen wir unseren Gesprächspartnern „auf die Füße treten".

Negative Äußerung:
„Sie haben mich nicht richtig verstanden."
Gedankliche Kundenreaktion:
„Erst erklärt er alles möglichst kompliziert und gibt mir dann noch die Schuld."

Negative Äußerung:
„So dürfen Sie die Sache nicht sehen!"
Gedankliche Kundenreaktion:
„Was ich darf oder nicht darf, muss er mir schon selbst überlassen."

Guter Rat kann teuer werden (aber für den Ratgeber), wenn er als Ermahnung oder Belehrung beim Werkstattkunden ankommt. Wenn der schulmeisterlich erhobene Zeigefinger bereits aus der Formulierung sichtbar wird, dürfen wir uns über Störungen auf der Beziehungsebene nicht wundern. Allein das kleine Wort „müssen" erzielt mit großer Wahrscheinlichkeit diesen Störungseffekt.

„Sie müssen darauf achten, dass…!"

„Sie müssen aufpassen, wenn…!"

„Sie müssen hier noch unterschreiben!"

„Sie müssen mir noch Ihren Schlüssel dalassen!"

Erfolgreiche Serviceberater vermeiden solche Formulierungen und ersetzen sie durch:

„Ich empfehle Ihnen, …"

„Ich hielte es für sinnvoll, wenn…"

„Meines Erachtens…"

„Aus meiner Sicht …"

„Den Erfahrungen nach ist es sinnvoll …"

„Ich würde Sie bitten …"

„Ich wäre Ihnen dankbar, wenn …"

Worauf der Kunde besonders empfindlich reagiert, sind die **Überbetonung des Fachmannes** und die **Einschränkung seiner Entscheidungsfreiheit**. – Geht es Ihnen nicht selbst auch so, wenn Sie im Kontakt mit Fachleuten den Eindruck gewinnen, Sie seien der „kleine Unwissende"? Denken Sie nur an Ihren letzten Arztbesuch oder einen Krankenhausaufenthalt. Befanden Sie sich dort in der Rolle des gleichwertigen Partners?

„So und nicht anders wird es gemacht!" Wenn der Kunde bei unseren Ratschlägen diesen Eindruck gewinnt, dann ist meist schon die „Schlacht" der Überzeugung verloren. Für Sie als Profi mag vieles klar und einleuchtend sein, das bedeutet aber noch lange nicht, dass der Kunde das auch so sieht. Entscheidungsfreiheit ist eines der wichtigsten Rechte unseres Kunden, und die müssen wir ihm erhalten. Zeigen Sie ihm Alternativen, andere Wege auf, wie man die Sache noch lösen könnte. Und wenn es nur einen Lösungsweg gibt, dann erklären Sie ihm warum und stellen es ihm nicht als kompromisslose Tatsache dar. Nur so können Sie auch vom Kunden Verständnis erwarten.

Letztlich ist die Frage, wie der Rat vom Kunden empfangen wird, im entscheidenden Maße von der Betonung und den körpersprachlichen Begleitsignalen abhängig. Die sachliche Aussage kann schnell durch falschen Tonfall oder durch eine entsprechende Mimik oder Gestik in den „falschen Hals" des Gesprächspartners kommen. Es wird immer Menschen geben, die auf der „**Beziehungslauer**" liegen und unsere Worte missverstehen wollen.

 Übrigens: Sollten Sie dennoch einmal dem Kunden „auf die Füße treten", dann empfiehlt es sich, das Missverständnis zu bedauern.

4.2.6 Störer in der Gesprächsführung

Ein wichtiges Prinzip einer partnerschaftlichen Gesprächsführung im Kunden-kontakt haben wir bereits kennengelernt: das Dialogprinzip. Doch dieses Prinzip allein genügt noch nicht, um unser Ziel einer optimalen Gesprächsführung zu er-reichen. Auch wenn ein Dialog zwischen den Partnern stattfindet, heißt das noch lange nicht, dass die beiden sich verstehen und ein Ergebnis im Gespräch erzielen. Jeder Gesprächspartner hat eine Reihe unsichtbarer Begleiter dabei, sozusagen in seinem Handgepäck versteckt, die er je nach Belieben aus dem Koffer ziehen kann. Sie alle stammen aus der Familie der „Störenfriede". Schauen wir uns einmal die Geschwister dieser Großfamilie an, um sie zukünftig bei unseren Gesprächen nicht aus dem Koffer zu holen (in Anlehnung an Christian-Reiner Weisbach).

Störenfried „Befehlen"

„Geh'n Sie nochmals an Ihr Fahrzeug und holen mir das Servicescheckheft!"

„Hier müssen Sie noch unterschreiben!"

„Bei Abholung müssen Sie bar zahlen!"

„Sie müssen uns Ihren Wagen heute hierlassen!"

„Lassen Sie das bloß jetzt machen, sonst ist es zu spät!"

 Hier wird dem Kunden gesagt, was er zu tun hat, ohne Bitte, ohne Frage, und ohne „Widerworte" zuzulassen. Wer so seinen Kunden behandelt, muss sich über Verständigungsprobleme nicht wundern; denn kein Kunde lässt sich gern kommandieren, umherschicken und sagen, was er zu tun hat.

Störenfried „Bagatellisieren"

„So schlimm kann das Geräusch doch gar nicht sein."

„Unter zu teuer versteh' ich aber was anderes."

„Was meinen Sie, was der ‚Minimal' erst verbraucht?"

„Das ist doch nur 'ne Kleinigkeit."

„Ist doch lächerlich, wegen so'n paar Euro."

 Aus unserer Sicht erscheint vieles, was der Kunde vorbringt, als Bagatelle, da wir uns als Fachleute mit der Problematik auskennen und zumeist relativ schnell entsprechende Lösungen wissen. Bedenken Sie jedoch: Der Kunde kennt diese Lösungen vielleicht nicht und sieht die Sache auf seine subjektive Weise. Und da kann schon in der Vorstellung aus der Mücke ein Elefant werden. Jeder Mensch hat seine Eigenarten, seine eigene Reihenfolge der Wichtigkeiten – auch unser Kunde. Wir müssen diese Wichtigkeiten akzeptieren und sollten nicht versuchen, ihm unsere Sichtweise aufzudrängen. Nehmen Sie das Problem des Kunden zunächst so an, wie er es sieht.

Störenfried „In eine Schublade stecken"

„Das ist normal bei diesen Typen."

„Damit muss man sich schon abfinden."

„Sie haben ja schließlich keinen Rolls-Royce gekauft."

„Typischer Frauenfehler! Immer den Fuß leicht auf dem Kupplungspedal ruhen lassen."

 Schublade auf – Schublade zu. Das kann uns auch im Gespräch passieren. Gerade im technischen Bereich besteht die Gefahr, sich mit diesem Schubladenprinzip gewaltig zu irren, wenn wir vorschnell ein Problem als „das kennen wir ja" diagnostizieren.

Störenfried „Vorwürfe machen"

„Wären Sie mal gleich gekommen, als die Startprobleme erstmals auftraten!"

„So dürfen Sie den Wagen auch nicht behandeln!"

„Hätten Sie damals auf meinen Rat gehört!"

„Wie kann man denn auch so fahren!"

„Ja, die Bedienungsanleitung sollte man schon lesen!"

 Wir sind nicht die Lehrmeister unseres Kunden. Welche Wirkung dieses **„Schulmeisterverhalten"** auf den anderen hat, kennen wir bereits aus der Transaktionsanalyse. Wenn der Kunde etwas selbst verschuldet hat, wird er sich auch selbst diese Vorwürfe machen, dazu braucht er nicht noch uns. Wir werden für fachmännische Erklärungen benötigt, nicht zur Formulierung fachmännischer Vorwürfe.

Störenfried „Bewerten"

„So viel Wissen sollte man als Autofahrer aber von der Technik haben!"

„Was, das kennen Sie nicht? Das gibt es doch nicht!"

„Ein neuer Motor ist doch Quatsch in dem Fall! Was wollen Sie denn damit?"

„Jeder vernünftige Autofahrer weiß doch, wenn ..."

 Mögen Sie es selbst, wenn jemand Ihre Handlungen bewertet, Ihnen sagt, wie Sie etwas zu sehen oder zu machen haben? Wohl kaum; denn es wird Sie genau wie unseren Kunden an die Zeit der Kindheit, der Abhängigkeit erinnern. Heute sind wir nicht mehr die Kleinen, denen man sagt, was richtig ist. Ein Kunde sollte Partner sein und damit auch frei von unseren Werturteilen.

Störenfried „Von sich reden"

„Das kenn' ich, ist mir doch da neulich…"

„Wem erzählen Sie das? Wir haben täglich hier diese Probleme."

„Ist mir auch schon passiert; ich habe damals gleich…"

„Also während meiner Ausbildung, da haben wir…"

„Mein Chef sagt in solchen Fällen immer…"

 Das ist das Lieblingsspiel vieler Menschen. Hoffentlich nicht auch Ihres! Kaum hat der andere etwas gesagt, da fallen einem schon tausend Geschichten aus dem eigenen Erfahrungsschatz ein. Dass dabei das Kundenanliegen auf der Strecke bleibt, wird meist nicht gesehen, da der „Spieler" viel zu sehr in sich selbst vertieft ist.

Störenfried „Überreden"

„Geben Sie Ihrem Herzen einen Stoß und sagen Sie ja."

„Da dürfte es doch eigentlich gar keine Fragen mehr geben."

„Was gibt es da noch lange zu überlegen?"

„Sie müssen doch zugeben, dass…"

 Überzeugung gehört zum Kundengespräch. Überreden bringt das Gefühl des „Über-den-Tisch-gezogen-werdens". Später regt sich die Unzufriedenheit, und das fällt auf uns „Überreder" zurück. Gute Argumente benötigen keine Überredungskünste, sondern müssen nur sinnvoll vorgebracht werden.

Störenfried „Drohen"

„Sie werden schon sehen, was Sie davon haben!"

„Wenn Sie die Reparatur jetzt nicht ausführen lassen, dann ..."

„Barzahlung bei Abholung. Haben Sie doch selbst unterschrieben. Wenn nicht, tja ..."

„Der Chef sagt Ihnen dazu auch nichts anderes."

"Sie wollen doch nicht mit einem verkehrsuntüchtigen Fahrzeug erwischt werden – oder?"

> **!** „Aber ich muss doch dem Kunden sagen, was aus seinem Handeln für Konsequenzen erwachsen können!" ist ein häufiger Einwand, wenn es um diesen Gesprächsstörer geht. Natürlich, aber nicht als Drohung, auch nicht als versteckte. Drohen heißt Gewalt anwenden oder in Aussicht stellen, das fördert zwangsläufig Widerstand. Der Kunde muss nicht zu uns kommen; er kann auch in jeden anderen Betrieb fahren. Mit dieser Konsequenz müssen wir rechnen.

Störenfried „Lebensweisheit"

„Mitgehangen – mitgefangen."

„Wer A sagt, muss auch B sagen."

„Wer nicht hören will, muss fühlen. Hab' ich Ihnen doch damals gleich gesagt, dass die Stoßdämpfer hinüber sind."

„Was gut ist, ist eben auch etwas teurer. So ist das nun mal im Leben."

> **!** Da gibt es ja eine Fülle von diesen Lebensweisheiten. Ganze Bücher würde die Aufzählung der gesammelten Sprüche des Lebens füllen. Manchmal haben sie durchaus ihre Berechtigung. Nur im Kundenkontakt? Nein!

Störenfried „Ironisieren"

„Wieder ein bisschen zuviel Gas gegeben, was?"

„Das Geräusch kommt vom Motor. Lautlose Motoren haben unsere Konstrukteure noch nicht erfunden."

„Wer sein Auto liebt, der schiebt."

„Na, wollten Sie die Wand unbedingt einreißen?"

 Wer den Schaden hat, braucht meistens für den Spott nicht zu sorgen. Der nämlich stellt sich von ganz allein ein. Überlassen wir es anderen, diesen Störenfried nach Belieben einzusetzen. Im Kundengespräch ist Spaß sicherlich häufig angebracht. Ironie jedoch führt zur Verunsicherung und zum Ärger über den Sender dieser Botschaft.

4.3 Die Körpersprache im Kundenkontakt

Sicher kennen Sie das aus Ihrer eigenen täglichen Berufspraxis. Da senden unsere Kunden die vielfältigsten körpersprachlichen Signale aus: wippen mit den Füßen, trommeln mit den Fingern, heben die Augenbrauen, rümpfen die Nase, senken den Kopf, erheben das Kinn, beugen den Oberkörper, verschränken die Arme, verziehen die Mundwinkel, reiben sich die Hände und bohren mit ihren Blicken. Doch meist beachten wir diese Signale nicht besonders, gehen wie selbstverständlich an ihnen vorüber, als seien es unbedeutende und nichtssagende Begleiterscheinungen des Kundenkontaktes. Erst wenn diese Signale nicht mehr sichtbar sind, fangen wir an, sie zu vermissen. Denken Sie nur ans Telefonieren und die dort auftretenden Schwierigkeiten, weil uns die körpersprachlichen Ausdrucksmittel fehlen. Da erklärt man die Winzigkeit eines Ersatzteils und erwischt sich selbst dabei, die erklärende Geste mit Daumen und Zeigefinger trotz fehlender Wirkung zu Hilfe zu nehmen.

Die Körpersprache ist in jedem Kundenkontakt mit von der Partie, ob bewusst oder unbewusst eingesetzt; wir können uns ihr einfach nicht entziehen. Der bekannte Psychologe Paul Watzlawik hat einmal gesagt: **„Es ist nicht möglich, nicht miteinander zu kommunizieren."** Auch wenn wir schweigen, sagen wir etwas, kommunizieren wir miteinander. Wer schweigt, sagt dem anderen: „Ich will nicht mit dir reden." Wer nicht grüßt, sagt, dass er keinen Kontakt aufnehmen will oder den anderen nicht wahrgenommen hat. Wir treten also immer mit unserem Kunden in Kontakt, auch wenn wir nichts oder noch nichts sagen.

Menschen verständigen sich nicht nur mit Worten, sie tauschen auch andere Signale aus: Signale auf einer körpersprachlichen Ebene. In der Schule brachte man uns die Bedeutung der Worte bei, sagte uns aber kaum etwas über die Bedeutung der nichtsprachlichen Signale. Der Umgang mit der Körpersprache bezog sich während unserer Erziehungs- und Schulzeit auf einige wenige Punkte. Man sagte uns zwar, dass wir in Gegenwart anderer Menschen den Finger nicht in die Nase stecken dürften, schon gar nicht mit demselben danach auf andere Menschen zeigen sollten; doch viel mehr konnte oder wollte man uns zu diesem Thema nicht sagen. Und dennoch lernten wir im Umgang mit unseren Mitmenschen eine Menge Gesten und mimische Ausdrücke. Vielleicht probierten wir mit sechzehn Jahren den unnahbaren Gesichtsausdruck, um möglichst „cool" zu erscheinen, ahmten den Gang von John Wayne nach und versuchten wie Humphrey Bogart zu rauchen. Jeder von uns sammelte da sicher so seine Erfahrungen. Irgendwann aber verließen wir diese Übungsfläche und gingen zu unserem körpersprachlichen Normalverhalten über. Wir wunderten uns vielleicht im Urlaub noch ab und zu über den Gestenreichtum südländischer Mitmenschen und erkannten die Kulturabhängigkeit der Sprache des Körpers, machten als Autofahrer wieder Bekanntschaft mit ganz neuen Signalen, aber vergaßen dann ziemlich schnell dieses Thema. Dennoch begegnen uns tagtäglich mannigfaltige Signale, deren Bedeutung wir nicht immer einschätzen können. Es ist wie mit einer Fremdsprache, die wir einmal in der Schule gelernt haben: Einiges ist noch bekannt, anderes bereits in der Vergessenheit versunken. Es lohnt sich jedoch, diese „Fremdsprache" aufzufrischen, denn sie kann uns im Kundenkontakt unschätzbare Dienste leisten. Schauen wir uns zunächst einmal an, wann und warum wir welche Art von Signalen senden.

Die Körpersprache hat im Gespräch drei Funktionen

1. Die Signalfunktion

Oftmals genügt eine Gestik, ein mimisches Zeichen oder eine Körperhaltung, um unserem Kontaktpartner ohne Worte etwas mitzuteilen. Denken Sie nur an die Fülle der „Autofahrergrüße", die eine Vielzahl von Beispielen dieser Signalfunktion liefern. Da „verständigt" man sich noch bei 180 km/h auf der Autobahn von Fahrer zu Fahrer und benötigt kein einziges Wort, um seine „Nachricht" zu übermitteln.

Überall dort, wo die sprachliche Verständigung eingeschränkt oder nicht mehr möglich ist, benötigen wir diese Signalfunktion. Im Straßenverkehr, in der lauten Werkstatt oder in Entfernungen, die einen Sicht-, aber keinen Sprachkontakt zulassen. Manchmal wollen wir gar nicht sprechen, und auch da kommt uns die Signalfunktion zu Hilfe: Wir halten uns dann den ausgestreckten Zeigefinger senkrecht vor den geschlossenen Mund und mahnen zur Stille, schütteln den Kopf und verneinen etwas oder stecken uns beide Zeigefinger gleichzeitig in die Ohren, um unsere eingeschränkte Hörfähigkeit auszudrücken. Endlos wäre die Liste, würden wir all die mehr oder minder eindeutigen Signale unserer Sprache hier auflisten. Zumeist gibt es hier eine kulturell eindeutig geregelte Bedeutung der verschiedenen Botschaften. Unzählige Zeichen sind es, die wir so täglich verwenden und unsere Kommunikation damit ohne Worte betreiben.

2. Sprachunterstützungsfunktion

Andere körpersprachliche Ausdrücke setzen wir ein, um zu verdeutlichen oder unsere Worte zu unterstreichen: Der mahnend erhobene Zeigefinger etwa oder der kreisende Zeigefinger beim Erklären einer Wendeltreppe. Nicht immer bewusst, begleitet unsere Gestik das von uns gesprochene Wort, verdeutlicht, erklärt oder verstärkt unsere Aussagen. Wir bitten unseren Kunden mit der ausgestreckten Hand, die Handfläche nach oben, doch Platz zu nehmen. Wir zeigen den Weg zur Kasse mit einer ähnlichen Geste und erzählen vom letzten Angelwettbewerb, mit zwei erklärenden Händen die Größe des Fanges andeutend. Die „Sprachunterstützungsfunktion" macht unsere Worte verständlicher und freundlicher. Freundliche Gesten unterstützen freundliche Worte.

3. Die Gefühlsausdrucksfunktion

Unsere Körpersprache und die unseres Kunden kann aber auch etwas über die Empfindungen, Gefühle und inneren Einstellungen „erzählen". Gefühle werden zumeist in der Körpersprache sichtbar. Unbewusst drückt der Körper den emotionalen Zustand des Menschen aus. Der verdeckte Teil des Eisbergs (vgl. S. 94) meldet sich hier zu Wort. Da werden die Augen vor Rührung, Traurigkeit oder Freude feucht, da zittern die Lippen vor Angst, da sind die Augen vor Erschrecken weit aufgerissen, oder Daumen und Zeigefinger greifen aus Anspannung zur Nasenwurzel.

Meistens unkontrolliert und wesentlich schneller als jegliche Worte und Sätze drängen diese Zeichen nach außen. Oft „ehrlicher" als das gesprochene Wort, geben sie Aufschluss über die innere Befindlichkeit unseres Mitmenschen. Die Körpersprache ist die „Zweitsprache", die wir und unser Kunde verwenden und die es zu entschlüsseln gilt.

Körpersprache im Kundenumgang nutzen!

Jeder Serviceberater kann den Bereich der Körpersprache nutzen, um den Kundenumgang positiver und effektiver zu gestalten.

Wir können…

… unsere eigene Körpersprache bewusst im Sprachunterstützungsbereich einsetzen und damit verständlicher und kundenorientierter unsere „Botschaften" dem Kunden übermitteln. – Die freundliche Aufforderung zur Unterschrift wird noch freundlicher, wenn sie **nicht** von einem mehrmals kräftig auf das Papier tippenden Zeigefinger begleitet wird, sondern mit einem Mittelfinger unterstützt wird, dessen Innenfläche nach oben zeigt.

… uns bewusst werden, dass wir durch unsere eigene Körpersprache eine Außenwirkung erzielen, nach der uns der Kunde einschätzt und beurteilt. – Eine Begrüßung und Gesprächseröffnung im Kundenkontakt verläuft sicherlich angenehmer, wenn sie **nicht** mit vor der Brust verschränkten Armen vollzogen wird, sondern mit einer einladenden Willkommensgeste mit geöffneten Armen.

… sensibel werden für die Ausdruckssignale des Kunden, die uns seine Einstellung und Stimmung zeigen und uns damit auch als Resonanzsignale dienen. – Ein Einwand des Kunden kündigt sich in der Regel sehr frühzeitig über ein körpersprachliches Signal an: Der Oberkörper geht nach hinten, die Mimik wird kritisch, oder der Kopf wird leicht zum „Nein" geschüttelt, noch bevor der Kunde seinen Einwand sprachlich formuliert. Wer solche Signale missachtet und munter weiter argumentiert, kann schnell in einer Sackgasse enden.

… unsere eigene Körpersprache als Mittel der positiven Kundenbeeinflussung nutzen und damit eine angenehmere und entspanntere Gesprächsatmosphäre aufbauen. – Wer sitzt, wenn der andere steht, wer auf Distanz geht, wenn der Kunde näher kommt, wird nie in den Genuss der Menschenbeeinflussung durch Körpersprache kommen, außer in einem negativen Sinn. Wer jedoch auf den Kunden zugeht, sich ihm zuwendet und auch in kritischen Situationen „die Nähe sucht", kennt die Beeinflussungsmöglichkeiten. Doch all dies ist nur möglich, wenn wir nicht achtlos an der Körpersprache vorüberziehen. Wir müssen die Signale sehen, sie richtig einordnen und ihre Bedeutung kennen.

Prinzip Mehrdeutigkeit

Schön wäre es ja, wenn man aus jeder Geste, aus jeder Körperhaltung sehen könnte, wie unser Gesprächspartner denkt oder fühlt. Nur leider, so einfach ist es zumeist nicht. Da gaukeln uns mache Medien vor, wir müssten nur alle Bedeutungsgehalte lernen und verfügten dann über die „Wunderwaffe" Körpersprache. Einmal abgesehen von der Vielfältigkeit der Signale und deren möglichen Bedeutungen, birgt natürlich jedes Zeichen die Gefahr der Mehrdeutigkeit. (Bei der Stellung des Augenlids z. B. kann man zirca zehn verschiedene Bedeutungsgehalte erkennen. Rechnet man noch die verschiedenen Signale der Augenbrauen hinzu und betrachtet die sich daraus ergebenden Kombinationen, so käme man auf eine schier nicht zu bewältigende Anzahl von Signalen.) Signalisiert uns das Kopfkratzen des Kunden Zweifel oder Nachdenklichkeit, oder ist es nur der Kampf gegen einen irgendwie entstandenen Juckreiz? **Körpersprache ist mehrdeutig** und sollte von uns immer im Zusammenhang mit der Situation und – sofern vorhanden – dem gesprochenen Wort gesehen werden.

Das Prinzip der Mehrdeutigkeit muss beachtet werden! Wir müssen uns deshalb vor Überinterpretationen hüten, aber dennoch kann uns die Körpersprache als wichtige Informationsquelle dienen. Betrachten wir einmal die wichtigsten Bereiche der nonverbalen Signale im Kundenkontakt:

> Die Distanz

Ja, auch das gehört zur Körpersprache. Wie weit sitzen oder stehen zwei Menschen auseinander; das kann schon Aufschluss geben. Wir unterscheiden im Umgang mit anderen Menschen verschiedene Distanzzonen. Sie reichen von der Intimdistanz, die wir mit Menschen einnehmen, die uns sehr nahestehen, bis hin zur öffentlichen Distanz, die etwa beobachtbar ist, wenn zwei Menschen an einer Bushaltestelle stehen, die sich nicht kennen. Kundenkontakte spielen sich zumeist in der sozialen oder der persönlichen Distanzzone ab. Niemand darf uns zu dicht auf "die Pelle rücken", sonst entstehen unangenehme Gefühle, und wir beginnen sofort mit dem

Rückzug. Nur in einigen wenigen Fällen dürfen fremde Menschen uns sehr nahe kommen. In überfüllten Bussen oder Fahrstühlen beispielsweise, oder der Kellner im Restaurant, wenn er uns bedient.

Die Veränderungen der Distanzzonen können wir auch im Kundenkontakt beobachten.

Da beugt sich der vor uns sitzende Kunde stärker zu uns herüber und signalisiert uns Interesse oder Angriff, je nachdem, welche Mimik dieses Näherkommen begleitet. Da kommt der Kunde in unsere persönliche Distanzzone und will uns etwas Vertrauliches erzählen. – Im Kundenkontakt sollten wir folgenden Bereichen besondere Beachtung schenken:

1. Distanzvergrößerung während des Kundengespräches. In welchen Situationen verändern sich Distanzen? Reagiert der Kunde durch Zurücklehnen, durch Zurückrutschen des Stuhles oder durch einen Schritt zurück auch mit einer inneren Distanzierung von unseren Worten, Vorschlägen oder Argumenten?

2. Distanzverringerung während des Kundengespräches. Wann oder warum kommt der Kunde näher, beugt seinen Oberkörper vor, kommt einen Schritt vor oder rückt mit dem Stuhl heran? Warum sucht er die Nähe? Versucht er sogar durch Griffe oder kurze Berührungen unseres Unterarmes oder unserer Schultern einen kleinen Manipulationsversuch? Oft können wir diese letztgenannten Signale beobachten, wenn eine Beeinflussung gestartet werden soll nach dem Motto: „Wir beide kennen uns doch gut!" oder „Sie machen das schon für mich!" – Oder ist es der Zorn, der Ärger des Kunden, der einen Angriff auf eine kurze Entfernung zu uns startet?

3. Das Fahrzeug als Territorium. Auch das Auto gehört zum persönlichen Territorium des Kunden. Es ist sein Reich, in das niemand unaufgefordert eindringen darf. Distanzverletzungen werden hier sehr schnell übelgenommen. Ein allzu schnelles Besitzergreifen des Wagens, etwa durch Einnahme des Fahrersitzes oder durch das Lehnen auf das Wagendach, während der Kunde noch im Fahrzeug sitzt, haben schon oft ungewollt Ärger bereitet.

> Die Körperhaltung

Auch die Art und Weise, wie der Kunde seinen Körper im Sitzen, Stehen oder Gehen hält, kann uns Aufschluss über seine Befindlichkeit geben. Der Gang sagt manchmal mehr als tausend Worte. Kommt er forschen Schrittes, zielgerichtet auf uns zu, oder geht er gedrückt, vielleicht sich vorsichtig umschauend durch unsere

Räume? Die Schnelligkeit und die Häufigkeit der Bewegungen kann hier schon Aufschluss geben. Sind die Bewegungen ruhig und gleichförmig und vermitteln damit Sicherheit, oder sind sie fahrig, häufig wechselnd und wirken dadurch nervös und unsicher?

Wie ist die Kopf- und Schulterstellung des Kunden? Wirkt der Kopf eingezogen, fast hinter den Schultern verschwindend und kennzeichnet damit Vorsicht, oder wird er aufrecht, sicher getragen oder gar nach oben gereckt mit gehobenem Kinn und strahlt damit schon ein wenig Arroganz aus?

Wie ist die Stellung der Arme in Sitz- oder Standpositionen? Vor der Brust verschränkte Arme müssen nicht gleich Verschlossenheit und Distanz bedeuten, wie man es leider häufig in Zeitschriften vermittelt bekommt. Erst einmal zeigen sie nur **Inaktivität**. Verschränkte Arme oder Hände sind eine Ruhestellung. Das bekannteste Zeichen in diesem Bereich sind die zum Beten gefalteten Hände. Zunächst sagt der Kunde, der seine Arme oder Hände verschränkt, er verharre, warte ab. Das kann ein positives Signal des Zuhörens sein, wenn es von der entsprechenden Mimik begleitet wird, kann aber in entsprechenden Situationen mit weiteren körpersprachlichen Begleitsignalen auch Verschlossenheit, Ablehnung oder Distanzierung bedeuten. Urteilen Sie hier nicht vorschnell, sondern berücksichtigen Sie wiederum die Situation und weitere sichtbare Zeichen. Oft kann uns die Stärke der Verschränkung näher Aufschluss geben. Sind die Arme nur übereinandergelegt oder fest verschränkt? Genauso ist das auch bei verschränkten oder an Stuhlbeinen verschlungenen Füßen oder Beinen. In der Regel gilt hier: Je stärker die Verschränkung, desto stärker zumeist auch die innere „Verschränkung", also geringe Entspanntheit, die bis zur Verkrampfung gehen kann. Wir selbst können solche Verschränkungen wiederum als Resonanzsignale im Kundenumgang nutzen und zur Öffnung beitragen, z. B. durch eine entsprechende öffnende Körperhaltung.

> Die Gestik

Die Gestik, der Bereich der Handbewegungen, hält eine Vielzahl von Zeichen bereit. Zumeist wird die Gestik zur Sprachunterstützung eingesetzt und kann damit (wie wir bereits gesehen haben) zur Unterstreichung und Verdeutlichung verwendet werden.

Eine allzu schnelle Gestik führt in unserer Kultur in der Regel zur Vermutung, der Gestikulierende sei nervös oder zumindest unruhig. In der Außenwirkung der freien Gestik der Arm- und Handbewegungen können wir verschiedene Bereiche unterscheiden. Gesten, die oberhalb der Schulter- oder Kopfpartie gemacht werden, sind großen Ereignissen vorbehalten, denn sie stellen einen starken Ausdruck dar. Die deutsche Geschichte ist zahlreich an Beispielen, in denen politische Redner diese Außenwirkung zur Massenbeeinflussung nutzten und immer noch nutzen. Im Kundenkontakt wird dieser Bereich höchst selten zu finden sein. Und wenn, dann sollten wir uns davor hüten, um nicht großspurig oder angeberisch zu erscheinen. Gesten, die in Standposition unterhalb der Hüfte gezeigt werden, werten wir oft als Unsicherheit. Denken Sie nur an die „Fußballer-Freistoß-Haltung", die, wenn sie andeutungsweise in anderen Situationen eingenommen wird, als schamhaft oder verlegen empfunden wird.

Handstellungen kann man in erster Linie danach unterscheiden, in welche Richtung die Handflächen zeigen. Abwehr und Ablehnung wird häufig über eine zum Gesprächspartner zeigende Handfläche signalisiert, während nach unten gerichtete Handflächen Dämpfung, Mäßigung oder Ruhe andeuten. Nach oben und gleichzeitig ein wenig zum eigenen Körper gerichtete Handflächen zeigen Offenheit und werden häufig auch als glaubwürdig oder vertrauenauslösend gewertet.

Reichhaltig sind im Kundenkontakt so genannte Hand-Kopf-Gesten zu beobachten. Sie reichen vom Kopfkratzen über das Nasereiben bis hin zu Stützgesten des Kopfes. Es wäre müßig, die vielen Signale hier aufzuzeigen. Beachtenswert erscheint dabei jedoch, wohin sich bei einer länger andauernden Hand-Kopf-Geste der Finger richtet oder inwieweit der Mund durch die Hand oder durch einen Finger symbolisch verschlossen wird. Beides zeigt zumeist schon Grundzüge des Bedeutungsgehalts: z. B. Finger in Richtung Ohr („Ich höre zu!") und gleichzeitig mit der restlichen Hand ein verschlossener Mund („Ich schweige jetzt!"). Doch Vorsicht vor Überinterpretationen! Hand-Kopf-Gesten sind häufig Änderungssignale in einem Gespräch und können Absichten andeuten.

> Die Mimik

Das Spiel der Gesichtszüge gibt uns die reichhaltigste Auswahl an Ausdrucksfunktionen des Kunden. Zweifel, Skepsis, Überraschung, Verbissenheit und vieles mehr wird über das Gesicht des Gesprächspartners sichtbar. Die Stellung des Mundes, der Nase, des Lides und der Augenbrauen geben Aufschluss über den Gefühlszustand. Beachten Sie deshalb die Kundenmimik, wenn Sie selbst sprechen. Wie Ihre Nachricht ankommt, ob sie auf Zustimmung, Ablehnung oder Zweifel stößt, können Sie hier sehr früh erkennen. Wie häufig wussten wir auch schon ohne Worte, was uns unser Kunde erzählen wollte.

Die Mimik macht Stimmung. Sympathie wird in erster Linie körpersprachlich vermittelt und zu einem ganz bedeutenden Teil über den mimischen Ausdruck. Schenken Sie Ihrem Kunden häufiger ein Lächeln, einen freundlichen Gesichtsausdruck zur Begrüßung. Es wird ihm leichter fallen, Sie anzusprechen und mit Ihnen zu reden, als wenn Sie sich selbst hinter einem „Pokerface" verstecken. Sinnvoll ist es auch, die eigene Mimik manchmal ein wenig unter Kontrolle zu halten. Ihr Kunde muss ja nicht gleich auf den ersten Blick erkennen, dass Sie seine Anwesenheit jetzt als Störung empfinden oder seine Reklamationsschilderung für sehr übertrieben halten.

> Der Blickkontakt

Wer hat nicht schon die Macht der Augen im Umgang mit dem Mitmenschen verspürt? Blicke können bohren, löchern, töten, reizen, ärgern, träumen. Da signalisiert der gesenkte Blick Verlegenheit oder Scheu und der offene Blickkontakt Warmherzigkeit und Kontaktbereitschaft. Wird der neu ankommende Kunde wegen eigener Beschäftigung nicht angesehen, senden wir für ihn die Botschaft: „Sie sind für mich nicht vorhanden!" Empfehlenswerter ist da schon die kurze Blickkontaktaufnahme, die sagt: „Ich habe Sie gesehen, bitte gedulden Sie sich etwas!" Sieht man etwas länger hin, so heißt das schon: „Was kann ich für Sie tun?" Kurze Momente der Blickdauer entscheiden da über die Blickbedeutung. Und schaut man einen Moment zu lange hin, so wird das bereits als Anstarren und damit als Unhöflichkeit gewertet.

Blicke sind Eröffnungssignale im Kundenkontakt, die über den positiven oder negativen Verlauf eines solchen Kontaktes schon sehr frühzeitig entscheiden können. Während eines Kundengespräches gehört das Aufrechterhalten des Blickkontaktes, ohne den Gesprächspartner anzustarren, zu den wichtigsten Aufmerksamkeitssignalen. Auch in Momenten der Preisnennung, der Rechnungserklärung oder der Reklamationsbehandlung hat der offene Blick eine wesentlich bessere Außenwirkung.

> **!** Übrigens: Um einen ernsten Gesichtsausdruck zu erzeugen, benötigen Sie 65 arbeitende Muskeln. Zur Herstellung eines Lächelns bedarf es aber nur zehn Muskeln. Warum wollen Sie sich jeden Tag überanstrengen?

4.4   Kommunikationsmittel Telefon

Wir telefonieren täglich! Gerade diese Alltäglichkeit ist es aber, die uns die Besonderheiten des Telefonierens vergessen lässt. Es sind die kleinen Dinge, die hier die große Wirkung haben. Telefonieren ist eine Form der „**Behinderung**". **Vier unserer Sinnesorgane sind ausgeschaltet**, und wir können Informationen nur noch über das Ohr aufnehmen. Es fehlt etwas: Wir sehen den Gesprächspartner nicht, können somit seine Reaktionen schlechter einschätzen, da uns seine Körpersprache verborgen bleibt. Wir können ihm nicht tief in die Augen blicken und den Wahrheitsgehalt seiner Aussage überprüfen. Jede Verdeutlichung unserer eigenen Aussage durch unsere Gestik ist vergebens. Das kennt jeder, der schon einmal versuchte, per Telefon einen Anfahrtsweg zu erklären. Da **fehlt** jegliche **Demonstrationsmöglichkeit**. Am Telefon gelten andere Gesetze als im Gespräch von Angesicht zu Angesicht. Da bleiben uns und unserem Gesprächspartner nur noch **wenige Informationsquellen** und **beschränkte Einflussmöglichkeiten**.

Trotz der Besonderheiten ist und bleibt das Telefon ein nicht zu ersetzendes Kommunikationsmittel. Ohne Papierkrieg, im unmittelbaren Informationsaustausch können wir kosten- und zeitgünstig mit unseren Partnern sprechen. Da lohnt es sich durchaus, das Telefonverhalten im eigenen Haus zu professionalisieren.

Das Telefon als Visitenkarte des Autohauses

Das Telefon ist für viele unserer Kunden der erste Schritt ins Autohaus. Egal in welchem Bereich des Betriebes, Telefonate sind kleine Visitenkarten, die nach außen wirken. Ob positiv oder negativ, das kann der telefonierende Mitarbeiter nachhaltig beeinflussen.
Ein- und ausgehende Telefongespräche gehören zur täglichen Routinearbeit des Serviceberaters. Routiniert ist schon die Meldung; so routiniert – man gebraucht sie ja etliche Male am Tag –, dass sie kaum noch vom Anrufer verstanden wird. Blitzschnell wird dem Anrufer die Meldung entgegengeschleudert, so als ginge es um den Eintrag ins Guinnessbuch der Rekorde. Manchmal hat der Anrufer auch Glück und versteht wenigstens den Tagesgruß (natürlich nur, wenn er auch gegeben wird). Dafür kann er dann aber der Stimme des Gesprächspartners entnehmen, dass er jetzt gewiss zur falschen Zeit anruft. Aber Spaß beiseite, Kunden-

orientierung beginnt beim ersten Eindruck, das gilt auch für die Meldung, und zu der gehört in einem zeitgemäßen Autohaus: Firmenname, Eigenname und der Tagesgruß ("Autohaus Müller, Herzog, guten Tag!"). Dass diese Meldung, trotz Routine, auch **verständlich und deutlich** erfolgen sollte, versteht sich eigentlich von selbst.

Noch einen Hinweis an diesem Punkt, denn hier scheiden sich häufig die Geister, wenn es um eine Frage geht: die Meldung mit Vor- und Nachname oder nur mit dem Nachnamen? Traditionell spielte der Vorname im deutschen Sprach- und Kulturraum eine untergeordnete Rolle, sobald es „dienstlich" wurde. Wenngleich auch dies stark abhängig von regionalen Besonderheiten zu betrachten ist. Vielen Menschen ist es unangenehm, wenn sie ihren Vornamen nennen – zu persönlich. Andere wiederum sind der Meinung, dass durch den Vornamen die ohnehin viel zu lange Meldeformel noch länger wird und den Kunden nervt. Prinzipiell muss ich mich, damit es nicht zu einer gelangweilten Routine wird, mit der Meldeformel wohl fühlen. Sie muss meiner eigenen Sprache entsprechen und zu mir passen, da sie sonst aufgesetzt und unecht wirkt. Ich möchte nur einen Aspekt anführen, den alle die, die den Vornamen kategorisch nicht nennen, einmal überdenken sollten. Wie beschrieben, ist es mitunter schwierig, den Namen des Gesprächspartners am Telefon genau zu verstehen. Und dies geht nicht nur Ihnen so, sondern auch dem Kunden. Der Vorname kann hier eine Hilfe sein. Warum? Nun, wenn Sie einen unbekannten Menschen, ein Unternehmen o. ä. anrufen und Sie hören einen Vornamen, was wissen Sie dann ganz genau? Sie wissen, dass danach der Nachname kommt! Und „Sie" heißt hier: Ihr Gehirn weiß es und kann sich – wenn auch nur in Bruchteilen einer Sekunde – auf den Nachnamen vorbereiten. Der Vorname heißt für das Gehirn nichts anderes als: „Achtung, gleich kommt der Nachname!"

Schaffen Sie eine persönliche Atmosphäre beim Telefonieren!

Das einfachste und zugleich wirkungsvollste Mittel hierzu ist die **Namensansprache**.

Es reicht nicht, den Namen des Gesprächspartners nur bei der Begrüßung und Verabschiedung zu nennen. Auch während des Gesprächs bieten sich viele Gelegenheiten hierzu, ohne dass es Ihr Partner als unangenehm oder lästig empfindet. Im Gegenteil! Machen Sie es sich zur Gewohnheit, sofort während der Namensnennung Ihres Telefonpartners seinen Namen auf Ihrem Notizblatt zu vermerken. So ist es Ihnen ein leichtes, den Namen während des folgenden Gespräches anzuwenden. Außerdem schützen Sie sich so davor, nach einem längeren Gespräch zum Schluss doch noch fragen zu müssen: „Wie war doch gleich Ihr Name?" Einmal ganz von der Formulierung abgesehen, die uns bereits für tot erklärt, wird doch jede mühsam erkämpfte **Gesprächsatmosphäre** hierdurch **nachträglich verdorben.**

Sie werden jetzt vielleicht einwenden, der Name sei oft schwer oder gar nicht zu verstehen. Richtig, doch wer hindert uns am Nachfragen? Eigentlich nur unser fehlender Mut. Geben Sie nicht auf halber Strecke auf! Zweimal nachgefragt und dann doch die **falsche Namensansprache** bereitet eher Verdruss. Lassen Sie sich den Namen Ihres Anrufers notfalls buchstabieren. Wenn Sie höflich und freundlich diese Bitte äußern, werden die meisten Gesprächspartner dies gerne für Sie tun.

„Sind Sie so nett und sagen mir bitte Ihren Namen!"

„Ich hab' Ihren Namen leider nicht richtig verstanden, würden Sie Ihn nochmals wiederholen?!"

„Hier ist es gerade etwas laut, darum verstand ich Ihren Namen nicht richtig. Wären Sie so nett und…"

Zeigen Sie Ihr Zuhören!

Ja, zeigen Sie es Ihrem Gesprächspartner am Telefon! Oder besser noch, lassen Sie es ihn hören, dass Sie ihm und seinen Worten lauschen. Im Gespräch von Angesicht zu Angesicht ist das einfacher. Dort haben wir den Blickkontakt und das dezente Kopfnicken als Signale der Aufmerksamkeit und Aufnahme. Was ist aber im Telefonkontakt zu tun? Hier bleiben uns nur die sprachlichen Signale des Zuhörens: „mhm", „ja", „sicher", „aha", „so" usw. Dies sind kurze sprachliche Verstärker, die Sie einsetzen sollten, damit Ihr Anrufer den richtigen Eindruck von Ihnen und Ihrem Zuhörverhalten bekommt. Nichts ist unangenehmer für den Sprecher, als keine Resonanzsignale zu erhalten. Man redet dann in ein „schwarzes Loch" der Schweigsamkeit und ist geneigt, die Frage: „Sind Sie noch da?" zu stellen. Tun Sie Ihrem Gesprächspartner das nicht an; denn sonst könnte er gleich auf Ihren Anrufbeantworter sprechen.

Sorgen Sie für Verständigungskontrolle!

Wir alle wissen, wie häufig es zu Missverständnissen im Telefonkontakt kommt. Da werden Bezeichnungen verdreht, Termine missverstanden oder getroffene Vereinbarungen vergessen. Schuld daran sind zumeist beide Telefonpartner, denn sie vergaßen, sich gegenseitig Verständigungskontrollen zu geben. Aber auch dieses Problem können wir durch richtiges Gesprächsverhalten minimieren. **Weniger Verständigungsfehler** heißt weniger Missverständnisse, weniger Streit, weniger Ärger, reibungslosere Tätigkeit. Wer will das nicht?

Grundsätzlich sollte sich jeder Serviceberaterer die wichtigen Punkte während eines Telefonats notieren. Unsere Merkfähigkeit ist bei Gehörtem wesentlich geringer als bei Dingen, die wir zusätzlich noch mit dem Auge wahrgenommen haben. Notizen machen ein Telefonat auch noch nach längerer Zeit nachvollziehbar und sind z. B. bei einer Auftragserweiterung einziges Beweismittel.

Darüber hinaus können Sie durch Ihr Gesprächsverhalten für eine Verständigungskontrolle sorgen. Fassen Sie selbst wichtige Punkte und Vereinbarungen am Gesprächsschluss nochmals zusammen und wiederholen Sie sie: „Herr Peters, wie vereinbart, ich hab' mir den Termin am 21. Mai für 10.00 Uhr notiert." – Hierdurch hat Ihr Gesprächspartner die Möglichkeit, eventuell entstandene Missverständnisse frühzeitig aus dem Weg zu räumen. Versichern Sie sich auch während des Telefonats häufiger, ob Sie Ihren Telefonpartner richtig verstanden haben: „Herr Klaus, hab' ich Sie da richtig verstanden, dass …?"

Zeigen Sie persönlichen Einsatz und machen Sie Ihre Handlungen „sichtbar"!

Durch den fehlenden Blickkontakt in einem Telefonat neigen wir dazu, **Versprechungen** abzugeben, die schwer oder gar nicht einhaltbar sind. Dieses psychologische Phänomen können Sie an vielen Stellen des täglichen Telefonlebens beobachten. Anscheinend glauben wir unbewusst, dass eine Aussage ohne Blickkontakt weniger Verbindlichkeit besitzt. Unsere Gesprächspartner am Telefon kennen dieses Phänomen auch und werten manche unserer Aussagen von vornherein als „**Lippenbekenntnis**". „Ich kümmere mich um die Sache!" bekommen wir ja selbst oft als Antwort und warten dann Tage auf das Ergebnis.

Einerseits sollten wir uns selbst vor solchen Lippenbekenntnissen hüten, denn sie beeinträchtigen langfristig unsere Glaubwürdigkeit. Andererseits können wir unsere Aussagen glaubwürdiger formulieren. „Ich werde gleich nach unserem Telefonat ins Lager gehen und nachsehen!" ist wesentlich verbindlicher als die „Ich-kümmere-mich"-Aussage. Machen Sie mit Worten Ihrem Partner sichtbar, was Sie tun werden oder gerade tun.

„Ich schreib' mir die Daten gerade einmal auf." „Ich sehe gerade einmal in der EDV nach." (Partner denkt: „Aha, sie tun etwas für mich!") Damit machen Sie Ihre

Handlungen sichtbar, überbrücken telefonische Wartezeiten und erklären damit auch die momentane Situation. Ihr Gesprächspartner weiß somit besser über Sie Bescheid und kann dadurch eher Verständnis für Ihr Verhalten entwickeln.

Formulieren Sie am Telefon besonders verständlich und widerstandsfrei!

Die Sache mit der Verständlichkeit ist natürlich zu einem entscheidenden Maße von unseren eigenen Formulierungen abhängig. Besonders für den Telefonkontakt gilt: Kurze Sätze in geordneter Reihenfolge und prägnant formuliert hört unser Zuhörer gern! „Guten Tag, ja, ich wollte …, wissen Sie, wir haben Ihnen ja gestern …, ach Entschuldigung, ich vergaß ja ganz meinen Namen zu nennen, Paulmann …, ja also, das war so …" Solche Gesprächseinstiege helfen Ihrem Zuhörer ungemein, schon nach kürzester Zeit abschalten zu können. **Vermeiden** Sie Bandwurmsätze, denn Sie vermeiden dadurch geistige Verstopfung.

Ähnlich ist es mit den inneren Widerständen Ihres Gesprächspartners. Mit Formulierungen, wie „Hören Sie mal zu!", „Passen Sie mal auf!", „Sie müssen schon lauter sprechen!", „Das geht auf keinen Fall!" usw. locken Sie über kurz oder lang auch den gemütlichsten Gesprächspartner aus der Reserve! Verwenden Sie lieber Sätze, wie:

„Bitte, sind Sie doch so nett, und …"

„Könnten Sie bitte …"

„Wir haben uns da sicher missverstanden."

Telefonieren ist ganz leicht, man muss nur die richtigen Verhaltensweisen kennen und sie dem Gesprächspartner auch zeigen.

Lernfragen zum Kapitel 4

> „Menschen sind wie Eisberge" – Was bedeutet diese – zunächst sicher merkwürdig erscheinende – Aussage für die Kommunikation zwischen Menschen?

> Welche Frageformen kennen Sie? Welche Besonderheiten, Vor- und Nachteile haben diese und wann setzen Sie welche Frageform ein?

> Warum ist das „richtige Zuhören" so schwierig? Welche Möglichkeiten gibt es, um dem Gesprächspartner zu signalisieren, dass man ihm wirklich aufmerksam zuhört?

> Welche „Störenfriede" gilt es in der Gesprächsführung zu vermeiden?

> Welche Funktionen hat die Körpersprache? Welche Bereiche gibt es hier und worauf ist bei diesen jeweils zu achten?

> Worauf müssen Sie bei der Kommunikation am Telefon besonders achten? Welche Mittel können Sie einsetzen, um trotzdem „verständlich" zu kommunizieren?

Der Gipfel ruft! – Die Herausforderung des Kundenkontakts

5 Serviceorganisation

5.1 Von der Voranmeldung bis zur Fahrzeugübergabe

Gerade im heutigen Service, wo es nicht mehr allein um das Entgegennehmen von Werkstattaufträgen geht, sondern wo auch das verkäuferische Element eine immer stärkere Rolle spielt, müssen wir unseren Kontakt mit System gestalten. Eine optimale Auftragsannahme und Auftragsbearbeitung wird erst durch einen systematisch geführten Kundenkontakt möglich. Die Systematik darf jedoch nicht nur zur „Verbeamtung" und Bürokratisierung des Service führen.

Je besser wir die Systematik beherrschen, desto eher sind wir in der Lage von der Norm, von der Alltäglichkeit abzuweichen und auch mit diesen „unnormalen" Situationen fertig zu werden.

Jeder Kundenkontakt durchläuft verschiedene Phasen oder Stufen. Unser Ziel ist der zufriedene Kunde. Doch bis zu diesem Gipfel ist es ein weiter Weg mit vielen Situationen. Wie auch in jeder Bergwanderung das Ziel in Etappen eingeteilt wird, müssen auch wir unsere Etappen des Kundenkontaktes kennen. Mehr noch, wir müssen auch die Klippen, Vorsprünge, Abstiege und Schneefelder jeder Teilstrecke kennen und beherrschen.

Dann wissen wir auch, wann wir uns anseilen, wann wir die Steigeisen gebrauchen müssen und wo wir rasten können. Jede Teilstrecke hat ihre eigenen Gesetzmäßigkeiten, aber bevor wir uns diese näher anschauen, betrachten wir unsere „Wanderung" durch den Kundenkontakt einmal in ihrer Gesamtheit:

1. Etappe: die Voranmeldung

Fragt man Serviceberater, womit der Kundenkontakt beginnt, so kommt in 90 Prozent der Fälle die Antwort: „Mit der Begrüßung". Hoffentlich ist es nicht so: Denn die Voranmeldung bietet eine Fülle von Vorzügen, aber es ist Können notwendig, um sie optimal zu nutzen.

2. Etappe: der Empfang und die Wartezeit

Natürlich ist hier nicht der „große Bahnhof" gemeint. Aber der „kleine" dürfte es schon sein. Der Kunde nimmt Eindrücke von uns und unserem Betrieb auf. Sammelt mal bewusst, mal unbewusst das, was wir ihm an Reizen zu bieten haben. Grußlose Monteure oder freundliche Büromitarbeiterinnen, wehende Fahnen oder Autofriedhöfe, kurze Wartezeiten oder schnelle Abfertigungen, das ist nur ein kleiner Ausschnitt aus der reichhaltigen Palette unserer Eindrucksdaten.

3. Etappe: das Auftragsgespräch

Endlich es ist soweit: Der Kunde ist zum Serviceberater vorgedrungen. Was jetzt kommt, ist das Entscheidende und setzt sich aus einer Fülle von Einzelaufgaben zusammen. Von der Gesprächseröffnung über die Wunschermittlung und Diagnose bis hin zum eigentlichen Auftragsgespräch mit Argumentation, Terminvereinbarung und, und, und: Es gibt eine Fülle von Punkten, die hier beachtenswert sind.

4. Etappe: die Auftragserweiterung

Hinter dieser Stufe steckt mehr als die Frage: „Sollen wir das gleich mitmachen?" Auftragserweiterungen sind systematisch zu führende Beratungs- und Verkaufsgespräche, die mit gezielter Vorbearbeitung und Argumentation betrieben werden müssen

5. Etappe: die Fahrzeugübergabe

„Morgens hui, abends pfui?" sollte auf keinen Betrieb zutreffen. Doch was passiert nach Leistungsausführung? „Rechnung – Schlüssel – Wiedersehen"?
Der Kunde erwartet mehr von seiner Fahrzeugabholung.

6. Etappe: die Zufriedenheitsnachfrage

Was kommt auf uns zu, nachdem der Kunde abgefahren ist. Reklamationen? Hoffentlich nicht! Aber das wäre ein möglicher Nachkontakt, da wird der Kunde aktiv. Die andere Variante dieser Kundenkontaktphase ist die Zufriedenheitsnachfrage und die ist sicher die angenehmere.

Der Serviceberater ist aber auf dieser Bergwanderung nicht nur der Bergführer des Kunden, dem daran gelegen ist, dass der Kunde möglichst zufrieden, mit möglichst vielen positiven Eindrücken vom Gipfel zurückkehrt. Dies ist nur ein Aspekt der Serviceorganisation, des reibungslosen Ablaufs der Werkstattarbeit. Um im Bild des Bergführers zu bleiben: Der Serviceberater ist auch an jeder Stelle der Wanderung für die Sicherheit des Kunden verantwortlich! Wenn Sie mit dem Kunden auf einer Etappe des Weges eine falsche Richtung einschlagen, dann ist in der Folge das Ziel der gesamten Wanderung gefährdet. Und selbst, wenn Sie es schaffen, den Kunden irgendwie auf den Gipfel zu zerren – meinen Sie, er bucht bei Ihnen den nächsten Berg?! „**Prozessqualität**" heißt hier das Stichwort! In jeder einzelnen Etappe setzen wir die Grundlage für die Folgende: für deren Qualität und Sicherheit. Damit wir keine Fehler übersehen, Arbeiten vergessen, der Kunde möglicherweise mehrfach zu uns kommen muss usw.

5.2   Die Voranmeldung

Das vielfältige Kundenverhalten schlägt sich auch in der Voranmeldung nieder, das geht vom „Bescheid sagen" bis hin zur telefonischen „Ferndiagnose". Die Voranmeldung jedoch ist die erste und vielleicht sogar die wichtigste Stufe in unserem Kundenkontakt.

Was würde ohne jegliche Voranmeldung passieren? Die Kunden kämen aufs Geratewohl, nach dem Zufallsprinzip. Vielleicht Montag zu Hauf, Mittwoch in Tropfen und Freitag in Scharen. Wir wissen es nicht. – Wann wie viel Arbeit vorhanden wäre und wann welche Monteurauslastung erzielt werden könnte, stünde zunächst einmal in den Sternen „Däumchendrehen" und „Totschuften" würden sich bei uns und unseren Mitarbeitern und Kollegen abwechseln.
Noch dazu müssten unsere Kunden oft längere Wartezeiten und längere Standzeiten ihrer Fahrzeuge und einige andere Unannehmlichkeiten in Kauf nehmen. Natürlich sind nur die vorhersehbaren und Aufschub duldenden Arbeiten für den

Kunden anmeldbar. In der Regel Inspektionen, Wartungs- und Pflegedienste und kleinere Karosserieschäden.

Je höher der Anteil unserer Voranmeldungen, desto besser können die Vorteile, die sich daraus ergeben, genutzt werden. Der Prozentsatz ist abhängig von der Struktur des Betriebes und insbesondere der Kundenstruktur, vom Fabrikat, Fahrzeugtypen und natürlich auch von der „Kundenerziehung".

1. Vorteil: Vorausplanung und Terminsteuerung!

Der angemeldete Kunde steht nicht überraschend vor der Tür. Er gibt uns seinen Terminwunsch bekannt und kündigt sein Kommen an. Das gibt uns nicht nur die Möglichkeit, uns auf seinen Auftrag vorzubereiten (z. B. Auftragsbeschreibung), sondern auch uns auf seinen Besuch einzustellen (z. B. Personalplanung/Teilebestellung).

Wir können mit gezielten Argumenten unseren Kunden beeinflussen und den Termin steuern. Insgesamt erhalten wir dadurch die Möglichkeit, für eine gleichmäßig hohe Auslastung unserer Werkstattkapazität zu sorgen.

2. Vorteil: Klärung des Arbeitsumfangs!

Der Alptraum eines jeden Serviceberaters: Zur „kleinen Inspektion" hatte sich der Kunde angemeldet, jede weitere Werkstattkapazität ist ausgelastet und nun steht der Kunde mit seinem vorbereiteten Beanstandungskatalog mit vielen weiteren Arbeiten im Service.

Jegliche Zeitplanung wird über den Haufen geschmissen und der „Eiertanz" um die Termine und Arbeiten beginnt. Das muss nicht sein! Die telefonische und persönliche Voranmeldung bietet die Gelegenheit zum Erfragen des voraussichtlichen Arbeitsumfanges. Es genügt nicht, nur nach dem Anmeldungsanlass zu fragen, diesen einzuplanen und die weiteren Kundenwünsche nicht zu erkunden. Zwischen Anlass und Zusatzwunsch muss unterschieden werden.

3. Vorteil: Geringere Belastung des Kunden!

Auch der Kunde profitiert von der Terminvereinbarung. Nicht nur, dass er selbst den Werkstattaufenthalt einplanen kann und der Zeitbedarf damit für ihn zu einem berechenbaren Faktor wird. Er hat kürzere Wartezeiten, einen stressfreieren und intensiveren Kontakt zum Serviceberater und eine voraussehbare Zeit des Werkstattaufenthaltes seines Fahrzeuges, was letztlich für viele Kunden wiederum eine Kostenersparnis zur Folge hat.

Kunde, Serviceberater und Betrieb können aus der Voranmeldung profitieren. Zur Ausschöpfung dieser Möglichkeiten gehört jedoch eine effektive Planung und gezielte Gesprächsführung.

5.2.1 Die Organisation der Voranmeldung – Voraussetzungen für eine kundenorientierte Terminplanung

Wurden sie auch schon einmal mit der Änderung in der Organisation der Terminplanung konfrontiert oder haben Sie eine solche veranlasst? Dann kennen Sie all die Probleme, die mit solchen Veränderungen verbunden sein können: Umstände, Umstellung, Unklarheiten, Misserfolge usw. Aber Sie haben dann hoffentlich auch Früchte kennen gelernt, die solch eine Umstellung bringen kann!

Die Organisation der Voranmeldung und hier insbesondere die Terminplanung sind notwendige Voraussetzung zur Ausschöpfung aller Vorteile, die sich aus der Voranmeldung ergeben. Stressgeladene Hauptandrangzeiten mit nörgelnden Kunden und genervten Mitarbeitern haben häufig hier ihre Wurzeln.

Das richtige Planungsinstrument bringt Klarheit!

Wenn die Vorteile der Fahrzeugvoranmeldung vollständig und umfassend genutzt werden sollen, ist es notwendig ein entsprechendes Planungsinstrument zu benutzen. Da ja in vielen Betrieben mehrere Mitarbeiter die Terminvereinbarung übernehmen, müssen die aus dem Termingespräch gewonnenen Informationen und Vereinbarungen in einem entsprechenden Terminplaner und somit für alle Beteiligten sichtbar festgehalten werden. Die ausführlichste Befragung des Kunden zu Zusatzarbeiten ist sinnlos, wenn der „Timer" nach Abschluss des Telefonats nur fragmentarische Aufzeichnungen wie den Kundennamen und den Kilometerstand enthält.

Jede weitere Terminvergabe baut auf den vorhergehenden Terminen und Vereinbarungen auf und bildet jeweils eine neue Ausgangssituation für Nachfolgegespräche. Die vollständige Erfassung dieser Daten ist daher unerlässlich.

Natürlich erfordert eine ausfürliche Terminplanung einen höheren Zeiteinsatz als bisher. Zu bedenken ist dabei jedoch, dass diese Zeitinvestition sich innerhalb kürzester Zeit durch rationellere Kundengespräche, geringere Reibungsverluste und weniger Terminbeanstandungen bezahlt macht.

Andrangzeiten entzerren!

Einer der Hauptgründe für den Tagesstress liegt – wie wir bereits gesehen haben – im geballten Kommen der Kunden. Da treten zu diesen Zeiten unsere Kunden im Service gehäuft auf, bringen ihre Fahrzeuge, haben diese oder jene Frage und werden mit jeder Minute Wartezeit ungeduldiger. Diese Ungeduld greift oft auf den Serviceberater über, der einer äußerst schweren Aufgabe gegenübersteht.

Was auf der Strecke bleibt, ist die Kundenorientierung. Da wird der Serviceberater zum Reparaturannehmer degradiert, nimmt Schlüssel und Anliegen entgegen schreibt auf oder „gibt ein", hat den Kopf mehr im PC als im Blickfeld des Kunden, die Diagnose oder Auftragsannahme am Fahrzeug entfällt und vom Beratungs- und Verkaufsgespräch ist keine Spur.

Ein düsteres Bild! Ja, aber keines, das den Weltuntergang heraufbeschwört. Abhilfe ist möglich, auch wenn die inneren und äußeren Widerstände bei solchen Änderungsmaßnahmen häufig sehr hoch sind. Es gibt eine Reihe von Maßnahmen, die wir ergreifen können, um eine Entzerrung der Hauptandrangzeiten vorzunehmen. Die gängigsten Maßnahmen sollen hier erwähnt werden.

Interne Entzerrungsmaßnahmen, wie erreichen?

Bereits eine wichtige „Entzerrungsmaßnahme" kann das Vorschreiben bzw. Vorbereiten des Auftrags sein. Im Idealfall könnte der komplette Auftrag mit allen bereits bei der Voranmeldung erfassten Arbeiten vorgeschrieben werden. Dies entlastet einerseits das Kundengespräch von administrativen, bürokratischen Handlungen und lässt somit mehr Zeit für andere kundenorientierte Dinge, andererseits vermittelt es dem Kunden einen sehr hohen Signalwert der Kundenorientierung.

Ein häufiger Einwand, es würde sich hierbei um Mehrarbeit handeln, ist in der Regel gegenstandslos, da es sich nicht um eine zusätzliche Tätigkeit handelt, sondern nur um die zeitliche Verschiebung einer Tätigkeit in ruhige Zeiten. Auch wenn nicht jeder Auftrag vorgeschrieben werden kann, so sollte man sich durchaus vergegenwärtigen, dass das Vorschreiben von nur einigen wenigen Aufträgen allein schon einen erheblichen Zeitgewinn während der morgendlichen Andrangzeit und damit eine erhebliche Entlastung bringt.

Eine Entzerrung kann durchaus über eine zeitbegrenzte Personalerhöhung, d. h. durch den Einsatz eines entsprechend befähigten und geschulten kaufmännischen oder gewerblichen Mitarbeiters (**Ersatzmann-Konzept**) erreicht werden. Dieser könnte dann zu begrenzten Zeiten im Service tätig werden. Natürlich müssten andere eventuell damit auftretende Probleme in Kauf genommen werden. Diese Möglichkeit sollte jedoch immer als Übergangslösung angesehen werden. Erstrebenswerter ist es, auf einer angemessenen Personalbasis verstärkt in Richtung Entzerrung der Hauptandrangzeit durch zeitversetzte Auftragsannahme (Taktsystem) zu arbeiten.

Eine weitere interne „Entzerrungsmaßnahme" lässt sich – über das „Ersatzmann-Konzept" hinaus – durch eine Veränderung der betrieblichen Arbeitszeiten recht einfach umsetzen. So einfach, dass man manchmal an der Welt verzweifeln möchte! Immer wieder hört man von Auftragsannahmen am frühen Morgen nach dem „Fließband-Prinzip". Da werden Kunden in Bruchteilen von Minuten „abgefertigt" – los, schnell weiter, der Nächste …! Mit welcher Begründung? „Die Monteure warten auf Arbeit!" – Also, der oder die Serviceberater machen um 7 Uhr die Tore auf, fertigen die ersten Kunden ab, denn um 7.30 Uhr stehen die Monteure „auf der Matte" und wollen Arbeit haben! Deshalb werden bei der Terminplanung möglichst viele Kunden in die erste Stunde des Tages hineingequetscht. Nach 2–3 Stunden ist der Spuk dann vorbei und die Serviceberater können mal „Luft holen". Ich hoffe, Sie haben die Ironie in diesen letzten Sätzen erkannt?! Wissen Sie, was nur das Problem ist: Genauso ist die Situation in ganz vielen Kfz-Werkstätten in Deutschland! Wer hat denn gesagt, dass Monteure eine halbe Stunde nach den Serviceberatern anfangen müssen? Steht das im Gesetz oder der Bibel? Dies ist nun wirklich ein typisches Beispiel dafür, dass Prozesse häufig „von hinten" angegangen werden. Also: Das Ziel ist Kundenzufriedenheit, eine umfassende und vollständige Auftragserstellung, der mögliche Verkauf von Zusatzleistungen usw. – Wenn dies zur Folge hat, dass die Monteure erst um 8 Uhr mit Arbeit versorgt werden können, dann müssen sie eben dann anfangen zu arbeiten!

Externe Entzerrungsmaßnahmen durch Kundensteuerung

Externen Entzerrungsmaßnahmen sind in erster Linie Möglichkeiten der Terminsteuerung. Eine kundenorientierte Terminvereinbarung muss zunächst einmal die Wünsche des Kunden überhaupt kennen.

„Kommen Sie um 7.30 Uhr!" ist Verordnung, nicht kundenorientierte Terminvereinbarung. Denn sie berücksichtigt nicht nur nicht die Kundenwünsche, sondern kennt sie noch nicht einmal. Die Konsequenz aus der Kenntnis der Kundenwünsche ist in vielen Fällen die verschobene Annahmezeit, die so manchem Kundenwunsch gerecht wird.

So etwa die Vormittags- oder Mittagsüberbringung. In vielen Fällen ist das jedoch mit Problemen verbunden, da einerseits eine morgendliche Auslastung des Werkstattpersonals notwendig ist, zum zweiten die Ersatzteilbestellungen in der Regel beim Hersteller oder Importeur an bestimmte späteste Bestellzeiten gebunden sind und nicht zuletzt der Kunde in der Regel eine Fertigstellung am gleichen Tag erwartet. Dennoch empfiehlt sich in vielen Fällen diese Zeitversetzung als Entzerrungsmaßnahme. Wesentlich effektiver dagegen ist natürlich die Abendüberbringung mit Arbeitsbeginn und Fertigstellung am nächsten Tag, die die genannten Gefahren nicht beinhaltet.

Darüber hinaus hat sich die zeitversetzte Annahme (Taktsystem) bewährt. Insbesondere, wenn im Betrieb die Direktannahme praktiziert wird, ist dieses Vorgehen unumgänglich. Zumindest kann hierdurch ein Spitzenandrang gekappt werden. Empfehlenswert ist bei diesem Verfahren, Kunden zeitversetzt im **Halbstundentakt** zu terminieren. Auch in Anbetracht der Tatsache, dass nicht jeder Kunde seinen Termin auf die Minute halten kann, kommt diesem Verfahren eine wesentliche Bedeutung zu.

> **!** Den Halbstundentakt haben wir hier bewusst hervorgehoben, war doch bis dato in der Fachliteratur immer vom „Halb- oder Viertelstundentakt" die Rede. Sind wir einmal ehrlich: Wenn ein Serviceberater mit dem Kunden ein Gespräch so führen soll, wie wir es hier beschreiben und es zweifelsohne sinnvoll ist (inkl. Direktannahme etc.), dann reichen 15 Minuten im besten Falle so eben gerade aus. Wenn man dann – wie viele Hersteller und Importeure dies tun – die Serviceberater noch mit einem Wust an Formalien überhäuft, reichen selbst 20 Minuten nicht aus, um für den nächsten Kunden wirklich frei zu sein (mit 1–2 Minuten der Vorbereitung auf diesen nächsten Kunden!). Insofern ist eine Taktung unter 30 Minuten kaum realisierbar! Na gut, wenn ein Kundenkontakt schon nach 10 Minuten beendet ist, kann der Serviceberater den nächsten Kunden ggf. früher bedienen! Warum denken wir hier nicht mit Zeitpuffern, sondern planen uns unnötig Druck?

Jedoch sollte man sich gerade bei der Einführung dieses Verfahrens nicht von Anfangsschwierigkeiten schrecken lassen. **Auch unser Kunde ist ein „Gewohnheitstier"** und hat sich vielleicht im Verlauf der Jahre an unser eingeschliffenes Verfahren (man kommt um 7.30 Uhr) gewöhnt, auch wenn es ihm jahrelang nicht behagte. Gerade bei solchen Umstellungen ist es wichtig, dem Kunden seine Vorteile bei einer neuen Vorgehensweise darzustellen und ihn mit guten Argumenten zu überzeugen. Der Erfolg stellt sich in der Regel dann von selbst ein.

Einige Betriebe, die Direktannahme mit Taktsystem praktizieren, belegen bei der Terminplanung nur zwei Termine hintereinander und lassen den dritten Terminblock frei für Verschiebungen und Unvorhergesehnes.

Von Anfang an entzerren!

Ein Fehler, der in manchem Betrieb gemacht wird, besteht darin, erst mit der gezielten Entzerrung zu beginnen, wenn die „Hauptandrangszeiten" schon wieder randvoll sind. Da man dann den einen oder anderen sehr guten Kunden nicht verärgern will „quetscht man ihn noch dazwischen"! Mit der gezielten Steuerung der Termine und damit der Entzerrung der eigenen Werkstattplanung, muss man von Anfang an beginnen – wenn der Kalender noch völlig leer ist. Das wäre doch mal eine Herausforderung: Die ersten Termine der noch leeren Woche in die schwächsten Zeiten hineinsteuern!

5.2.2 Das Telefonat zur Terminvereinbarung

Die telefonische Voranmeldung ist mehr als eine reine Terminvereinbarung. Sie ist zunächst die Visitenkarte des Betriebes, denn für die meisten unserer Neukunden ist sie der erste Schritt in unser Autohaus. Daraus ergibt sich bereits, dass der erste Eindruck sowie der gesamte Gesprächsverlauf von Freundlichkeit und Kundenorientierung geprägt sein muss. Das erste, was der Kunde von uns hört, ist unsere Meldung und diese sollte unbedingt den Firmennamen, den Namen des Gesprächspartners und den Tagesgruß enthalten.

Daneben dient das Telefonat der Auftragsvorbreitung und Entzerrung von Hauptdrangzeiten, wie wir bereits dargestellt haben. Diese Ziele zu erfüllen erfordert sachliche Kompetenz und Fertigkeiten der Gesprächsführung. – Natürlich wird in vielen Betrieben die Voranmeldung von nicht-technischen Mitarbeitern vorgenommen. Durch die hier oftmals fehlende Sachkenntnis kann es dann zu entsprechenden Problemen kommen.

Arbeiten werden terminiert ohne den notwendigen Zeitaufwand zu kennen, was entsprechende Komplikationen bereiten kann. Nicht immer wird es möglich sein, die telefonische Terminvereinbarung nur auf den Servicemitarbeiter zu beschränken. Allein schon aus zeitlichen Gründen wird das in vielen Fällen nicht möglich sein. Informieren Sie daher Ihre nicht-technischen Mitarbeiter und Kollegen, die mit Terminvereinbarungen betraut sind, mindestens über den Zeitaufwand von Standardarbeiten. Eine Liste mit ungefähren Zeitangaben für diverse Inspektionen und häufigen Reparaturen sollte jedem vorliegen, der nicht die entsprechende Fachkenntnis besitzt.

Darüber hinaus sollte zur Klärung nicht eindeutiger Fragen oder Arbeiten eine Verbindung oder Rückfrage mit dem Serviceberater hergestellt werden. In den meisten Fällen ist bei Nichterreichbarkeit des Fachmanns ein Rückruf anzubieten. Dieses Rückrufangebot sollte eine ungefähre Zeitangabe beinhalten und die Erreichbarkeit des Kunden geklärt haben.

Das Telefonat der Voranmeldung dient neben der Terminvereinbarung zur Auftragsvorbereitung, Entzerrung von Andrangszeiten und zur Vermittlung eines positiven Betriebseindrucks. Darum es ist notwendig,

- Kundennamen,
- Fahrzeugtyp,
- Kilometerstand

zu erfragen, sowie

- Wünsche und Anliegen bezüglich des voraussichtlichen Arbeitsumfangs und den Fertigstellungswunsch

zu erfahren, um dadurch einen kundenorientierten und werkstattgerechten Termin mit Überbringungszeitpunkt zu vereinbaren.

Gesprächsregeln für die telefonische Voranmeldung

Neben den bekannten Grundregeln des erfolgreichen Telefonierens sind folgende Hinweise zu beachten:

Bringen Sie frühzeitig, also gleich zu Beginn des Gespräches, den Kundennamen in Erfahrung (vgl. S. 129).

Ermitteln Sie freundlich und umfassend das Anliegen und die Wünsche des Kunden.

Kunden sparen sich viele Beanstandungen oder notwendige Arbeiten an ihrem Fahrzeug für einen Inspektionstermin auf. Oftmals herrscht hier die Vorstellung, die Werkstatt werde das schon mit erledigen, da ja eine Inspektion alle Arbeiten umfasse. Hieraus resultiert, dass Kunden keine Veranlassung sehen, bereits bei Voranmeldung die Auffälligkeiten Ihres Fahrzeugs bekanntzugeben. Es wird einfach nicht daran gedacht und nur „Inspektion" als Anlass genannt.

Wird von der Serviceseite nicht bereits jetzt nach weiteren Arbeiten oder Wünschen gefragt, können sich später Terminprobleme mit entsprechenden Folgen ergeben. Hier ist das Können des Servicemitarbeiters gefordert, um bereits jetzt die richtigen Fragen zu stellen. „Können wir außer der genannten Inspektion etwas für sie tun?", „Welche zusätzlichen Arbeiten möchten Sie ausführen lassen?", „Ist Ihnen an Ihrem Fahrzeug noch etwas aufgefallen, was wir bei dieser Gelegenheit mit erledigen sollen?, „Was können wir darüber hinaus für Sie tun?", „Können wir außer der Inspektion (oder Reparatur) noch etwas für Sie tun?"

Natürlich sollte sowohl der Eindruck der Reklamationssuche, als auch der „Kundenschröpfung" vermieden werden. Begriffe wie Reklamation, Mangel, Sonderwunsch sind in diesem Zusammenhang unangebracht.

Weisen Sie den Kunden darauf hin, dass Sie bereits jetzt den Auftrag vorbereiten und nennen Sie ihm gegebenenfalls die für ihn daraus entstehenden Vorteile.

Dieser Hinweis ist notwendig, damit Ihr Kunde Verständnis für Ihre „Ausfragerei" entwickeln kann. Sie begründen damit Ihre Fragen und geben einen Informationsgrund. Fragen, deren Grund der Kunde nicht versteht, empfindet er sonst als überflüssig oder gar belästigend. – Wenn Sie dem Kunden darüber hinaus noch mitteilen, dass eine Auftragsvorbereitung eine geringere Wartezeit und mehr Zeit für ihn und sein Fahrzeug bedeutet, wird er Ihnen gern die gestellten Fragen beantworten.

„Laden" Sie den Kunden bereits jetzt zur Direktannahme ein!

„Nein, lassen Sie mal, ich hab dafür wirklich keine Zeit", ist ein gern genommenes Kundenargument gegen die Direktannahme. Kann es sein, dass der Kunde wirklich keine Zeit hat?! Wenn er nicht weiß, dass mit ihm noch etwas gemacht werden soll, dann wird er sich die dafür notwendige Zeit auch nicht einplanen! Bitten Sie den Kunden bereits im Telefonat zur Voranmeldung darum, dass er 15–20 Minuten Zeit „mitbringen" möge, da Sie mit ihm gemeinsam das Fahrzeug anschauen möchten. Benutzen Sie gerne auch den Begriff der „Direktannahme" (oder „Dialogannahme"), aber erklären Sie ihn dann auch. Wenn der Kunde weiß, was Sie mit ihm „vorhaben" und er darin einen Nutzen für sich erkennt, wird er deutlich häufiger „mitmachen"!

Ermitteln Sie erst den Arbeitsumfang und vereinbaren Sie danach einen Termin.

Dies ist einer der häufigsten Fehler in telefonischen Terminvereinbarungen. Da wird vorschnell ein Termin vereinbart und dann erst – wenn überhaupt – nach zusätzlichen Wünschen gefragt. Das kann in den meisten Fällen nicht gutgehen. Da wird es zumeist knapp mit der Zeit und wir müssen auf einen anderen Termin ausweichen. Das bringt Terminrangelei mit sich und Verunsicherung des Kunden. Nur der Termin ist optimal, der den gesamten bei der Voranmeldung ersichtlichen Arbeitsumfang enthält.

Unterbreiten Sie dem anrufenden Kunden einen Terminvorschlag.

Eine häufig gestellte Frage lautet: „Wann möchten Sie kommen?" Das mag auf den ersten Blick sehr kundenfreundlich sein, da man ihm hier den Eindruck vermittelt, man würde sich voll und ganz nach seinen Wünschen richten. Doch welcher Betrieb kann das schon? Und welchen Eindruck hinterlässt man beim Kunden, wenn man ihn erst so fragt und ihn dann enttäuschen muss, da seine Werkstatt an diesem Tag bereits voll ausgebucht ist.

Die Frage „Wann möchten Sie kommen?" kann also nur dann angebracht sein, wenn der Kunde vollen Handlungsspielraum hat. In den anderen Fällen sollte zwar der Wunsch erfragt werden, aber so, dass in der Formulierung nicht gleich die Hoffnung auf Erfüllung gerührt wird. Besser ist es zu fragen: „Haben Sie bereits bestimmte Terminwünsche (Terminvorgaben)? Ich werde sehen, dass ich sie erfüllen kann", „Legen Sie Wert auf einen bestimmten Wochentag?", „Gibt es Ihrerseits bestimmte Terminvorgaben, die wir beachten sollen?" Mit all diesen Fragen sind Sie zwar kundenorientiert, sagen jedoch indirekt durch die Fragestellung, dass Sie erst sehen müssen, ob der Wunsch erfüllbar ist.

Nachdem Sie die Terminvorstellung Ihres Anrufers kennen, sollten Sie ihm einen Terminvorschlag unterbreiten. Am besten mit einer Alternativfrage: „Passt es Ihnen besser am nächsten Donnerstag oder am Freitag?", „Wäre Ihnen Montagvormittag lieber als Dienstag früh?" Dadurch vermitteln Sie dem Kunden das Gefühl der Entscheidungsfreiheit und lenken ihn dennoch auf Ihren Termin. Nicht immer wird die Terminsteuerung möglich sein. Zulange Vorlaufzeiten und rigorose Terminabsagen führen zwangsläufig zur Kundenverärgerung. Hier sollte jeder Betrieb auch seine Kompromissbereitschaft zeigen und die Flexibilität unter Beweis stellen.

Vereinbaren Sie einen möglichst genauen Überbringungszeitpunkt.

Die Vorteile von versetzten Annahmezeiten wurden bereits besprochen. Einerseits sollte in vielen Fällen versucht werden, die Andrangszeiten zu entlasten und den Kunden auf andrangsärmere Zeiten zu terminieren, andererseits kann verstärkt auf die Möglichkeit der Abendüberbringung hingewiesen werden. Auch diese „zweite" Terminvereinbarung ist nach der beschriebenen Vorschlags- und/oder Alternativtechnik durchführbar.

Berücksichtigen Sie frühzeitig Kundenwünsche bezüglich des Fertigstellungstermins.

Wird bereits bei der Voranmeldung nach dem Fertigstellungsterminwunsch des Kunden gefragt, kann der Serviceberater einerseits die Werkstattplanung darauf abstellen, andererseits frühzeitig eventuell überzogene Kundenwünsche korrigieren. Zeigen Sie bei solchen überzogenen Wünschen Ihr Verständnis, weisen aber frühzeitig und unmissverständlich auf die Nicht-Durchführkeit oder Schwierigkeit der Wunscherfüllung hin. Der Kunde wird Ihre sachlichen Argumente besser verstehen, wenn Sie ihm verdeutlichen, was die Erfüllung behindert. Vermeiden Sie harte Absagen, wie „Das geht nicht!" oder „Unmöglich!" Genauso konfliktträchtig sind unhaltbare Terminversprechungen.

Klären Sie die Mobilität des Kunden.

Wir haben schon mehrfach gesehen, dass der Kunde durch den Verlust seiner Mobilität während des Werkstattaufenthaltes seines Fahrzeuges, mitunter erhebliche Umstände in seinem normalen Tagesablauf in Kauf nehmen muss. Entsprechend haben Befragungen von Kunden ergeben, dass das Angebot von Mobilitätslösungen sich überproportional auf die Zufriedenheit insgesamt auswirkt. Das bloße Aufstellen von Preislisten für Ersatzfahrzeuge reicht da aber nicht aus! „Tue Gutes und sprich darüber!" – auch hier gilt einer der Grundsätze des erfolgreichen Dienstleisters! Fragen Sie den Kunden also bereits im Telefonat, ob Sie ihm „eine Mobilitätslösung anbieten können". Sie können ihn auch schlicht fragen, ob er „eine Möglichkeit hat, wieder nach Hause zu kommen". Fragen Sie ihn nicht einfach, ob er ein Ersatzfahrzeug haben möchte!!! Ja, alle Kunden wollen Ersatzfahrzeuge haben … – warum? Nun, wenn man mich fragt, ob ich „ein Ersatzfahrzeug haben möchte", sage ich natürlich:"Ja"! Etwas anderes wurde mir ja nicht angeboten! Sie können ihm z. B. auch den Hol- und Bringdienst vorschlagen.

Fassen Sie die wichtigsten Punkte des Telefonats zusammen.

Gerade das Nachrichtenmittel Telefon beinhaltet eine Vielzahl von Gefahren der missverständlichen Informationsübertragung. Aus diesem Grund sollte zum Abschluss des Telefonats nochmals die Vereinbarung in wesentlichen Punkten überholt werden. „Prima, Herr Müller, wie vereinbart bringen Sie uns am nächsten Mittwoch, den 20.4. um 8.15 Uhr, Ihren Ballada zur 20.000 km-Inspektion. Sie haben mir bereits heute gesagt, dass wir nach dem Auspuff schauen sollen und dass eine kleine Beule an der Fahrertür ausgebessert werden muss. Sie werden von Ihrer Frau abgeholt und benötigen keine Mobilitätslösung. – Gibt es sonst noch etwas, was ich für Sie tun kann?" „Nein."
„Dann bedanke ich mich für Ihren Anruf und freue mich darauf, Sie in der nächsten Woche zu sehen."

Vielleicht etwas länger als üblich, aber kundenfreundlicher und klärender als ein kurzes „Danke! Tschüss."

5.3   Die Empfangsphase

Wir wissen bereits, dass der **erste Eindruck** eine besonders sensible Phase im Verlauf des Bedienungsvorgangs ist. Der Grund hierfür liegt der Natur des Menschen. Unser Kunde ist gerade zu Beginn des Werkstattbesuchs, besonders aufmerksam. Für ihn ist der Besuch bei uns ja nicht gerade ein alltägliches Ereignis. Er kommt mit seinen Sorgen und Fahrzeugnöten zu uns, benötigt Hilfe und will fachmännischen Rat.

Was mag da auf ihn zukommen? Was wird der Werkstattbesuch mit sich bringen? Freude oder Ärger? Das sind die Überlegungen unseres Kunden. Besonders ausgeprägt natürlich, wenn es sich um einen Erstbesuch handelt. Da sind die Ohren gespitzt, die Augen weit geöffnet und die Nase besitzt plötzlich Spürhund-Eigenschaften. Er, der Kunde, ist auf der Suche nach ersten Eindrücken. Eindrücke, die ihn in seiner Wahl der Werkstatt bestätigen sollen. Er will sich innerlich auf die Schulter klopfen. „Ja, mein Lieber, war eine richtige Entscheidung, dass du hierher gegangen bist! Macht doch einen guten Eindruck, der Laden." So ähnlich lauten die positiven Gedanken unseres Kunden, wenn beim ersten Eindruck, in unserer Empfangsphase also, alles okay ist.

Was trägt zur Ersteindrucksbildung unseres Kunden bei?

> **Anfahrtsweg:** Ihr Stammkunde kennt den Weg zu Ihnen. Doch wie ist das mit Erstkunden? Ist Ihr Betrieb auf Anhieb zu finden oder gestaltet sich die Anfahrt zu einer Orientierungsrallye? Wen wundert's, wenn der Kunde mit einem „dicken Hals" unsere Serviceberatung betritt, nachdem er längere Suchaktionen starten musste, um zu uns zu kommen.

> **Parkmöglichkeiten:** Haben Sie schon einmal Ihren Kunden beobachtet, der verzweifelt auf Ihrem Hof eine Parkmöglichkeit suchte? Da wird dann aus lauter Verzweiflung das Fahrzeug vor die Halle gestellt. Ja, und wenn dann noch just in dem Moment der Monteur daherschreitet und die Parkaktion mit den Worten „So können Sie hier nicht stehen bleiben!" kommentiert, dann ist die Gesprächsatmosphäre bestimmt im „Eimer". Klar gegliederte und ausgeschilderte Parkmöglichkeiten für Kundenfahrzeuge sollten in jedem Betrieb vorhanden sein.

> **Leitsystem:** Wir müssen immer davon ausgehen, dass unser Kunde sich in einer fremden Umgebung befindet. In solchen Situationen suchen wir Menschen Hilfen, die uns unsere Unsicherheit oder gar Schwellenangst nehmen. **Jede Kleinigkeit, die ihm eine Orientierung erleichtert, ist ein Pluspunkt für uns.** Klare Ausschilderung der entsprechenden Betriebsbereiche sollte daher eine Selbstverständlichkeit sein.

Dabei sind es oft Kleinigkeiten, die ein noch so schönes Schild nicht wirken lassen. Befindet sich die Ausschilderung im Blickfeld des Kunden? Ist die Ausschilderung übersichtlich? Sind die Begriffe schnell lesbar? Sind die Begriffe verständlich? Welcher Laie kann schon mit den Kurzbezeichnungen S oder ET etwas anfangen?

> **Räumlichkeiten:** Zu Beginn unseres Jahrhunderts bemerkte der Berliner Künstler Heinrich Zille einmal, mit einer Wohnung könne ein Mensch wirksamer erschlagen werden als mit einer Axt. Für Kunden und unsere Serviceräumlichkeiten mag das auch heute noch Gültigkeit besitzen. Auch hier können wir jemanden erschlagen, können sein Verhalten beeinflussen.

Natürlich müssen die meisten Betriebe mit ihren Räumlichkeiten leben. Hier soll nicht über die mehr oder weniger sinnvollen Projekte der Autohausarchitektur gesprochen werden. Besonders aufmerksam sollte das Phänomen unserer eigenen „Umweltblindheit" beachtet werden. Da wurde vor Jahren der Prospektständer, der Schreibtisch, die Vitrine (der Leser mag hier jedes andere Möbelstück der eigenen Räume einsetzen) an eine unmögliche Stelle verpflanzt. Ja, und heute steht er oder es immer noch da. Wir haben uns daran gewöhnt und bemerken schon längst nicht mehr, welche Art der Kundenbehinderung damit verursacht wird.

Denken Sie nur an den oft zitierten Platz mit dem Rücken zum Kunden. Oder an die mit viel Mühe gestaltete Wartezone, die von den Kunden nicht in Anspruch genommen wird. Warum wohl? Vielleicht liegt diese Zone so abseits, dass der Kunde den Eindruck bekommen könnte, wenn er hier sitzt, wird er nicht mehr beachtet, ist außerhalb des Blickfeldes und könnte somit in Vergessenheit geraten. Es gibt eine Fülle solcher Beispiele und sie alle aufzuzählen, würde ein eigenständiges Buch füllen. Bedenken Sie jedoch immer:

Gestaltung von Räumlichkeiten beeinflusst das menschliche Verhalten.

Würden Sie das Kinderzimmer Ihres fünfjährigen Sohnes signalrot streichen? Wahrscheinlich nicht, weil Sie wissen, dass diese Farbe sich negativ auf das Verhalten des Kindes auswirken würde. Überwinden Sie Ihre eigene „Umweltblindheit" und prüfen Sie von Zeit zu Zeit Ihre Serviceräumlichkeiten und fragen Sie sich häufiger, wie Ihre Räume das Verhalten Ihrer Kunden beeinflussen.

Dass Serviceräumlichkeiten sauber und ordentlich, hell und freundlich sein sollten, versteht sich von selbst. Ein dunkles „Loch" fördert wohl kaum eine freundliche Gesprächsatmosphäre.

> **Kontaktverhalten:** Je schneller der eintreffende Kunde angesprochen wird, desto weniger hat er die Möglichkeit, Negativeindrücke zu sammeln. Sie kennen den „Tigerkäfigeffekt" des eintretenden Kunden? Da ist zunächst der Blick in die Runde („Wie funktioniert das hier?"), gefolgt vom geduldigen Warten des Kunden („Mal sehen, ob hier einer kommt?"). Wenn nichts passiert, setzt der „Tigerkäfigeffekt" ein: Drei Schritte nach links („Sieht mich denn keiner?"), vier Schritte zurück („Nun muss aber langsam mal jemand kommen!"), kurzes Wippen auf den Zehenspitzen („Jetzt muss aber langsam was passieren!"), Schlüsselklappern („Die sind wohl alle schwerhörig!"), prüfender Blick zur Uhr („Es wird aber langsam Zeit!"), hypnotisierender Blick in Richtung des im Kundengespräch versunkenen Serviceberaters („Nun komm aber mal zum Schluss!") usw. Bei Belieben wird das dann von vorne begonnen. Ihr Kunde schreit in solchen Augenblicken nach Aufmerksamkeit, die Sie ihm zumindest mit einem kurzen Erkennungssignal (Tagesgruß, kurzer Hinweis oder auch nur dem Blickkontakt) erweisen sollten.

Serviceberater ohne Namensschilder gehören der Vergangenheit an. Deutlich lesbar und nicht durch die Utensilien in der Brusttasche verdeckt, sollte dem Kunden die Möglichkeit geboten werden, den Mitarbeiter mit dem Namen anzusprechen. Wobei das eigene Namensschild die persönliche Vorstellung bei Neukunden nicht ersetzt.

In der Empfangsphase und während der Wartezeit ist unser Kunde ein aufmerksamer und kritischer Betrachter des betrieblichen Geschehens. Er beobachtet, wie wir mit Kunden und Kollegen umgehen und wird daraus ableiten, wie er selbst behandelt wird.

Wie leicht entrutscht uns da, nach einem Telefonat mit schwierigen Kunden, gegenüber einem zweiten, wartenden Kunden die Bemerkung: „Manchen Menschen kann man auch nichts recht machen!" oder „Kunden gibt es!"

Vorsicht! Ihr Beobachter ist auch Kunde und wird sich schnell mit anderen Kunden solidarisieren.

Streitigkeiten unter Kollegen oder Kollegengespräche über nicht anwesende Kunden fallen genauso in diese Kategorie und sollten tunlichst vermieden werden.

5.4 Das Problem der Wartezeit

Trotz noch so guter Entzerrung von Andrangzeiten kann das vorkommen: Da strömen die Kunden alle auf einmal zu uns, als hätten wir nur eine Stunde am Tag geöffnet. Da klappern die Schlüssel des wartenden Kunden ungeduldig, da tippen die Finger auf die Theke, da knistern die Kraftfahrzeugscheine elektrisiert. Da senden uns unsere wartenden Kunden tausendfach mit jeder Handbewegung Signale der „Ungeduld", der Nervosität, des Ungehaltenseins. Und die Luft in der „Annahme" scheint geladen. Jeder Funke könnte die Sache zur Explosion bringen. Das sind die Zeiten, da ist man versucht, Beruhigungsmittel an jeden wartenden Kunden zu verteilen. Doch Fantasie beiseite! **Was kann man tun, wenn der Andrang zum Problem wird?**

Versetzen wir uns zunächst einmal in die Situation des Wartenden. Wie geht es Ihnen, wenn Sie während der Mittagspause schnell noch eine Besorgung im nahegelegenen Supermarkt machen wollen, und stehen dann als Siebenter einer Schlange von wartenden Kunden an der Kasse? Die Zeit drängt. Und wenn dann noch die Kassiererin wortlos Ihren Platz verlässt und Sie die Ursache des Verhaltens nicht verstehen, dann steigt bei Ihnen auch die Spannung. Alles scheint sich um die Zeit zu drehen. – Der Schlüssel zum Problem liegt im Wörtchen „subjektiv". Zeit ist eine subjektive Angelegenheit und jeder empfindet sie je nach Situation anders.

Eine Übung, die ich Ihnen zum Nachahmen empfehle: Tun Sie einmal, bevor Sie gleich weiterlesen, eine Minute lang nichts, d. h. beschäftigen Sie sich nicht mit irgendeiner Sache, lesen Sie nicht, tun sie gar nichts. Schauen Sie einmal nur in der Gegend herum. Legen Sie Ihre Armbanduhr – sobald der Sekundenzeiger die nächste Minute durchläuft zur Seite, zählen Sie nicht und schauen Sie nicht aufs Zifferblatt. – Warten Sie einfach solange, bis Sie den Eindruck gewonnen haben jetzt sei eine Minute um. Schauen Sie erst dann wieder auf die Uhr.

Na? Wie lang ist Ihre persönliche Minutenschätzung? Hat Ihre „persönliche" Minute auch nur 35 oder 45 Sekunden gedauert oder war sie gar 90 Sekunden lang? Nun, dann sind Sie in der besten Gesellschaft. Die meisten Menschen sind nicht in der Lage, den Zeitlauf von einer Minute einzuschätzen.

Verstehen Sie jetzt Ihren Kunden, der nach drei Minuten Wartezeit behauptet, er würde schon zehn Minuten hier sinnlos herumstehen? Er sagt dies mit reinem Gewissen, denn er hat wirklich in seiner Wahrnehmungswelt den Eindruck, es seien zehn Minuten vergangen. Zeit wird subjektiv wahrgenommen!

Das subjektive Zeitempfinden bedeutet, dass eine objektiv vergangene Zeit (z. B. fünf Minuten) je nach Situation, in der wir uns befinden, kürzer oder länger empfunden wird. Wartezeit kann dadurch zu einem Problem werden, dass jeder sie anders beurteilt. Wartezeit hat eine qualitative und eine quantitative Komponente. Einerseits muss versucht werden, den Kunden möglichst wenig warten zu lassen (quantitatives Problem), andererseits muss die nicht immer vermeidbare Wartezeit so abwechslungsreich und interessant wie möglich gestaltet werden (qualitatives Problem).

Das Warten kann man in zwei Kategorien einteilen: Abwarten und Erwarten. Abwarten ist negativ, da verstreicht die Zeit, wir schauen auf die Sekundenzeiger und sind froh, wenn eine Umrundung wieder geschafft wurde. **Abwarten heißt verharren, zum Nichtstun, zur Ohnmächtigkeit verurteilt sein.** Diese Form von des Wartens hinterlässt bei den meisten Menschen ein ungutes Gefühl und erzeugt Aggressionen.

Die andere Form des Wartens ist das Erwarten. Da freuen wir uns auf etwas. **Erwarten ist mit Hoffnungen auf positive Ereignisse verbunden und erzeugt dadurch eine positive Grundstimmung.** Können Sie sich vorstellen, dass eine schwangere Frau davon spricht, dass sie abwartet bis das Kind da ist? Nein! Die Schwangere wird immer davon sprechen, dass sie ein Kind **erwartet** und somit ausdrücken, dass sie sich auf das Ereignis freut. Wir erwarten Steuerrückzahlungen, Lottogewinne, den lieben Besuch aus einem fernen Land.

Wir **warten** aber **ab** bis die ungeliebte Schwiegermutter abgereist ist oder die Tage im Krankenhausbett gezählt sind.

Positive Ereignisse müssen am Ende einer Wartezeit stehen, damit das Warten nicht zur Last wird. Bedenken Sie dabei immer die psychologische Grundregel des Wartens: Warten ist eine Vorleistung für eine erwartete Gegenleistung.

Der wartende Kunde investiert Zeit! Das ist seine Vorleistung. **Die erwartete Gegenleistung sind wir.** Oder besser unser Verhalten, das Gespräch mit uns oder die von uns erbrachte Leistung. Das geht uns selbst als Kunden auch so: An einem Imbisswagen warten wir ungern zwanzig Minuten auf eine Portion Pommes frites. In einem guten Restaurant, wo wir wissen, dass alles frisch zubereitet wird, warten wir gern diese Zeit, weil sich das Warten lohnt. Warten muss sich darum auch für unseren Kunden lohnen!

Unbewusst vergleicht unser Kunde die Wartezeit mit der mit uns verbrachten Kontaktzeit. Dieses Verhältnis muss stimmen! Fünfzehn Minuten Wartezeit für zwei Minuten Kontaktzeit mit dem Serviceberater erzeugt ein Ungleichgewicht dieser Zeiten. Je länger die Wartezeit für den Kunden, umso mehr Kontaktzeit erwartet er von uns. Dies ist insbesondere bei kleinen Aufträgen bei einer vorausgegangen längeren Wartezeit zu beachten. Eine bewusste Verzögerung sollte dies natürlich nicht zur Folge haben. Dem Kunden sollte aber zumindest das Gefühl vermittelt werden, dass wir ihm für weitere Fragen zur Verfügung stehen.

Um das Problem Wartezeit in den Griff zu bekommen, müssen wir zwei grundsätzliche Maßnahmen des Wartens berücksichtigen:

Maßnahmen zur Vermeidung von Wartezeit: Hierzu gehört alles das, was vor der eigentlichen Wartezeit passiert. Also möglichst kurze Voranmeldung, Entzerrung der Hauptandrangzeiten, Vorbereitung von Werkstattaufträgen, ein positiver Empfang im Betrieb. Das sind präventive Maßnahmen, sozusagen die Brandverhütungsmaßnahmen.

Maßnahmen während der eigentlichen Wartezeit: Der erste Schlüssel zur Entschärfung von konfliktträchtigen Wartesituationen ist zunächst das Verständnis für den Kunden. Wir müssen uns in seine Lage versetzen, um sein Verhalten verstehen zu können. Darüber hinaus gibt es jedoch noch weitere Möglichkeiten, um die Situation „in den Griff" zu bekommen.

Sieben Tipps zur Zeitstrukturierung:

1. Tipp: Erkennungszeichen geben! Setzen Sie bei Eintreffen des Kunden ein Signal! Zeigen Sie ihm, auch wenn Sie beim Eintreffen des Kunden mit einem anderen Kunden beschäftigt sind, dass Sie ihn wahrgenommen haben. Das kann durch Blickkontakt und Kopfnicken, durch den Tagesgruß und/oder eine entsprechende Bemerkung (um Geduld/Verständnis bitten, Platzangebot unterbreiten usw.) geschehen. Sie setzen damit Akzente und zeigen, dass Sie auch für ihn (den hinzutretenden Kunden) gleich ein offenes Ohr haben werden!

2. Tipp: Zeitangaben machen! In vielen Fällen ist es möglich, eine Angabe über die zu erwartende Wartezeit machen (z. B. Fertigstellung eines Fahrzeugs). Informieren Sie Ihren Kunden über diese zu erwarten Zeitspanne. Er wird dies angenehmer empfinden, da er sich auf diese Zeit einstellen kann, als wenn Sie ihn wortlos „sitzen lassen".

Vermeiden Sie hierbei Floskeln und machen Sie möglichst genaue Angaben über die Wartezeit. Wenn „ein Momentchen" 15 Minuten dauert, ist Ihr Kunde mit Grund verärgert. Bei Zeitangaben nennen Sie besser eine etwas längere Zeitspanne, Ihr Kunde freut sich, wenn Sie vorher fertig sind.

3. Tipp: Wartezeiten überbrücken! Längere Wartezeiten sollten überbrückt werden! Sie sollten für diesen Zweck in Ihren Serviceräumlichkeiten eine attraktive Wartezone eingerichtet haben. Je abwechslungsreicher diese Wartezone gestaltet ist, desto eher wird der Kunde zum Warten bereit sein. Interessanter Lesestoff (Zeitschriften, Produktinformationen), Video oder Radio, „Ablenkungsspiele", Kaffeeangebot usw., stellen nur einen kleinen Bereich der Ablenkungsmöglichkeiten dar.

Besonders sinnvoll ist es natürlich, wenn die Räumlichkeiten so gestaltet sind, dass ein fließender Übergang zum Ausstellungsraum vorhanden ist und der Kunde sich hier die Abwechslung im Bereich unserer Produktpalette selbst holen kann.

4. Tipp: Zustimmung einholen! Wenn Sie einen besonders eiligen Kunden bevorzugt bedienen wollen oder einen Kundenkontakt für einen kurzen Zeitraum unterbrechen, holen Sie sich die Zustimmung des dadurch beeinträchtigten Kunden ein. Am besten mit einer Suggestivfrage, z. B.: „Sie gestatten Herr Heimann, dass ich der Kundin grad' Ihren Wagenschlüssel überreiche!"

5. Tipp: Zwischeninformation geben! Erkennen Sie frühzeitig die Symptome des „Wartestresses" und regieren Sie schnell darauf. „Ich sehe, Sie haben es sehr eilig, ich bin sofort soweit, um Ihnen zu helfen". Das zeichnet Sie als aufmerksamen Beobachter aus und lässt frühzeitig den Überdruck aus dem „Dampfkessel".

6. Tipp: Handlungen begründen! Wenn Ihr Kunde nicht weiß, warum Sie jetzt „nach hinten verschwinden", dann wird er mit Sicherheit eher ungeduldig. Begründen Sie Ihre Handlungen! Das kann ein freundliches „Entschuldigen Sie einen Moment, dass Telefon läutet und im Büro ist niemand, der abnehmen könnte!" sein oder ein „Ich werde gleich mal nachsehen, ob Ihr bestelltes Teil in der Lieferung mitgekommen ist." – Die Erklärungen sind hier so vielfältig wie die Situationen.

7. Tipp: Übersicht schaffen! Wenn mehrere Kunden gleichzeitig die Serviceberatung betreten, ist es oft sinnvoll, kurz nach dem Anliegen jedes Einzelnen zu fragen, um sich dadurch die notwendige Übersicht zu verschaffen. Informieren Sie sich durch eine entsprechende Fragestellung, um eventuell schnell zu erledigende Handlungen vorzuziehen.

„Darf ich kurz fragen, wer welches Anliegen hat? Dann könnten wir vielleicht für Sie die Wartezeit verkürzen."

5.5   Das Auftragsgespräch

Das Auftragsgespräch ist die zentrale Aufgabe des Serviceberaters.
Über diese „Schleuse" werden hier die Anliegen und Wünsche des Kunden entgegen genommen, Probleme diagnostiziert und analysiert, wird zusätzlicher Bedarf aufgespürt, werden Arbeitsumfang, Kosten, Termine besprochen, wird beraten und argumentiert, schließlich in einen schriftlichen Auftrag umgesetzt und der Werkstatt zugeleitet.
Eine wichtige Aufgabe, denn hier wird geboren, was die Werkstatt großzieht. Je besser der Bedienvorgang, desto besser die Werkstattauslastung, desto geringer die Missverständnisse, Fehlarbeiten, Beanstandungen und der Ärger, desto zufriedener unsere Werkstattkunden.

Dieser Bedienvorgang besteht aus einer Vielzahl von Handlungen, die bewältigt werden müssen. Tausende von Variationen sind hier möglich. Sie reichen von kurzen Kundenkontakten bis hin zu ausführlichen und langen Beratungsgesprächen. Das Spektrum ist breit und vielfarbig. Dennoch muss dieser Bedienvorgang vom Serviceberater strukturiert werden.

Ein geregelter Ablauf schafft Klarheit, Zeitersparnis und Sicherheit auf beiden Seiten. Ein Durcheinander dagegen verunsichert, verleitet zu Missverständnissen, führt zum Vergessen wichtiger und entscheidender Punkte. Bedenken wir nur einmal, wir würden die Frage der Erreichbarkeit des Kunden vergessen und es ergäbe sich im Verlauf des Tages eine wesentliche Auftragserweiterung, die natürlich die Zustimmung des Kunden erfordert.

Der Kunde ist aber nicht unter der in der Kundendatei vermerkten Telefonnummer erreichbar. Was tun? Letztlich würde uns in diesem Fall nichts anders übrig bleiben (wenn wir nach den „Buchstaben des Gesetzes" handelten), als das Fahrzeug stehenzulassen bis der Kunde zur Abholung kommt. Und dann? Kundenverärgerungen, Streit, Auseinandersetzungen, Hau-Ruck-Aktionen, was auch immer, auf jeden Fall wieder Störungen des Tagesverlaufs und Beeinträchtigungen der Kundenbeziehung. Das muss nicht sein!

Oder denken Sie an andere Beispiele: Ein vergessenes oder zu spät geführtes Zahlungsgespräch, eine fehlende oder ungenaue Kostenabsprache, eine nicht ausgehändigte Auftragskopie oder gar, dass kein Auftrag erstellt wurde! Die Liste der möglichen Fehler ist fast unendlich fortsetzbar. Eine Strukturierung des Bedienvorgangs ist somit unumgänglich. Reibungslosigkeit und Vollständigkeit sind angesagt, um zufriedene Kunden zu erhalten. Natürlich darf Routiniertheit nicht zu einem unpersönlichen Herunterrattern führen.

Schauen wir uns einige Fragen an, die uns fürs Erste bei der Strukturierung des Bedienvorgangs helfen können:

Welche Wünsche und Anliegen hat der Kunde?

Was ist der Anlass seines Werkstattbesuchs? Welche möglichen Probleme hat der Kunde? Welche Erwartungen hat der Kunde an uns? Welche Vorstellungen von unserer Hilfeleistung hat er? In welcher Situation steckt der Kunde? Wie möchte er behandelt werden? Welche Bedingungen gibt er uns vor? Welche Informationen erwartet er von uns? usw.

Wie stellt sich die technische Seite dar?

Was kann uns der Kunde bereits an Informationen über sein eventuelles Problem geben? Wann trat es erstmals auf? Unter welchen Bedingungen macht sich eine Beanstandung bemerkbar? Welche Diagnose kann bereits aus den Schilderungen des Kunden gemacht werden? Was ist bereits jetzt am Fahrzeug auffällig? In welchem Zustand befindet sich das Kundenfahrzeug? Was zeigt uns der Kunde an seinem Fahrzeug? usw.

Wie können wir dem Kunden helfen?

Welche Werkstattleistungen ergeben sich aus dem Kundenanliegen? Was ist zunächst notwendig um den Schaden näher zu bestimmen? Was kann bereits jetzt als

Maßnahme eingeleitet werden? Welche Werkstattleistungen sind zur Behebung notwendig? Was kann dem Kunden bereits jetzt gesagt werden? Was können wir ihm anbieten? Welche Alternativen gibt es zur Problemlösung des Kunden? Wie können wir den Kunden überzeugen? usw.

Welche „Bedingungen" ergeben sich aus unseren Maßnahmen?

Welches Vorgehen muss mit dem Kunden abgesprochen werden? Welchen Zeitraum werden die Arbeiten voraussichtlich in Anspruch nehmen? Wo ist der Kunde gegebenenfalls erreichbar? Wie sollen wir im Falle einer Auftragserweiterung verfahren? Welche Kosten kommen auf den Kunden zu? Wann benötigt er sein Fahrzeug wieder? Wann kann der Kunde sein Fahrzeug wieder abholen? Wie wird er die Rechnung begleichen? usw.

Welche Einwände hat der Kunde und können wir diese Einwände entkräften?

Wie nimmt der Kunde unsere Empfehlungen und Argumente auf? Wie ist seine Sichtweise? Was spricht aus seiner Sicht dagegen? Warum ist er nicht mit dem Preis, Arbeitsumfang oder dem Termin einverstanden? Warum ist ihm die Leistung zu teuer? Was spricht aus seiner Sicht gegen unseren Vorschlag? Wie können wir den Kunden dennoch überzeugen? Welche Argumente haben wir noch nicht genannt? Was spricht aus unserer Sicht dafür oder dagegen? usw.

Was können wir noch für den Kunden tun?

Gibt es zusätzliche Wüsche des Kunden? Was hat er vergessen anzugeben? Was können wir ihm in Erinnerung rufen? Hat er Bedarf an weiteren Werkstattleistungen? Welche Angebote können wir Ihm noch unterbreiten? Welche aktuellen Aktionen können wir ihm anbieten? Wie können wir ihn vollständig zufriedenstellen? Wie kommt der Kunde nach Hause, ins Büro? Können wir ihm eventuell ein Ersatzfahrzeug anbieten? Soll sein Fahrzeug gewaschen, gereinigt werden? usw.

Natürlich erhebt diese Auflistung keinen Anspruch auf Vollständigkeit. Manches sind die Mindestanforderungen, anders wiederum Zusatzmöglichkeiten. Es hängt vom Kunden, vom Fahrzeug, vom Betrieb, also von der Gesamtsituation ab, wie ausführlich dieser Bedienvorgang gestaltet wird. Und dennoch können gerade solch kurz gehaltene Bedienvorgänge „ins Auge gehen". Da brauchen nur ein paar Faktoren zusammenzukommen und schon geht's schief. Darum sollte jeder Vorgang situationsangemessen sein und den Mindestanforderungen genügen; und zwar nicht nur von der rechtlichen Seite her.

5.5.1 Gesprächseröffnung und Wunschermittlung mit System

Welches Verhalten erwartet der Kunde zu Gesprächsbeginn von uns? Zunächst einmal Freundlichkeit und Kontaktbereitschaft. Der Stammkunde, und auch der, der sich für einen Stammkunden hält, erwartet, dass wir ihn wiedererkennen, uns an ihn, seinen Namen und seine „Vorgeschichte" erinnern. Der Neukunde hingegen erwartet Initiative von uns und Reduzierung seiner vielleicht vorhandenen Schwellenangst. Beide, ob Neu- oder Stammkunde, möchten, dass sich in unseren Bemühungen die Wertigkeit ihrer Persönlichkeit widerspiegelt. Sie wollen willkommener Gast, nicht Störfaktor sein!

Um dies zu erreichen, sollte der Kundenkontakt mit der Begrüßung und Namensansprache, einem Platzangebot und einer offenen Einleitungsfrage beginnen. Gerade der Blickkontakt, ein freundlicher Gesichtsausdruck, eine dem Kunden zugewandte Körperhaltung, sowie das Erheben vom Platz mit einer entsprechenden Gestik des Platzangebotes müssen dazugehören und unsere Willkommenshaltung auch mit der Sprache unseres Körpers unterstützen.

Auf dem Rücken und vor der Brust verschränkte Arme, mürrischer Gesichtsausdruck, in den Hosentaschen steckende Hände oder Luftblicke dagegen sind Abwehrsignale, die die Gesprächsatmosphäre beeinträchtigen.

Die Einleitungsfrage wird offen gestellt werden. Sie sollte einerseits das Anliegen erfragen, andererseits den Eindruck der Einsatzbereitschaft zeigen. „Was kann ich für Sie tun, Herr Meier?", „Womit kann ich Ihnen behilflich sein?", „Wie kann ich Ihnen helfen?" sind Formulierungsmöglichkeiten. Ungeeignet dagegen sind: „Was haben wir den Schönes?", „Was haben Sie denn da schon wieder?", „Was gibt's?", „Ja, bitte?", „Na, wo brennt's", „Kann ich Ihnen helfen?" usw.

Wir wollen hier nicht den Streit um das Wort „helfen" fortsetzen. Die eine Seite sagt, dass das Wort unbedingt verwendet werden solle, um die eigene Hilfsbereitschaft zu dokumentieren. Die andere Seite behauptet das Gegenteil: Das Wort solle nicht eingesetzt werden, weil es den Kunden in eine Abhängigkeitsrolle bringe. Was also tun? Lassen Sie sich weder von der einen, noch von der anderen Seite verunsichern. Wichtig ist, das der Tonfall dieser Frage stimmt, ob mit oder ohne dem kleinen Wörtchen „helfen".

Auf unsere Einleitungsfrage wird eine Reaktion kommen und wenn der Kunde sein Anliegen schildert, sollte der Serviceberater aufmerksam zuhören und sich jeglicher Beurteilungen und Wertungen erhalten. – Manchmal entrutschen uns diese Wertungen unbewusst oder ungewollt.

Das kann das Lächeln während der Schilderung des Kunden sein oder ein unmerkliches Kopfschütteln. Manchmal ist auch unser Ausdruck der Überraschung, der vom Kunden als Wertung empfunden wird.

Ist es Ihnen nicht auch schon so ergangen, dass Sie Ihr Erstaunen ausdrücken wollten und „Nein! Das gibt es nicht!" sagten; weil das vom Kunden Geschilderte für Sie völlig neu war? Manche Kunden sind hier sehr empfindlich und interpretieren solche Reaktionen als Wertungen oder sofortige Abweisungen ihrer Anliegen.

Bereits in dieser Phase des Gesprächs kann der Serviceberater seinem Kunden Verständnis vermitteln, wenn es die Situation erfordert. Technische Probleme bedingen menschliche Probleme. Oftmals sind die technischen Probleme mit unangenehmen Situationen für den Kunden verbunden. Da muss die Urlaubsreise unterbrochen werden, weil der Wagen streikt. Da kann ein geschäftlicher Termin nicht eingehalten werden oder der Onkel nicht vom Bahnhof abgeholt werden, weil der Wagen seinen Geist aufgab.

Diese menschlichen Probleme beschäftigen den Kunden auch jetzt noch. Entweder weil sie brandheiß sind, da der Kunde sie direkt erlebt oder weil sie durch die Schilderung des Problems wieder „hochkommen". Diese menschlichen Probleme können wir nicht einfach aus dem Kundenkontakt ausklammern. – Wir müssen sie in unserer Gesprächsführung mit berücksichtigen. Wenn wir zum Arzt gehen, geht es uns doch auch so. Da müssen wir unbedingt schildern, wie sehr uns die Schmerzen im Leben beeinträchtigen. Würde der Arzt nicht auf diese „Randbedingungen" und Folgen unserer Krankheit eingehen, würden wir ihn nicht als kompetenten Gesprächspartner akzeptieren.

Ähnlich ist es in der Serviceberatung. Hier sind wir selbst diejenigen, die diese Rahmenbedingungen unseres Kunden berücksichtigen müssen. Ein bisschen Verständnis, ein „In-die-Lage-des-anderen-versetzen" reicht oft schon aus, um diese Kundenerwartung zu erfüllen. Einfühlungsvermögen ist hier gefragt! **Sagen Sie Ihrem Kunden, dass Sie sich in seine Lage versetzen können,** dass Sie Verständnis für seine Situation haben, wenn er Ihnen Begebenheiten schildert, die unangenehm oder belastend waren oder sind, damit er erkennt, dass Sie ein Mensch sind, der auch Dinge versteht und berücksichtigt, die außerhalb seines Fachbereiches liegen.

Unser Ziel muss darüber hinaus sein, mehr über das Anliegen des Kunden zu erfahren. Erhellende und vertiefende Fragen sind hier angebracht. Auf die zielgerichtete Fragetechnik kommt es jetzt an. Unsere Fragen müssen dem Kunden zeigen, dass wir uns für sein Anliegen interessieren und mehr darüber erfahren wollen, gleichzeitig jedoch sollten wir damit zeigen, das ein Fachmann hier am Werke ist, der weiß worauf es ankommt. „Wie hat sich das Geräusch denn zum ersten mal bemerkbar gemacht?", „Haben Sie das in der letzten Zeit häufiger bemerkt?", „Tritt das Problem nur so oder auch in einer anderen Form auf?" Zielgerichtetheit, Interesse und Fachkompetenz müssen durch diese Fragen herüberkommen.

Bei all unseren Fragen ist natürlich der Zeitpunkt und die Art der Fragestellung zu beachten. Einen Kunden zunächst auszufragen und dann vielleicht auf andere Mitarbeiter zu verweisen, ist sicher nicht sinnvoll. Hier gilt: Je eher Strukturierungs- oder Orientierungsfragen dem Kunden gestellt werden, desto besser. Dass es auch hier nicht zu beamtenmäßigen Kurzfragen kommen darf, versteht sich von selbst.

> **!** Wollen Sie mehr als andere tun? Dann versuchen Sie doch einmal, dem Kunden in der ersten Gesprächsphase Sicherheit zu vermitteln und gleichzeitig die Fachkompetenz der Werkstatt zu unterstreichen. „Gut, dass Sie gleich zu uns gekommen sind!" oder „Ich bin sicher, dass wir das wir das Problem zu Ihrer Zufriedenheit lösen werden! Schauen wir uns die Sache doch gleich an Ihrem Fahrzeug an.", sind solche möglichen Formulierungen. Solche Aussagen zielen darauf, den Kunden in seiner Entscheidung zu uns zu kommen zu bestätigen.

5.5.2 Serviceberatung am Fahrzeug

In der dritten Auflage des „Serviceberater-Buchs" aus dem Jahr 2006 begannen wir dieses Kapitel mit Zahlen. Es wird dargestellt, dass die Quote der Serviceberatungen am Fahrzeug durchschnittlich bei nur ca. 40% liegt, obwohl ein Großteil der im Rahmen einer Studie befragten Kunden diese Beratungsform als ein sinnvolles Mittel und damit als wünschenswert einschätzt. Heute hat sich ganz sicher diese Quote bundesweit erhöht. Ich kenne Betriebe, die innerhalb kürzester Zeit diese Form der Beratung des Kunden am Fahrzeug etabliert haben und eine stolze Quote von 85% und mehr vorweisen können. Das liegt ganz sicher daran, dass die Bedeutung des Themas von Führungskräften und Serviceberatern noch deutlicher erkannt und sicher auch der „Druck" der Herstellern erhöht wurde.

An dieser Stelle möchte ich auch erklären, warum ich hier nicht von Direkt- oder Dialogannahme spreche, sondern von der Serviceberatung am Fahrzeug. Die beiden erstgenannten Begriffe sind eher technische Fachtermini. Um deutlicher herauszustellen, dass wir mit dem Kunden an dessen Fahrzeug das Auftragsannahmegespräch fortsetzen, eignet sich die neue Bezeichnung **Serviceberatung am Fahrzeug** besser.

Trotz steigender Beratungsquoten am Fahrzeug stimmen Sie sicher mit mir überein, dass hier immer noch Servicepotenzial ungenutzt schlummert und die Gesprächsqualität weiter gesteigert und optimiert werden kann. Aber wie? Blicken wir zunächst einmal auf den möglichst strukturierten Ablauf der Serviceberatung am Fahrzeug.

Zunächst sollte eine **Überleitung zur Serviceberatung am Fahrzeug** im Kundengespräch erfolgen. Diese Überleitung erfolgt mit freundlichen, positiven und auffordernden Worten und Gesten. Das erreichen Sie am ehesten, wenn Sie dem Kunden die Vorteile einer gemeinsamen Fahrzeugbesichtigung beschreiben. Um einem möglichen Zeiteinwand von vornherein zu entkräften, nennen Sie auch den ungefähren zeitlichen Bedarf für diesen Beratungsabschnitt.

Ich habe bei manchen Besuchen in Autohäusern beobachtet, dass nach solchen Erklärungen des Serviceberaters dieser plötzlich aufsprang, den Autoschlüssel des Kunden ergriff und mit eiligen Schritten zum Parkplatz eilte. Der Kunden blickte verdutzt und unschlüssig hinterher, offensichtlich mit der Frage beschäftigt, was er jetzt eigentlich tun soll. Hinterher laufen und wenn ja, wohin eigentlich? Oder doch besser sitzen bleiben? Um es also perfekt zu machen, fügen Sie Ihren Erläuterungen noch hinzu, was jetzt konkret durch wen zu unternehmen ist. Also beispielsweise: „Ich gehe, wenn Sie einverstanden sind, nun zu Ihrem Auto und bringe es dort in die Box mit der Hebebühne. Sie können direkt dorthin gehen. Wir treffen uns da gleich wieder und setzen unser Gespräch fort. Ok?"

In der Dialogannahme – hier ist der spezielle Arbeitsplatz für die Serviceberatung am Fahrzeug gemeint – beginnen Sie mit der **Eröffnung der Beratung**. Dazu hat es sich bewährt, zunächst das Gespräch mit positiven und wertschätzenden Formulierungen zu beginnen, die sich z. B. auf den guten und gepflegten Zustand des Fahrzeugs beziehen. Übrigens sei an dieser Stelle erwähnt, dass Sie bereits vor dem Einsteigen die Schutzbezüge über den Fahrersitz, das Lenkrad sowie Fußmatte gezogen bzw. gelegt haben. Kleinigkeiten, die der Kunde wohlwollend zur Kenntnis nimmt, jedoch nicht wahrnehmen und schätzen kann, wenn das erst in der Werkstatt durch die Monteure erfolgt.

Natürlich wollen Sie sich jetzt sofort an die Arbeit machen, aber zum einem sind Sie ja bereits mittendrin und zum anderen wecken Sie eher die Bereitschaft des Kunden und sein Interesse, wenn Sie Vertrauen durch eine positive Gesprächsatmosphäre schaffen. Mit einer Überleitung zu den nun folgenden Schritten schaffen Sie darüber hinaus Transparenz. Sagen Sie z. B.: „Wir werden uns zunächst die Karosserie, die Windschutzscheibe, den Zustand der Wischerblätter gemeinsam ansehen. Dann wird ihr Fahrzeug mit der Hebebühne halb angehoben, so dass wir bequem den Zustand der Reifen und der Bremsen betrachten können. Anschließend fährt die Hebebühne ganz nach oben, wir können unter das Fahrzeug gehen und die Achsen, das Fahrwerk und das Getriebe z. B. auf mögliche Undichtigkeiten hin prüfen. Die Ergebnisse dokumentiere ich in dieser Checkliste." Die einzelnen Punkte des Checks sind hier exemplarisch aufgeführt und können selbstverständlich erweitert oder ausgetauscht werden. Zum Beispiel bieten Themen wie Flüssigkeitsstände und hier insbesondere der Ölstand wichtige Ansätze für das später fortzusetzende Verkaufs-, also Auftragsgespräch. Der Anteil „Mineralöl" am Unternehmensergebnis liegt derzeit bei beachtlichen 15 % im Durchschnitt!

Vielleicht ist Ihnen in dem Formulierungsbeispiel aufgefallen, dass ich hier oft die Wörter „gemeinsam" und „wir" verwende. So signalisieren Sie dem Kunden, dass Sie mit ihm im Dialog bleiben wollen und er einbezogen wird. Ein negatives Gefühl, dass sogleich der Experte rätselhafte Untersuchungen beginnt und der Kunde, zum andächtigen Schweigen verdammt, tatenlos dem Treiben folgen und das Ergebnis akzeptieren muss, wird somit vermieden.

Nun kann die Hauptphase der Serviceberatung am Fahrzeug beginnen: die **technische Sichtprüfung**. Wie das im Einzelnen erfolgt, möchte ich hier nicht detailliert darlegen. In den meisten Betrieben gibt es Checklisten (Beispiel S.165), die automatisch auch die Reihenfolge und Art der zu prüfenden Punkte vorgibt oder empfiehlt. Diese haben sich aus der Praxis entwickelt und entsprechen den betrieblichen Gegebenheiten. Wichtig in diesem Dreier-Schritt – also Fahrzeug unten, halb hoch und oben – ist vielmehr, ständig im Dialog mit dem Kunden zu bleiben und den Kontakt nicht abbrechen zu lassen. Hier kommt das Phänomen der geteilten Aufmerksamkeit ins Spiel. Das bedeutet, dass Sie sich als Serviceberater sowohl dem Fahrzeug als auch dem Kunden zuwenden sollten. Tatsächlich passiert es jedoch leicht, dass im Eifer des Gefechts der Kunde „vergessen" wird und man still und konzentriert seinen Prüfarbeiten nachgeht. Die Lösung ist, den Kunden aktiv einzubeziehen, ihm zu erklären, was man gerade warum und mit welchem Ergebnis macht. Wichtig ist auch, immer wieder den Blickkontakt zum Kunden herzustellen und die Sequenzen, in denen Sie sich den Achsen oder Reifen zuwenden, möglichst kurz zu halten. Das ist die hohe Schule der Serviceberatung am Fahrzeug! Wir haben dafür den Begriff des „handlungsbegleitenden Verbalisierens" geprägt, eine Wortschöpfung, die regelmäßig zu einem breiten Schmunzeln bei meinen Seminarteilnehmern führt, weil sie wohl „so schön" akademisch klingt.

Das Kundenfahrzeug steht nun wieder auf seinen vier Rädern. Und wir befinden uns sozusagen auf dem dramaturgischen Höhepunkt des Beratungsgesprächs. Jetzt soll es darum gehen, den Auftragsumfang bedarfsgerecht zu beschreiben und vor allem zu vereinbaren. Unglücklich wäre es jetzt, den Kunden allein zu Ihrem Beraterschreibtisch vorgehen zu lassen. Es ist besser, wenn Sie das Fahrzeug von einem Mitarbeiter in die Werkstatt fahren lassen und Sie gemeinsam mit dem Kunden zu Ihrem Beratertisch gehen. Natürlich geben Sie auch an dieser Stelle dem Kunden eine Erklärung und stellen ihn so auf das Kommende durch eine entsprechende **Überleitung zum Auftragsgespräch** ein. Sie können also sagen: „Während Ihr Fahrzeug jetzt in die Werkstatt gebracht wird, besprechen wir an meinem Schreibtisch die Arbeiten, die Sie in Auftrag geben wollen." Vielleicht ist es auch an dieser Stelle passend, einen Kaffee oder Wasser anzubieten. Jetzt ist ein guter Moment dafür, weil ein solches Angebot dem Kunden ein hohes Maß an Aufmerksamkeit und gleichzeitig eine Verhandlungssituation signalisiert.

In dem nun anschließenden Gesprächsabschnitt – dem **Auftragsgespräch** – geht es um die Vereinbarung der bereits besprochenen und gegebenenfalls der hinzugekommenen Arbeiten. Das kann die Reparatur eines Steinschlagschadens an der

Windschutzscheibe, das Entfernen des unschönen Lackkratzers oder auch, bei einwandfreiem Zustand des Autos, ein besonderes Zusatzangebot sein. Damit sind Zubehör-Aktionsangebote gemeint wie die Freisprecheinrichtung, die Standheizung oder der Kindersitz. Sie kennen Ihren Kunden oder haben ihn jedenfalls in den letzten ca. 20 Minuten so gut kennen gelernt, dass Sie ihm an dieser Stelle Angebote unterbreiten können, die seinem Bedarf entsprechen.

Ich setze hier bewusst ein hohes Niveau des verkäuferischen Könnens im Sinne des *cross-sellings* voraus. Sicher erweisen Sie sich selbst und dem Autohaus schon einen großen Dienst, wenn Sie einen Kunden überzeugen, den Öl- oder Reifenwechsel nicht gesondert an einer Tankstelle oder freien Werkstatt vornehmen zu lassen. Wenn Sie also die Klaviatur der Nutzenargumentation beherrschen, vorhandene Verkaufsprospekte im Gespräch nutzen, beispielsweise das Modell mit den unterschiedlich schnell sinkenden Stahlkugeln in ölgefüllten Zylindern einsetzen, dann steht Ihrem Überzeugungs- und Verkaufserfolg wenig entgegen. Natürlich sind hierfür die Basisvoraussetzungen: ein fundiertes technisches Wissen sowie aktuelle Kenntnisse über die Angebote des Autohauses, gute kommunikative Fähigkeiten, um sich verständlich und überzeugend ausdrücken zu können und möglichst auch ein sicheres Auftreten.

Ausführlicher stellen wir dieses Thema unter der Überschrift „Die Besprechung von Arbeitsumfang, Termin, Kosten und Zahlungsweise" vor.

5.5.3 Die Besprechung von Arbeitsumfang, Termin, Kosten und Zahlungsweise

Wenn wir doch nur des Öfteren die Gespräche unserer Kunden belauschen könnten, dann wüssten wir sicher mehr über die Erwartungen und kleinen Unzufriedenheiten und könnten gegebenenfalls unser Verhalten darauf einstellen. – „Was ist denn an einer Auftragsbesprechung so wichtig?", lautet eine häufig gestellte Frage von Serviceberatern und sie wird in der Regel noch ergänzt mit den Worten: „Das ist doch 'ne reine Routinesache, die wir zig mal pro Tag machen."

Routine vereinfacht das Leben, man muss nicht über jeden Handlungsschritt nachdenken und macht es eben. Nur, bedenken Sie bitte: Routine beinhaltet auch Gefahren. Wenn wir etwas routiniert tun, dann verlieren wir manchmal den Blick, die kritische Distanz zu unserem eigenen Verhalten. Verhaltensfehler schleichen sich ein, werden gar nicht mehr bemerkt und lösen bei unseren Kunden Verwun-

Auftrags-Checkliste - Direktannahme

Nr.

Kunde:

Telefon: _____
Kennzeichen: _____
KM-Stand: _____
Fahrgestell-Nr.: _____
Serviceheft   ja ☐   nein ☐

Fertigstellung am: _____   um: _____

Inspektion 1 ☐
Inspektion 2 ☐
Ölwechsel ☐
Ölsorte _____

Außenwäsche durchführen   ja ☐   nein ☐
Innenreinigung durchführen   ja ☐   nein ☐
Motorwäsche durchführen   ja ☐   nein ☐

Prüfpositionen

Innerer Check	i.O.	nicht i.O.	Arbeit ausführen
Kilometerstand			
Steinschläge Frontscheibe			
Instrumentenbeleuchtung, Signal			
Innenbeleuchtung			
Lenkung/Lenkspiel			
Handbremse			
Heizung u. Lüftung			
Pedale/Geräusche			
Sonstiges*			

Außen-Check:

	ja	nein		
Wischblätter ersetzen	ja ☐	nein ☐		
Scheibenwaschanlage auffüllen	ja ☐	nein ☐		
Bremsflüssigkeit ersetzen	ja ☐	nein ☐		
Motoröl nachfüllen	ja ☐	nein ☐		
Kühlmittelflüssigkeit	ja ☐	nein ☐		
Keilriemen				
Undichtigkeiten				
Sonstiges:				

Fahrzeug - Check (halbhoch):

Reifen-Check

TÜV/AU   fällig am: _____
Scheiben – Verglasung rundum
Scheinwerfer/Scheinwerferglas
Rückleuchten
Stoßdämpfer (Dichtigkeit/Zustand)

Fahrzeug-Check (hoch):

Motor Dichtigkeit
Bremsbeläge/-scheiben vorn
Bremsleitungen/-schläuche
Lenkung/Lenkmanschetten
Getriebe Dichtigkeit
Kraftstofftank/-leitungen
Auspuffanlage
Hinterachse Dichtigkeit
Bremsbeläge/-scheiben hinten

*Aufkleber/Vignette entfernen, Turgriff, Lenkrad, Schalthebel, Sicherheitsgurte, Fußmatten, Türverkleidung, Sitze (Verschmutzung)

Servicearbeiten   Notizen

Karosserie- u. Lack-Check

Prüfergebnis durch entsprechendes Symbol kennzeichnen:

✕ Steinschlag   ○ Dellen
△ Kratzer   ▨ Karosserie-Beschädigungen

zu erwartender Preisrahmen   _____ EUR
verbindlicher Preis (inkl. MwSt.)

Mehrarbeit erwünscht: ○ nein   ○ ja   Höhe bis _____

gewünschte Zahlungsart:
○ bar
○ Kreditkarte
○ Scheck
○ Überweisung
○ Uhr

Abholtermin: _____

Unterschrift des Service-Beraters

Bremswerte:

	vorn		hinten		Feststellbremse	
	R	L	R	L	R	L

Reifen-Check

Profiltiefe ___ mm   vorne rechts
Profiltiefe ___ mm   vorne links
Profiltiefe ___ mm   hinten rechts
Profiltiefe ___ mm   hinten links

Unterschrift des Kunden

Bestell-Nr. 6044 · © Auto Business Verlag · Springer Transport Media GmbH, Neumarkter Straße 18 · 81673 München · www.auto-business-shop.de · Nachdruck verboten · Urheberrechtlich geschützt derung oder gar Ärger aus. So ist das häufig auch mit den Auftragsgesprächen und der Auftragserstellung.

Jede Auftragsbesprechung hat einen **sachlich/fachlichen**, einen **menschlichen** und einen **juristischen Aspekt**. Beim sachlich/fachlichen Aspekt geht es darum, den Kunden fachmännisch zu beraten, seine Wünsche in einem korrekten Auftrag zu erfassen und ihn über Art, Umfang, Kosten sowie Dauer der Werkstattarbeit zu informieren.

Beim menschlichen Aspekt wollen wir die Zufriedenheit des Kunden erreichen. Wollen eine angenehme Gesprächsatmosphäre schaffen, dem Kunden das Gefühl der Wichtigkeit und Sicherheit vermitteln, Verständnis entgegenbringen und ihm durch unser Verhalten insgesamt signalisieren: „Hier bei uns sind Sie gut aufgehoben!" Und natürlich hat das Auftragsgespräch auch einen juristischen Hintergrund: Hier wird ein Vertrag geschlossen, ein Werkvertrag zwischen Auftraggeber (Kunden) und Auftragnehmer (Werkstatt). Und natürlich sind hier Fakten zu berücksichtigen, die diesen Vertrag zweifelsfrei werden lassen. Außerdem: Auftragsbesprechungen erfordern auch die Nutzen- und Preisargumentation sowie die Behandlung möglicher Einwände.

Die Besprechung des Arbeitsumfangs

Grundsätzlich gilt: Die Besprechung des Arbeitsumfanges besteht aus **Information, Beratung und Argumentation.**

Wenn Sie Ihren Kunden über notwendige oder sinnvolle Arbeiten informieren, sollten Sie dabei auf die Verständlichkeit Ihrer Aussagen achten. Formulieren Sie kurze Sätze und bringen Sie Ihre Informationen in eine sinnvolle Reihenfolge. Denken Sie auch daran, dass jeder Ratschlag und jede Empfehlung die Gefahr von Missverständnissen birgt.

Alle Werkstattarbeiten müssen mit guten Argumenten verkauft werden. Beratung ist das A und O dabei. Kunden ärgern sich über eine oberflächliche Beratung oder Erläuterung einer Reparatur, über Belehrungen oder Arroganz und über komplizierte Erklärungen, die mit unverständlichen Fachbegriffen gespickt sind.

Genauso Ärger auslösend sind ungenaue Absprachen oder kompromisslose Tatsachen ohne Alternativvorschläge nach dem Motto „Friss oder stirb!" Und natürlich wäre es auch gefährlich, einem Kunden keine Hinweise auf das Verhältnis zwischen

Reparaturpreis und dem Zeitwert seines Fahrzeuges zu geben oder notwendige Hinweise auf Sicherheitsgefährdung bei Nicht-Ausführung zu unterlassen.

Besonders wirksam ist es, wenn Sie für den Kunden seinen Nutzen formulieren.
Menschen haben Motive und Bedürfnisse und diese sind Grundlage jeder Entscheidung, auch wenn es sich um eine Auftragsentscheidung in der Werkstatt handelt. Sicherheit, Wirtschaftlichkeit, Vermeidung von Umständen, Zuverlässigkeit und vieles mehr sind Motive, die Sie im Auftragsgespräch ansprechen können.

> **!**
>
> Und: Ihre Ratschläge sollten den Kunden nicht erschlagen, darum geben Sie ihm bei jeder Empfehlung das Gefühl der Entscheidungsfreiheit. Formulierungen wie „Dann empfehle ich Ihnen...", „In diesem Fall schlage ich Ihnen vor..." oder „In dieser Situation rate ich..." erzeugen beim Kunden diesen gewünschten Effekt.

Erklären Sie dem Kunden den Umfang der Arbeiten und versichern Sie ihm bei Mängeln, dass Sie Abhilfe schaffen werden. Weisen Sie ihn auf das technische Diagnoseniveau Ihrer Werkstatt hin.

In der Praxis begegnen Ihnen während eines Auftragsgespräches Einwände des Kunden. Sie sollten sich auf diese Einwände einstellen und auf sie sinnvoll reagieren. Wer mit Resignation, Provokation, mit Unverständnis oder Angriffen auf Einwände reagiert, der handelt sich wahrscheinlich Ärger ein. Einwände sind wichtige Schritte auf dem Weg zum „Ja" des Kunden und ein Einwand zeigt, dass der Kunde noch mit Interesse bei der Sache ist.

Wer Einwände nennt, zeigt die gedankliche Auseinandersetzung mit unserem Vorschlag oder unserem Angebot. Während eines Auftragsgespräches signalisieren die Einwände, dass der Gesprächspartner noch weitere Informationen oder Argumente benötigt. Hören Sie sich den Einwand Ihres Kunden aufmerksam an, zeigen Sie Verständnis für den Einwand und fragen Sie gegebenenfalls nach. Erst dann empfiehlt es sich, zusätzliche Informationen und Argumente zu nennen.

Die Kostenabsprache mit Preisnennung und Argumentation

Kunden wollen vorher über den Kostenumfang informiert werden und lassen sich nicht gern mit irgendwelchen ungenauen Angaben abspeisen. Kalkulieren Sie die

Kosten daher möglichst genau und informieren Sie den Kunden darüber. Preistransparenz schafft eine Vertrauensbasis, von der Sie in späteren Situationen profitieren können. Nennen Sie dem Kunden auch dann die Kosten, wenn er Sie nicht ausdrücklich danach fragt.

Die Preisnennung muss auf der Basis einer umfassenden Bedarfsermittlung (Diagnose und Zustandsprüfung des Fahrzeugs im Beisein des Kunden) erfolgen und vermeidet spätere Rechnungsbeanstandungen. Ungünstig wird ein Gespräch wahrscheinlich dann verlaufen, wenn beim Kunden der „Preisschock" entsteht. Dieser wird häufig schon dadurch erzeugt, dass der Preis „pur", d. h. ohne jegliche Nutzenargumentation, genannt wird.

Kunden entwickeln zumeist selbst eine ungefähre Vorstellung über den Preis. Entweder handelt es sich dabei um Erfahrungswerte (z. B. der Kunde kennt den Reparaturpreis einer Wasserpumpe beim Fabrikat XY) oder der Preis wird aufgrund laienhafter Vorstellung selbst „kalkuliert" (z. B. „Na ja, so'n kleines Teil kann ja nicht teuerer als 5,- € sein, dann kann der Einbau auch nicht die Welt kosten.") Weicht nun der genannte Preis von diesen internen Preisvorstellungen wesentlich ab, so kann der besagte „Preisschock" entstehen. Aufmerksame Serviceberater können diesen Effekt häufig an mimischen Reaktionen ihrer Kunden erkennen.

> Grundsätzlich empfiehlt es sich daher, den Preis in Informationen und Argumente „einzupacken". Der Kunde muss wissen, was er davon hat bzw. wie sich der Preis zusammensetzt. Hier **zwei Beispiele** für mögliche Formulierungen: „Herr Kunde, die von Ihnen gewünschte Auspuffanlage kostet 159,- € zuzüglich Einbaukosten von 90,- €, wobei Sie ein hochwertiges Original-Ersatzteil erhalten, das sich durch besondere Robustheit und Langlebigkeit auszeichnet." oder „Herr Kunde, der Qualitätsreifen kostet inklusive Montage und Wuchten 75,- € pro Rad. Sie haben damit einen Sicherheitsreifen, der Sie gerade in dieser Witterung nicht im Stich lässt."

Häufig wird bei der Preisnennung die Mehrwertsteuer vergessen. Für jeden Privatkunden ist diese Steuer eine beachtenswerte Größe und muss in der Preisnennung erwähnt werden. Wenn nicht, so kann der Privatkunde beim genannten Preis vom Bruttopreis ausgehen. Im Rechtsstreit hätte der „Preisnenner" das Nachsehen. Darum: Jede Preisnennung mit Mehrwertsteuer! – „Die Preise, die ich Ihnen nannte verstehen sich inklusive Mehrwertsteuer."

Natürlich ist für einen Vorsteuerabzugberechtigten der Nettopreise interessanter. Fragen Sie eventuell danach oder nennen Sie den Preis gleich nach dem Muster: Netto plus Steuer gleich Bruttopreis. Also: „Die Kupplung kostet XX € zuzüglich Mehrwertsteuer, macht einen Inklusivpreis von YY €."

Natürlich können Ihnen auch Preiseinwände nach dem Motto „Ich wollte doch nicht Ihre Werkstatt kaufen!" begegnen. Verständlich, denn nicht jeder Preis wird vom Kunden gleich geschluckt. Auch hier gilt: Ruhig und gelassen bleiben und mit guten Argumenten und der entsprechenden Einwandbehandlungsmethode das Gespräch zielstrebig fortsetzen. Zumeist ist es bereits hilfreich, wenn Sie zunächst den Einwand hinterfragen. „Herr König, darf ich fragen, warum Ihnen der Preis zu hoch erscheint?"

Sie erhalten dadurch Ansatzpunkte für eine tiefgehende Preisargumentation. Daneben ist es sinnvoll, wenn Sie Verständnis für den Preiseinwand des Kunden aufbringen und ihm dies auch zeigen. „Herr König, ich kann durchaus verstehen, dass Sie der Preis zunächst überrascht. Mir ginge das auch so. Bitte bedenken Sie aber, dass es sich hier um ein Originalteil von besonderer Qualität handelt. Ich darf Ihnen einmal kurz die Besonderheiten und Vorzüge erläutern…"

Die Behandlung von Preiseinwänden bedeutet, die Preisvorstellung des Kunden „geradezurücken". Natürlich nicht mit Gewalt, sondern mit guten Informationen und Argumenten. Bedenken Sie: Wer nicht weiß, welche Leistung und welchen Nutzen sich hinter einem Preis verbirgt, wird es schwer haben, diesen Preis zu verstehen. „Herr Müller, Ihr Fahrzeug ist jetzt fünfzehn Jahre alt. Sie erwarten mit Recht, dass auch für Ihr Fahrzeug noch Teile geliefert werden. Bitte bedenken Sie, dass die Teile für Ihr Fahrzeug aber heute in vielen geringeren Stückzahlen gefertigt werden. Das sind manchmal fast Einzelstücke und wenn Sie dann noch die Lagerungskosten hinzurechnen…"

Terminvereinbarung

Wir leben in einer Epoche der Zeitnot. Wer wenig Zeit hat, besitzt in der Regel ein hohes soziales Ansehen. Wer will da schon zu den gesellschaftlichen Niederungen gehören, indem er offen zugibt, dass Zeit- und Termindruck nicht so bedeutsame Größen für ihn sind. Natürlich, unser Leben ist schnelllebiger geworden und die Zeiten, in denen Kunden längere Zeiten auf ihr Fahrzeug verzichten konnten, sind wohl vorerst vorüber.

Klar, wer kennt ihn nicht, den Kunden, der sein Fahrzeug bringt und es bereits gestern wieder haben wollte. Aber Werkstattarbeit ist keine Hexerei. Sie wissen das und glücklicherweise wissen es auch die meisten unserer Kunden. – Dennoch erwartet der Kunde stärker denn je klare Terminzusagen und deren Einhaltung. Die Zeit, die das Fahrzeug in der Werkstatt verbringt, soll möglichst kurz sein.

> **!** Übrigens: Längst schon können sich viele Betriebe gar nicht mehr den Luxus erlauben, alle Werkstattdurchgänge des Tages von der morgendlichen Annahme bis zur abendlichen Abholung auf dem Hof stehen zu haben. Zumindest im städtischen Bereich werden Parkflächen immer mehr zur Kostbarkeit. Insgesamt ergibt sich immer stärker die Notwendigkeit von klar abgesteckten Aufenthaltszeiten des Kundenfahrzeugs in der Werkstatt.

Individuelle, kundenorientierte Terminplanung ist daher heute gefragt. Das gilt für die Auftragsannahme und für die Fahrzeugabholung. Doch schauen wir uns zunächst einmal in einem kurzen Dialog an, wie die Fahrzeugabholung sehr häufig „terminiert" wird:

Serviceberater: „Gut, wir werden mit Sicherheit heute noch mit den Arbeiten fertig. Herr Müller, wann benötigen Sie denn Ihr Fahrzeug wieder?"

Kunde: „Na ja, wie lange haben Sie denn geöffnet?"

Serviceberater: „Wir haben bis 19 Uhr für Sie geöffnet."

Kunde: „Na, dann komme ich nach der Arbeit – so gegen 17 Uhr."

Serviceberater: „Kein Problem, Herr Müller, können wir so machen. Ich schreibe vorsichtshalber mal 16 Uhr auf den Auftrag, dann ist der Wagen auf jeden Fall fertig!"

Ja, wann kommt der Kunde den Wagen denn nun abholen? Ich würde behaupten: In einer Zeitspanne von 16 Uhr (denn ab hier weiß der Kunde, dass der Wagen fertig ist) bis 19 Uhr (denn hier schließt die Werkstatt) – so wie alle anderen Kunden auch, die eine ähnlich „präzise" Terminvergabe an diesem Tage erleben durften! Und jetzt versetzen wir uns mal in die Situation des Kunden. Stellen wir uns vor, wir sind Kunde in einer ähnlichen Situation! Passiert es Ihnen auch schon einmal, dass Sie auf den „letzten Drücker" in einen Supermarkt hineinplatzen?! Wenn wir solch eine Terminvorgabe zu erfüllen haben, dann lassen wir uns doch als

Kunde alle Freiheiten! „Ich schau mal, wann ich mein Fahrzeug dann abhole!", ist die Haltung mit der der Kunde hier handelt. Und dann – ganz nach „Murphy's Gesetz" und der alltäglichen Erfahrung – stehen sie alle wieder prompt zur gleichen Zeit an der Kasse und wollen ihre Rechnung bezahlen! Oder Sie wollen gerade heute pünktlich den Betrieb verlassen und warten nun schon seit einer halben Stunde auf den Kunden Müller, der… natürlich Punkt 19 Uhr in der Tür steht!

„Kundenerziehung" muss hier, wie in vielen anderen Zusammenhängen, das Ziel sein! Die allermeisten Kunden wissen mittlerweile, dass sie für einen Werkstattaufenthalt einen Termin brauchen und rufen deshalb rechtzeitig vorher an. Und viele von diesen erscheinen dann pünktlich zur vereinbarten Zeit! Das ist alles – wie bei Kindern – eine Frage der Erziehung! Eine Serviceberaterin erzählte mir kürzlich, dass sich ihre Kunden mittlerweile sogar entschuldigen würden, wenn sie zu spät kämen und einige anrufen, um einen Termin abzusagen! Das war nicht immer so! Jammern wir also nicht über die Kunden, die einfach kommen, wie sie wollen und darüber, dass wir keine vernünftige Fahrzeugübergabe mit Rechnungserklärung machen können, weil dafür „keine Zeit" wäre, sondern versuchen wir den Kunden auch hier ein Stück zu erziehen! Vereinbaren Sie doch mit dem Kunden mal einen Abholtermin um „16.15 Uhr"! Und bitten Sie ihn, möglichst pünktlich zu erscheinen und „10 Minuten Zeit mitzubringen", da Sie ihm noch die Rechnung erklären möchten. Tue Gutes und sprich darüber – erinnern Sie sich?!

Die vollständige und genaue Erfassung des Arbeitsumfangs ist natürlich die Basis solcher Terminplanungen.

Zahlungsgespräch und Auftragsbestätigung

„Über Geld spricht man nicht!", sagt der Volksmund. Wäre das richtig, so hätte so mancher Betrieb schon längst seine Pforten geschlossen. Und warum sollte nicht auch der Serviceberater mit dem Kunden über die Rechnungsbegleichung sprechen? Aus Scham oder Angst?

Wer über Preise spricht, darf auch beruhigt über die Zahlungsweise reden! Klar, Zweifel an der Zahlungsmoral dürfen keinesfalls durchblicken. Je natürlicher und offener Sie das Thema ansprechen, desto eher wird dieser Punkt auch keinen negativen Einfluss auf das Gesamtgespräch ausüben. Versuchen Sie es doch einmal nach folgendem Muster. Lesen Sie, nachdem Sie den gesamten Arbeitsumfang erfasst haben, dem Kunden die notierten Arbeitspositionen nochmals vor. Fragen Sie ihn dann, ob er Wertgegenstände im Wagen hat, die Sie gegebenenfalls für ihn in Verwahrung nehmen sollten (Haftung bei Verlust) und stellen Sie dem Kunden danach die Frage, ob er den Rechnungsbetrag bei Fahrzeugabholung bar oder per EC-Zahlung begleicht.

In der Regel wird sich der Kunde für einen der beiden Wege entscheiden. Vermerken Sie die Zahlungsart dann auf dem Auftrag (entsprechende Rubriken auf dem Formular wären sinnvoll) und bitten Sie den Kunden dann um seine Unterschrift als Bestätigung für den erteilten Auftrag. Sollte der Kunde die Überweisung des Rechnungsbetrages wünschen, so müssen Sie entsprechend Ihrer betriebsinternen Regelung handeln.

Das Zahlungsgespräch muss keine Hürde sein. Grundsätzliche innerbetriebliche Regelungen – die dem Serviceberater Verhaltenssicherheit geben – und die natürliche Ansprache dieses Themas beim Kunden lassen es leicht von der Hand gehen und daraus keine Staatsaktion werden.

Natürlich sollte jeder Kunde, bevor er das Haus verlässt, eine Kopie des unterschriebenen Werkstattauftrages erhalten.

5.5.4 Die telefonische Auftragserweiterung

Als Serviceberater kennen Sie das: Da steht irgendwann im Verlauf des Tages plötzlich und unerwartet der Mechaniker vor Ihnen und berichtet von den am Fahrzeug des Kunden entdeckten Mängeln. Dabei hatte der Kunde seinen Wagen ja „nur" zur Inspektion gebracht und mit keinen weiteren Reparaturen gerechnet.

Und nun dieses! Ganz klar, Sie benötigen die Zustimmung des Kunden und das heißt, der Kunde muss angerufen und von der Notwendigkeit der Werkstattarbeit überzeugt werden. Doch wie sagen Sie es Ihrem Kunden, gerade wo dieser am Morgen noch davon sprach, „die Sache aber nicht so teuer" werden zu lassen?

Auftragserweiterung gehören zur tägliche Arbeit im Service. Es geht grundsätzlich darum den bei Auftragsannahme besprochenen Auftragsrahmen zu erweitern und die Zustimmung zu den empfehlenswerten oder notwendigen Zusatzarbeiten vom Kunden zu bekommen. Dabei sind drei Zielsetzungen zu berücksichtigen: Die Zufriedenheit des Kunden, der Leistungsverkauf der Werkstatt und obendrein noch die rechtliche Absicherung.

Die rechtliche Absicherung

Die Kfz-Reparaturbedingungen schreiben vor: „Im Auftragsschein oder in einem Bestätigungsschreiben sind die zu erbringenden Leistungen zu bezeichnen…". Im Klartext heißt das: Keine Erweiterung des Auftrags ohne Zustimmung des Kunden! Wer dennoch anders handelt, sollte sich im Klaren darüber sein, dass er damit nicht nur gegen die Kundenzufriedenheit, sondern auch mit einem finanziellen Risiko arbeitet. Um diesen rechtlichen Bedingungen zu entsprechen, muss jede Auftragserweiterung schriftlich im Auftrag festgehalten werden.

Am besten verwenden Sie Auftragsformulare, die bereits einen entsprechenden Eintrag vorsehen. Also Datum, Uhrzeit, Gesprächspartner, Umfang der Arbeiten angegebene Kosten und der neue Fertigstellungstermin müssen hier notiert werden.

 Der Tipp: Bestätigen Sie telefonisch verabredete Auftragserweiterung per Fax und Sie machen dadurch den Auftrag „wasserdicht".

Leistungsverkauf

Auftragserweiterungen zwingen zum Handeln, denn sie stellen Veränderungen der geplanten Abläufe in Werkstatt und Service dar. Natürlich sind diese Unterbrechungen nicht immer kalkulierbar, ihre Anzahl ist jedoch reduzierbar. Eine ausführliche Diagnose am Fahrzeug – gemeinsam mit dem Kunden bei Auftragsannahme – kann die Anzahl und das Ausmaß der Auftragserweiterungen auf ein Minimum beschränken. Dennoch wird es auch bei noch so perfekter Auftragsannahme immer Auftragserweiterungen geben, denn viele zusätzliche Arbeiten ergeben sich erst im Verlauf einer Wartung oder Reparatur.

Die Zufriedenheit des Kunden

Die Kundenzufriedenheit hat auch im Auftragserweiterungstelefonat erste Priorität. Der Vertrauensvorschuss, den der Kunde uns durch sein Kommen gab, darf nicht leichtfertig durch halbherzige Werkstattarbeit auf's Spiel gesetzt werden. Der

Kunde erwartet zu Recht das frühzeitige Erkennen von Mängeln und Schäden, natürlich auch deren Beseitigung, aber er will vorher gefragt werden. Nichts ist ärgerlicher und vertrauensbrechender für den Kunden, als die Entdeckung eines Mangels durch ihn selbst, nachdem der Wagen in der Werkstatt war.

Dienstleistung heißt auch Entlastung von weiteren und zusätzlichen lästigen Werkstattbesuchen. Dennoch können Sie nicht erwarten, dass der Kunde Ihre Botschaft mit frohem Herzen aufnimmt und widerstandslos seine Zustimmung gibt. Aus diesem Grund müssen in jedem dieser Telefonate drei Punkte berücksichtigt werden.

> **Der Überraschungseffekt:** Der Kunde ahnt nichts von der notwendig gewordenen Arbeit. Er bemerkte bisher keine Veränderung oder er hielt kleine Auffälligkeiten für unbedeutsam. Somit konnte er die zusätzlichen Kosten noch nicht einplanen.

> **Der Laieneffekt:** Das Verständnis für die Notwendigkeit der Arbeit wird durch Technikunkenntnis des Kunden einerseits und durch die eingeschränkte Erklärungsmöglichkeit am Telefon andererseits erschwert.

> **Die Glaubwürdigkeitszweifel:** Der Kunde kann sich jetzt am Telefon nicht von dem Mangel überzeugen. Er muss dem Anrufer „blind" vertrauen. Diese vermeintliche Nicht-Überprüfbarkeit kann bei ihm das Gefühl des Ausgeliefertseins erstehen lassen. Hinzu kommt das häufig anzutreffende Misstrauen gegenüber der Werkstatt und den von ihr erbrachten Leistungen.

Häufige Fehler bei Auftragserweiterungen

> **Die Ausführung der Arbeiten erfolgt ohne Kundenzustimmung.** Leider ist dies noch recht oft in der Praxis anzutreffen. Ob aus Unkenntnis der Rechtslage oder einfach nur aus Unbekümmertheit werden Arbeiten am Kundenfahrzeug ausgeführt, ohne sich vorher der Zustimmung des Kunden vergewissert zu haben. Das muss nicht, kann aber schiefgehen. Auch wenn es keinen Streit gibt: Übrig bleibt ein negativer Beigeschmack auf der „Dienstleistungszunge" des Kunden.

> **Es folgt keine oder eine nur unzureichende Gesprächsvorbereitung.** Wer spontan zum Hörer greift, ohne sich vorher nach Teileverfügbarkeit erkundigt und die entstehenden Kosten kalkuliert zu haben, der handelt sträflich. Wer nicht vorher wenigstens kurz überlegt, wie er die Sache seinem Kunden am bes-

ten „beibringt", der handelt leichtsinnig oder mit großer Selbstüberschätzung. „Eine Minute Konzentration!", so sollte das Motto vor jedem Telefonat zur Auftragserweiterung lauten.

> **Der Kunde kann telefonisch nicht erreicht werden.** Fragen Sie ihn deshalb nach seiner telefonischen Erreichbarkeit! Hier sind zwei Telefonnummern immer mehr wert als nur eine. Weisen Sie ihn zudem daraufhin, dass Sie ihn ggf. im Laufe des Tages anrufen werden und dass er dann erreichbar sein sollte – erklären Sie ihm, warum Sie dies tun könnten!

Die systematisch ausgeführte Auftragserweiterung

Jedem Kunden, der zum Ziele der Auftragserweiterung von einem Serviceberater angerufen wird, schießen Fragen durch den Kopf: Warum werde ich vom Serviceberater angerufen? Welche Arbeiten müssen zusätzlich ausgeführt werden? Warum sind diese Arbeiten auszuführen und welche technische Notwendigkeit steckt dahinter? Welchen Nutzen habe ich als Kunde davon? Wie ist es zu diesem Defekt gekommen? Wie viele Kosten wird die Zusatzarbeit verursachen? Wann wird der Wagen fertiggestellt sein?

Auf diese Fragen sucht der Kunde klare und verständliche Antworten. Je mehr dieser Antworten Sie ungefragt geben können, desto eher wird der Kunde Sie als kompetent und mitdenkenden Gesprächspartner akzeptieren. Darum gilt es, jede Auftragserweiterung vor dem Telefonat zu überdenken und entsprechend vorzubereiten.

> **Situationsbeschreibung:** Der Gesprächseinstieg sollte klar und deutlich sein. Der Angerufene muss gleich von Gesprächsbeginn an wissen, wer ihn anruft und worum es geht. Weitschweifige oder komplizierte Gesprächseinstiege verunsichern nur. Sollte sich mehr als eine Zusatzarbeit ergeben, so empfiehlt es sich, bereits jetzt auf die Gesamtzahl der zusätzlichen Arbeiten kurz hinzuweisen. Andernfalls, wenn Sie nach der „Salamitaktik" vorgingen, entstünde beim Kunden der Eindruck der Übervorteilung.

„Im Rahmen der Inspektion haben wir zwei Dinge festgestellt, die ich mit Ihnen besprechen möchte…"

> **Technische Erklärung (Information):** Der Kunde muss die Überraschung verkraften können. Haben Sie also Geduld, wenn der Kunde nicht so schnell ja sagt, wie Sie es gerne hätten. Es benötigt umfassende und verständliche Informationen über die notwendigen Arbeiten, um Vertrauen zu Ihnen und Ihren Aussagen entwickeln zu können. Bieten Sie dem Kunden gegebenenfalls an, sich persönlich vom Schaden vor Ort zu überzeugen. Fragen Sie ihn auch, ob er weitere technische Informationen von Ihnen wünscht.

„Da ist zunächst einmal der linke hintere Stoßdämpfer Ihres Fahrzeuges, der leckt, d.h. es treten kleinere Mengen Öl aus, die die Funktionsfähigkeit dieses Stoßdämpfers beeinträchtigen können."

> **Nutzenargumentation:** Wie für jeden Überzeugungsvorgang, so gilt auch für die Auftragserweiterung: Der Kunde will seinen Nutzen sehen! Es bietet sich oft an, mit Sicherheits- und Kosteneinsparungsargumenten zu „arbeiten". Weisen Sie, wenn möglich, auf Verbundarbeiten oder auf die Reduzierung der Umstände durch Vermeidung eines weiteren Werkstattbesuches hin.

„Sie erhalten damit Ihre aktive Fahrsicherheit und können beruhigt auch in kritischen Verkehrssituationen reagieren. Bedenken Sie bitte auch, dass Sie sich damit einen weiteren Werkstattbesuch ersparen."

Es empfiehlt sich, dem Kunden die technischen Folgen der Nicht-Ausführung aufzuzeigen. Zeichnen Sie ein realistisches Bild dieser Folgen, ohne Übertreibungen und „Bangemachen". Geben Sie dem Kunden – wann immer möglich – das Gefühl der Entscheidungsfreiheit.

Wenn Sie ihn kompromisslos vor Tatsachen stellen, wird er Widerstände entwickeln und Sie müssen später weitaus mehr Überzeugungsenergie einsetzen. Auch wenn es Ihnen als Techniker manchmal schwerfällt einzusehen, warum der Kunde nicht sofort auch von den blanken Tatsachen überzeugt wird, haben Sie Geduld mit ihm. Zeigen Sie ihm darüber hinaus Alternativen auf!

> „Natürlich könnten Sie mit dem Wagen so noch einige Zeit fahren. Doch eine Schädigung der Bremsscheibe wäre nicht auszuschließen. Daneben empfehle ich Ihnen, auch Ihre Fahrsicherheit zu berücksichtigen, die dadurch stark gefährdet wäre. Stellen Sie sich nur einmal eine Situation auf regennasser Straße vor, in der Sie eine Vollbremsung machen müssten."

> **Preisargumentation:** Verständlich, dass der Kunde wissen will, welche weiteren Kosten durch die Auftragserweiterung entstehen. Klare Kostenangaben gehören daher in jede Auftragserweiterung. Empfehlenswert sind getrennt genannte Teile- und Lohnkosten, die dann zu einer Komplettpreisnennung zusammengefügt werden. Vergessen Sie hierbei nicht die Nennung der Mehrwertsteuer.

Zu knappe Preisangaben verärgern den Kunden, wenn die am Telefon genannte Summe später nochmals übertroffen wird. Da freut er sich schon eher, wenn er etwas weniger als erwartet „berappen" muss. Außerdem ist es auch sinnvoll, deutlich darauf hinzuweisen, dass die Kosten der Zusatzarbeit zu den bereits bei Auftragsannahme vereinbarten Inspektions- oder Reparaturkosten hinzukommen.

„Wenn wir die Reparatur jetzt ausführen, würden Kosten in Höhe von 125,– € – neben den Kosten der Inspektion – auf Sie zukommen. Da es sich um eine Verbundarbeit handelt, entstehen zum jetzigen Zeitpunkt geringere Kosten als bei einer späteren Ausführung".

> **Einwandbehandlung:** Rechnen Sie mit den Einwänden des Kunden, denn er wird sie aus den oben beschriebenen Gründen (Überraschung, Laie, Glaubwürdigkeitszweifel) heraus ganz sicher haben. Zeigen Sie Verständnis für diese Einwände und bedenken Sie, dass Einwände auch Zeichen eines vorhandenen Interesses sind. Einwände sind kleine Steine, die auf dem Weg zur Zustimmung weggeräumt werden müssen. Der Profi passt auf, dass diese Steine nicht zu Stolpersteinen werden.

> „Herr Kunde, ich kann es nachvollziehen, wenn Sie sagen, Ihnen sei bisher nichts am Fahrzeug aufgefallen. Bedenken Sie jedoch bitte ..."

> **Zustimmung herbeiführen:** Natürlich ist unser Ziel das „Ja" des Kunden. Dies zügig herbeizuführen, gehört mit zu den Aufgaben einer professionellen Auf-

tragserweiterung. Und auch hier gilt: Fragen führen zum Ziel. Fragen Sie ihn, ob er mit den beschriebenen Vorgehen einverstanden ist. Nennen Sie dem Kunden jedoch zuvor eventuelle Terminverschiebungen der Fertigstellung, da diese in die Entscheidungsfindung mit einfließen können.

> „Herr Kunde, dürfen wir dann die Arbeiten in der beschriebenen Form ausführen und damit den Auftrag entsprechend erweitern? Der vereinbarte Abholungstermin könnte so bestehen bleiben."

> **Ergebnisabsicherung:** Bevor Sie das Gespräch beenden, empfiehlt es sich, nochmals die besprochenen Vereinbarungen kurz zusammenzufassen. Dies vermeidet Missverständnisse und führt zu eindeutigen Vereinbarungen. Übrigens sollte der Dank zum Abschluss nicht fehlen, denn schließlich hat der Kunde Ihrem Haus einen zusätzlichen Auftrag erteilt.

> „Herr Kunde, ich darf nochmals kurz zusammenfassen: Wir werden die Bremsen neu belegen, die Wischergummis ersetzen und das Scheinwerferglas vorne links erneuern. Der vereinbarte Anholungstermin, 17.00 Uhr, verschiebt sich um eine halbe Stunde auf 17.30 Uhr. Herzlichen Dank für Ihren Auftrag."

5.5.5 Die Fahrzeugübergabe mit System

Wer einen Auftrag erteilt, möchte die ordnungsgemäße Auftragsausführung erfüllt sehen. Wer einen Auftrag ausführt, rechnet mit der Begleichung der Rechnung. Soweit der sachliche Aspekt dieses Vorgangs. Das ist simpel, doch psychologisch betrachtet steckt mehr dahinter. Das menschliche Bedürfnis nach „Geschlossenheit" prägt das Ereignis der Fahrzeugabholung besonders.

Einmal angefangene Dinge werden von uns Menschen beendet. Und nur im „Notfall" wird etwas nicht zum „guten Ende" geführt. Beethovens „Unvollendete" bleibt die Ausnahme. Schachspiele werden bis zum guten Schluss gespielt, auch wenn sie den geplanten Zeitrahmen sprengen. Der Teller wird bis zur „bitteren Neige" leergegessen, auch wenn der Magen schon längst Sattheit signalisiert. Jede Handlung in unserer Welt strebt nach Vollendung, und wird dies in irgendeiner Form vereitelt, dann entsteht in der Regel Frust und Verärgerung

Wer ärgerte sich nicht schon, als das Abendessen von einem Telefonat unterbrochen wurde, oder der Überraschungsbesuch das Zu-Ende-Sehen des Krimis vereitelte. Bei Ihrer Arbeit erleben Sie das sicher auch täglich: Unterbrechungen stören das Bedürfnis nach Vollendung und Geschlossenheit. Dem Kunden geht es auch so, wenn er seinen Wagen in die Werkstatt bringt. Wer morgens bei Auftragsannahme Aufmerksamkeit erfuhr, wünscht sich das Gleiche auch am Abend. Auch das „Werk" der Werkstatt sollte vollendet werden, nicht nur im Bereich der Werkstattleistung, sondern auch im Bereich des Kundenkontaktes.

„Der erste Eindruck prägt, der letzte Eindruck bleibt!" heißt es. Welcher Verkäufer würde bei der Neuwagenauslieferung dem Kunden lapidar sagen „Dort hinten steht Ihr Wagen und bei mir müssen Sie nur noch vorher bezahlen"? Nicht auszudenken! Nein, bei der Neuwagenauslieferung geht es anders zu: Da werden Familienfotos geschossen, Blumensträuße kredenzt und Sektflaschen geköpft. Und was passiert, wenn der Kunde dasselbe Fahrzeug zur ersten „großen" Inspektion bringt und wieder abholt? Leider oftmals nichts Großes: schlimmstenfalls Unannehmlichkeiten und bestenfalls Neutralität.

Nun mögen die Skeptiker gleich fragen, ob sie denn demnächst den Sekt neben der Kasse stehen haben sollen oder ob täglich der örtliche Musikverein in den Nachmittagsstunden das „Fahrzeugübergabekonzert" spielen muss. Nein, sicher nicht! Sie brauchen nur ein wenig mehr Aufmerksamkeit und Interesse für diese Kundenkontaktphase.

Die Fahrzeugübergabe bildet den positiven Abschluss des Werkstattbesuches.
Hier können Sie nicht nur den einen Kundenbesuch sinnvoll abschließen, sondern auch den Kunden positiv auf die Zukunft, also indirekt auf den nächsten Besuch einstimmen. Relativ wenige Maßnahmen sind notwendig, um den gewünschten Effekt zu erreichen.

Die Vorbereitung der Übergabe

Auch eine positive Fahrzeugübergabe will geplant sein. Da werden vielerorts Standardtermine zur Abholung des Wagens vergeben und man wundert sich über eine neue nachmittägliche Andrangzeit. Wer den Abschluss positiv gestalten will, sollte sich Zeit nehmen und diese Zeit einplanen. Sorgen Sie dafür, dass Sie nicht mehrere Abholungstermine zur gleichen Zeit vereinbaren. Versetzte Termine sind auch hier hilfreich und natürlich sollte der Wagen des Kunden nicht länger als notwendig auf dem Betriebsgelände verweilen.

Zur Selbstverständlichkeit sollte die genauestens ausgeführte Endkontrolle gehören. Der Kunde erwartet mit Recht, dass die in Auftrag gegebenen Arbeiten korrekt ausgeführt wurden und dass die Werkstatt eventuell zusätzliche Mängel am Wagen erkennt. Wenn der Kunde auf dem Heimweg entdeckt, dass irgendetwas mit dem Wagen nicht in Ordnung ist, so wird das Vertrauen zur Werkstatt zerstört sein.

Werden in Ihrem Haus die Aschenbecher der Kundenfahrzeuge geleert, die Fußmatten gereinigt oder die Fahrzeuge vor der Übergabe gewaschen? Wenn ja, dann leisten Sie bereits einen wesentlichen Beitrag zum Positivabschluss. Wie bereits mehrfach erwähnt, stellen die Wartungs- und Pflegearbeiten der Werkstatt im psychologischen Sinne „preisnegative" Leistungen dar, d. h. vordergründig treten die Nachteile des Werkstattbesuchs dem Kunden ins Bewusstsein. Die Vorteile sind so abstrakt und langfristig wirksam, dass sie gern vergessen werden. Darum ist es besonders wichtig, positive Akzente zu setzen wie z. B. durch die erwähnten Serviceleistungen.

Besondere Aufmerksamkeit sollte auch den Serviceunterlagen gewidmet werden. Es sind die äußeren Zeichen für durchgeführte Werkstattarbeiten. Nicht ausgefüllte Servicehefte haben schon so manchen Kunden an der Gesamtleistung des Betriebes zweifeln lassen. Wer seinem Kunden auch hier mehr bieten möchte, überreicht ihm gemeinsam mit der Rechnung das Serviceblatt mit der Übersicht über die durchgeführten Arbeiten.

Und auch das sollte zu einer kundenorientierten Fahrzeugübergabe gehören: das Übergabezeichen. Fahrzeugvermieter machen uns das schon lange vor. Wer bei Hertz, Sixt, Europcar oder wo auch immer ein gemietetes Fahrzeug besteigt, erkennt die Abfahrbereitschaft „seines" Autos bereits von weitem an dem Anhänger am Spiegel. Dieses an sich wertlose Schild – man könnte es ja auch ohne Übergabekontrolle aufhängen – signalisiert dem Kunden Fertigstellung. Auch das könnten Sie in Ihrem Betrieb einführen.

Wer dann noch die abholbereiten Kundenfahrzeuge auf extra angewiesenen Abholparkplätzen in der Nähe der Serviceberatung in Abfahrposition geparkt hat, der bietet weit mehr als der Durchschnitt.

Dass die Rechnung fertig sein sollte, auch wenn der Kunde den Betrag überweist, bedarf sicher keiner besonderen Erwähnung. – Möchte man jedenfalls meinen, oder?! In Zeiten, in denen die Liquidität vieler Kfz-Betriebe nicht unbedingt üppig ist, sollten wir doch ein besonderes Augenmerk darauf haben, dass der Kunde möglichst schnell seine Rechnung bezahlt! Aber abgesehen von diesem Argument: Wie geht es mir als Kunde, wenn drei, vier, fünf Tage nach meinem Werkstatt-Besuch ein Brief im Briefkasten liegt, der von außen schon unschwer als „Rechnung der Werkstatt" zu erkennen ist?! „Was hatte ich noch mal in Auftrag gegeben? Die große Wartung, der Ölwechsel, die Bremsen wurden gemacht....!" – Mit zittriger Hand öffnet der Kunde den Brief, zieht die Rechnung heraus und starrt völlig fassungslos auf einen Betrag, der gut über dem liegt, womit er gerechnet hatte. Er schaut die Rechnung also in Ruhe durch: ein Wust aus Kürzeln, Zahlen, Beträgen – man muss wohl eine Kfz-Lehre gemacht haben, um hier durchblicken zu können. Dieser Kunde wird mit offenem Mund noch rund 13 Minuten auf seinem Sessel sitzen. Die Augen starr nach vorne gerichtet und immer wieder die gleichen Gedanken: „Wie soll ich direkt soviel Geld auftreiben?" und „Ich verstehe nicht, was die gemacht haben!"

Neben diesem Kunden – in seinem Wohnzimmer – sitzt nun kein Serviceberater, der ihm in Ruhe und ausführlich erklären kann, was alles gemacht wurde und wie sich der Rechnungspreis zusammensetzt. Dadurch wird die Rechnung nicht günstiger, das ist klar! Aber der Kunde könnte sie dann verstehen!!!

 Ziel muss sein: „**Auftrag fertig – Rechnung fertig**"! – dass dies geht, beweisen unzählige Kfz-Werkstätten jeden Tag!

Die eigentliche Fahrzeugübergabe

Schön ist es, wenn der gleiche Serviceberater, der den Auftrag entgegennahm, dem Kunden das Fahrzeug auch wieder übergibt. Nicht immer ist dies möglich, denn verlängerte Öffnungszeiten und verkürzte Arbeitszeiten im Gewerbe machen da so manchem guten Vorsatz einen Strich durch die Rechnung. – Wenn die Übergabe nicht durch den gleichen Serviceberater erfolgen kann, ist es notwendig, eine Übergabebesprechung zwischen den Kollegen vorzunehmen. Gab es Besonderheiten, wenn ja, welche, wie war der Kunde heute morgen gestimmt, worauf ist zu achten, usw., das sind Fragen, die Sie unter Kollegen kurz besprechen sollten.

Zur kundenorientierten Fahrzeugübergabe muss die Erläuterung der Rechnung gehören. Sie schützt nicht nur vor späteren Rechnungsbeanstandungen, sondern schafft zusätzlich Vertrauen. Zum einen wird „Preistransparenz" signalisiert. Hier wird nicht die Rechnung verschämt und wortlos über den Tisch gereicht, so als sei es einem unangenehm, dem Kunden auch noch Geld abzuverlangen. Zum zweiten werden mögliche Zweifel, Ungereimtheiten, Überraschungen ausgeräumt und Verständnis für das Zustandekommen des Rechnungsbetrages erzielt. Denn auch hier gilt: Wenn wir vom Kunden Verständnis für das Zustandekommen des Rechnungsbetrages erwarten, dann müssen wir für sein Verständnis sorgen und das geht nun mal nur über Informationen.

Erklären Sie die einzelnen Arbeiten und ordnen Sie die entsprechenden Arbeitswerte zu. Nennen Sie nochmals die einzelnen Preise und ordnen Sie die verwendeten Teile den Arbeitspositionen zu. Nennen Sie ruhig auch den Nettopreis plus Mehrwertsteuer sowie abschließend den Bruttopreis. So weisen Sie indirekt darauf hin, dass auch das Finanzamt seinen Anteil vom Kunden einfordert. Bedanken Sie sich für die Zahlung des Kunden und übergeben Sie ihm die Fahrzeugpapiere und die Fahrzeugschlüssel.

Wenn Sie wiederum etwas mehr tun wollen, so begleiten Sie den Kunden zu seinem Fahrzeug und verabschieden Sie sich dort. Den lieben Besuch daheim lassen Sie doch auch nicht einfach so gehen und bleiben im bequemen Sessel sitzen, sondern Sie gehen mit zur Tür oder gar vor's Haus, um dort auf Wiedersehen zu sagen. Auch hier lässt „Herr Knigge" schön grüßen! Seien Sie kein „Kundenmuffel"!

Noch ein Hinweis ...

... wenn Sie – vielleicht auf Basis einiger Anregungen aus diesem Kapitel – im Ablauf Ihrer Serviceprozesse nun Änderungen vornehmen sollten, dann benötigen Sie eines ganz besonders: Geduld! Ein Fehler, der im Automobilhandel leider zu häufig gemacht wird, ist Änderungen nicht wirken zu lassen. Versuchen wir es an einem Beispiel ganz deutlich zu machen: Stellen wir uns einen ganz normalen Kunden vor. Er fährt seit zwei Jahren ein Fahrzeug „Ihrer" Marke und ist mit diesem sehr zufrieden. Beanstandungen, Fehler oder Defekte gab es bislang keine. Er fährt soviel bzw. so wenig, dass er genau einmal im Jahr zu Ihnen kommt, um seine Inspektion durchführen zu lassen – einmal im Jahr! Er kommt nun, sagen wir im März, um die anstehende Inspektion durchführen zu lassen. Und zwei Wochen später, Anfang April, verlängern Sie in Ihrem Betrieb die Öffnungszeiten. Wann merkt dieser Kunde, dass Sie nun 2 Stunden länger geöffnet haben? – Nun, fast genau in einem Jahr, wenn er wieder zu seiner nächsten Inspektion kommt! Erst dann kann er z. B. in einer Befragung signalisieren, dass er aufgrund dieser Öffnungszeiten nun ein Stück zufriedener mit Ihrem Betrieb ist. Vorher nicht! Stellen Sie sich vor, dieser Kunde wird Mitte April bzgl. seiner Zufriedenheit angerufen. Eventuell wird er äußern, dass er mit ihren Öffnungszeiten nicht zufrieden ist – mit den alten natürlich!

Wenn dieser Kunde also in einem Jahr, wiederum im März, zu Ihnen kommt – was müssen Sie dann tun? Sie müssen ihn „mit der Nase" auf Ihre „neuen" Öffnungszeiten stoßen! Sonst wird er diese nicht registrieren! Oder wissen Sie noch, wie lange das Reisebüro geöffnet hatte, bei dem Sie im letzten Jahr Ihre Reise gebucht hatten?!

Wenn Sie Änderungen angehen, dann werfen Sie nicht direkt „die Flinte ins Korn", wenn sich nicht sofort große Erfolge einstellen!!!

Lernfragen zum Kapitel 5

> Welche „Etappen" durchläuft der Prozess der Auftragsbearbeitung in der Kfz-Werkstatt?

> Welche internen und externen „Entzerrungsmaßnahmen" gibt es, die im Rahmen der Voranmeldung zur Anwendung kommen können?

> Wie läuft ein systematisch geführtes Auftragsgespräch ab? Zeigen Sie den optimalen Verlauf auf und beschreiben Sie, worauf bei den einzelnen Punkten zu achten ist.

> Welche Vorteile bringt die Serviceberatung am Fahrzeug – für den Kunden, den Betrieb, den Serviceberater?

> Welche Aspekte sind bei der Serviceberatung am Fahrzeug besonders zu beachten?

> Wie ist die telefonische Auftragserweiterung rechtlich zu bewerten und wie müssen wir von daher vorgehen?

> Wie sieht eine kundenorientierte und systematische Fahrzeugübergabe aus?

Voranmeldung mit System?

6 Serviceleistungen erfolgreich verkaufen

6.1 Servicemarketing für Serviceberater

Unter dem Begriff „Marketing" verstehen wir alle Maßnahmen und Aktivitäten, die ein Unternehmen vornimmt, um seine Produkte und Leistungen am Markt zu platzieren, sie also zu verkaufen. Der Grundgedanke dabei ist die konsequente Ausrichtung des gesamten Unternehmens an den Bedürfnissen des Marktes, letztlich also an den Bedürfnissen seiner Kunden. Servicemarketing ist somit alles, was eben der Vermarktung von Serviceleistungen dient, also dem Verkauf von Teilen und Zubehör sowie entsprechender Werkstattleistungen.

In erster Linie ist das sicherlich eine unternehmerische Aufgabe, bei der Sie als Serviceberater eher beratende Funktion haben. Sie stehen an der „Schnittstelle" zum Markt, nämlich tagtäglich im Kundenkontakt, und kennen daher die Bedürfnisse und Wünsche des Kunden. Ihre wichtige Aufgabe ist es, die Erkenntnisse, die Sie im täglichen Kundenkontakt gewinnen, der Geschäftsleitung zu berichten und damit das Unternehmen zu unterstützen, eben eine Ausrichtung seiner Aktivitäten an den Bedürfnissen des Marktes vorzunehmen. – Viele Marketingaktionen werden auch vom Hersteller erdacht und den Betrieben zur Verfügung gestellt. Hier gilt es für Sie, diese Aktionen zu kennen und Ihren Beitrag zur Umsetzung zu leisten.

6.1.1 Die Werkzeuge des Marketings

Marketingfachleute beschreiben die Instrumente oder Werkzeuge des Marketings mit den so genannten „Vier Ps". Damit meinen Sie

- product (Produkt)
- price (Preis)
- promotion (Kommunikation)
- place (Vertrieb)

Schauen wir uns diese Marketinginstrumente einmal etwas näher an:

Instrumente der Produktpolitik (product)

Hierunter sind alle Entscheidungen eines Unternehmens zu verstehen, die zur Gestaltung des Leistungsprogramms dienen, also Produktentwicklungen, Produktverbesserungen, Namensgebung, Serviceleistungen usw. Das ist in der Regel Job des Herstellers, denn er entwickelt die Fahrzeuge, die Teile und das Zubehör. Ja, aber denken wir etwas weiter. Die von Ihrem Betrieb angebotenen Serviceleistungen stellen doch auch Instrumente der Produktpolitik dar. Vielleicht haben Sie einen speziellen „Frühjahrs-Check" für Kunden mit älteren Fahrzeugen in Ihrem Betrieb entwickelt, oder besondere Serviceleistungen wie einen Express-Service oder einen Hol- und Bring-Service.

Instrumente der Preispolitik (price)

„Zu welchem Preis sollen die Leistungen angeboten werden?"; mit dieser Frage beschäftigen wir uns hier. Hierzu gehören aber auch Fragen der Festpreise, der Rabatte oder auch der Zahlungsbedingungen. Und da sind Sie als Serviceberater doch täglich gefragt und da werden Ihre Aktivitäten zum Teil des Servicemarketings.

Instrumente der Kommunikationspolitik (promotion)

Hierunter verstehen wir alle Maßnahmen, die der Kommunikation zwischen dem Unternehmen und seinen aktuellen und potenziellen Kunden dienen. Wie erfährt der Kunde von unserem unternehmerischen Leistungsspektrum? Hierzu gehören eine Vielzahl von Aktivitäten: Anzeigen in Tageszeitungen, Radiospots, Werbebriefe, Sponsoring, Sonderschauen, Messen sowie die persönliche Kundenkommunikation. Auch hier sind Sie als Serviceberater tagtäglich gefragt.

Instrumente der Vertriebspolitik (place)

Die Vertriebspolitik umfasst sämtliche Maßnahmen, die erforderlich sind, damit der Verkauf der Produkte und Dienstleistungen an den Kunden tatsächlich zustande kommen kann. „Wo werden die Leistungen angeboten?"; das ist sicher zunächst eine Frage, die den Hersteller bei seiner so genannten Netzplanung interessieren wird. Wo sollten Vertragspartnerbetriebe sein, damit eine flächendeckende Versorgung des Verbrauchers gewährleistet ist? Hierzu zählt aber auch die Standortfrage innerhalb eines Ortes. Steht der Betrieb an der regionalen „Automeile" oder irgendwo abseits im Gewerbegebiet? Dinge, die auf Ihre Arbeit als Serviceberater auch Einfluss haben.

> **!** Neben diesen klassischen „Vier Ps" findet man in der Literatur häufig noch ein fünftes und sechstes „P". Das fünfte „P" steht für people (Leute, Menschen) und damit ist dann die Zielgruppe gemeint, der die Leistungen angeboten werden, also unsere aktuellen und potenziellen Kunden. Das sechste „P" steht für process (Prozess). Hiermit sind alle Prozesse gemeint, die zur Vermarktung eines Produktes oder einer Leistung ablaufen müssen. Auch diese Prozesse müssen selbstverständlich auf den Markt hin orientiert sein.

6.1.2 Marketingmaßnahmen im Autohaus

Vielleicht haben Sie sich auch schon mal darüber geärgert, dass „wieder eine Sau durch das Dorf getrieben" wird. Eine Aktion jagt die andere, dabei wollen Sie eigentlich nur in Ruhe Ihrer Arbeit nachgehen. Lassen Sie uns einen Blick auf die Umsatz-, aber vor allem die Renditeträger im Autohaus werfen, um Verständnis dafür zu wecken, dass solche After-Sales-Marketingaktionen besonders wichtig sind. Zur aktuellen Situation: Die Zahl der Kfz-Betriebe ging im Jahr 2007 von 40.200 auf 39.750 zurück – Tendenz: weiter fallend. Nun könnte man sich getrost zurücklehnen, da sich ja die anstehenden Arbeiten auf weniger Anbieter verteilen. Aber wir wissen auch, dass sich gleichzeitig das Servicevolumen pro Fahrzeug verringert und sich zusätzlich die Qualität der neuen Automobile steigert.

Was waren das für Zeiten, als die Werkstatt von Kunden gefüllt wurde, die Garantie- oder Gewährleistungsansprüche geltend machten. Natürlich waren diese Kundenkontakte häufig nicht besonders angenehm, da sie den Charakter von Reklamationsgesprächen hatten. Aber der Hersteller zahlte zuverlässig die Rechnungen oder zeigte sich zumindest kulant.

Die Hersteller haben inzwischen ihre Hausaufgaben gemacht, nicht nur in Sachen Qualität und Reparaturanfälligkeit, sondern auch hinsichtlich der Garantieabwicklungen. Der Rückgang der Garantie- und Teileerlöse muss zu einem neuen

Bewusstsein des Serviceberater-Teams und der Mannschaft in der Werkstatt führen. Welche Ansätze gibt es konkret für eine bessere Entwicklung des Werkstattgeschäfts? Zunächst einige Fakten:

Betreuungsgrad steigern

Ab dem 4. Zulassungsjahr werden nur noch 67 % aller Fahrzeuge in eine Vertragswerkstatt gebracht und nur noch 48 % der Fahrzeuge, die älter als 6 Jahre sind. Je älter das Fahrzeug wird, desto geringer die Kundenbereitschaft, wegen einer anstehenden Inspektion oder Reparatur zu einem Markenhändler zu fahren. Somit werden heute gut 28 Millionen Fahrzeuge nicht mehr von Vertragswerkstätten, sondern von freien Werkstätten und anderen Anbietern betreut. Wir wollen hier nicht eine Kampfansage an die nicht markengebundenen Werkstätten richten. Allein die sogenannten „Do-it-yourself-Kunden" sind schon ein interessantes Potenzial!

Wir sprechen in diesem Zusammenhang von drei Kundensegmenten in Abhängigkeit vom Fahrzeugalter. Dabei ist insbesondere das Segment 2 von großem Interesse – also Autos, die 4 bis 8 Jahre alt sind. Statistisch gesehen kommen 40 % nach wie vor in die Werkstatt ihres Vertrauens und haben also Stammkundencharakter. Weitere 40 % kommen nur, wenn es sich um knifflige Reparaturen handelt. Die Standard-Inspektion wird schon woanders durchgeführt. Den Rest können wir als verloren betrachten.

Welche Angebote können Sie einem Kunden unterbreiten, der sein über 4 Jahre altes Fahrzeug bei Ihnen reparieren oder inspizieren lassen möchte, der hierfür aber auch nicht mehr als nötig, investieren will? Können Sie anbieten, dass anstehende Arbeiten zu einem besonderen Preis – sozusagen einem Treuebonus – durchgeführt werden können? Hier ist aktives Servicemarketing gefragt. „Tue Gutes und rede darüber!"

Erfolgreiche Autohäuser machen es uns bereits vor. Sie bieten ihren Kunden die Möglichkeit eines Service-Kredits an. Darüber hinaus bewähren sich Festpreis- und Paketangebote, Tauschteile anstelle von neuen, usw. Das Angebot genereller Preisnachlässe ist in manchen Situationen sicher das „Mittel der Wahl", sollte jedoch nicht als einzige Möglichkeit gesehen werden, um den Kundenauftrag zu bekommen. Als Serviceberater sind Sie hier gefordert, Kunden individuell zu behandeln und ihnen vor allem Angebotsalternativen anzubieten. Und dies nicht erst nach einem Preiseinwand, sondern unaufgefordert.

Bedarfsgerechte Angebote unterbreiten

Wie reagieren Sie, wenn ein Kunde bei der Terminvereinbarung sagt, dass er das nötige Öl bei der Tankstelle preisgünstiger bezieht und mitbringen wird? Unternehmen Sie den schwachen Versuch, diesen Kunden mit Floskeln zu überzeugen, wie „vom Hersteller nicht freigegeben ....“? Sicher ist hier der bessere Ansatz, eine schlüssige Argumentation zu liefern. Sagen Sie also: „Gerade bei bejahrten Fahrzeugen ist es klüger, nicht ausgerechnet an dieser Stelle zu sparen!“ Aber wem sage ich das! Voraussetzung ist natürlich, dass bei jedem in die Werkstatt kommenden Fahrzeug der Ölstand kontrolliert und eine fundierte, fachlich kompetente Beratung durchgeführt wird.

Ein weiteres hart umkämpftes Gebiet ist das Reifengeschäft. Schnell äußert der Kunde den Einwand, er habe noch gerade eben im Baumarkt Reifen für einen Bruchteil Ihres Angebotspreises entdeckt. Dass es sich hier um runderneuerte Reifen handelte, hat er übersehen oder nicht ausdrücklich erwähnt. Fragen Sie nach und argumentieren Sie. Einwände sind zunächst Kundenfragen an einen kompetenten Fachmann und die Aufforderung zur Beratung.

Karosserie- und Lackgeschäft beleben

Hier hat der Wettbewerb nicht geschlafen und mit Dellen- und Lackprofis zum Angriff geblasen. Wenn statistisch gesehen durchschnittlich ein Autofahrer alle 8 Jahre einen Unfall hat und 80 % erst einmal an ihre Versicherung denken anstatt an ihre Werkstatt, dann sollte uns das zu denken geben. Wissen Ihre Kunden, wen sie ansprechen und vor allem, wie sie den Kontakt zu Ihrem Hause aufnehmen können, nachdem ein Unfall geschehen ist? Sie können beispielsweise anregen, Parkscheiben oder dergleichen als Give-away zu verteilen, auf denen die Telefonnummer Ihres Autohauses deutlich ins Auge springt, die die Kunden im Schadensfall dann schnell zur Hand haben.

Häufig habe ich selbst als Kundin erlebt, dass ein Kratzer an der Stoßstange zwar bemerkt wurde, jedoch eine Ansprache nur in der Form „Oh, das ist ja ärgerlich!“ erfolgte. Bei einem sonst sehr gepflegten Auto sollte dieser Punkt im Beratungsgespräch offensiver und klarer angesprochen werden: „Im Rahmen der Inspektion können wir diesen Kratzer gleich mit beseitigen. Das wird etwa x € ausmachen. Der Übergabezeitpunkt verzögert sich dadurch nicht. Pünktlich um 17:00 Uhr steht ihr Auto wieder für Sie bereit – makellos!“

Windschutzscheiben-Reparaturen aktiv anbieten

Autofahrer, die täglich viel Zeit auf der Straße verbringen, hören wenigstens einmal am Tag Radio-Werbespots, in denen sie eindringlich aufgefordert werden, den Steinschlagschaden an ihrer Windschutzscheibe reparieren zu lassen. Sonst komme es bald zu Rissen und größeren Schäden. Markenhändler sind hier deutlich zu zurückhaltend und überlassen das Feld anderen.

Machen Sie während der Serviceberatung am Fahrzeug Ihren Kunden auf Schäden an der Windschutzscheibe aufmerksam. Erläutern Sie die Möglichkeiten einer Reparatur bzw. die Notwendigkeit des Ersatzes. Natürlich erwähnen Sie auch die Leistungen der Kfz-Versicherung und beschreiben die Art und Weise der Abwicklung.

Internetauftritt optimieren

Markenhändler haben zumeist über den Hersteller einen einheitlichen Internetauftritt, der mehr oder weniger Freiheit zur eigenen und individuellen Ausgestaltung lässt. Das führt leider häufig dazu, dass die eigene Homepage schlecht geführt und nicht ausreichend aktuell gehalten wird. Wissen Sie, wie sich Ihr Autohaus im Internet präsentiert? Werfen Sie doch einmal einen Blick darauf, und zwar aus der Perspektive des Kunden! Die Service-Website sollte einen angemessenen Anteil an Beiträgen der Serviceabteilung, des Teilelagers und Zubehörgeschäfts haben. Dazu sollten die verantwortlichen Personen vorgestellt und eine einfache Kontaktmöglichkeit angegeben werden. Aktuelle Angebote müssen ins Auge springen und zum Kauf animieren, ohne allzu marktschreierisch daherzukommen. Sicher ist die Gestaltung und Aktualisierung der Websites eher Auftrag der Geschäftsleitung. Jedoch ist ganz sicher jeder Inhaber oder Geschäftsführer dankbar, wenn er hierfür Anregungen und Unterstützung von seinen Mitarbeitern erhält.

Newsletter, E-Mails und SMS – zeitgemäße Medien nutzen

Kundenzeitungen und regelmäßige Information der Kunden über aktuelle Angebote sind beliebter als man glaubt. Hier kommt es natürlich auf die Gestaltung und die Frequenz an. Klar ist, dass Kunden immer wieder erinnert werden müssen, welche attraktiven Angebote für sie bereitgehalten werden. Der Wiederholungseffekt ist also von besonderer Bedeutung für den Marketingerfolg. Per E-mail können schnell und preiswert Informationen versandt werden, die auf im Internet ausführlicher dargestellte Angebote verweisen. Grundlage hierfür ist aber eben eine gut gepflegte, also aktuelle Kundendatenbank. Und natürlich sollte jemand die Sache eigenverantwortlich in die Hand nehmen. Einen Marketingspezialisten muss man in kleinen bis mittleren Autohäusern dazu sicher nicht gesondert einstellen.

6.1.3 Ertragssteigerungen durch gezielte Servicemarketing-Aktionen

Ertragssteigerung im Service ist eine Sache, die nicht immer von heute auf morgen geschieht, sondern die gut durchdacht, planvoll angegangen und konsequent durchgeführt werden muss.

1. Schritt: **Lernen Sie Ihre Kunden besser kennen!**

2. Schritt: **Lernen Sie den Wettbewerb besser kennen!**

3. Schritt: **Passen Sie das Angebot des eigenen Betriebes an die Marktsituation an!**

4. Schritt: **Machen Sie das neue Leistungsprofil bekannt!**

5. Schritt: **Planen Sie ein Projekt, kontrollieren Sie den Erfolg und sichern Sie ihn dauerhaft!**

Der erste Schritt: Lernen Sie Ihre Kunden besser kennen!

Warum verlieren viele Händler nach Ablauf der Garantiezeit so viele Kunden an den Wettbewerb? Die Antwort ist relativ einfach: Die Garantiezeit bindet den Kunden, denn nur so kann er auch im Falle des Falles die Garantieleistungen in Anspruch nehmen. Somit ist es für ihn eine „Verpflichtung", in die Vertrags-Werkstatt zu fahren, der er sich beugt. Hier können die meisten Betriebe noch Verbesserungen erreichen. Die Werte der Kundenzufriedenheit sagen Ihnen, wo in Ihrem Betrieb noch etwas getan werden kann. Seien Sie sich des Wiederkommens des Kunden nicht zu sicher und bedenken Sie, dass die „Garantiezeit-Brille" kein sonderlich gutes Instrument ist, um die unternehmerische Sehschärfe zu verbessern.

Da ist es doch wesentlich empfehlenswerter, die Sache durch die „Brille des Kunden" zu sehen, um positive Erfahrungen überhaupt produzieren zu können. Die „Schlüsselfaktoren" für Loyalität und Illoyalität finden Sie hier:

Was lässt den Kunden loyal bleiben?

- Vertrauen (freundliche Beziehung, gleicher Ansprechpartner)
- Zuverlässigkeit
- Guter Kundenservice
- Offenheit in der Kundenkommunikation
- Gegenwert fürs Geld
- Garantieleistungen

Was lässt den Kunden illoyal werden?

- Schlechte Erfahrungen, nicht eingehaltene Versprechen
- Kalte Betriebsatmosphäre, negative Einstellungen der Mitarbeiter, fehlendes Verständnis und fehlendes Vertrauen
- Keine Gegenwerte für's Geld

Daneben steht auch fest: Der Kunde wünscht sich mehr Bequemlichkeit beim Werkstattbesuch, eine höhere Flexiliität, z. B. bei der Terminvereinbarung, kleinere Arbeiten ohne große Voranmeldung, Abhol- und Zustellservice, Ersatzfahrzeuge sowie klare und faire Preise.

So lernen Sie Ihre Kunden noch besser kennen

All die hier dargestellten Dinge geben das Bild des „Durchschnittskunden Mustermann" wieder. Und natürlich hat der Durchschnitt so seine Haken und Ösen. Deshalb empfehlen wir Ihnen: Machen Sie sich zusätzlich zu den hier dargestellten Erkenntnissen Ihr eigenes Bild von Ihrem Kunden und von seinen Wünschen und Vorstellungen. Doch Vorsicht: Wenn Sie nur die betrachten, die zu Ihnen kommen, dann könnte das auch ein schiefes Bild abgeben, denn Sie hätten natürlich genau die nicht erfasst, die zum Mitbewerber gehen.

Kundenbefragungen

Eine der wichtigsten Quellen, um die Wünsche und Bedürfnisse unserer Kunden kennen zu lernen sind Kundenbefragungen. So gut wie jeder Hersteller führt heute regelmäßig für den Verkauf und den Service solche Befragungen durch. In den meisten Fällen erfolgen diese Befragungen in Form eines schriftlichen Fragebogens, der dem Kunden vier bis sechs Wochen nach Auslieferung (Verkauf) bzw. 12, 18 oder 24 Monate nach Auslieferung (Service) zugeschickt wird. Manche Hersteller gehen jedoch zu telefonischen Befragungen über, um eine höhere Rücklaufquote zu erhalten.

Die Ergebnisse dieser Befragungen werden in der Regel in Form eines Indexes gemessen und den Händlern regelmäßig kommuniziert. Der so genannte CSI (customer satisfaction index = Kundenzufriedenheitsindex) gibt den Grad der Kundenzufriedenheit an. Bei den meisten Herstellern ist dieser CSI an die Margenregelung gekoppelt, sodass eine geringe Kundenzufriedenheit für die Betriebe erhebliche negative finanzielle Auswirkungen hat.

Als Serviceberater sollten Sie sich intensiv mit den Ergebnissen dieser Befragungen auseinandersetzen und Maßnahmen zur Erhöhung der Kundenzufriedenheit daraus ableiten. Erfolgreiche Autohäuser machen die Ergebnisse dieser Befragungen auch regelmäßig zum Gegenstand von Teambesprechungen. Darüber hinaus können Sie in Ihrer Funktion mit dazu beitragen, den Rücklauf – also die Anzahl der ausgefüllt zurückgesendeten Fragebögen– zu erhöhen. Sprechen Sie Ihre Kunden an, machen Sie sie auf diese Befragung aufmerksam und machen Sie deutlich, wie viel Wert Sie auf ihre Kundenmeinung legen und wie wichtig Ihnen die Rückmeldung eines jeden Kunden ist. Je höher die Rücklaufquote, desto genauer ist Ihr Bild von den Wünschen und Bedürfnissen des Kunden.

Neben diesen vom Hersteller initiierten Befragungen gehen immer mehr Betriebe heute dazu über zusätzlich durch eigene telefonische oder schriftliche Befragungen die Kundenwünsche zu erfassen.

Kundengespräche

Eine sehr naheliegende Informationsquelle wird oft vergessen: der Kunde. Fragen Sie ihn, ob er schon einmal mit anderen Werkstätten, Tankstellen oder ähnlichen Wettbewerbern Erfahrungen gesammelt hat. Und wenn ja, wie diese Erfahrungen aussahen. Laden Sie den Kunden auf eine Tasse Kaffee ein, wenn Sie ihn in Ihrem Betrieb treffen, und lassen Sie sich einfach von den Erfahrungen erzählen. Und so ganz nebenbei haben Sie noch einen Kundenbindungseffekt.

Oder wenn Sie in dieser Richtung noch mehr tun wollen, dann veranstalten Sie Kunden-Gesprächskreise. Ganz einfach geht das: Einige Kunden zum Abendessen einladen und sich erzählen lassen, was im eigenen Betrieb nicht stimmt, was man sich wünscht, wie man den Wettbewerb sieht und welche Erfahrungen man gemacht hat. Insbesondere amerikanische Unternehmen praktizieren diese Kundentreffen mit schöner Regelmäßigkeit und lernen viel aus diesen Gesprächen. Doch Vorsicht! Lassen Sie sich nicht zu Kommentaren zum Wettbewerb hinreißen! Verfallen Sie nicht in Rechtfertigungen, wenn die Kunden etwas an Ihrem Betrieb kritisieren! Hier geht es nur um eines: Zuhören, Zuhören und nochmals Zuhören!

Der zweite Schritt: Lernen Sie den Wettbewerb besser kennen!

Kennen Sie Ihren Wettbewerb? Wissen Sie, wohin Ihre Kunden gehen, wenn Sie nicht mehr zu Ihnen kommen? Wissen Sie auch, welchen Marktanteil Ihre Wettbewerber haben? Wissen Sie, welche Leistungen zu welchen Preisen angeboten werden? Welcher Service geboten wird und wie erfolgreich diese Betriebe sind?

Die Wettbewerbsanalyse

„Wer, wie, was? – Wieso, weshalb, warum? – Wer nicht fragt, bleibt dumm!" Kennen Sie diesem Reim aus der bekannten Kindersendung im Fernsehen? – Auch wenn Sie ihn nicht kennen, bleibt das Fazit: Wenn wir uns nicht intensiv mit dem Wettbewerb beschäftigen, dann kennen wir auch nicht seine Stärken und Schwächen und wir können erst recht keine Gegenmaßnahmen ergreifen. – In den 70er Jahren sah man auf der IAA in Frankfurt häufig japanische Ingenieure mit einem Fotoapparat „bewaffnet", die jedes Detail der ausgestellten europäischen Fahrzeuge fotografierten. Von den meisten Besuchern und Fachleuten wurden sie belächelt. Was jedoch taten die Herren? Sie führten eine detaillierte Wettbewerbsanalyse durch. Sie nahmen die Fahrzeuge genauestens unter die Lupe, um daraus ihre Schlüsse für die Konstruktion von Fahrzeugen für den europäischen Markt zu ziehen. Die Geschichte gab ihnen recht. – Aber lassen Sie uns dieses Verhalten zum Vorbild nehmen, um unsere Konkurrenz im Werkstattgeschäft genauestens zu untersuchen. Sie kennen das aus mehr oder minder guten und schlechten Liebesfilmen: Sie wendet sich einem anderen Mann zu, er stellt die klassische Frage: „Was hat er, was ich nicht habe?" – Natürlich kommt das Beispiel auch andersherum in Filmen und im Leben vor. Auch der Kunde, der den Betrieb verlässt und sich einem anderen Anbieter zuwendet, sollte bei uns diese Klassikerfrage auslösen.

Basisdaten

Arbeiten Sie auch manchmal nach dem Motto: „Was ich nicht weiß, macht mich nicht heiß?" Manchmal will man von Mängeln im Betrieb gar nichts wissen, macht lieber erst einmal die Augen zu, denn man hat ja noch so viele andere Dinge um die Ohren. Doch irgendwann rächt sich das, dann kommt der Missstand hoch und schlägt mit aller Gewalt zu. Ob Sie zu der Kategorie der „Verdränger" gehören oder nicht, wir empfehlen Ihnen folgendes Vorgehen: Stellen Sie zunächst fest, wie viel Marktanteil Ihnen vom Wettbewerb genommen wird. Hierbei können Ihnen der Betreuungs- und der Loyalitätsgrad Informationen liefern. Dann sollten Sie einmal feststellen, wie viele Wettbewerbsbetriebe sich in Ihrem Verantwortungsgebiet befinden und zu welcher Kategorie diese Betriebe zählen. Ist es der andere Händler der gleichen Marke, der Händler einer anderen Marke? Ist es der Serviceanbieter einer Franchise-Kette, die freie Werkstatt, die Tankstelle oder ein aktiver Schwarzarbeiter? Die Möglichkeiten sind vielfältig, aber es ist wichtig, sie zu kennen.

Sie werden sich sicherlich fragen, wie Sie an die Daten kommen. Das ist relativ einfach, wenn Sie die Gelben Seiten Ihrer Stadt oder Region aufschlagen und dort unter dem Suchbegriff die entsprechenden Informationen heraussuchen.

Die Angebote des Wettbewerbs

Eine Wettbewerbsanalyse kann sich immer an drei unserer vier Ps des Marketings orientieren: product, price und promotion. Lassen Sie uns die Bedeutung dieser Begriffe einmal näher betrachten.

> **product (Produkt)**

Was bietet der Wettbewerb an? Zum Beispiel: Reparaturen, Inspektionen, Reparaturpakete, Zubehör?

Welche Eigenschaften haben diese Produkte? Zum Beispiel: Sind es Originalteile, welche Garantiezeit haben sie, welche Qualität, welche Passgenauigkeit? Wie lange dauert die Reparatur? Auch der Service, den Sie bieten, gehört hierher: Hierzu zählen vielerlei Dinge! Natürlich zunächst einmal die Lage des Betriebes und wie gut oder schlecht er zu erreichen ist. Wie ist der Betrieb optisch gestaltet? Wie gut oder schlecht finde ich ihn? Wie sind die Räumlichkeiten? Welcher Service wird geboten: Quick-Service, usw.

> **price (Preis)**

Zu welchem Preis wird das Produkt, die Leistung angeboten? Liegt der Preis unter oder über unserem Preis für die Leistung? Ist die Leistung mit unserer vergleichbar? Werden Paketpreise angeboten?

> **promotion (Kommunikation)**

Hierzu gehören all die Marktaktivitäten, die dazu dienen, das Produkt, die Leistung anzubieten und zu bewerben. Auch hier gibt es vielfältige Möglichkeiten: verschiedene Formen der Werbung, das Telefonmarketing oder die Werbebriefversendung.

Eine Wettbewerbsanalyse durchführen

Sie wissen schon: Ohne Fleiß, kein Preis! Nun geht's ans Eingemachte: die Umsetzung. Jetzt heißt es nämlich: Informationen sammeln, sammeln, sammeln… Wir möchten Ihnen hier einige Anregungen geben, wie Sie an die entsprechenden Informationen gelangen.

> **Werbematerial sammeln**

Schauen Sie regelmäßig in die Tageszeitung und suchen Sie nach Anzeigen des Wettbewerbs. Wie häufig wird geworben? Was wird in den Anzeigen angeboten und zu welchen Preisen?

Achten Sie auf Zeitungsbeilagen, Wurfsendungen in Haushaltsbriefkästen oder auf Handzettel, die verteilt oder hinter Scheibenwischer geklemmt werden. Bitten Sie alle Kollegen, nach solchen Dingen Ausschau zu halten, und diese Informationen an Sie weiterzuleiten.

> **Feldanalyse**

Eine relativ einfache Methode einer Wettbewerbsbeobachtung ist, die Wettbewerbsbetriebe nach Ladenschluss aufzusuchen. Gehen Sie auf Besichtigungstour! Nehmen Sie die Räumlichkeiten unter die Lupe: Ist es eine „Hinterhofklitsche" oder ein „Palazzo di Prozzo" und fragen Sie sich jeweils: Was könnte der Kunde hier gut finden, was gefällt ihm nicht? Achten Sie auf Kunden-Leitsysteme, Plakate, Parkplätze und Ausstattungen. Sie werden auch hier innerhalb von kurzer Zeit wertvolle Informationen bekommen.

> **Telefon**

Greifen Sie zum Telefon. Anfragen beim Wettbewerber sind ein legitimes Mittel zur Wettbewerbsbeobachtung. Fragen Sie nach bestimmten Leistungen und nach deren Preis. Hier werden Sie bestimmt ganz interessante Erfahrungen machen. Achten Sie darauf, ob die Angerufenen auch das halten können, was sie versprechen. Wenn da jemand mit dem Slogan wirbt: „Ohne Termin kommen, rauf auf die Bühne, repariert und runter von der Bühne", dann fragen Sie doch mal, ob Sie mit einem Wagen Baujahr '92 gleich vorbeikommen können, um den Auspuff reparieren zu lassen. Bei diesen telefonischen Anfragen sind Ihrer Fantasie keine Grenzen gesetzt. Fragen Sie was das Zeug hält. Finden Sie die Stärken und Schwächen Ihrer Mitbewerber! Natürlich sollten Sie dabei ein maßvolles Auge behalten. Was nützt es Ihnen, wenn Sie den Wettbewerber mit einer außergewöhnlichen Preisanfrage „auf's Kreuz legen können". Bleiben Sie beim Gängigen. Schauen Sie vorher mal in Ihre Daten, und dann legen Sie los. Gibt es bestimmte Fahrzeuge, die auffällig selten oder gar nicht mehr zu Ihnen kommen? Das wäre z. B. eine gute Basis für eine Preisanfrage.

Achten Sie bei Ihren Preis- und Lieferanfragen auch darauf, ob man Ihnen auf Anhieb einen Preis nennen kann oder ob erst eine lange Hin- und Her-Fragerei notwendig ist. Sie kennen das vielleicht aus Ihrem eigenen Betrieb: Der Kunde ruft an und will den Preis für eine bestimmte Reparatur wissen. Die junge Dame in der Zentrale verbindet den Anrufer zunächst mit dem Teilelager. Dort kann man ihm zwar den Preis für das Teil, aber nicht die Lohnkosten nennen, also verbindet man den Anrufer wiederum mit dem Serviceberater. Von da aus ... na, Sie wissen schon. Wenn er nicht gestorben ist, dann hängt er noch heute in der Leitung, unser lieber Anrufer.

> Mystery Shopper

Klar, Sie haben sich auch schon über die Journalisten geärgert, die da mal wieder einen Werkstatttest initiierten, bei dem nur schlechte Beurteilungen herauskamen. Darum geht es uns hier nicht. – Es geht uns darum, dass Sie bzw. eine von Ihnen beauftragte Person einmal hautnah erfährt, wie der Service beim Wettbewerb nun wirklich ist. Suchen Sie sich mindestens einen Ihrer stärksten Konkurrenten heraus und lassen Sie dort eine kleine Reparatur durchführen. Diese Investition lohnt sich. Derjenige, der diese Mystery Shopper-Aktion durchführt, sollte Ihnen hinterher genauestens über seine Eindrücke berichten.

Der dritte Schritt: Passen Sie das Angebot des eigenen Betriebes an die Marktsituation an!

Einige Daten zu Erinnerung: Wir haben in Deutschland einen Pkw-Bestand von 45 Millionen Fahrzeugen, die 85 Millionen Reparatur- und Wartungsarbeiten jedes Jahr erzeugen. Dies macht einen Werkstattumsatz von über 40 Milliarden € aus. Noch nicht einmal die Hälfte hiervon wird in den Vertragswerkstätten erarbeitet, denn den größeren Teil des Umsatzes sichern sich Tankstellen, freie Werkstätten und Do-it-yourselfer. Ein riesiges Volumen also, das an den Vertragswerkstätten vorbeigeht.

Um Umsätze und Erträge im Service zu steigern, haben Betriebe verschiedene Möglichkeiten. Sie können…

- Ihr Volumen im Neu- und Gebrauchtwagengeschäft erhöhen,

- das Leistungsangebot ausweiten,

- neue Kunden gewinnen oder

- abgesprungene Kunden zurückgewinnen.

Was wollen eigentlich Ihre Kunden?

Wenn Sie besser als der Wettbewerb sein wollen, dann müssen Sie dem Kunden geben, was er will! Sonst geht der Kunde woanders hin und wir gewinnen ihn nicht zurück! Konzentrieren wir uns zunächst auf einige grundlegende Dinge.

Hierzu gehören:

> **Qualität**
- Der Service Ihres Betriebes muss so gut sein wie die Produktqualität! Sind die Produkte von geringer Qualität, muss Ihr Service entsprechend besser sein!
- Qualität ist die wichtigste Kundenforderung!
- Kunden müssen das gleiche Vertrauen in die Qualität der Reparatur haben wie in die Qualität ihres Fahrzeuges.
- Sämtliche Arbeiten sollten in einem Werkstattdurchgang komplett und ohne Nacharbeiten erledigt werden („fixed first visit").

> **Bequemlichkeit**

- Kunden wollen frei und mobil bleiben. Das bedeutet: längere Öffnungszeiten, Samstagsservice, Ersatzfahrzeug, usw.
- Der Service muss der Reparatur angepasst sein: Kommen – Reparieren – Warten – Fahren. Schnellservice und Wartezeitüberbrückung sind die Devise.
- Teile müssen verfügbar sein, sodass das Fahrzeug rechtzeitig fertiggestellt werden kann.

> **Rücksichtnahme**

- Kunden wollen persönliche Aufmerksamkeit.
- Kunden wandern ab, weil sie das Gefühl haben, nicht genügend Aufmerksamkeit beim Händler bekommen zu haben.
- 96 % der unzufriedenen Kunden beschweren sich nicht beim Händler; sie kommen einfach nicht mehr wieder.

> **Preis**

- Kunden akzeptieren, dass ein Markenhändler etwas teurer ist, weil sie das Gefühl haben, dass sie eine höhere Servicequalität bekommen, als sie sie bei einer freien Werkstatt erhalten.
- Die höhere Servicequalität muss dem Kunden aber auch geboten werden, damit seine Preis-Leistungs-Vorstellungen stimmen. Premium-Service heißt die Devise!
- Kunden werden dann zufrieden sein, wenn sie denken, dass sie einen adäquaten Gegenwert für ihr Geld bekommen. Preistransparenz heißt die Devise! Der Kunde will vorher wissen, was er hinterher zu zahlen hat und wofür.

Oberster Grundsatz zur Veränderung muss also sein, alle betrieblichen Aktivitäten hieran anzupassen. Ein Gesamtbild des möglichen Leistungsprofils sehen Sie in folgender Abbildung.

> **Produkte**

Wir haben den Bereich der Produkte in drei Klassen eingeteilt, an denen sich Betriebe bei Ihren Anpassungsmaßnahmen orientieren können. Die Zielsetzung der meisten Markenhändler im Service sollte sein, insbesondere im Bereich der Verschleißteilreparaturen Märkte zurückzugewinnen. Bereits in der Wettbewerbsanalyse haben wir diese Bereiche besonders herausgestellt.

> **Preisgestaltung**

Der Grundsatz der Preispolitik und Preisgestaltung sollte sein:

- marktgerecht
- transparent
- komplett
- fest

Im Rahmen Ihrer Wettbewerbsanalyse werden Sie sich bereits Ihr eigenes Bild vom Wettbewerb gemacht haben. Ihre Preise sollten dem Wettbewerb angepasst sein!

Ihre Kunden wollen vorher wissen, was es hinterher kostet. Ziel sollte es daher sein, alle Preise, insbesondere aber die für Verschleißteilreparaturen, transparent zu halten. Dies bedeutet, dass der Kunde sofort eine telefonische Auskunft über den Komplettpreis erhält, und dass dieser Preis auch in Anzeigen, auf Plakaten und Wurfsendungen zur Bekanntheit gebracht wird. Beim Wettbewerb werden Sie häufig „Blend- oder Lockpreise" finden. Das ist ein legitimes Mittel zur Kundengewinnung. Doch Vorsicht, keine Übertreibungen und immer schön bei der Wahrheit bleiben, denn der Kunde achtet genau darauf, ob die Rechnung auch dem versprochenen Preis entspricht. Er will den Festpreis.

> **Service**

Stärker denn je müssen wir auf die Bedürfnisse unserer Kunden eingehen. Dabei ist zu berücksichtigen, dass das Verbraucherverhalten differenzierter geworden ist. Schauen wir uns ein Beispiel aus einem anderen Bereich an. Vor ein paar Jahren noch gab es Gegner oder Befürworter des Lebensmitteleinkaufs bei Aldi. Die beiden Gruppen trennten Welten, und man konnte nur entweder zu der einen oder anderen Gruppe gehören. Das gibt es heute nicht mehr. Es gibt eine Vielzahl von Menschen, die mal bei Aldi und dann wieder im Feinkostgeschäft einkaufen, oder die bestimmte Leistungen dort und andere hier in Anspruch nehmen. Wir könnten hier noch eine Vielzahl von Beispielen des heutigen Verbraucherverhaltens aus unterschiedlichen Branchen zitieren. Alle haben eines gemeinsam: Es gibt nicht mehr das „Entweder-Oder" des Verbrauchers, denn das wurde durch das „Und-Denken" abgelöst. Konsequenz: Service muss heute differenzierter denn je gesehen und geboten werden. Nicht jeder Kunde will ein höherwertiges Ersatzfahrzeug, mancher ist schon happy, wenn Sie ihm ein Fahrrad zur Verfügung stellen. Nicht jeder Kunde will vorher anrufen, um einen Termin zu erhalten. Manche Kunden wollen halt nur schnell vorbeikommen. Betriebe müssen heute den Grundsatz der „Servicedifferenzierung" bei der Neuausrichtung Ihres Serviceprofils beherzigen, dann haben sie ganz sicher gegenüber dem Wettbewerb die Nase vorn. Insbesondere in den folgenden drei Punkten können Sie mit relativ einfachen Mitteln mehr Servicequalität erzeugen:

1. Quick-Service schaffen

Bieten Sie das, was der Kunde auch möchte: Durchführung von gängigen Verschleißteilreparaturen ohne Voranmeldung. Diese Servicealternative sollte zum Standard in jedem Betrieb werden und neben den Arbeiten mit Terminvereinbarung existieren.

2. Warteservice optimieren

Kunden, die ihr Fahrzeug schnell mal eben zur Bremsenreparatur bringen, wollen auf die Fertigstellung meist warten. Hier ist es wichtig, dass Sie über einen entsprechenden Service verfügen: eine ansprechende Wartezone, bequeme Sitzmöbel und ein freundlicher Mitarbeiter, der dem Kunden Kaffee, Tee oder ein Kaltgetränk offerieren kann. Ihr Betrieb soll hierbei keineswegs zum Nobelhotel werden.

3. Verlängerte Öffnungszeiten

Oft wird der böse Verbraucher angeklagt, der nicht die verlängerten Öffnungszeiten in Anspruch nimmt, und damit den Unternehmer dazu zwingt, wieder den alten Ladenschluss einzuführen. Paradox! Ein bisschen Gewöhnungszeit sollte man uns Verbrauchern schon lassen, dann nehmen wir die Sache auch in Anspruch. Geben Sie also Ihren zukünftigen Kunden auch die Chance, Ihre verlängerten Öffnungszeiten kennen zu lernen und bei Bedarf zu nutzen. Kein Mensch fährt in die Werkstatt und lässt eine Reparatur ausführen, nur weil dieser Betrieb plötzlich auch am Samstag offen hat. Und so lange diese Zeiten noch wie ein Notdienst halbherzig praktiziert werden, kommt sowieso keiner.

Ein wesentlicher Punkt bei der Ausschöpfung der Marktpotenziale im After-Sales-Geschäft ist, wie der Betrieb sein neues oder verändertes Leistungsprofil bekannt macht.

Der vierte Schritt: Machen Sie das neue Leistungsprofil bekannt!

Jeder Betrieb sollte seine individuelle Werbestrategie entwickeln

Auf der Basis der Wettbewerbsanalyse des regionalen Marktes sollte jeder Betrieb seine ganz individuellen Marktaktivitäten entwickeln. Nur so kann er seine regionalen Gegebenheiten berücksichtigen. Eine solche Strategie kann folgende Elemente enthalten:

- Schalten von Anzeigen in der regionalen Presse
- Verwenden von Prospektmaterial zur Verteilung und zur Auslage
- Direkt-Mailing-Aktionen zur persönlichen Zielgruppenansprache
- Telemarketing zur individualisierten persönlichen Ansprache

Die Zielgruppen

Die Zielgruppe für eine Ausschöpfung der Potenziale im Servicemarkt liegt in der Regel bei den Fahrzeugen, die älter als drei oder vier Jahre sind. Nun verfügt die hier genannte Gruppe nicht über eine sehr fein definierte Grundgesamtheit. Schauen wir nochmals genauer hin: Da gibt es zunächst einmal die Fahrzeuge der von Ihnen vertretenen Marke, die älter als drei Jahre sind und die noch in Ihre Werkstatt kommen. Wir wollen Sie die „Treuen" nennen.

Innerhalb der Gesamtgruppe befinden sich Kunden, die abgewandert sind und deren Adresse Sie noch in Ihrer Kartei haben. Fahrzeuge also, die länger als 13 Monate nicht mehr in der Werkstatt waren. Wir nennen Sie die „Untreuen". Die dritte Zielgruppe definiert sich dadurch, dass sie für Sie namentlich unbekannt ist, sich aber in Ihrem Marktverantwortungsgebiet befindet. Die Fahrzeuge wurden weder von Ihnen an die Kunden verkauft, noch jemals in Ihrer Werkstatt gewartet. Nennen wir Sie die „Unbekannten". Potenziale schlummern bei den „Untreuen" und den „Unbekannten"!

Der Kampf um die Marktanteile im Service ist keine Eintagsfliege. Hier geht es langfristig darum, ein Image aufzubauen, welches das Autohaus als kompetenten Partner mit wettbewerbsfähigen Preisen auch für Fahrzeuge der älteren Baujahre ausweist. Gleichzeitig sollte man bei jeder Servicestrategie auch den kurzfristigen Erfolg im Auge behalten. Steigerungen der Werkstattauslastung und des Teileverkaufes, die erst Monate oder gar Jahre später greifen, helfen dem Betrieb nicht aus schwachen Zeiten herauszukommen. Die Strategie muss also den „Spagat" zwischen Kurz- und Langfristigkeit machen.

Plakate, Anzeigen, Prospekte

Hier hält jeder Hersteller in der Regel eine ganze Palette von Unterlagen für seine Betriebe bereit. Ob das Aktionsplakate sind oder Anzeigenvorlagen sowie eine Vielzahl von Prospekten zu unterschiedlichsten Serviceangeboten. – Insbesondere

Materialien, die in Ihrem Betrieb ausliegen, sollten immer aktuell sein und von Ihnen als Serviceberater aktiv im Kundengespräch eingesetzt werden.

Direkt-Mailing – „Wer schreibt, der bleibt!"

Werbebriefe schaffen einen direkten Kontakt zur Zielgruppe, da sie wesentlich genauer als die eben angesprochenen Plakate, Wurfsendungen und Anzeigen eingesetzt werden können. Natürlich muss der Brief persönlich an den Empfänger gerichtet sein, und wenn ein Telefonat folgt, dann steigen die Erfolgs-Chancen.

Die meisten Hersteller und damit die der Handelsorganisation angeschlossenen Autohäuser, verfügen über ein so genanntes Kundenkontakt-Programm. Zumeist über eine Agentur abgewickelt, werden hier dem Kunden zu Betreuungs- und Bindungszwecken im Verlauf des Betreuungszeitraumes Briefe oder Magazine zugesandt. Die Briefe beziehen sich in der Regel auf diverse Kontaktanlässe wie Ablauf der Garantiezeit, Inspektionserinnerungen sowie Erinnerungen zu HU und AU. Häufig enthalten diese Kundenkontakt-Programme auch Musterbriefe zu besonderen Kontaktanlässen und Service-Aktionen, die bei Bedarf abgerufen werden können. Als Serviceberater sollten Sie diese Möglichkeiten kennen und, sofern es auch in Ihrer Verantwortlichkeit liegt, diese Briefe auch entsprechend nutzen. Wenn Sie dennoch einmal in die Verlegenheit kommen sollten, im Rahmen einer Serviceaktion einen Brief texten zu müssen, beachten Sie bitte folgende Regeln.

Einige Regeln für das Schreiben von Werbebriefen

> Texten Sie kurze Briefe!
Einfach, schlicht und ergreifend muss die Botschaft schon sein, wenn Sie Ihren Kunden damit beglücken und etwas bewegen wollen: Auf keinen Fall länger als eine Seite und in kurzen Sätzen formuliert.

> Schreiben Sie verständlich!
Eine der wichtigsten Regeln der Textgestaltung lautet: Setzen Sie nichts voraus! Schreiben Sie so, dass der Kunde in wenigen Sätzen erfassen kann, worum es geht, welchen Nutzen er hat und was er tun muss. Das bedeutet, dass Sie verständlich und leicht lesbar schreiben müssen. Das erreichen Sie durch folgendes Vorgehen: Pro Satz nicht mehr als fünfzehn Wörter, in jedem Satz nur einen Gedanken und pro Absatz höchstens sechs Zeilen.

> Argumentieren Sie einfach!

Denken Sie daran, dass Ihr Leser kein wissenschaftliches Werk vor sich hat, sondern einen Werbebrief. Folgen Sie den vier Regeln:

- ✔ Der Leser muss wissen, warum er handeln soll!
- ✔ Der Leser muss wissen, wie er handeln soll!
- ✔ Der Leser muss wissen, warum er jetzt handeln soll!
- ✔ Der Leser muss wissen, was sein Handeln für Konsequenzen hat!

> Erfüllen Sie die formalen Kriterien eines Werbebriefes!

Versuchen Sie Ihrem Brief ein individuelles Aussehen zu geben, machen Sie den Ausdruck über einen Laser-Drucker und nicht über das alte „Schätzchen". Der Brief sollte eine handschriftliche Unterschrift tragen und wenn möglich, sollten zum Frankieren Briefmarken verwendet werden. – Unterschiedliche Schriftarten und Schriftgrößen verwirren! Bleiben Sie bei einer Schrift und verwenden Sie maximal zwei Schriftgrößen! Noch ein Tipp: Ziehen Sie den so genannten „Flattersatz" dem Blocksatz vor und machen Sie häufiger Absätze. So lässt sich der Brief einfacher lesen. Wichtige Dinge können Sie natürlich durch Fettdruck und Unterstreichungen hervorheben, aber denken Sie immer daran: Weniger ist mehr!

> Wecken Sie das Interesse des Kunden mit guten Argumenten!

Wenn Sie dem Kunden ein Angebot unterbreiten, dann muss es verständlich, anschaulich und glaubhaft sein. Prahlereien lösen eher Ablehnung aus. Der Leser muss schnell erfassen können, was Sie meinen und wie das Angebot aussieht oder was es enthält. Vorteile will der Kunde auch sehen! Zum Beispiel: „Natürlich können wir nichts verschenken, aber wir haben unsere Preise knallhart kalkuliert. Deshalb bieten wir Ihnen heute an: Festpreise für alle gängigen Verschleißteilreparaturen."

> Verwenden Sie ein Postskriptum!

Sie kennen das Postskriptum sicher als P. S. am Fuße des Briefes, nach der Unterschrift und Sie sollten es ruhig verwenden, denn es erzielt eine besondere Aufmerksamkeit beim Empfänger. Schreiben Sie hier eine besonders wichtige Nachricht, ein besonders überzeugendes Argument oder ein ungewöhnliches Detail Ihres Angebotes. Hier einige Beispiele: „Bedenken Sie bitte, dass diese Aktion nur vom... bis... gültig ist!", „Vergleichen Sie unsere Preise! Sie werden begeistert sein – davon sind wir überzeugt!" oder „Unsere Mitarbeiterin, Frau Mustermann wird Sie in den nächsten Tagen anrufen, um mit Ihnen über unser Angebot zu sprechen!" Das Postskriptum erregt die Aufmerksamkeit, ist spannender als eine Betreffzeile und wird häufig noch vor dem eigentlichen Brief gelesen.

Telemarketing

Unter dem Begriff Telemarketing wird heute der Einsatz des Telefons zur Kunden-betreuung und Kundengewinnung verstanden. Dies kann sowohl passiv (wir wer-den vom Kunden angerufen), heute mit dem Begriff Inbound bezeichnet , als auch aktiv (wir rufen den Kunden an), mit dem Begriff Outbound bezeichnet, gesche-hen. Im Autohaus spielen beide Varianten in allen Abteilungen des Betriebes eine große Rolle. Über das Telefon kann der Kunden uns – und wir ihn – schneller und preisgünstiger erreichen.

Eine ganze Reihe von Telefonanlässen sind im Service sowie Teile- und Zubehör-verkauf bereits zur Selbstverständlichkeit geworden. Denken Sie nur an Terminver-einbarungen, Preisanfragen, Auftragserweiterung oder Zufriedenheitsnachfragen. Natürlich kann das Telefon auch zur Rückgewinnung von Kunden eingesetzt wer-den. Eine Rückgewinnungsquote von 20 bis 30 % ist hier keine Seltenheit, d. h. schon mit 40 bis 50 Telefonaten konnten 10 neue Werkstattaufträge erreicht werden.

Kosten und Nutzen

Mittels gezielten Marketings lassen sich 4 bis 5 Aufträge pro Tag oder 20 bis 25 Auf-träge wöchentlich dazu gewinnen, wodurch eine Renditesteigerung von mehr als 1 % erreicht wird. Ausgehend von 80 bis 100 Aufträgen monatlich müssten 400 bis 500 Telefonate geführt werden. Eine Mitarbeiterin schafft 8–10 Telefonate in der Stunde, die sie am besten in der Zeit zwischen 17.00 und 19.00 Uhr führen sollte. Diese täglichen zwei Stunden würden also reichen, um das notwendige Auftrags-volumen hereinzuholen. Natürlich muss dies professionell abgewickelt werden. Telemarketingmaßnahmen sollten nicht vom Serviceberater ausgeführt werden, denn die hierzu notwendige Zeit steht ihm in der Regel nicht zur Verfügung. Zur Realisierung solcher Maßnahmen bieten sich zwei Varianten an: Entweder die „interne" mit einer oder mehreren Telemarketing-Mitarbeiterinnen auf Voll- oder Teilzeitbasis oder die „externe" Lösung mit der Beauftragung eines Call-Centers.

Der fünfte Schritt: Ein Projekt planen, seinen Erfolg kontrollieren und dau-erhaft sichern

Wir haben Sie bisher mit vier Schritten bekanntgemacht, die Sie zur systemati-schen Ausschöpfung des After-Sales-Markts führen.

Nun geht es im fünften Schritt um die Umsetzung und die Frage, wie Sie die Maßnahmen in Ihrem Betrieb umsetzen können. Die meisten Punkte hierzu haben Sie bereits in der Darstellung der verschiedenen Schritte erfahren. Hier soll es deshalb nur nochmals gezielt um die

> Planung,
> Realisierung und
> Kontrolle

der verschiedenen Maßnahmen gehen.

Planung

Planung ist das halbe Leben, nur darf sie nicht zum Bürokratismus ausarten. Je genauer die einzelnen Schritte geplant werden, desto schneller und reibungsloser wird die Umsetzung geschehen. Untersuchungen haben gezeigt, dass der Realisierungs- und Erprobungsaufwand wesentlich durch eine genaue Planung reduziert werden kann.

Bei einer solchen Planung von Maßnahmen muss auch berücksichtigt werden, dass die Lösungen nicht von vornherein feststehen sollten. Was hilft es, wenn man in der Planungsphase die betrieblichen Veränderungen genauestens beschreibt, sich aber durch die Wettbewerbsanalyse andere betriebliche Veränderungsschwerpunkte ergeben. Unser Tipp: Schritt für Schritt an das Detail heranarbeiten, dann liegen Sie richtig!

Realisierung und Kontrolle

Die „Last" der Aufgaben im Betrieb sollte auf möglichst viele Schultern verteilt werden! So werden nicht nur die Verantwortlichen entlastet, sondern Mitarbeiter durch diese Einbeziehung in die Aktivitäten motiviert. Was bedeutet das konkret? Die Führungskraft (das ist in manchen Betrieben auch der Serviceberater) sollte Folgendes berücksichtigen:

> Beziehen Sie Ihre Mitarbeiter von Anfang an in das Projekt mit ein!

Stellen Sie Ihren Mitarbeitern die Situation im Markt so dar: Sagen Sie Ihnen, warum heute Veränderungsmaßnahmen notwendig sind. Wo immer möglich, belegen Sie es mit Zahlen.

> Delegieren Sie möglichst viele Aufgaben an Ihre Mitarbeiter!

„Reden ist Silber, Handeln ist Gold!" Es geht auch oder gerade um die Arbeitsplätze der Mitarbeiter, ein Grund mehr, sie in die Aufgaben einzubinden. Delegieren Sie Aufgaben und Verantwortung der einzelnen Schritte, immer nach dem Prinzip: Was macht wer bis wann und wie?

> Lassen Sie sich regelmäßig berichten!

„Vertrauen ist gut, Kontrolle ist besser!" Wer einen klaren Auftrag gibt, kann auch zum festgelegten Zeitpunkt eine klare Antwort erwarten. Lassen Sie sich antworten.

> Behalten Sie die Kosten im Auge!

Es geht uns hier nicht um das olympische Prinzip „Dabeisein ist alles!" Die Erträge müssen stimmen. Die Kosten jeder Veränderung, jeder Werbeaktivität müssen tragbar sein. Permanente Kostenkontrolle schützt vor Übereifer. Sie wissen doch: Einen Profi erkennt man daran, dass er weiß, was er tut!

6.2 Das Beratungs- und Verkaufsgespräch

Nun sind wir angelangt – am Kern dessen, was den *Serviceberater* ausmacht! Bislang waren es Werkzeuge, Grundlagen, Rahmenbedingungen, aber nun kommt die eigentliche Herausforderung! Der Serviceberater muss Leistungen (die der Werkstatt) und Produkte (Teile, Zubehör, Dienstleistungsprodukte) **verkaufen**. Er muss den Kunden **beraten**, in allen Fragen, die dieser rund um sein Fahrzeug hat. „Lohnt sich eine Reparatur noch?", „Soll ich Winterreifen wählen und wenn ja – welche?", „Gibt es möglicherweise Produkte, die ich noch nachträglich in mein Fahrzeug einbauen lassen könnte, oder sollte?", „Was wird denn alles bei so einer Wartung gemacht – für die ich dann einige hundert Euro bezahle?" – alles Fragen, die so oder ähnlich tagtäglich von Kunden (mal laut, mal leise) gestellt werden.

Und Sie, der professionelle Serviceberater, versteht sich genau an dieser Stelle als Dienstleister für den Kunden. Der *Berater*, der ihm all diese Fragen beantwortet!

Ihr Chef, Inhaber oder Serviceleiter sieht natürlich den *Verkäufer* in Ihnen, der für eine hohe Werkstattauslastung sorgt und Zusatzverkäufe anstößt.

Viele Serviceberater haben immer noch so ihre Schwierigkeiten damit, wenn man sie „Verkäufer" nennt. Die Gütegemeinschaft „Geprüfter Automobil-Serviceberater" hat in ihre Zielsetzungen unter anderem die *Gleichstellung von Produkt- (Automobil-) und Dienstleistungs-(Service-)Verkäufern* geschrieben. Der Automobilverkäufer und der Serviceberater sollen also *gleichgestellt*, auf einer Augenhöhe stehen! Können Sie sich vorstellen, wie dieser Satz immer wieder bei Seminarteilnehmern einer Qualifizierungsmaßnahme zu Erstaunen, Verwirrung, gar Entsetzen führt?! Da sitzen sie dann: gestandene Kfz-Meister, Servicetechniker oder Gesellen und plötzlich sollen sie so sein, wie die „Schlipsträger aus dem Verkauf"?!

Ja! Auch wenn es Ihnen am Anfang schwer fallen mag: Trennen Sie sich davon, ein Techniker zu sein! Mag sein, dass Sie in Ihrer Freizeit etwas „rumschrauben", oder hin und wieder noch in der Werkstatt mal einen Schraubenschlüssel in die Hand nehmen – Serviceberater sind Kundenkontakter und Serviceverkäufer!

Wir werden uns den Prozess des Beratens und Verkaufens ganz genau aus verschiedenen Perspektiven anschauen.

6.2.1 Der Kaufprozess aus Sicht des Käufers

Beginnen wir mit dem Käufer, dem Kunden also. Jeder Mensch ist in seinem Leben ständig Käufer oder Kunde. Wenn man sich bewusst macht, wie man sich selbst in dieser Rolle verhält, was man fühlt, gerne mag oder wann man am liebsten „aus der Haut fährt", kann man sich als Serviceberater sehr viel einfacher auf den Kunden einstellen.

Zunächst ist einmal die Frage zu klären, warum ich als Kunde überhaupt etwas kaufe? Hinter der Handlung „kaufen" steht immer die Erfüllung oder auch Befriedigung eines Bedürfnisses oder Bedarfs. Je nachdem welches Bedürfnis uns antreibt, wie stark dieses ausgeprägt ist und welchen Stellenwert es für uns hat, verfolgen wir den Kaufprozess mit stärkerer oder schwächerer Intensität.

Bedürfnisse sind extrem vielfältig und ändern sich im Laufe der Zeit immer wieder. Es gibt Bedürfnisse, die der Mensch in sehr regelmäßigen Abständen immer wieder hat: Hunger und Durst etwa, oder das Verlangen nach Schlaf! Man nennt sie „physiologische Grundbedürfnisse". Hunger, Durst und Schlaf treiben aber keinen Kunden in ein Autohaus – da muss es also andere Bedürfnisse geben. **Mobilität** ist eines der Bedürfnisse, welches den Menschen in ein Autohaus gehen lässt.

Wobei er dieses auch mit öffentlichen Verkehrsmitteln befriedigen könnte – ist aber nicht so *bequem*, *komfortabel* oder *flexibel*. Wieder drei Bedürfnisse: **Bequemlichkeit, Komfort und Flexibilität!** Dieses sind typische Bedürfnisse für unsere heutige Gesellschaft. Die Menschen wollen vieles möglichst bequem haben – das fängt beim Fertiggericht aus der Tiefkühltruhe an und hört beim „Hol- und Bringservice" im Autohaus auf. Komfortabel soll es sein – oder fällt Ihnen ein anderes Argument für Ledersitze und die sonstige Innenausstattung eines „normalen" Pkw's ein?! Flexibel muss natürlich auch alles sein – bis hin zum „flexiblen Wartungssystem", welches nicht starr, sondern auf den Fahrer abgestimmt berechnet, wann eine Wartung durchzuführen ist.

Allen Menschen wohnt das Bedürfnis inne, sicher und geborgen zu sein. Natürlich auch hier gilt wieder: Bei dem einen mehr, beim anderen weniger! Ein „Bungee-Jumper" hat wohl ein etwas geringer ausgeprägtes Sicherheitsbedürfnis, als der junge Familienvater, dem nichts über den Schutz seines Kindes geht. Dafür überwiegt beim „Bungee-Jumper" die Neugierde, der Spieltrieb – der „Kick", sagt man heute wohl. Manch einer hat sich schon auf solch einer Bungee-Plattform wieder gefunden, obwohl er überhaupt nicht neugierig auf so etwas ist und er diesen „Kick" auch nicht braucht. Er steht dort aber, weil alle seine Freunde auf ihn schauen und er nicht als „Versager" oder „Feigling" gelten will – er ist sich seines Status bewusst. Also wieder eine Fülle von Bedürfnissen: **Sicherheit, Neugierde, Spieltrieb und der Status. Gesundheit und Vorsorge** (warum schließen Menschen eine private Rentenversicherung ab?!), **Wirtschaftlichkeit** usw. – alles Bedürfnisse, die unser Verhalten steuern. Und gerade im Automobil-Bereich!

Am Beginn eines jeden Kaufprozesses steht also das Bedürfnis oder der Bedarf. Der Unterschied zwischen einem Bedarf und einem Bedürfnis liegt darin, dass ein Bedarf aktuell – also „hier und jetzt" – vorhanden ist. „Ich will dieses Auto jetzt kaufen!", ist die Formulierung eines solchen Bedarfs. Ein Bedürfnis ist hingegen nicht aktuell vorhanden. „Ich möchte mir irgendwann einmal ein Auto kaufen", ist also die Formulierung eines Bedürfnis. Machen Sie sich aber nicht zu viele Gedanken, welchen der beiden Begriffe Sie verwenden – in der Regel werden sie nämlich für den gleichen Sachverhalt benutzt.

Im nächsten Schritt „zieht der Kunde los" und sucht nach Informationen: „Welche Produkte oder Leistungen gibt es überhaupt, um meinen Bedarf zu befriedigen? Was bietet der Markt?" Der Kunde sammelt diese Informationen und wägt daraufhin die verschiedenen Alternativen, die er gefunden hat, gegeneinander ab. Dabei geht es dann um spezielle Leistungsmerkmale, den Preis und ganz sicher auch um das Image von Anbietern. Die Dauer und Intensität des Prozesses der Informationssuche und des Abwägens von Alternativen hängen natürlich vom Bedarf und der Sache oder Leistung ab, die man kaufen möchte. Sammeln Sie, bevor Sie morgens an einem Kiosk eine Tageszeitung kaufen, verschiedene Werbeprospekte von diesen, befragen Sie Freunde und Bekannte, lesen Sie Kritiken …?! Den „einen Euro", den so eine Zeitung kostet, investiert man ohne lange Informationen zu sammeln und Alternativen abzuwägen. Wenn ich mir aber ein Auto kaufen möchte und es um eine Summe geht, die ich einige Jahre abbezahlen muss, dann mache ich mir sehr wohl intensive Gedanken!

Hat der Kunde diese Abwägung nun aber vorgenommen, dann schließt er in der Regel den Kauf ab. Er erwirbt also das Produkt bzw. die Leistung (Kaufentscheidung).

Der Kaufprozess aus Sicht des Käufers/Kunden

Bedürfnis/Bedarf

Informationssammlung

Abwägen von Alternativen

Kaufentscheidung

Absicherung der Entscheidung

Das war's! War es das wirklich schon? Nein, der Kaufprozess geht aus der Sicht des Kunden noch weiter: Er muss seine Kaufentscheidung noch absichern. Wenn man sich z. B ein Buch kauft, dann ist man ja auch nicht im Moment des Kaufes mit diesem völlig zufrieden, sondern erst nachdem man es gelesen hat. Man spricht mit anderen darüber und hofft zu der Erkenntnis zu gelangen, dass einem dieses Buch, für das man Geld und Zeit investiert hat, gefallen hat. Die meisten Menschen packen Kleidung, die sie gerade neu gekauft haben, zu Hause direkt wieder aus und probieren sie noch einmal an. Obwohl sie dies im Geschäft ja auch schon gemacht haben! Sie wollen sehen, ob sie auch wirklich passt und gut aussieht. Sie zeigen sie ihrem Partner oder Freunden und wollen dann möglichst hören, dass sie da ja was „richtig Tolles" gekauft haben. In diesem Absicherungsprozess liegen besondere Gefahren verborgen. Entsteht beim Kunden nämlich der Eindruck, dass er sich vielleicht doch nicht für das richtige Produkt entschieden hat und bekommt er dies durch die Meinung von Freunden oder Bekannten sogar noch bestätigt, so fängt er an, an der Entscheidung zu zweifeln. Man nennt dies „**kognitive Dissonanzen**" – oder, in einer etwas verständlicheren Sprache ausgedrückt: „**Unstimmigkeiten im Kopf**". Die absolute Überzeugung, die der Kunde zum Zeitpunkt des Kaufes noch hatte, schwindet und wendet sich im schlimmsten Falle sogar in völlige Ablehnung.

Das Problem für den Serviceberater ist dabei weniger, dass der Kunde den Kauf vielleicht rückgängig machen will. Dies wäre zwar schon schlimm genug. Das Ziel eines Serviceberaters ist aber nicht nur der aktuelle Verkauf eines bestimmten Produktes, sondern die langfristige Bindung des Kunden. Ein Kunde, der während der Absicherung seiner Kaufentscheidung zu dem Schluss kommt, dass er einen Fehler gemacht hat, ist für die Zukunft nur schwer wieder zu überzeugen.

6.2.2 Der Verkaufprozess aus Sicht des Serviceberaters

Jetzt können wir uns also einigermaßen in den Kopf des Kunden hineinversetzen und können nachvollziehen, warum er es – jedenfalls aus unserer Sicht – des Öfteren so kompliziert macht. Da wir selbst häufig genug in der Rolle des Kunden sind, können wir solches Verhalten aber nicht nur nachvollziehen, sondern absolut verstehen. Schließlich verhalten wir uns als Kunde ja nicht anders.

Auch aus der Sicht des Serviceberaters kann man den Prozess in verschiedene Phasen einteilen. In diesen geht es dann in erster Linie darum, den Kunden dabei zu unterstützen, den Kaufprozess möglichst einfach zu durchlaufen und – natürlich – am Ende das Produkt zu kaufen, welches ich ihm als Serviceberater anbiete. Wir versuchen also, den Kunden in den einzelnen Phasen seines Kaufprozesses jeweils „abzuholen" und ihn durch den weiteren Verlauf zu „führen"!

Zu dem „Produkt", welches wir dem Kunden verkaufen wollen, sollte an dieser Stelle aber noch etwas gesagt werden: Mit „Produkt" meinen wir nicht immer einen Gegenstand, den der Kunde gegen Geld erwirbt. Im Gegenteil: Die Mehrzahl der „Produkte", die Sie als Serviceberater verkaufen, sind Dienstleistungen. Die Wartungsarbeit ist ein Produkt, eine zusätzliche Mobilitätsgarantie, ein Service-Vertrag oder ein besonderes Serviceangebot – all dies sind Produkte, die Sie dem Kunden verkaufen können. Sie können sogar noch einen Schritt zurückgehen: Der Auftrag für eine Reparatur oder Wartung ist auch schon ein Produkt, welches Sie dem Kunden verkaufen müssen! Verstehen Sie von daher auch ein Auftragsgespräch als Verkaufsgespräch. Es geht in diesem Gespräch nämlich nicht darum, nach einer Checkliste Punkte abzuhandeln oder einfach nur „bürokratischen Kram" zu erledigen. Sie müssen dem Kunden eine Leistung verkaufen, ihn von der Notwendigkeit des erteilten Auftrags überzeugen!

Den Verkaufsprozess ergebnisorientiert gestalten

Der Verkaufsprozess aus Sicht des Verkäufers, also hier des Serviceberaters, lässt sich wie folgt darstellen:

1. Die Gesprächsvorbereitung
2. Die Gesprächseröffnung
3. Die Bedürfnisanalyse
4. Die Angebotsphase – Leistungserklärung und Nutzenargumentation
5. Die Preisnennung
6. Die Einwandbehandlung
7. Kaufsignale
8. Der Abschluss

Dieser Ablauf soll Ihnen ein „roter Faden" im Beratungs- und Verkaufsgespräch sein und bedeutet nicht, dass jedes dieser Gespräche exakt nach diesem Schema abläuft!

1. Die Gesprächsvorbereitung

Die erste Phase im Verkaufsprozess stellt die Gesprächsvorbereitung dar. Wenn man mit einem Kunden einen Termin vereinbart hat und vielleicht sogar schon grob besprochen hat, um welches Produkt oder um welche Leistung es im Gespräch gehen soll, ist diese Vorbereitung natürlich recht einfach zu bewerkstelligen. Aber auch ein Serviceberater, der relativ spontan auf Kunden trifft, kann sich auf ein solches Gespräch vorbereiten.

Sowohl die Gesprächsvorbereitung, als auch die Gesprächseröffnung wurden bereits behandelt. An dieser Stelle werden wir daher nur noch einmal die wichtigsten Punkte wiederholen und vielleicht hier und da einen etwas anderen Schwerpunkt legen.

Wir haben ja bereits über „Wahrnehmung" gesprochen und dabei die besondere Bedeutung des „ersten Eindrucks" herausgestellt – nämlich, dass sich dieser erste Eindruck beim Menschen sehr leicht festsetzt und sehr stark Einfluss darauf nimmt, wie man eine andere Person in der Folge beurteilen und sich ihr gegenüber verhalten wird. Erster Betrachtungspunkt für die Gesprächsvorbereitung ist daher das gesamte Umfeld, in dem das Gespräch stattfinden wird. Es muss dem Anlass angemessen sein. Zum Umfeld gehören die Räumlichkeiten, in denen das Gespräch stattfindet und die Erscheinung und das Auftreten des Serviceberaters. Die Zeiten sind vorbei, in denen ein Kunde von einer Auto-Werkstatt erwartet hat, dass man sehen kann, dass dort auch gearbeitet wird. Ölverschmierte Hände, ein schmutziger Kittel, Werkstattlärm und überall der „angenehme" Geruch von Motorenöl oder Lack entsprechen nicht mehr dem Bild eines modernen Service-Anbieters.

Zu diesen „äußeren Faktoren", die einen Einfluss auf den Verlauf des Gesprächs haben, zählen noch einige weitere Aspekte: Ist der Schreibtisch in Ordnung? Das heißt nicht, dass er völlig leer sein muss – dies vermittelt ja eher den Eindruck, dass an diesem Platz nicht wirklich gearbeitet wird. Ordnung heißt, dass alle Unterlagen geordnet auf dem Tisch liegen. Und die Unterlagen, die für den Kunden von Bedeutung sind, liegen natürlich in der Mitte des Tisches, sodass sie direkt „zur Hand" sind. Sowohl für den Serviceberater, als auch für den Kunden sollten Stift und Zettel bereit liegen, sodass während des Gesprächs Notizen, Skizzen o.ä. angefertigt werden können. Informationsmaterialien, wie z.B. Prospekte, Broschüren oder Kataloge sollten bereit liegen. So kann der Serviceberater die Produkte „sichtbar" machen. Zu solchen Informationsmaterialien gehört natürlich immer die Visitenkarte des Serviceberaters, damit der Kunde auch noch zu Hause genau weiß, mit wem er eigentlich gesprochen hat und an wen er sich wenden kann, wenn er in einem Prospekt etwas entdeckt, das vielleicht ein neues Bedürfnis bei ihm weckt.

Ein ganz wichtiger Punkt, den es zu beachten gilt, sind Störungen. „Mit welchen Störungen muss ich während des Gesprächs rechnen?", ist die Frage, die sich der Serviceberater im Vorfeld stellen muss. Generell sollte man versuchen, Störungen möglichst auszuschließen. Dies können Sie z. B. dadurch erreichen, dass Sie Ihren Kollegen mitteilen, dass Sie während des Gesprächs nicht gestört werden wollen. Dies gilt sowohl für Telefonate, die in dieser Zeit eben nicht durchgestellt werden, als auch für Kollegen aus der Werkstatt, die gerne mal „hereinplatzen", um ein paar Fragen loszuwerden.

Wenn es dann doch einmal zu einer Störung kommt, ist die Art und Weise, wie der Serviceberater mit dieser umgeht auch für das Gespräch mit dem Kunden von Bedeutung. Nehmen wir an der Serviceberater sitzt mit seinem Kunden in einem Gespräch und plötzlich klingelt das Telefon. Der Serviceberater – ganz kundenorientiert – lässt das Telefon munter klingeln und gibt dem Kunden dabei noch zusätzlich zu verstehen, dass dieses Telefonat jetzt nicht wichtig sei und dass er sich nur mit ihm beschäftige. Ist das ein vernünftiger Umgang mit dieser Störung? Der Kunde wird sich ganz sicher in die Lage der Person hineinversetzen, die versucht hat, den Serviceberater telefonisch zu erreichen. Das könnte nämlich auch er selbst gewesen sein! Er hat vielleicht auch mal ein Problem an seinem Fahrzeug oder eine Frage und kommt nicht zum Serviceberater durch, weil der gerade dabei ist, „Umsatz" zu machen! Wenn es passiert, dass ein Telefonat zum Serviceberater durchkommt, obwohl dieser gerade in einem Gespräch ist, dann sollte er dieses annehmen und den Anrufer höflich um einen Rückruf bitten oder noch besser, selbst diesen anbieten.

> **!** Zur Vorbereitung eines Gesprächs gehört auch immer, dass ich mir Gedanken darüber mache, welches Ziel ich eigentlich erreichen will bzw. welche Alternativen ich noch in der „Hinterhand" habe. Daher ist es sinnvoll, sich vorher möglichst viele Informationen über den Gesprächspartner zu besorgen.

2. Die Gesprächseröffnung

Ok, die Vorbereitung ist klar! Nun kommt der Kunde und der Serviceberater muss das Gespräch eröffnen. Hierbei ist es wichtig, dem Kunden Empfangsbereitschaft zu signalisieren. Der Kunde muss merken, dass er „bemerkt" wurde. Es gibt wohl nichts Schlimmeres, als dass man als Kunde in ein Geschäft oder einen Betrieb kommt und erst einmal überhaupt nicht wahrgenommen wird. Auch wenn der Serviceberater noch in ein anderes Gespräch verwickelt ist, sollte er dem Kunden schon einmal zeigen, dass er ihn gesehen hat und dass er gleich zu ihm kommen wird. Der Serviceberater sollte dann von sich aus auf den Kunden zugehen und ihm durch eine offene Körpersprache zeigen, dass er sich freut ihn zu sehen. Dies kann man natürlich durch ein Lächeln unglaublich verstärken!

Dann sollte der Kunde – sofern bekannt – mit seinem Namen angesprochen werden. Den Namen des Serviceberaters erfährt dieser durch ein Namensschild oder durch einen anderen eindeutigen Hinweis. Man sollte dem Kunden die Hand reichen und ihm gegebenenfalls einen Platz anbieten. Der Serviceberater kann dann weiterhin dem Kunden ein gewisses Gefühl von Wichtigkeit vermitteln, indem er z. B. auf die Voranmeldung hinweist oder einen bereits vorbereiteten Auftrag präsentiert.

Dann heißt es: Eine angenehme Gesprächsatmosphäre schaffen! Dies kann man durch einen kleinen „small-talk" erreichen, in dem man auch durchaus auf den persönlichen Bereich des Kunden zu sprechen kommen kann – „Wie geht es Ihnen/Ihrer Frau/Familie?", „Wie war Ihr Urlaub?" etc. – oder indem man über aktuelle Ereignisse spricht. Dabei muss man aber aufpassen. Sportereignisse, wie z. B. Fußballspiele oder Olympiade, Kinofilme, Fernsehsendung o. ä. sind sicher kein Problem. Religiöse oder politische Themen dagegen sollten lieber „außen vor" bleiben.

!

Der „small-talk" schafft aber nicht nur eine angenehme Gesprächsatmosphäre: Sie bekommen hier zudem eine Fülle an Informationen vom Kunden geliefert, die die Basis für die folgende Phase darstellen können! Welche Hobbies hat der Kunde? Wie ist (genau) seine familiäre Situation? Worauf legt er besonderen Wert? Was ist er für ein „Typ"? Scheuen Sie sich nicht, solche Informationen im weiteren Verlauf eines Gespräches bzw. bei zukünftigen Kontakten zu diesem Kunden auszunutzen! Der Kunde wird weniger das Gefühl haben, dass der gemeinsame „Plausch" zu Beginn seines Besuches von Ihnen lediglich zu verkäuferischen Zwecken betrieben wurde. – Vielmehr wird er denken: „Mensch, der hört mir ja wirklich zu, wenn ich ihm etwas erzähle!"

3. Die Bedürfnisanalyse

Was ein Bedürfnis ist, haben wir vorhin schon betrachtet: Es gibt viele solcher Bedürfnisse; völlig unterschiedlich können sie sein. Stark und schwach kann ihre Ausprägung sein, sie treten alleine auf oder in Kombination. Extrem verwirrend mitunter!

Wir sind hier am wichtigsten Punkt des gesamten Beratungs- und Verkaufsgespräches! Hier, an dieser Stelle, werden die Weichen gestellt – wird es ein einfaches Gespräch oder wird der Kunde viele Einwände äußern? Kann ich meinen Preis am Ende halten oder muss ich ihm einen Nachlass gewähren? Wird er überhaupt kaufen? Natürlich hat jeder einzelne Punkt im Gespräch seine Bedeutung zur – hoffentlich – positiven Beantwortung dieser Fragen. Hier aber, werden Grundlagen gesetzt!

Zwei **Beispiele** („Geschichten aus dem Alltag"):

Ein Serviceberater ist mit einer Kundin im Gespräch und bemerkt Kratzspuren im Lack der Stoßfänger hinten. Er überlegt kurz und schon ist die Sache für ihn klar: Diese Frau bzw. ihr Fahrzeug benötigt eine Einparkhilfe in Form von Sensoren im Stoßfänger! Die Kundin wird also gefragt, ob „sie denn schon einmal etwas von einer Einparkhilfe gehört hätte?" (diesen besonderen Fragentypus werden wir in der Folge noch genauer betrachten). Da sie diese Frage mit „Nein" beantwortet, holt der Serviceberater zum „Rundumschlag" aus: Prospekte, Broschüren und eine brillante Erklärung am Objekt selbst überzeugen die Kundin vom Nutzen einer solchen Einrichtung! Doch bevor sie ein zustimmendes „Ja" ausruft und den Kugelschreiber zur Unterschrift zückt, sagt sie dem Serviceberater die folgenden, für ihn niederschmetternden Worte: „Na, das hört sich toll an, aber mein Fahrzeug ist geleast und ich gebe es in einem knappen Jahr wieder ab!" Kein Auftrag, keine Unterschrift, kein Zusatzverkauf!

Ein anderer Serviceberater sitzt – wiederum – seiner Kundin gegenüber. Sie ist ihm bis heute noch unbekannt gewesen, da sie erst durch einen Umzug zu seiner Kundin wurde. Sie möchte gerne an ihrem Fahrzeug die mitgebrachten Winterreifen aufziehen lassen und dafür die Sommerreifen einlagern. Dazu will sie noch die (mehr als) fällige Jahresinspektion durchführen lassen. Da hat sie aber die Rechnung ohne den Wirt – Verzeihung, den Serviceberater gemacht! Dieser ist nämlich der Meinung, dass die Wartung jetzt aber gar nicht nötig und sinnvoll sei und beginnt mit einem wirren Vorrechnen von Kilometerzahlen und Monaten, kommt schließlich dann doch zu der Erkenntnis, dass es sich wohl lohnen würde, sie nun schon machen zu lassen, um schließlich nach erneuter „Kehrtwende" umso nachdrücklicher zu empfehlen, die Wartung jetzt eben nicht durchführen zu lassen. Das alles hat er – nur so nebenbei – natürlich nicht der Kundin, sondern ihrem männlichen Begleiter erklärt. Das Witzige an der gesamten Berechnung war aber, dass der Serviceberater während der gesamten „Beratung" vom Fahrzeugalter in Verbindung mit der bisherigen Laufleistung ausgegangen war und so einfach eine Hochrechnung angestellt hatte, wie viele Kilometer die Kundin wohl im nächsten Jahr fahren würde. Hätte er doch nur einmal gefragt …! Nicht nur der Wohnort der Kundin hat sich verändert, auch ihr Fahrverhalten!

In beiden Situationen keine schlechte Leistung der Serviceberater. Jeweils sehr bemüht und mit dem Versuch verbunden, etwas zu tun, was in diesem Buch ausdrücklich immer wieder verlangt wird: den Kunden beraten und Zusatzverkauf generieren. Und doch haben beide etwas Entscheidendes vergessen! Sie waren sich der Bedürfnisse bzw. des Bedarfes der Kunden nicht gewiss – weil sie schlicht nicht wussten, welche Bedürfnisse die beiden Kunden haben!

Mag sein, dass die erste Kundin sich irgendwann einmal eine solche Einparkhilfe zulegen wird und mit Sicherheit hat der oben erwähnte Serviceberater dann eine Basis für diesen Kauf gelegt. Fraglich ist aber, ob sie dieses dann bei *ihm* kaufen wird! Fakt ist, dass sie sich für *dieses* Fahrzeug so etwas nicht kaufen wird. Die Zeit, die der Serviceberater in der Zwischenzeit investiert hatte, um die Kundin zu beraten, ist im Nachhinein „vertane Liebesmüh"! Sowohl für ihn selbst (schließlich ist es Arbeitszeit), als auch für die Kundin.

Und wie wird sich die andere Kundin fühlen, wenn sie denn zum Wechseln der Reifen wieder in den Betrieb kommt? Ein halbes Jahr später und dann fragt man sie, warum sie denn bei „der Fahrleistung" nicht schon längst eine Wartung hat durchführen lassen? Man stelle sich nur einmal vor, dieser Kundin geht es hinsichtlich ihrer Bedürfnisse nicht primär um Kostenreduzierung, sondern um Sicherheit! Hat der Serviceberater dieses Sicherheitsbedürfnis mit seiner „Zick-Zack-Beratung" erfüllt?

Grundlegende Fehler bei der Bedarfsanalyse:

> Es wird überhaupt nicht versucht, einen Bedarf zu erkennen!

Der Kunde bekommt exakt das, was er **ausdrücklich** verlangt! Darüber hinaus, bekommt der Kunde nur den Standard „serviert". Keine besonderen Varianten, keine an seine Bedürfnisse angepassten Angebote!

> Dem Kunden wird ein Bedürfnis unterstellt:

Ein Kunde kommt rein und beklagt sich über die Kälte – typischer Fall für eine Standheizung! Kratzer im Stoßfänger – Einparkhilfe! CD's auf dem Beifahrersitz – CD-Wechsler! Junger Kunde – bestimmt wenig Geld – kriegt nur das Nötigste! So einfach sind wir Menschen aber nicht gestrickt.

Stellen Sie sich vor, Ihr Lieblings-Italiener würde Sie nach dieser Methode bedienen: Dicker Gast – kriegt einen großen Teller Pasta! Dünner Gast – Salatteller! Voller Geldbeutel – ein feiner Tropfen Rotwein aus dem Weinkeller! Schmaler Geldbeutel – ein Glas Hauswein aus der Magnumflasche! Nein, hier bekommen Sie zunächst einmal eine Speisekarte mit allen Produkten, die Sie kaufen können (inkl. Preisangaben!) und werden gefragt, was Sie denn gerne haben möchten! Manchmal empfiehlt Ihnen der Ober dann noch ein Gericht oder einen Wein – „Was für ein Wein passt denn Ihrer Meinung nach zu dem Fleisch?". Würde der Ober, wie es häufig in Kfz-Werkstätten passiert, einfach ein Bedürfnis voraussetzen, würde er recht schnell scheitern!

> Die „Haben Sie schon mal…"-Bedarfsanalyse:

Der Serviceberater aus dem ersten Beispiel (Einparkhilfe) hat eine solche Fragestellung benutzt. Und ich hatte da bereits erwähnt, dass wir uns dieser – sehr speziellen – Frageform noch einmal widmen werden.

Nach einigen hundert Serviceberatern, die ich in Seminaren kennen lernen durfte, erlaube ich mir zu sagen, dass diese Frageform scheinbar ein besonderes Merkmal dieser Berufsgruppe ist! „Haben Sie schon mal über eine Freisprecheinrichtung nachgedacht?", „Haben Sie schon mal etwas von einer Standheizung gehört?", „Kennen Sie bereits Navigationssysteme?" – man möchte als Kunde immer mit „Ja" auf alle diese Fragen antworten, denn ein „Nein" heißt für den Serviceberater: Bedarf erkannt! Und schon geht sie los, die „Rundum-Beratung", das „All-inclusive-Paket" zur Produkterklärung wird über dem Kun-

den ausgeschüttet! Liebe Serviceberater: Solch eine Frage ersetzt keine Bedarfsanalyse!!! Die Tatsache, dass ich 10 Landkarten in meinem Auto liegen habe und
„noch nie über ein Navi nachgedacht habe", heißt nicht, dass ich ein solches
kaufen möchte! Oder auch nur brauchen könnte!

Sie sollen bzw. müssen dem Kunden Fragen stellen. Aber bitte nicht solch direkte,
wie hier dargestellt! Erkunden Sie den Bedarf genau. Und für diesen Bedarf, den
Sie dort erkunden, gibt es dann nicht nur ein Angebot!

Nehmen wir einmal das **Beispiel**: „Navigationssystem". Grundlegend gemeinsam haben alle diese Systeme, dass sie den Benutzer von „A nach B führen". Dabei sind sie aber extrem verschieden. Es reicht also nicht, nur
herauszufinden, dass Ihr Kunde eventuell Bedarf an einem solchen Gerät
hat – welche weiteren Bedürfnisse hat er?! Ist er ein besonders am Status
orientierter Kunde – so benötigt er mit Sicherheit ein Gerät mit einem großen Display, sodass jedermann sogleich erkennt, dass er ein tolles Navigationssystem hat. Am besten sogar mit dem Display auf dem Armaturen-
brett, damit man auch von außen sofort sieht, welch ein Gerät er besitzt.
Oder ist es der eher kosten- und zweckorientierte, der die „simpelste"
Lösung haben möchte: einfach und natürlich günstig. Oder der flexible
Kunde, der sein Navi auch mal im Zweitwagen oder während einer Shop-
ping-Tour in der Stadt nutzen möchte? Zwischen 300 und 3000 Euro finden
wir mit Sicherheit eine Vielzahl von Angeboten. Sie müssen herausfinden,
welches genau auf Ihren Kunden passt!

So finden Sie die Bedürfnisse Ihrer Kunden heraus:

> Fragen Sie gezielt nach Bedürfnissen!
  - „Was ist Ihnen besonders wichtig?"
  - „Worauf legen Sie wert?"
  - „Gibt es Aspekte, die wir besonders berücksichtigen müssen?"

> Hören Sie Ihren Kunden aufmerksam zu!
  - Kunden „legen" ihre Bedürfnisse nicht einfach „auf den Tisch".
  - Achten Sie auf besondere Betonungen des Kunden, auf seine Wortwahl, For-
    mulierungen!

4. Die Angebotsphase – Leistungserklärung und Nutzenargumentation

Nun also kommt der „große Auftritt" des Serviceberaters: Die Angebotsphase! Jetzt wird dem Kunden das, wofür er einen Bedarf bzw. ein Bedürfnis hat, präsentiert – und zwar so, dass er möglichst begeistert von diesem Produkt ist und es schließlich auch kauft. Die Angebotsphase teilt sich wiederum in einzelne Unterpunkte. Sie beginnt mit der Leistungserklärung.

Doch welche Leistungen erkläre ich dem Kunden und wie mache ich das? Die Leistungserklärung muss auf der Bedürfnisanalyse aufbauen. Gleichzeitig muss man den Kunden aber mit Banalitäten verschonen. Wenn ein Kunde z. B. ein Fahrzeug kaufen möchte, weil er mobil sein will, sollte man ihm trotzdem nicht erklären, dass eine der „Top-Leistungen" des Autos ist, dass es fahren kann! Ein ganz wichtiger Punkt bei der Leistungserklärung ist, dass der Kunde, der dem Serviceberater gegenüber sitzt, in der Regel nur Auto-Fahrer und nicht selbst Mechaniker oder ähnliches ist! Man kennt das ja: Ein absoluter Laie auf dem Gebiet geht in einen Computer-Laden, um sich einen Computer zu kaufen. Nach wenigen Minuten hat er so viele Kürzel, Fachbegriffe und Zahlen gehört, dass er gar nicht mehr weiß, was er eigentlich wollte. Schließlich kauft er entweder irgendetwas oder gar nichts. Der Serviceberater ist sicher Experte auf seinem Gebiet. Er kann aber nicht voraussetzen, dass der Kunde dies auch nur annähernd ist. Der Kunde ist zunächst einmal Laie. Wenn ein Kunde eine gewisse Kenntnis von der Materie hat, dann wird er dies schon deutlich machen. Gerade bei der immer komplizierter werdenden Technik der Fahrzeuge ist die Gefahr groß, dass man zum Beispiel bei einem Navigations-System sehr schnell ins kleinste Detail abrutscht und den Kunden dabei völlig mit Informationen überhäuft, die er nicht versteht und auch nicht braucht! Ein paar Tipps, wie man die Leistungen eines Produktes erklären sollte:

Wir bedienen uns zunächst bei den Erkenntnissen des Kommunikationspsychologen Schulz von Thun, der bereits im vierten Kapitel (S. 108 f.) erwähnt wurde. Er hat die so genannten „**Vier Verständlichmacher**" entwickelt, die wir für unsere Fragestellung sehr gut anwenden können.

Der erste Verständlichmacher ist die „**Einfachheit**": Der Serviceberater sollte kurze Sätze bilden, Fremdwörter und Fachbegriffe möglichst vermeiden und eindeutige Aussagen machen.

Der zweite Verständlichmacher ist die „**Gliederung und Ordnung**": Die Informationen und Argumente sollten in sinnvoller Reihenfolge aufeinanderfolgen. Also nicht von „Hölzchen auf Stöckchen" und auch nicht von „hinten durch die Brust ins Auge". Zwischen einzelnen Informationen oder Argumenten sollten kurze Pausen gesetzt werden, sodass der Kunde diese – für ihn vielleicht neuen Dinge – auch verarbeiten kann. Um dies noch zu verstärken, können mehrere Argumente noch einmal zusammengefasst dargestellt werden. Dies gilt aber natürlich nicht für ein Argument und auch nicht für alle, sondern sollte in kleinen Etappen erfolgen.

Der dritte Verständlichmacher ist die „**Kürze bzw. Prägnanz**": so viele Informationen wie nötig, so wenige wie möglich! „Weichmacher", wie z. B. „Eigentlich kann das System das." oder „Das müsste…" vermeiden – sie „weichen" Ihre Aussagen auf!

Letzter Verständlichmacher sind die „**zusätzlichen Stimulanzien**": dieses bedeutet, dass man Beispiele einsetzen soll, die aus der „Welt" des Kunden stammen. Damit bringt man das Produkt möglichst nah an das tatsächliche Leben des Kunden heran und beschreibt ihm nicht irgendetwas, was er nicht kennt oder niemals brauchen wird.

Neben diesen „Vier Verständlichmachern" gibt es noch einige weitere Dinge, die helfen können, die Leistungen eines Produkts möglichst erfolgversprechend zu erklären:

Die eigenen Aussagen durch Mimik und Gestik unterstützen. Dadurch wirken die Botschaften stärker auf den Kunden, weil er sie nicht nur durch Worte wahrnimmt. Es empfiehlt sich abstrakte Dinge, die sich der Kunde im Geiste vorstellen muss, durch Skizzen fassbar zu machen. Natürlich kann man auch Prospekte oder Broschüren heranziehen, doch vermittelt die eigens angefertigte Zeichnung noch einmal eine gewisse Wertschätzung und Wichtigkeit des Kunden. Gerade im Automobil-Service lassen sich Leistungen häufig am besten am Fahrzeug selbst erklären (Direktannahme!). Auch dabei geht es darum, dem Kunden die auszuführenden Arbeiten und die Ursachen dafür „vor Augen zu führen".

Jetzt ist es aber leider ja so, dass sich die meisten Kunden durch die einfache Präsentation der Leistungen eines Produktes nicht überzeugen lassen. Selbst wenn der Serviceberater bislang alles richtig gemacht und sich wirklich an den Bedürfnissen des Kunden orientiert hat, kann es sein, dass dieser vor ihm steht und – zumindest unausgesprochen – die Frage „Was hab ich jetzt davon?" in den Raum stellt. Der Kunde hat also noch nicht erkannt, welchen **Nutzen** das Produkt für ihn haben wird! Die Leistung eines Produktes ist nämlich nicht gleich dem individuellen Nutzen, der daraus für den Kunden erwächst. Also muss der Serviceberater diesen Nutzen besonders herausstellen.

Dazu schauen wir uns dieses Thema aber zunächst noch einmal von vorne an: Ein Produkt besitzt eine Vielzahl von Leistungen – wir können auch „Eigenschaften" oder „Merkmale" sagen. Bleiben wir im Bereich Automobil – z. B. haben Winterreifen die Eigenschaft, dass sie auf glatter Fahrbahn eine bessere Haftung haben. Aus dieser Eigenschaft können nun ganz verschiedene Nutzen abgeleitet werden. Diese Nutzen sind aber für jeden Kunden unterschiedlich. Ein Kunde, der z. B. aus einem Land kommt, in dem es nie schneit und auch nur selten frostige Temperaturen herrschen, wird aus dieser eigentlich wunderbaren Eigenschaft des Winterreifens niemals einen Nutzen ziehen. Dieses Beispiel ist natürlich sehr simpel, von daher noch ein zweites, um den verschiedenen Nutzen aus ein und derselben Eigenschaft deutlich zu machen. Ein Kleinbus (oder Kleintransporter) hat die Eigenschaft, dass er über einen (im Vergleich zum Pkw) großen Innenraum verfügt. Für den Inhaber einer kleinen Firma hat dies den Nutzen, dass er viel Material transportieren kann, die Kirchengemeinde nutzt diese Eigenschaft, um am Sonntag die älteren Kirchenbesucher nach dem Gottesdienst nach Hause zu fahren und der Surfer, um sein Material zu transportieren und in seinem Urlaub die Nächte in dem Fahrzeug zu verbringen – denn schließlich passt in so einen Kleinbus eine große Matratze hinein und so kann er sich die Hotelkosten sparen! Verschiedene Kunden ziehen also aus ein und derselben Eigenschaft verschiedene Nutzen.

Bevor der Serviceberater also den Nutzen für den Kunden darlegt (man kann auch sagen: „argumentiert"), muss er sich noch einmal klar machen, welche Bedürfnisse der Kunde überhaupt hat. Diesen Nutzen kann man dann natürlich sehr platt und einfach formulieren, doch wird dies seine Wirkung wahrscheinlich verfehlen. Viel effektiver ist es, dies durch Bilder und Beispiele aus der Welt des Kunden zu tun. Nehmen wir noch einmal den Surfer, der sich einen Kleintransporter kaufen will. Aus der Eigenschaft „großer Laderaum" könnte man nun formulieren: „Gucken Sie mal, wie viel Platz in dem Transporter ist. Da können Sie tagsüber Ihr Material unterbringen und nachts drin schlafen." Dagegen unterstützt durch eine bildhafte Sprache: „Sehen Sie mal, wie viel Platz in dem Transporter ist. Jetzt stellen Sie sich einmal vor, Sie waren den ganzen Tag an einem wunderschönen Strand zum surfen. Abends legen Sie sich einfach auf die Matratze im Wagen und können unter dem wunderschönen Sternenhimmel und mit dem Meeresrauschen im Ohr einschlafen." Die zweite Variante klingt doch viel angenehmer, oder?!

Diese Bilder, die Sie benutzen sollen – die Sie dem Kunden in seinen Kopf hineinprojizieren müssen –, müssen wiederum an den Bedürfnissen des Kunden ausgerichtet sein! Nehmen wir noch ein weiteres Beispiel – eine Standheizung – und schauen uns drei verschiedene Formulierungen an (jeweils einem anderen Bedürfnis des Kunden zugeordnet):

> Der **statusbewusste** Kunde

„Stellen Sie sich vor, Sie kommen morgens aus Ihrer Haustüre und alle Ihre Nachbarn müssen mühsam die Scheiben frei kratzen. Ihr Auto ist dann das einzige, das bereits freie Scheiben hat! Sie ziehen vor dem Einsteigen Ihre Jacke aus, werfen diese auf die Rücksitzbank, und schon geht es los!"

> Der **bequeme** Kunde

„Sie können morgens in aller Ruhe Ihr Frühstück ausgiebig genießen! Das ‚Scheiben-frei-machen' erledigt heute jemand anderes für Sie. Sie müssen nur einsteigen und losgeht's!"

> Die auf **Gesundheit und Vorsorge** bedachte Kundin

„Möchten Sie Ihr kleines Kind morgens, wenn Sie es zum Kindergarten fahren, in ein eiskaltes Auto setzen? Dick eingepackt, mit Mütze und Schal? Mit dieser Standheizung ist der Fahrzeuginnenraum mollig warm, wie in der Wohnung. Sie können Ihrem Kind die Jacke noch einmal ausziehen – dann schwitzt es auch nicht während der Fahrt!"

Eine gute Hilfe, um für die Eigenschaften eines Produktes verschiedenen Nutzen bildhaft zu formulieren, können auch so genannte „Kundennutzenmatrizen" sein. Hinter diesem komischen Wort verbirgt sich nicht mehr, als eine Tabelle mit drei Spalten. In die erste Spalte trägt man verschiedene Eigenschaften eines Produktes ein, in die zweite verschiedene Nutzen, die eine Eigenschaft für einen bestimmten Kunden haben kann, und in der dritten Spalte setzt man bildhafte Formulierungen und Beispiele dazu. So kann man sich z. B. eine kleine Kartei anlegen, in die man vor einem Kundenbesuch noch einmal hineinblickt, um für schwierige Situationen gerüstet zu sein.

Kundennutzenmatrix

Produkt:

Eigenschaft/Merkmal des Produktes	Nutzen aus der Eigenschaft/dem Merkmal	beispielhafte Formulierung/bildhafte Sprache

5. Die Preisnennung

Jetzt dauert das Gespräch schon eine ganze Weile, doch ein entscheidender Punkt fehlt noch. Am liebsten würde man diesen als „Verkäufer" auch weglassen, denn wenn man selbst Kunde ist, ist dies auch immer der Punkt, den man gerne überspringen würde: der Preis. Nun ja, nichts auf dieser Welt ist wohl umsonst bzw. kostenlos. Und wenn ich als Serviceberater den Kunden noch so gerne habe, auch dieser muss für die Leistung oder das Produkt etwas bezahlen. Das weiß der Kunde auch und trotzdem ist die Nennung des Preises immer wieder ein heikler Punkt. Warum ist dies so? Wenn wir etwas kaufen, dann haben wir im Kopf immer – zumindest in der Regel – eine Vorstellung davon, wie viel das Produkt kosten wird. Diese Vorstellung speist sich aus unterschiedlichen Erfahrungen. Für manch ein Produkt, welches man vielleicht häufiger kauft, kennt man den Preis ja schon. Bei anderen Dingen macht man sich vorher schlau, redet mit Freunden, liest Prospekte und Anzeigen und weiß daher ungefähr, was einen erwartet. Ein letzter Aspekt ist die Tatsache, dass wir den Preis eines Produktes ins Verhältnis zu dessen Leistung (bzw. dem Nutzen!) setzen.

Dieses Verhältnis von Preis und Leistung kann man sich nun vorstellen wie eine gute, alte Balkenwaage. Auf der einen Seite ist der Preis und auf der anderen die Leistung. Wenn wir in unserem Kopf zu der Entscheidung kommen, dass sich die beiden Seiten die Waage halten, dann ist alles in Ordnung. Doch wehe, wenn eine Seite zu „schwer" wird und das Gleichgewicht durcheinander bringt. Wird die Seite „Preis" schwerer – d. h. übersteigt der Preis den Nutzen aus der Leistung – empfinden wir ihn als zu teuer. Und wenn die Seite „Leistung" zu stark „nach unten" geht und der Preis viel zu niedrig ist, empfinden wir diesen als zu billig. Beide Ungleichgewichte bezeichnet man als „Preisschock" – und genau diesen gilt es beim Kunden zu vermeiden. Vielleicht irritiert es jetzt etwas, dass die Empfindung „zu billig" zum Preisschock führt? Sicher bezahlen wir lieber weniger als mehr, doch wenn der Preis aus unserem Verständnis heraus viel zu billig ist, dann fangen wir an, an der Qualität der Leistung zu zweifeln.

Wie kann es der Serviceberater schaffen, diesen „Preisschock" möglichst zu vermeiden? Erster wichtiger Aspekt ist der Zeitpunkt der Preisnennung. Vorausgesetzt, es handelt sich nicht um ein Produkt, dessen Preis an großen Tafeln und in Prospekten bereits geschrieben steht, empfiehlt es sich, den Preis ungefähr im letzten Drittel des Gesprächs zu nennen. Es soll nun aber niemand die genaue Dauer eines Gespräches messen, um dann die Drittel zu berechnen! Es geht schlicht darum, den Preis nicht zu früh, aber auch nicht zu spät zu nennen. Nennt der Serviceberater den Preis direkt zu Beginn, ohne dass er die Leistungen und den Nutzen des Produkts erklären konnte, dann steht dieser „ganz alleine" und die Gefahr eines Preisschocks ist immens hoch. Dem Kunden fehlen dann ganz einfach „Gewichte", die er auf die „Leistungsseite" der Waage legen kann. Nennt er den Preis erst ganz zum Schluss, dann muss es tatsächlich so wirken, als schäme er sich für diesen und wolle ihn am liebsten gar nicht nennen. Wie hier bereits angedeutet wurde, ist ein extrem wichtiger Punkt, dass der Preis niemals völlig alleine stehen sollte. Der Serviceberater sollte den Preis immer in den Nutzen, den der Kunde aus der Leistung zieht, „einpacken". Man nennt dies auch die „Sandwich-Methode" – die Brötchenhälften sind der Nutzen und in der Mitte liegt die Wurst, also der Preis. Ein Beispiel: Ein Serviceberater will seinem Kunden einen Service-Vertrag verkaufen und ist nun an dem Punkt ihm den Preis zu nennen. „Sehen Sie, Sie müssen nicht mehr bei jeder Inspektion oder Verschleißteilreparatur Sorge haben, dass Sie einen sehr hohen Betrag bezahlen müssen. Sie bezahlen jeden Monat X € und damit werden alle diese Arbeiten abgedeckt. Das erscheint Ihnen vielleicht zunächst auch als sehr teuer, aber, Sie können im Voraus planen und müssen nicht mehr mit unangenehmen Überraschungen rechnen!"

Preise müssen dem Kunden transparent gemacht werden. Gerade bei Arbeiten am Fahrzeug, setzt sich der Preis in der Regel aus verschiedenen einzelnen Posten zusammen. Der Serviceberater sollte dem Kunden über diese Zusammensetzung aufklären, sodass er den Gesamtpreis wiederum in Relation zu den erbrachten Leistungen setzen kann. Neben der Transparenz spielt die Kontinuität eine entscheidende Rolle. Dies heißt nicht mehr, als dem Kunden vorher zu sagen, was es nachher kostet – und dies möglichst verbindlich! Nehmen wir an, ein Serviceberater vereinbart mit einem Kunden einen Termin für die Wartung seines Fahrzeugs. Der Kunde fragt bei der Terminabsprache schon einmal, wie viel es denn wohl kosten werde. Der Serviceberater antwortet ihm mit: „Na, mit ein paar hundert Euro müssen Sie schon rechnen." Mit dieser Information kann der Kunde rein gar nichts anfangen! Viel schlimmer ist es aber, wenn man – aus tief empfundener Kundenorientierung heraus – dem Kunden einen Betrag nennt, der mit Sicherheit am unteren Ende der „Fahnenstange" liegt und nachdem die Arbeit dann vollbracht ist, präsentiert man ihm die Rechnung mit einem Betrag, der erheblich höher ist. Durch die Vorabeinschätzung des Preises beeinflusst der Serviceberater die Preisvorstellung des Kunden besonders stark und wenn dieser selbst damit die Waage des Kunden aus dem Gleichgewicht bringt, ist der Ärger vorprogrammiert. Entweder man nennt dem Kunden also gar keinen Preis im Vorfeld (und begründet ihm dies) oder man nennt ihm einen möglichst realistischen Preis!

Der Serviceberater sollte bei der Preisnennung Formulierungen, wie zum Beispiel „Das kostet …." oder den Begriff „Kosten" an sich vermeiden. Dies trennt den Preis wieder von der Leistung, die der Kunde für sein Geld erhält. „Sie bekommen dieses Produkt für einen Betrag von ….", hört sich gleich viel positiver an.

Wie schon erwähnt, ist rein formell noch darauf zu achten, dass Privatkunden stets der Bruttopreis (also inklusive Mehrwertsteuer) zu nennen ist!

6. Die Einwandbehandlung

Alles ist hervorragend gelaufen: Bedürfnisse ergründet, Leistungen erklärt, Nutzen formuliert und sogar der Preis wurde bereits genannt – und dann das: „Ich glaube nicht, dass ich das wirklich brauchen kann…" oder „Das ist mir aber viel zu teuer!" Der Kunde äußert tatsächlich und obwohl sich der Serviceberater bislang die größte Mühe gegeben hat, einen Einwand. Jetzt könnte sich der Serviceberater beleidigt abwenden und den Kunden mehr oder weniger höflich verabschieden und sich dem nächsten Kunden widmen…. – doch halt: Kundeneinwände sind kein persönlicher Angriff gegen den Serviceberater und außerdem tauchen sie in so ziemlich jedem Verkaufsgespräch auf. Ein Kunde, der einen Einwand äußert, zeigt vielmehr, dass er sich mit dem, was der Serviceberater ihm gesagt hat, auch auseinandergesetzt hat! Er ist also durchaus interessiert, er kann nur an der einen oder anderen Stelle der Argumentation des Serviceberaters noch nicht ganz zustimmen.

Zunächst sollte geklärt werden, welche Arten von Einwänden es überhaupt gibt, da sich die Reaktion des Serviceberaters auf die jeweiligen Besonderheiten richten sollte.

Es gibt Einwände gegen…

… das Produkt,
… den Nutzen und
… den Preis.

Und schließlich gibt es noch „Vorwände" (z. B. „Das interessiert mich nicht…!").

Der Unterschied zwischen einem Einwand und einem Vorwand ist relativ leicht zu erklären. Wenn ich einen Einwand äußere, dann habe ich einen tatsächlichen Grund, der diesen verursacht hat. Einem Vorwand hingegen liegt kein tatsächlicher Grund zu Grunde. Ein einfaches **Beispiel**:

> Eine Frau hat ihrem Mann Karten für das Theater gekauft. Er würde gerne mitgehen, doch ist er in der Woche, in der das Theaterstück aufgeführt wird, auf einer Dienstreise. Die Dienstreise ist hier der Grund, aus dem er der Frau gegenüber den Einwand gegen den Theaterbesuch äußern muss. Man könnte versuchen, diesen Grund zu beheben – z. B. die Dienstreise zu verschieben –, da der Mann ja gerne mitgehen würde. Wenn der Mann nun aber gar keine Lust auf Theater hat, wird er sich einen Vorwand ausdenken und besorgen, sodass er nicht mitgehen muss. Dies könnte wieder eine Dienstreise sein (egal ob sie tatsächlich stattfindet!) oder eine wichtige Sitzung, die sich dann tatsächlich als Skat-Abend herausstellt.

Es geht also schlicht um das, was jeder kennt: Mal ärgert man sich, weil man etwas nicht machen kann (Einwand), mal freut man sich, dass man etwas nicht machen muss (Vorwand).

Unabhängig davon, wie der Serviceberater auf Einwände reagieren sollte, kann man hier schon festhalten, dass er bei einem Vorwand in der Regel „schlechte Karten" hat. Das Einzige, was dort vielfach bleibt, ist im Sinne einer langfristigen Kundenbindung, auf den aktuell angestrebten Abschluss zu verzichten und auf eine neue Gelegenheit zu warten.

Wie reagiert ein erfolgreicher Serviceberater nun auf einen Einwand? Oberstes Gebot ist: Zuhören! Der Kunde muss seinen Einwand in Ruhe vorbringen können. Wenn der Serviceberater den Kern des Einwandes nicht verstanden hat, muss er versuchen, diesen durch Nachfragen zu ergründen. Der Einwand des Kunden sollte auf jeden Fall ernst genommen werden und ihm sollte dafür auch Verständnis entgegengebracht werden. Verständnis zeigen heißt dabei aber nicht „Recht geben". „Ich kann verstehen, dass Sie hier noch ein Problem haben...", ist z.B. eine Formulierung, die dem Kunden zeigt, dass sein Einwand ernst genommen wird, ohne dass man ihm Recht gibt.

Der Kundeneinwand ist in der Regel – auch wenn er nur eine Sachinformation zu sein scheint – eine Botschaft auf der Beziehungsseite (zur Erinnerung: Der Eisberg!). Wenn der Serviceberater auf solch einen Einwand dann einfach nur durch „Fakten, Fakten, Fakten" auf der Sachseite antwortet, redet er am Kunden vorbei. Dies verhindert eben das „Verständniszeigen" – der Serviceberater kann den Kunden „dort abholen, wo er steht". Wenn die Lage geklärt ist, also der Kern des Einwandes zu erkennen ist, und der Serviceberater dem Kunden gezeigt hat, dass er diesen Einwand verstehen kann, ist die Zeit gekommen, um langsam und behutsam mit Informationen und Argumenten Lösungsmöglichkeiten für das Problem aufzuzeigen. Hier sollte der Serviceberater noch einmal auf die Nutzenargumentation zurückgreifen. Dies aber bitte nicht nach dem Motto: „Gut, alles noch mal von vorn!", sondern lediglich die für den Einwand des Kunden wichtigen Argumente heranziehen.

7. Kaufsignale

Wenn auch diese Etappe des Gesprächs bewältigt ist, muss man langsam aber sicher an den Punkt gelangen, an dem das Ergebnis des Gespräches klar wird. Man könnte natürlich noch stundenlang mit dem Kunden reden und dann irgendwann einfach so auseinandergehen. Das Ziel ist aber doch, das Gespräch zu einem erfolgreichen Abschluss – nämlich zum Verkauf – zu führen. Hierzu bedarf es der Einwilligung des Kunden und diese wird, wie so häufig, nicht immer auf dem Silbertablett präsentiert. Natürlich gibt es auch Kunden, die klar und deutlich sagen, dass sie das Produkt kaufen wollen. Die Mehrheit allerdings vermittelt dies dem Serviceberater eher unterbewusst.

Es gibt verschiedene Signale, die ein Kunde aussendet, die dem Serviceberater zeigen sollen, dass der Kauf getätigt werden soll. Die Kunst ist es nun, diese Signale zu erkennen, denn wenn man sie übersieht und den Kunden immer weiter von einer Sache überzeugt, die er längst haben will, dann ist er irgendwann genervt und tätigt den Kauf doch woanders. Signale auf der sprachlichen Ebene sind natürlich recht einfach zu verstehen: „Ja, das hört sich gut an." oder „Wo kann ich unterschreiben?" sind eindeutige Abschlusssignale. Auf der nicht-sprachlichen Ebene sind sie dagegen schon schwieriger zu erkennen: Das Aufsetzen der Brille, näher an den Tisch rücken oder das demonstrative Zusammenlegen der erhaltenen Unterlagen, können ein Zeichen für einen gewünschten Abschluss sein. Bei solchen Signalen sollte der Serviceberater dann offensiv den Abschluss einleiten. Ist sich der Serviceberater nicht ganz sicher, gilt es noch einmal kurz nachzuhaken.

8. Der Abschluss

„Geschafft! – Er hat unterschrieben.", denkt sich der Serviceberater und wünscht dem Kunden noch kurz einen schönen Tag. Der Kunde steht auf und verlässt den Raum. Ein gutes Ende für ein Verkaufsgespräch? Natürlich nicht! Der Anfang war noch in Ordnung. Sicher kann der Serviceberater sich innerlich schon einmal freuen, aber: Zurückhaltung. Der Kauf ist zwar getätigt, aber das Gespräch noch nicht vorbei.

Erinnern wir uns an die „kognitiven Dissonanzen", die „Unstimmigkeiten im Kopf", die beim Kunden auftreten können, wenn er die Kaufentscheidung für sich selbst endgültig absichert. Bei dieser Absicherung muss der Serviceberater den Kunden unterstützen, damit diese Unstimmigkeiten erst gar nicht aufkommen und der Kunde nicht zum letzten Mal „Gast" in diesem Betrieb war.

Zunächst ist es wichtig, dass Gespräch genauso offen und freundlich zu beenden, wie es begonnen wurde. Keine Hetze! Der Serviceberater hat sich bis dahin so viel Zeit für den Kunden genommen, da sollte nun nicht der Eindruck entstehen, als wolle er ihn möglichst schnell los werden. Der Kunde sollte, wenn er den Betrieb verlässt, keine offenen Fragen mehr haben. Dies bezieht sich sowohl auf das Produkt selbst, als auch auf mögliche weitere Schritte (z. B. wenn ein zusätzlicher Termin vereinbart wurde oder ein Teil bestellt werden muss). Dem Kunden sollten die wichtigsten Nutzen, die für ihn aus dem Kauf erwachsen, noch einmal aufgezeigt werden. Aber bitte nicht wieder die „ganze Palette", sondern wirklich nur die „Highlights". Die Kaufentscheidung sollte auch vom Serviceberater noch einmal bestätigt werden. Man kann dem Kunden z. B. zu dem Kauf gratulieren oder zeigen, dass man ihn durchaus beneidet. Ein „So etwas hätte ich auch gerne!", hört man von einem Fachmann sicher gern!

Schließlich muss sich der Serviceberater zum guten Schluss noch einmal für den Kauf bedanken! Hat man diese wenigen Hinweise zum Beratungs- und Verkaufsgespräch beachtet, ist die Chance groß, dass man einen zufriedenen Kunden verabschiedet und einen treuen Kunden für die Zukunft gewonnen hat!

6.2.3 Der professionelle Umgang mit Rabattjägern

Ein Werbeslogan wurde zur Grundeinstellung einer ganzen Nation:„Geiz ist geil!" Plötzlich kehrte sich das Konsumentenverhalten um. Jeder meinte, Freunden und Bekannten zu imponieren, wenn er Geschichten über Schnäppchen oder erfolgreiche Schlachten um Rabatte zum Besten geben konnte. Diese Einstellung macht das Verkaufen nicht eben leichter. Sie haben es plötzlich vermehrt mit Kunden zu tun, die mit ganz klaren Preisvorstellungen das Haus betreten und stark fordernd vorgehen. Dennoch hilft **Pauschalierung** hier nicht weiter etwa nach dem Motto: Alle Kunden erwarten Reparaturen oder Inspektionen zum Nulltarif. Jeder feilscht „auf Teufel komm raus"! Nein, in aller Ruhe betrachtet: es sind nicht alle Kunden so. Da gibt es die Fahrer von Firmenwagen, die als Inhaber oder Angestellter ein eher entspanntes Verhältnis zum Preis haben. Und da gibt es die Kunden mit einem hohen Qualitätsanspruch, denen klar ist, dass dieser Anspruch eben auch seinen Preis hat. In meinen Seminaren erlebe ich häufig, dass Servicebrater das preiskritische Verhalten von Kunden schnell resignierend verallgemeinern. Natürlich haben die Zeiten sich verändert. Ohne ungefähre Preisangabe oder Kostenvoranschlag gibt sich kein Kunde mehr zufrieden. Er unterschreibt keinen Auftrag (mehr) blind. Daher gilt es, den Kunden offen gegenüberzutreten. Die von uns für Rabattjäger gehaltenen Kunden sind einfach nur preisbewusste Einkäufer. Der Preis für Dienstleistungen und Produkte muss aber natürlich klar, unmissverständlich und selbstbewusst präsentiert werden. Kunden wollen wissen, was sie für ihr Geld bekommen, und das erfordert eine **sorgfältige Beratung**. Schließlich geht es bei Inspektionen um abstrakte Leistungen, bei denen Kunden keinen echten Vorteil oder Nutzen erkennen können. Die Wahrnehmung vermeintlicher Nachteile wie Mobilitätsverlust, Investition von Zeit und vor allem Geld überwiegt zunächst. Ein gewisser Verhandlungsspielraum ist natürlich vorteilhaft. Die Betonung liegt jedoch auf Verhandlung, nicht auf garantiertem Dauernachlass, der Kunden „ohne Not" hinterhergeworfen wird.

Wie können Sie sich verhalten, wenn ein Kunde das Autohaus mit dem Ausruf betritt, er sei gerade gegenüber bei der Firma Möller gewesen und habe dort einen Nachlass von 10 % angeboten bekommen? Nun, Sie können natürlich nur **nachfragen**: „Um welche Leistungen geht es genau? Sprechen wir über „Ab-Preise"? Was genau soll in Auftrag gegeben werden?"

Lassen Sie uns einen kleinen Ausflug in die Kundenpsychologie unternehmen. Natürlich gibt es solche, die knallhart lediglich aufgrund des Preises entscheiden. Die meisten Kunden entscheiden aber „über den Bauch"! Sie schätzen das **vertrauensvolle Verhältnis** zu ihrem Serviceberater, das persönliche Wort, das an sie gerichtet wird. Sie honorieren die Zeit, die Sie sich für eine gründliche Beratung nehmen, eine Investition, die der Kunde immer seltener erfährt. Oder erleben Sie es etwa als Einkaufserlebnis, wenn Sie zu Aldi gehen? Empfinden Sie es als angenehm, wenn die Kassiererin die Waren schneller gescannt hat, als Sie den Einkauf in Tüten verstauen und die Geldbörse zücken können. Nein! Wir alle wollen Aufmerksamkeit, Interesse und Zuwendung! Das können Sie geben! Überspitzt gesagt: Sie sollten sich zukünftig mehr mit psychologischen als mit technischen Themen befassen.

Kommen wir auf den hartnäckigen Preisverhandler zurück, der an unserem Tisch sitzt. Das Argument, Originalteile zu verwenden, überzeugt viele, nicht jeden. Also müssen wir die **Vorteile** unserer Leistungen deutlicher **herausstellen**: fachgerechtes und kompetentes Arbeiten, Termintreue, Preistransparenz und Mobilitätsservice. In hartnäckigen Fällen kann in das Gespräch auch einmal eingeflochten werden, wie viele technische Schulungstage absolviert werden (müssen), um den immer komplexer werdenden Anforderungen gerecht zu werden, dass wir uns mit komplizierten Diagnosetechniken auskennen und in ganz schwierigen Fällen die technische Hotline des Herstellers Unterstützung bietet. Fragen Sie den Kunden, ob er im Krankheitsfalle die Empfehlung des Hausarzts, einen Spezialisten zu konsultieren, ignorieren würde.

Natürlich sind dies keine Rezepte, mit denen man Kunden immer überzeugen kann. Solche Rezepte gibt es auch nicht. Vielleicht fragen Sie sich auch einmal nach Ihrer **eigenen Einstellung** zur Leistung und dem dafür hinterlegten Preis. Wenn Sie hier Zweifel haben und in Erklärungsnot gelangen, brauchen Sie sich nicht weiter zu bemühen. Es ist zwecklos! Sie wirken einfach nicht überzeugend. Ihre Wortwahl, Mimik und Gestik verraten die eigenen Zweifel.
Auch an dieser Stelle möchte ich über ein Erlebnis aus meiner Seminararbeit berichten. In einem Rollengespräch bemühte sich ein junger Serviceberater, mich von den Vorzügen eines Marken-Kindersitzes für mein Auto bzw. Kind zu überzeugen.

Ich gab mich sehr preiskritisch, jedoch nicht desinteressiert. Nach wenigen Minuten brach er das Gespräch mit der Bemerkung ab, er würde in seiner Praxis niemals ernsthaft einem Kunden solch einen – seiner Meinung nach – überteuerten Kindersitz anbieten. Auf meine Nachfrage stellte sich heraus, dass er selbst noch keine Kinder hatte und sich daher auch noch nie ernsthaft in diesem Zusammenhang mit den Themen Preis, Qualität und Sicherheit auseinandergesetzt hatte. Ich will damit natürlich nicht sagen, dass man Kindersitze nur verkaufen kann, wenn man selbst Kinder hat und tatsächlich vor einer solchen Kaufentscheidung stand. Zu erwarten ist aber die gedankliche Flexibilität und vor allem das **Einfühlungsvermögen**, sich in die Situation und **Motive** dieses Kunden hineinzuversetzen. Bestimmt wäre ihm dann klar gewesen, dass die Sicherheit eines Kleinkindes schwerer wiegt, als der Preis eines Kindersitzes.

Als letztes Mittel kann natürlich ein Preisnachlass gewährt werden. Es gibt oft gute Gründe hierfür. Da ist der treue Stammkunde, der in einer besonderen persönlichen Situation von einem hohen Reparaturkostenvoranschlag überrascht wird. Er hat gerade dem Sohn die erste Wohnung eingerichtet und nun ist das Getriebe defekt und muss erneuert werden. Vielleicht ist es auch der Kunde, der mehrere Firmenfahrzeuge regelmäßig warten lässt oder der Privatkunde, der mit dem Neukauf eines weiteren Fahrzeugs für seine Frau liebäugelt. Natürlich kennen (und missbrauchen) manchmal auch clevere Kunden diese Argumente. Letztendlich entscheiden Sie! Dazu brauchen Sie vor allem einen klaren Entscheidungsspielraum, den Sie in begründbaren Fällen ausschöpfen können.

Wichtig ist in diesem Zusammenhang vor allem, dass ein Nachlass dem Kunden gut „verkauft" wird. Also wieder der von mir oft gebrauchte Ausspruch: **„Tue Gutes und rede darüber!"** Begründen Sie also einem Kunden gegenüber Ihre Entscheidung, einen Rabatt zu gewähren. Bringen Sie zum Ausdruck, dass es sich dabei um eine besondere Bevorzugung handelt und er keinen regulären oder gar rechtlichen Anspruch auf permanente Preisnachlässe hat. Hier ist Fingerspitzengefühl gefordert!

Zum Abschluss dieses Themas möchte ich noch einen generellen Hinweis geben. Sicher haben Sie selbst als Kunde schon erlebt, dass statt eines Preisnachlasses immer häufiger eine materielle Zuwendung gewährt wird. Das bedeutet auf die Praxis im Autohaus bezogen, dass anstelle eines Bar-Rabatts eher eine kostenlose Innenreinigung des Fahrzeugs, ein paar neue Fußmatten oder eine Gratisflasche Öl angeboten wird. Noch besser – im Sinne der Kundenbindung – sind Gutscheine, die beim nächsten Werkstattbesuch eingelöst werden können oder eine kostenfreie

Einlagerung von Sommer- oder Winterreifen. Hier führen Sie taktisch klug eine so genannte **win-win-Situation** herbei. Ihr Kunde ist zufrieden und Sie haben dem grassierenden Preisdumping nicht nachgeben müssen.

? Lernfragen zum Kapitel 6

> Berechnen Sie das Potenzial eines Fahrzeug-Modells, welches regelmäßig in Ihrer Werkstatt steht. Beginnen Sie ab der Erstzulassung und rechnen Sie dann auf einer Zeitspanne von 6 Jahren, welche Umsätze mit diesem Fahrzeug voraussichtlich gemacht werden können. Berücksichtigen Sie „normale" (planbare) Arbeiten, Verschleißreparaturen und „gängige" Reparaturen, die bei dem entsprechenden Modell wahrscheinlich anfallen werden.

> Wie lauten die fünf Schritte einer Service-Marketingaktion? Nennen Sie diese und beschreiben Sie bitte zu jedem einzelnen Schritt, was sich hinter diesem verbirgt.

> Welche besonders erfolgreichen Ansätze sehen Sie für Marketingmaßnahmen im eigenen Autohaus/in der Werkstatt?

> Welche wichtigen Strategien kennen Sie, um wirkungsvoll mit sog. Rabattjägern umzugehen?

> Wie verläuft der Kaufprozess aus Sicht eines Kunden? Erläutern Sie kurz, was in den einzelnen Phasen passiert.

> Wie muss dementsprechend der Verkaufsprozess vom Verkäufer (Serviceberater) gestaltet werden?

> Was sind typische Fehler in der Bedürfnisanalyse? Wie macht man sie „richtig"?

> Die Angebotsphase besteht aus der Leistungserklärung und der Nutzenargumentation – was zeichnet diese Bestandteile aus? Worauf zielen sie jeweils ab und wie sind sie zu gestalten?

> Wie gestalten Sie den Abschluss eines Beratungs- und Verkaufgespräches?

7 Reklamations- behandlung

Reklamationen sind sicher nicht die Sternstunden im Leben eines Serviceberaters, noch dazu, wenn jemand diese Funktion im Betrieb noch nicht allzu lange ausübt. Doch man sollte sich von ihnen wirklich nicht „die Suppe versalzen lassen". Reklamationen sind nicht vermeidbar. Sie gehören zum Service wie die Nacht zum Tag. Reklamationen gibt es in jedem Dienstleistungsbereich und in jeder Produktion, denn dort arbeiten Menschen und diese Menschen sind nun mal nicht unfehlbar.

Mit den Reklamationen ist es wie mit der Arbeitssicherheit: Hundertprozentige Arbeitssicherheit erreicht man nur, wenn man nicht mehr arbeitet. Ein Fehlerrisiko steckt somit auch in jeder Werkstattarbeit. Nun wäre es natürlich fatal, daraus den Schluss zu ziehen, man brauche sich nicht mehr anstrengen, weil ja Fehler sowieso aufträten. Unser Kunde erwartet eine hohe Arbeitsqualität und die müssen wir ihm bieten. Ziel muss es also immer sein, die Reklamationsquote in jedem Betrieb und bei jedem Produkt so gering wie möglich zu halten.

Doch bei noch so großem Bemühen wird es immer wieder zu Fehlern und damit auch zu Reklamationen kommen. In diesen hoffentlich seltenen Fällen kommt es dann aber darauf an, wie gut wir in der Lage sind, den Fehler zu beseitigen und den Kunden wieder zufriedenzustellen. Wir müssen auf den „Notfall Reklamation" vorbereitet sein, sowohl in technischer als auch in menschlicher Hinsicht!

7.1   Reklamationen als Chance

Sicher, auf Anhieb mag man nicht so recht an die positive Seite einer Reklamation glauben. Da fallen einem viel eher die Schattenseiten des Berufes ein. Da denkt man an so manches Streitgespräch, manchen Kundenvorwurf und an so manche Beschuldigung und Beschimpfung, die man ertragen musste. Sicher, auch Kunden sind keine Engel und es ist schon manchmal „starker Tobak", den man sich da anhören muss.

Die negativen Seiten einer Reklamation, Beanstandung oder Beschwerde sind sicher unübersehbar. Sie reichen vom Zeitverlust, über Zusatzarbeit bis hin zur

Kundenverärgerung. Schlimmstenfalls geht uns der Kunde verloren. Und wer kann sich das in der heutigen Zeit schon leisten?

Der amerikanische Warenhauskönig Marshall Field soll einmal gesagt haben: **„Der Kunde, der sich beklagt, tut der Firma einen Gefallen, indem er ihr zeigt, wie sie es besser machen kann, während der Kunde, der unzufrieden ist und sich nicht beklagt, der Firma schadet, weil er ihr nicht zeigt, wie sie es besser machen kann."**

Der reklamierende Kunde zeigt uns noch Vertrauen. Er sagt durch seine Handlung: „Ich möchte noch mit euch zusammenarbeiten, komme noch zu euch, damit ihr euren Fehler wiedergutmachen könnt." Das ist doch schon die erste Chance. Und es gibt noch weitere: Zusatzleistungen zu verkaufen, den Kunden zu behalten, Schwachstellen im eigenen Betrieb kennenzulernen, Schwachstellen des Produktes aufzudecken, die Leistungsfähigkeit des Betriebes unter Beweis zu stellen, die eigene Leistungsfähigkeit in puncto Gesprächsführung darzustellen und den Kunden von der Verbreitung eines Negativ-Images abzuhalten.

Der gute Ruf eines Betriebes geht weit, doch der schlechte Ruf kann noch viel weiter gehen. Kunden erzählen oftmals nicht uns, sondern Freunden, Bekannten und Arbeitskollegen von ihrer Unzufriedenheit.

Wer kennt nicht ähnliche Situationen aus seinem Leben, wenn man selbst als Dienstleistungsempfänger auftritt? Da will man ein neues Restaurant ausprobieren, freut sich auf das Essen und das Ergebnis ist mittelmäßig. Auf die Frage des Kellners „Hat es Ihnen geschmeckt?" wird dann mit einem kurzen „Ja" geantwortet, gleichzeitig entschließt man sich aber dazu, dieses Restaurant nie wieder aufzusuchen.

Warum macht man das? Oftmals ist es uns zu lästig, ein längeres Gespräch mit dem Kellner über die Qualität des Essens zu führen. Über Geschmack lässt sich ja bekanntlich streiten. Vielleicht sind es aber auch unsere schlechten Erfahrungen mit Kellnern und Reklamationsgesprächen, die uns lieber dem Streit aus dem Weg gehen lassen. Egal, wichtig ist jedoch dabei, dass der Kellner seinem Koch keine Rückmeldungen über dessen Arbeitsqualität geben kann. Er kann also nicht aus seinen Fehlern lernen und zukünftig seine Gäste zufriedenstellen. Schlimmstenfalls kocht er so weiter und wundert sich eines Tages, dass die Gäste ausbleiben. Seien wir also froh, wenn Kunden sich über ihre Unzufriedenheit äußern. Ob nun bei einer technischen Beanstandung oder auch „nur", wenn sie zu lange in der morgendlichen Andrangzeit warten mussten.

7.2 Die Situation des Kunden im Reklamationsfall

Jede Reklamation, Beanstandung oder Beschwerde hat eine Vorgeschichte. Kennt man diese Vorgeschichte, oder versucht man, sich annähernd in sie hineinzudenken, so fällt es in der Regel leichter, zum einen das Kundenverhalten zu verstehen und zum anderen unser eigenes Verhalten darauf einzustellen.

Die „Unglückskette": Ausgangspunkt für eine Reklamation ist in der Regel ein technischer Defekt. Zu irgendeinem Zeitpunkt im Autoleben tritt dieser Defekt auf. Da der Kunde zumeist nicht mit seinem Auftreten rechnet, stellt er für ihn eine Überraschung dar. Der Kunde sieht im ersten Moment nur die Auswirkungen des Defektes, z. B. Fahrzeug bleibt stehen, ein Geräusch tritt auf usw. Die Ursachen kennt er in diesem Moment zumeist nicht. Der erste Handlungsschritt des Kunden in ein gedanklicher Diagnoseversuch: „Was kann das nur sein?" oder „Hab' ich auch nichts falsch gemacht?" In der Regel scheitert bereits an dieser Stelle sein Fachwissen. Er ist ratlos und damit auch zumeist hilflos, denn er weiß nicht, wie er dieses technische Problem beseitigen kann. In einigen Fällen wird zwar noch versucht, irgendeine Hilfsmaßnahme zu ergreifen, doch wenn auch diese scheitert, ist der Kunde auf Hilfe angewiesen. Das ist die Phase der Hilflosigkeit.

Dies ist eine besonders unangenehme Phase für ihn, da kaum ein Mensch gern hier verweilt. Er begibt sich nun auf die Suche nach einem Verantwortlichen. Da wird zunächst einmal bei anderen gesucht, weil wir alle nun mal dazu neigen, eher der Umwelt als uns selbst die Schuld für irgendwelche Negativereignisse zuzuschreiben. Da hat entweder die „Werkstatt schlampig gearbeitet" oder der Hersteller („Bei einem Neufahrzeug darf so etwas aber nicht auftreten!") geschludert. Egal, beiden Dingen ist gemeinsam, dass die Erwartungen des Kunden enttäuscht wurden.

Je nach Schwere des technisches Defektes gesellt sich noch Frustration beim Kunden dazu. Ist sein Wagen beispielsweise nicht mehr fahrbereit, so wird er daran gehindert, seine Fahrt von A nach B fortzusetzen. Er ist frustriert, weil er an der Durchführung einer Handlung gehindert wird.

Entscheidend ist jetzt noch, in welcher Situation sich der Kunde befindet, welche Umgebungsbedingungen auf ihn einwirken. Steht er unter Zeitdruck, weil ihn das Unvorhergesehene daran zu hindern droht, einen wichtigen Termin wahrzunehmen? Belasten ihn die eventuellen Kosten, die seinen Monatsetat sprengen? Ärgern ihn die besonderen Umstände (Werkstattbesuch, An- und Abfahrt)? Oder ist es die Unannehmlichkeit, sein Fahrzeug für einige Zeit nicht zur Verfügung zu haben? Je nachdem, wie bedeutsam diese situationsspezifischen Faktoren für den Kunden sind und wie sehr er in der Lage ist, mit solchen Situationen fertig zu werden, wird er mehr oder minder starken Stress empfinden. Dies alles wird jetzt sein Verhalten gegenüber dem ersten Mitarbeiter im Kundenkontakt beeinflussen; wird also dafür verantwortlich sein, ob er sachlich und ruhig, gereizt oder aufschäumend dem Serviceberater gegenübertritt.

7.3 Kleine Reklamationspsychologie

7.3.1 Die positive Einstellung zum Reklamationsgespräch

Oftmals hört man die Meinung, der „König Kunde" degradiere den Serviceberater zum Hanswurst, wenn es um das Verhältnis zwischen den Beteiligten im Service geht. Besonders krass wird dieses Missverhältnis im Reklamationsfall empfunden. Sicher, ein reines partnerschaftliches Verhältnis im Service wird es selten geben, dazu sind die Rollen von Kunden und Serviceberater zu verschieden. Der eine leistet Dienste, der andere nimmt diese Dienstleistung entgegen und bezahlt dafür. Der Kunde ist und bleibt König! Doch darum muss sich der andere nicht gleich zum Lakaien machen. Oder?

Auch die eigene Einstellung ist gerade im Konfliktfall oder besser im Reklamationsfall (es muss ja kein Konflikt daraus werden) von besonderer Bedeutung.

Unsere Einstellung beeinflusst unser Verhalten!

Jeder Sportler kennt dieses Gesetz. Würde er einen Wettbewerb mit den Gedanken „Wir verlieren ja sowieso" beginnen, so hätte er kaum Aussicht auf Erfolg. Man muss zumindest eine leise Hoffnung auf den Gewinn, auf ein Positivergebnis haben, sonst könnte man die Sache gleich sein lassen. Wer kennt das nicht von sich selbst: Den neuen Tag mit dem Gedanken „Heut' geht sowieso alles schief" begonnen, bringt garantiert im Lauf des Tages eine Reihe von Negativereignissen.

Ähnlich ist es auch im Umgang mit anderen Menschen, insbesondere wenn es sich um so schwierige Kontaktsituationen wie ein Reklamationsgespräch handelt. Es wird uns besonders hier – aber auch in anderen Gesprächssituationen – kaum gelingen, eine freundliche Gesprächsatmosphäre, einen persönlichen Kontakt aufzubauen, wenn wir einem Kunden innerlich ablehnend gegenüberstehen. Diese Gesprächsatmosphäre ist jedoch gerade für eine sinnvolle Reklamationsbehandlung wichtige Voraussetzung.

„Ich bin o. k. – der Kunde ist o. k." – diese Einstellung ist wichtig, um mit schwierigen Situationen und Kunden umgehen zu können.

Erst mit dieser Einstellung wird ein sinnvolles Reklamationsgespräch möglich. Partnerschaft heißt der Grundgedanke dieser Haltung, die den Weg zu einem fairen und befriedigenden Kundenkontakt ebnet.

7.3.2 Zielsetzung des Reklamationsgesprächs

Reklamationen haben einen sachlichen und einen menschlichen Aspekt. Auf der sachlichen Seite gilt es, das technische Problem richtig zu erkennen und die angemessenen Abhilfemaßnahmen einzuleiten. Auf der menschlichen Seite steht die Zufriedenheit des Kunden auf dem Spiel. Sie wird bestimmt vom Gesprächsverhalten des Serviceberaters einerseits und von den vorgeschlagenen und einzuleitenden Maßnahmen andererseits.

Reklamierende Kunden sind häufig aufgeregt und dies behindert ihre Fähigkeit, sachlich genau und umfassend ihr Problem zu schildern. Schlimmstenfalls kommen nur minimale Sachinformationen „rüber". Da werden Erlebnisse geschildert, die im Zusammenhang mit dem Defekt auftraten, da wird den Gefühlen freien Lauf gelassen, um den „Schuldigen" mal richtig die Meinung zu sagen, aber „Worum es nun eigentlich geht" erkennt der Zuhörer schwerlich. Schwierig also, hier das richtige Gesprächsverhalten an den Tag zu legen.

Das Gesprächsverhalten des Serviceberaters sollte daher von folgenden Zielsetzungen geleitet werden:

1. Ziel: Dem Kunden die notwendige Akzeptanz für sein Problem entgegenzubringen.

2. Ziel: Eine Beruhigung des Kunden zu erreichen, die es diesem ermöglicht, seine Schwierigkeiten genau und verständlich zu beschreiben.

3. Ziel: Den sachlichen Hintergrund der Reklamation zu erfahren.

4. Ziel: Kurzfristige Abhilfemaßnahmen vorzuschlagen und einzuleiten, die die Beseitigung des Problems erwarten lassen.

7.3.3 Fehler im Reklamationsgespräch

Wenn man die obengenannten Ziele erreichen will, muss man unbedingt die folgenden Fehler vermeiden:

- Das Kundenverhalten wird falsch eingeschätzt.

- Für das beschriebene Problem wird keine Akzeptanz aufgebracht.

- Beschwichtigungsversuche werden unternommen.

- Es erfolgen vorschnelle Schuldzuweisungen.

Das Kundenverhalten wird falsch eingeschätzt: Da kommt der Kunde aufgebracht in die Werkstatt, seine Stimme klingt hektischer als gewöhnlich, seine Worte sind nicht in der bekannten Weise gewählt. Vorschnell wird dieses Verhalten als aggressiv gewertet und die eigentliche Triebfeder, die Aufregung, außer Acht gelassen. Diese Fehleinschätzung hat zumeist ein Fehlverhalten zur Folge: „Wenn der mich so angreift, dann …!" und schon fliegen die Fetzen.
Und noch eine Form der Fehleinschätzung ist anzutreffen: Die Ernsthaftigkeit einer vom Kunden ruhig vorgebrachten Reklamation wird unterschätzt. Ein ruhiges und sachliches Reklamationsverhalten muss jedoch keineswegs bedeuten, dass die Beanstandung „nicht so schlimm" ist. Wir müssen also auch auf die leisen Töne achten.

Fehlende Akzeptanz ist ein Angriff auf das Selbstwertgefühl des Kunden. Wer Reklamationen nicht ernst nimmt, sie bagatellisiert oder sie in irgendeiner anderen Form für „nicht so wichtig" hält, der läuft der Gefahr, einen Angriff auf das Selbstwertgefühl des sich beschwerenden Kunden zu starten.

Akzeptanz heißt ja nicht, dass wir die Berechtigung der Reklamation vorschnell anerkennen! Vielmehr bedeutet es, sich den Problemen des Kunden zuzuwenden und sie zunächst anzuhören. Wer mit Formulierungen, wie „Normalerweise kommt so etwas bei uns nicht vor!" oder „Das kann ich mir gar nicht vorstellen!" die Aussage des Kunden in Zweifel zieht, muss sich über entsprechende Reaktionen nicht wundern.

Beschwichtigungsversuche werden unternommen: Wenn Menschen sich aufregen, wird häufig versucht, sie schnell zu beschwichtigen.

„Nun beruhigen Sie sich doch erst einmal!"

„Nun bleiben Sie doch ganz ruhig!"

„Warum regen Sie sich denn so auf?"

„So schlimm ist die Sache doch gar nicht!"

Wir Menschen glauben gern, diese beschwörenden Formeln würden den anderen zur Ruhe bringen. Weit gefehlt, denn der sich Aufregende wird hierdurch ins „moralische Abseits" gestellt. „Ich rege mich auf, wann und wo ich will!", ist eine nicht seltene Reaktion auf diese Versuche der Beruhigung. Akzeptieren Sie den Kunden und seinen Ärger und versuchen Sie nicht, ihm diesen Ärger auszureden, dann wird er von selbst zur sachlichen Ebene zurückkehren.

Es erfolgen vorschnelle Schuldzuweisungen: Niemand übernimmt gern die Verantwortung für einen Fehler und kein Kunde erwartet von uns eine vorschnelle Schuldanerkennung. Aber dies ist lange noch **kein Grund für vorschnelle Schuldabweisungen**, erst recht nicht, wenn sie ihrerseits in Schuldzuweisungen übergehen und dann einen höchst explosiven Charakter erhalten.

„Bei uns ist das ganz sicher nicht passiert!"

„Glauben Sie wirklich, dass ...?"

„Was haben Sie denn mit dem Wagen angestellt?"

„Ist die Sache nicht doch auf einen Fahrfehler zurückzuführen?"

Sicher, Kunden ihrerseits formulieren diese Schuldzuweisungen gegenüber dem Autohaus nicht selten. Doch warum gleich nach dem alttestamentarischen Prinzip „Auge um Auge – Zahn um Zahn" handeln? Enthaltsamkeit in Sachen „Schuld und Sühne" ist angebracht.

7.3.4 Sinnvolles Verhalten bei Reklamationen

Der bekannte Starkoch Paul Bocuse hat einmal gesagt: „Es braucht wenig, um eine Sache gut zu machen und noch weniger, um sie schlecht zu machen." Er meinte natürlich ein Gericht und seine Zutaten, doch dieses Prinzip ist durchaus auf die

Kunst der Reklamationsbehandlung übertragbar. Nehmen Sie also lieber etwas mehr und setzen die folgenden Gesprächsbausteine ein.

Aufnahmebereitschaft vermitteln und zuhören: Bereits in den ersten Sätzen können Sie die Stimmungslage des Kunden erkennen. Wortwahl, Stimmlage und Körpersprache signalisieren zumeist schon das „Unheil". Ignorieren Sie diese Zeichen nicht, nehmen Sie sie als Aufforderung für besonders aufmerksames Zuhören. Vermitteln Sie Ihre Aufnahmebereitschaft durch das verständnisvolle Zuhören und sprechen Sie ggf. kurz Ihre Wahrnehmung aus:

„Ich merke, Sie sind ärgerlich. Bitte erzählen Sie mir Ihr Problem, damit ich Ihnen helfen kann."

„Ich habe den Eindruck, dass etwas Sie sehr verärgert hat. Wie kann ich Ihnen helfen?"

Diese Reaktionen erfordern zwar ein wenig Überwindung, helfen aber in aller Regel ungemein. Wundern Sie sich nicht, wenn Ihr Gesprächspartner Ihre Wahrnehmung mit den Worten „Und wie ich mich ärgere, das ist doch…" verstärkt. Dies ist kein Grund zur Besorgnis, Ihre Botschaft ist dennoch positiv angekommen.

Widmen Sie sich dann dem Bericht des Kunden und zeigen Sie durch sprachliche („mhm", „ja", „sicher") und körpersprachliche (z. B. Blickkontakt, Kopfnicken) Zuhörsignale Ihre Aufmerksamkeit. Unterbrechungen sind in dieser Phase unangebracht, der Erzählende muss sich von seinem Ärger freireden können.

Auf die emotionalen und auf die Erlebnisanteile eingehen: Kundenaussagen bestehen zumeist aus Sach-, Erlebnis- und Gefühlsaussagen. Um an die Sachaussagen zu gelangen, müssen zunächst die anderen Aussageanteile berücksichtigt werden. Dies geschieht am besten durch Signale des Nachvollziehens und des Verständnisses:

„Ich kann mir gut vorstellen, dass es für Sie unangenehm ist, wenn…"

„Ich kann mich – glaube ich – recht gut in Ihre Lage versetzen."

„Mir ist durchaus verständlich, dass Sie verärgert sind, wo jetzt…"

„Ich kann Ihre Verärgerung gut verstehen. Es ist sicher nicht schön, wenn…"

Durch diese Äußerungen fühlt sich der Reklamierende verstanden, er muss nicht um Gehör und Akzeptanz kämpfen und kann zum sachlichen Teil des Gespräches übergehen. Erwarten Sie jedoch keine Wunder! Oftmals sind einige solcher Äußerungen vonnöten, um die „Gemüter" zu beruhigen.

Die Verpflichtung auf ein gemeinsames Ziel – Einsatz zeigen: Manchmal ist es unumgänglich, einen schimpfenden Gesprächspartner wieder „auf den Boden der Tatsachen" zurückzuholen. Moralische Appelle und Beschwichtigungen helfen da nichts, sondern verstärken eher noch den Unmut. In solchen Momenten kann es helfen, dem Gesprächspartner das gemeinsame Ziel der Mangelbeseitigung nochmals vor Augen zu führen und ihn darauf zu verpflichten.

„Herr Molper, ich kann gut verstehen, dass Sie ärgerlich sind. Doch wir wollen beide, dass Ihr Fahrzeug so schnell als möglich wieder einsatzbereit ist. Nicht wahr?"

„Herr Belger, Sie wollen schnell wieder Freude an Ihrem Auto haben? Sind Sie so nett und …!"

Solche „Einschwörungen" können helfen, das Ziel bewusst zu machen, ohne mit dem drohenden Zeigefinger zu arbeiten.

Das richtige Vorgehen: Sachebene klären – Aktivierungsfragen – Umschreibendes Zuhören – Kontrollfragen. Natürlich müssen Sie sich zügig der Sachebene des Gespräches nähern, denn sie bringt Sie langfristig zur Sachlösung. Unumgänglich ist es hier, **Aktivierungsfragen, umschreibendes Zuhören und Kontrollfragen** einzusetzen.

„Herr Lange, wie hat sich das Geräusch das erste Mal bemerkbar gemacht?"

„Herr Müller, wenn ich Sie richtig verstanden habe, dann verliert Ihr Fahrzeug seit der letzten Inspektion Wasser. Wann hat sich das erstmals bemerkbar gemacht?"

„Herr Carstens, wo steht Ihr Wagen jetzt?"

„Herr Lippert, ist Ihr Fahrzeug noch fahrbereit?"

Sachliche Fragen zwingen den Gesprächspartner zu sachlichen Antworten. Erst dadurch kann sich der Mitarbeiter ein klares Bild vom Problem und seinen Konsequenzen machen.

Reklamationen erfordern sachliche Fragen und sachliche Lösungen. **Diese Lösungen sollten gemeinsam mit dem Kunden erarbeitet werden;** der Kunde sollte in den Lösungsprozess eingebunden werden, damit er auch langfristig zum Ergebnis steht. Darum müssen wir das Prinzip der Entscheidungsfreiheit berücksichtigen.

Wer über den Kopf des Kunden hinweg Maßnahmen bestimmt, muss sich nicht wundern – auch wenn er im guten Glauben und zum Besten des Kunden gehandelt hat –, dass der Kunde mit dem „befohlenen" Weg nicht einverstanden ist. Schlagen Sie – wo immer dies möglich ist – alternative Lösungswege vor, oder, wenn sich nur ein Weg anbietet, bitten Sie den Kunden um seine Zustimmung.

„Herr Delter, ich schlage Ihnen vor, dass wir uns das Problem direkt am Fahrzeug ansehen. Was halten Sie davon?"

„Herr Kandel, es bieten sich uns hier zwei Möglichkeiten an: wir könnten… oder… Welcher Weg wäre Ihnen angenehmer?"

In einigen Fällen ist es auch durchaus sinnvoll, den Kunden zu einem eigenen Vorschlag zu bewegen. Vielleicht sind die „Forderungen" und Wünsche weit weniger aufwendig als der Vorschlag, den wir unterbreiten würden. Insbesondere ist diese Methode dann angebracht, wenn bereits einige Vorschläge unsererseits als indiskutabel abgeschmettert wurden.

„Herr Clasen, darf ich Sie offen fragen, wie Sie sich die Lösung vorgestellt haben?"

„Herr Werner, was sollten wir Ihrer Ansicht nach jetzt tun?"

„Herr Schöttler, welchen Vorschlag erwarten Sie von uns?"

Natürlich dürfen diese Fragen an den Kunden nicht gestellt werden, wenn sie Zweifel an unserer Fähigkeit der Problemlösung aufkommen lassen. Es kommt also auch hier auf die situativen Faktoren an, unter denen ihr Einsatz angebracht ist.

Den Vorschlag abzusichern bedeutet, die Zustimmung des Kunden zum unterbreiteten Vorschlag zu bekommen und ihn nochmals in Form einer positiven Bestätigung zu wiederholen. Das festigt erstens die Kundenentscheidung, zweitens zeigen wir damit unser Problemlösungsinteresse und zusätzlich schützen wir uns vor späteren „Querschüssen" und vor Missverständnissen.

Vermeiden Sie Standardformulierungen! „Also, wie besprochen", „Okay, wir machen das so!", gehören in diese Kategorie. Konkretisierung bringt hier mehr Erfolg.

Ein positives Ergebnis sollte am Schluss eines Reklamationsgespräches stehen und den Kunden hoffnungsfroh stimmen: „Ich bin sicher, dass Sie mit dem Ergebnis zufrieden sein werden" oder „Ich freue mich, dass wir uns auf diesen Weg einigen konnten. Seien Sie versichert, dass wir alles tun werden, um die Sache zu einem glücklichen Ende zu bringen."

Bedanken Sie sich gegebenenfalls beim Kunden: „Herr Müller, herzlichen Dank, dass Sie uns so schnell informiert haben. Sie haben durch Ihre Aufmerksamkeit einen größeren Schaden verhütet."

„Herzlichen Dank für Ihren Anruf und Ihre Offenheit. Wir werden Ihre Gedanken gern als Anregung aufnehmen."

Der Kunde wird insgesamt den Eindruck gewinnen, dass er auch mit einer Reklamation bei Ihnen gut aufgehoben ist und dass sich auch eine weitere Zusammenarbeit noch lohnt.

Neben dem beschriebenen Vorgehen können Sie noch weitere Tipps zur Reklamationsbehandlung einsetzen!

Nehmen Sie Block und Bleistift und **schreiben Sie die vom Kunden beanstandeten Punkte mit**! Dadurch sichern Sie sich nicht nur Ihren Informationsstand und vermeiden Missständnisse, sondern geben dem Kunden gleichzeitig das Gefühl der Wichtigkeit.

Gehen Sie mit dem Kunden an sein Fahrzeug und lassen Sie sich die Beanstandungen zeigen! Auch dieses Vorgehen hat zwei Effekte: Erstens räumen Sie Übermittlungsfehler aus, da Sie sich die Beanstandungen direkt am Fahrzeug zeigen lassen. Zweitens können sie schneller und sicherer Ihre Diagnose stellen und drittens werten Sie wiederum Ihren Kunden auf. Auch bei kleinen Beanstandungen (Ihr Kunde sieht kleine Dinge als groß an!) fühlt Ihr Kunde sich mit seinem Problem bei Ihnen gut aufgehoben.

Zwei Nebeneffekte dieses Vorgehens sollten wir nicht außer Acht lassen: Andere Kunden können die Reklamationen nicht mithören und Sie verschaffen dem Kunden durch den Gang ans Fahrzeug körperliche Bewegung, die zum Stressabbau dienen kann.

Bieten Sie dem Kunden einen Platz an! Manche Gespräche lassen sich besser im Sitzen führen. Sie schaffen dadurch eine vertrautere Atmosphäre. Übrings: Auf weichen Stühlen lässt sich weniger gut schimpfen, als auf einem harten Schemel, wo sich der Kunde noch zusätzlich über diese miese Kundenbehandlung ärgern kann.

Verringern Sie die Belastungen für den Kunden, wo es möglich ist! Oftmals kann durch ein **Ersatzfahrzeug** vieles ins Lot gebracht werden. Die Beseitigung des Mobilitätsverlustes beseitigt manche der Stressoren, die die Reklamation für den Kunden mit sich bringt. Er behält seine Mobilität, dadurch verringern sich zumeist die Umstände (z. B. jemanden zu bitten, ihn zur Werkstatt zu fahren, usw.).

Zur Verringerung dieser Belastungen gehört auch – wo möglich – eine kurze, unbürokratische Hilfe. Also bei Kleinigkeiten nicht erst umständlich den Auftrag schreiben.

Erledigen Sie Kleinigkeiten sofort und unbürokratisch und fragen Sie telefonisch nach, ob die Reklamation zur Zufriedenheit des Kunden behoben wurde.

? Lernfragen zum Kapitel 7

> Wieso sprechen wir in diesem Buch von der „Reklamation als Chance"?

> Wie lässt sich die Situation eines Kunden in einem Reklamationsfall beschreiben?

> Welche Ziele verfolgen wir mit der Reklamationsbehandlung?

> Welche typischen Fehler passieren häufig in Reklamationsgesprächen?

> Wie können wir uns verhalten, um unsere Ziele zu erreichen und ein Gespräch „erfolgreich" zu beenden?

Hypnose hilft da wenig – Reklamationspsychologie

8 Arbeitstechniken des Serviceberaters

Die berufliche Ausbildung und Qualifizierung von Serviceberatern ist in Deutschland vorrangig auf die Differenzierung und Aktualisierung von technischem Wissen konzentriert. Gleichzeitig haben sich – wie bereits dargestellt – die Anforderungen und das Berufsbild des Serviceberaters stark verändert. Beide sind komplexer geworden, einhergehend mit einem ständig wachsenden Verantwortungsbereich.

Für jeden von Ihnen wird es also notwendig, über das „Was" und „Wie" der täglichen Arbeit nachzudenken und Möglichkeiten der Effizienz- und Effektivitätssteigerung abzuleiten. Ohne den Anspruch auf Vollständigkeit möchten wir Ihnen dazu unter der Überschrift „Arbeitstechniken des Serviceberaters" einige Anregungen geben. Wir laden Sie ein, sich mit dem Thema Zeitmanagement auseinanderzusetzen. Es korrespondiert eng mit der Stressproblematik, die uns wiederum mit einem nicht mehr ganz neuen Begriff, der „Work-Life-Balance" konfrontiert.

Auch das Auftreten und das Erscheinungsbild sind heute in jedem Beruf von besonderer Bedeutung. Wir wollen uns diesem Thema näher widmen.

In der heutigen, hochspezialisierten Berufswelt ist die Halbwertzeit unseres irgendwann gelernten Wissens dramatisch verkürzt. Daher bekommt das „lebenslange Lernen" eine ganz neue Bedeutung. Aber wie kann das bewerkstelligt werden, wenn der Arbeitstag und die Freizeit ohnedies mehr als ausgefüllt erscheinen? Wir gehen dieser Frage in diesem Kapitel nach.

8.1 Zeitmanagement für den Serviceberater

Geht es Ihnen auch manchmal so: Die Zeit vergeht wie im Fluge, man schafft nichts Rechtes und vieles muss unerledigt liegen bleiben. Unbefriedigt verlässt man da am Abend den Betrieb, ist geschafft und hat dennoch das Gefühl, nichts geschafft zu haben. Im Übrigen hat man kaum Zeit über dieses Problem nachzudenken, denn man muss zum nächsten Werkstattkunden. Wird es einem gelingen, den Kunden freundlich und zuvorkommend zu behandeln? Wird man beraten können? Mit

Ruhe, Sachverstand und Verständnis sich der Probleme seines Gesprächspartners annehmen können? Wird man zuhören können?

Oder werden seine Gedanken bei der gerade liegengebliebenen Aufgabe sein? Ist viel Arbeit mit viel Stress gleichzusetzen? Nein, nicht zwangsläufig. Die Wenigsten von uns haben gelernt, wie man seine eigene Arbeit organisiert. Fachlich sind wir ausgebildet, doch niemand brachte uns in der Ausbildung auch bei, wie wir unsere Arbeit organisieren können. Da verließ man sich ganz auf die eigenen Intuition, wo nach dem Motto „Irgendwie wird es schon gehen!"

Wer seine eigene Zeit organisiert und dadurch Zeitmanagement betreibt, beherrscht seine Zeit und Arbeit und lässt sich nicht von diesen beiden beherrschen. Fangen Sie heute damit an, denn heute ist der erste Tag vom Rest Ihres Lebens! Zeit ist unwiederbringlich und mit diesem Gedanken sollten Sie leben, sonst zerrinnt Ihnen die Zeit zwischen den Fingern und Sie stehen eines Tages da und müssen sich fragen „Wo ist die Zeit geblieben?", so wie Sie sich heute schon oft nach Feierabend fragen: „Was hab' ich heute eigentlich geschafft?" Natürlich können Sie als Serviceberater nicht all Ihre Aufgaben planen und organisieren, da Sie ja von der Kundenfrequenz abhängig sind. Aber dennoch können Sie einiges für Ihr Zeitmanagement tun.

8.1.1 Fangen Sie Ihre Zeitdiebe!

Auch beim Zeitmanagement gilt der Grundsatz: erst die Diagnose, dann die Therapie. Ihr Arzt verschreibt Ihnen ja auch kein Medikament, ohne Sie vorher untersucht zu haben. Erst wenn Sie wissen, wie Sie Ihre Arbeitszeit verbringen, haben Sie Ansatzpunkte für Veränderungen. Wo sind Ihre Zeitdiebe? Ist es das **Telefon**, das dauernd wichtige Kundengespräche unterbricht? Überlegen Sie, ob in manchen Fällen nicht ein Rückrufangebot angebracht wäre, damit Sie später in Ruhe die Sache besprechen können.

Oder leiden Sie an „**Aufschieberitis**"? Neigen Sie dazu, wichtige Aufgaben längere Zeit vor sich herzuschieben, vielleicht weil Sie meinen, Sie hätten jetzt doch nicht die Ruhe dazu. Natürlich plagt Sie dabei das schlechte Gewissen, wenn Sie so einige Tage etwas auf die lange Bank geschoben haben.

Oder tappen Sie des öfteren in die Zeitfalle **Verzettelung**? Da haben Sie gerade eine Sache angefangen und schon fällt Ihnen ein, dass Sie ja noch einen Anruf erledigen wollten. Na ja, dann ist die Leitung belegt und Sie wenden sich Aufgabe numero drei zu.

Vielleicht ertappen Sie sich auch manchmal dabei, dass Sie weniger wichtige Kleinigkeiten erledigen und die wichtigeren Dinge liegen lassen. Wer hat sich nicht schon beim „**Schreibtisch-Aufräumen**" erwischt, wo man doch eigentlich die neueste Service-Information lesen wollte.

Als vielbeschäftigter Mitarbeiter kennen Sie natürlich auch die Zeitfalle **Termindruck**. Da nehmen Sie sich eine Menge vor, weil Sie meinen, heute sei der richtige Tag dafür und dennoch bleibt einiges wieder liegen, bis der Termindruck Sie zur Erledigung zwingt. Denken Sie auch manchmal „Warum muss ich das eigentlich machen?" Ab und zu hat diese Frage durchaus ihre Berechtigung. Vielleicht kann der Kollege das viel besser und macht es vielleicht auch viel lieber. Warum nicht darüber sprechen und die Aufgabe abgeben?

Fällt Ihnen das **Nein sagen** manchmal schwer? Dann sind Sie sicherlich auch schon in diese Zeitfalle getappt. Das soll jetzt kein Aufruf zur Arbeitsverweigerung sein! Keineswegs, aber wem hilft es, wenn Sie eine Aufgabe annehmen, die Sie bis zum gewünschten Zeitpunkt nicht erledigen können, ohne gleich wichtige andere Aufgaben zu vernachlässigen? Die Freude eines Werkstattkunden über einen zugesagten Termin kann nur von kurzer Dauer sein, wenn Sie ihn später durch Nicht-Erledigung enttäuschen müssen. Tappen Sie also nicht in die Zeitfalle des „Nicht-nein-sagen-Könnens".

Fast hätten wir eine Zeitfalle vergessen: die **Selbstdisziplin**. Auch Sie behindert uns oft in der sinnvollen Nutzung unserer Zeit. Arbeit nach dem Lustprinzip ist leider nicht immer möglich und so gehört es in manchen Fällen halt dazu, sich selbst zu überwinden.

8.1.2   Kleine Regeln für's Zeitmanagement

Berthold Brecht hat in einem seiner bekanntesten Stücke, der „Dreigroschenoper" einmal geschrieben: „Ja, mach nur einen Plan. Sei nur ein großes Licht! Und mach dann noch 'nen zweiten Plan. Gehen tun sie beide nicht."

Stehen Sie auch mit Plänen auf dem Kriegsfuß? Planen klingt nach großer Vorbereitung. „Der verplant seine Zeit", „Pläne schmieden", das klingt alles nach Bürokratie oder Abenteuer, nach viel Aufwand ohne konkrete Ergebnisse. Doch trotz dieser Bedenken sollten Sie einige Tipps ruhig einmal ausprobieren.

1. Tipp: Erfassen Sie Ihre Aufgaben und definieren Sie Ziele!

Na klar, werden Sie sagen, ich muss halt meine Aufgaben erledigen und zusehen das alles läuft. Ihre Aufgaben und Funktionen ergeben sich aus Ihrer beruflichen Stellung als Serviceberater. Doch da sind ja noch so manche Kleinigkeiten, die Ihnen die Zeit rauben, weil Sie sie immer erledigen oder sie eben nicht erledigen, weil Sie denken: Das wird schon der Kollege machen. Das „irgendeiner wird es schon machen-Prinzip" ist keine sinnvolle Grundlage des Zeitmanagements. Auch Zuständigkeiten für Kleinigkeiten sollten festgelegt werden. Sonst fühlt sich niemand zuständig und die Sache bleibt liegen. Am besten wäre es, wenn Sie in Absprache mit Ihrem Vorgesetzten und Ihren Kollegen diese Aufgabenteilung vornehmen.

2. Tipp: Entlasten Sie Ihr Gedächtnis und schreiben Sie notwendige Aktivitäten auf!

Schreiben Sie Unerledigtes auf! Viele Kleinigkeiten werden vergessen, weil sie nicht aufgeschrieben wurden. Sinnvolle Zeiteinteilung bedeutet, die an einem Tag zu erledigenden Aufgaben sichtbar zu machen. Machen Sie sich einen Tagesplan, auf dem Sie die für den jeweiligen Tag geplanten Aufgaben und Telefonate notieren.

Vergessen Sie endlich die Zettelwirtschaft, damit Sie sich nicht mehr verzetteln. Erledigtes sollten Sie sofort streichen und was an einem Tag nicht geschafft wurde, sollte am Abend eines jeden Tages auf den Tagesplan des nächsten Tages übertragen werden. So können Sie nie etwas vergessen und Unerledigtes bleibt immer sichtbar. Daneben hat dieses Schriftlichkeitsprinzip eine motivierende Wirkung. Wenn Sie drei oder viermal hintereinander eine Aufgabe auf den nächsten Tag übertragen haben, wird es Ihnen bald zu lästig und Sie machen die Sache endlich.

3. Tipp: Setzen Sie Prioritäten!

Fragen Sie sich öfter „Was ist besonders wichtig?" Sie müssen lernen, das Unwichtige vom Wichtigen zu unterscheiden und dürfen nicht jede Ihrer Aufgaben gleichrangig behandeln. Dadurch schützen Sie sich vor Verzettelung. Es ist nicht nur wichtig, etwas zu tun, man muss auch das Richtige richtig tun. Kennzeichnen Sie die vorrangigen Tätigkeiten auf Ihrem Tagesplan besonders. Diese Aufgaben sollten Sie an diesem Tag unbedingt erledigen. Dann können Sie getrost auch einmal die anderen Dinge auf den nächsten Tag verlagern, denn Sie wissen ja, dass sie nicht einen solch hohen Stellenwert haben.

4. Tipp: Fassen Sie Kleinigkeiten, gleiche Arbeiten und Routinearbeiten zu Arbeitsgängen zusammen!

Sie würden jedem Monteur „das Werkzeug um die Ohren hauen", wenn er erst ein wenig an der Hinterachse arbeitet, dann mal zwischendurch zur Standheizung schaute und wieder zurück zum Ausgangspunkt käme. Jede Arbeit benötigt eine gewisse Vorbereitungszeit und es ist reine Zeit- und Geldverschwendung, wenn wir den „Sägezahneffekt" der Arbeit nicht systematisch ausmerzen würden. Routinekram ist unser größter Feind auf dem Weg zu erfolgreichen Zeitmanagement.

5. Tipp: Ordnen Sie bestimmten Arbeiten die benötigten Zeiten zu!

Dieses Prinzip erstaunt die meisten Serviceberater, wenn Sie es kennen lernen. „Was, jetzt soll ich auch noch ausrechnen, wie viel Zeit ich für einzelne Tätigkeiten benötige?", so etwa klingen die entrüsteten Fragen. Nein, ganz so soll es nicht sein! Aber vergegenwärtigen Sie sich einmal, dass eine vorher festgelegte Zeit für eine Aufgabe eine sehr positive Wirkung auf das eigene Arbeitsverhalten hat. Bei der Vergabe eines Werkstatttermins überlegen Sie doch auch zunächst, ob Sie die Arbeiten für diesen Tag noch annehmen können. Und in jeder Werkstatt wird nach Arbeitswerten gearbeitet. Wer als Serviceberater drei Kunden zur Auftragsannahme morgens um acht bestellt, hat sich auch nicht vorher überlegt, wie viel Zeit ein Kundengespräch in Anspruch nehmen wird.

6. Tipp: Verlegen Sie wichtige Arbeiten in Zeiten mit geringerem Kundenaufkommen!

Jeder Serviceberater ist von der Kundenfrequenz abhängig. Kunden kann man nicht wie Akten in den Schrank stellen, wenn man gerade etwas anderes tun möchte. Leider oder Gott sein Dank nicht. Doch jeder Serviceberater hat Zeiten mit hohem und niedrigem Kundenaufkommen.

Legen Sie Arbeiten, die Ihre volle Konzentration erfordern, in Zeiten, in denen Sie weniger Kundenkontakte haben. Einen Garantieantrag so nebenbei in der Hauptandrangzeit zu schreiben ist Wahnsinn. Weder Kunden noch Hersteller danken es Ihnen.

Dem Kunden können Sie nicht die notwendige Aufmerksamkeit entgegenbringen und in den Garantieantrag schleichen sich Fehler, die wiederum zu Mehrarbeit führen. Übrigens: Das ist nur ein Beispiel und daraus sollte nicht abgeleitet werden, dass das Schreiben von Garantieanträgen zum Aufgabengebiet des Serviceberaters gehören muss.

7. Tipp: Verplanen Sie nicht Ihre gesamte Zeit. Bedenken Sie auch unerwartete Aktivitäten und Störungen.

Jeder Serviceberater weiß, dass eine hundertprozentige Vorausplanung der Werkstatt zum Chaos führen muss. Unvorhergesehene Auftragserweiterungen, Notfälle, Unfallschäden kommen immer wieder dazu und würden bei einer vollen Vorausplanung alles über den Haufen schmeißen. So geht es Ihnen auch als Serviceberater, wenn Sie sich zuviel für einen Arbeitstag vornehmen. Verplanen Sie nur einen Teil Ihres Arbeitstages: „Denn erstens kommt es anders und zweitens als man denkt."

8.2 Der gesunde Umgang mit Stress

8.2.1 Was bedeutet eigentlich Stress?

Knapp ein Drittel der Arbeitnehmer leidet unter Stress am Arbeitsplatz, gleichgültig, ob Mann oder Frau, ob teilzeit- oder vollzeitbeschäftigt. Aber was bedeutet eigentlich Stress? Leicht kommt uns dieses Wort über die Lippen, wenn wir gefragt werden: „Na, wie war heute Dein Tag?"

Zunächst handelt es sich hierbei um eine ganz normale, ja überlebensnotwendige Reaktion unseres Körpers auf Umweltreize. Eine gefährliche oder zumindest diffuse Situation wird „erkannt" und blitzschnell erhöht sich die Herzfrequenz, der Blutdruck steigt, die Atmung wird schneller. Denken Sie an eine Vollbremsung, um den Zusammenprall mit einem anderen Fahrzeug zu verhindern. Ob Arbeitsstress oder Gefahr, der Körper braucht anschließend Erholung.

Hält eine Belastung jedoch dauerhaft an, stellt sich der Körper nach und nach auf die erhöhte Inanspruchnahme ein. Er stellt Energiereserven bereit, die durch physische Aktivität abgebaut werden sollen. Allerdings ist Ihre Tätigkeit eher von „Kopfarbeit" als von „Muskelarbeit" geprägt. Die Energiereserven, die – vereinfacht gesagt – durch den veränderten Stoffwechsel bereitgestellt werden, können nicht abgebaut werden. Unser Stressbewältigungspotenzial ist für Dauerstress nicht geeignet. Auf Dauer macht das im Extremfall krank. Es kommt zu seelischer und physischer Erschöpfung. Folge: Man ist anfälliger für Infekte, Depressionen, Tinnitus bis hin zum Herzinfarkt und Schlaganfall.

Allgemein gilt: Wenig Einflussmöglichkeiten im Job machen die Arbeit subjektiv belastender. Aber welches sind die Stressauslöser (Stressoren) im beruflichen Alltag des Serviceberaters? Wenn Sie sich diese bewusst machen, können Sie – jedenfalls im gewissen Rahmen – aktiv gegensteuern. Zu nennen sind

- alle Arten von Unterbrechungen oder Störungen, durch Telefonate, Anfragen aus der Werkstatt, unangemeldete Kunden und ähnliches,
- hohes Arbeitstempo,
- der Druck, Termine und Fristen einhalten zu müssen, insbesondere, wenn aufgrund arbeitsteiliger Prozesse Sie selbst nur mittelbar für die Termineinhaltung sorgen können,
- Warten, z. B. auf notwendige Rückrufe, Entscheidungen, Teilebeschaffung, unpünktliche Kunden, usw.,
- erlebte Hilflosigkeit, wenn beispielsweise technische Fehlerursachen nicht gefunden werden, Reparaturversuche scheitern oder ein reklamierender Kunde nicht zufrieden gestellt werden kann,
- Konflikte mit Kollegen, Führungskräften, Kunden, aber auch im privaten Bereich.

8.2.2 Dem Stress ein Schnippchen schlagen

Vielleicht hat die Darstellung von stressauslösenden Faktoren dazu geführt, dass vor Ihrem geistigen Auge Situationen auftauchten, die Sie aktuell belasten. Da gibt es den immer noch ungeklärten Gewährleistungsfall, in dem der Kunde bereits mit dem Rechtsanwalt droht. Auf dem Schreibtisch liegen noch stapelweise „offene" Rechnungen. In der Werkstatt sind Mitarbeiter krankheitsbedingt ausgefallen. Die Familie drängt darauf, endlich mal wieder richtig Urlaub zu machen, usw.
Wenn Sie diesem Stress entgegenwirken oder ihm sogar etwas Positives abgewinnen wollen, müssen Sie zunächst das eigene Verhalten analysieren. Wer/was sind Ihre „Antreiber"? Wollen Sie es immer allen recht machen, um jeden Preis perfekt sein, mehr leisten als die Kollegen, und all das in kürzester Zeit?
Die folgenden Hinweise helfen Ihnen, den Stresspegel zu senken oder Stress erst gar nicht aufkommen zu lassen.

Auf Signale achten

Wenn dem Körper zu viel abverlangt wird, macht er sich mit den verschiedensten Symptomen bemerkbar. Das können Schlafstörungen sein, Schmerzen, allgemeine

Unruhe, Konzentrationsstörungen oder ähnliches. Reagieren Sie auf solche Anzeichen und treten Sie kürzer!

Die eigene Lebens- und Arbeitssituation reflektieren

Nehmen Sie sich ab und an die Zeit und denken Sie über Ihre aktuelle Situation nach. Beziehen Sie auch die Meinung Ihnen nahe stehender Menschen mit ein. Planen Sie Zeit, die Sie mit der Familie und Freunden verbringen. Tun Sie einfach mal, wonach Ihnen gerade der Sinn steht. Tun Sie vielleicht auch einfach mal gar nichts!

Grenzen ziehen

Schätzen Sie Ihre Ressourcen realistisch ein. Man kann nicht immer in Bestform sein und ständig Höchstleistungen vollbringen. Lernen Sie Nein zu sagen, Arbeiten zu delegieren oder Verantwortung abzugeben.

Schließen Sie Verträge mit sich selbst

Eine wichtige Basis für selbstbestimmtes Leben ist ein persönlicher (Entwicklungs-) Plan. Fragen Sie sich einmal im Jahr zu einem festen Zeitpunkt (z. B. Geburtstag): Wo stehe ich gerade? Was will ich im nächsten Jahr erreichen? Was könnte mich daran hindern? Was will ich in meinem Leben verändern?

Mit Misserfolgen konstruktiv umgehen

Jedes Scheitern hat neben dem Erleben von Misserfolg auch positive Seiten. Analysieren Sie die Situation und finden Sie heraus, wie Sie es beim nächsten Mal besser machen können. Akzeptieren Sie, dass nicht alle Pläne aufgehen, nicht alle Projekte gelingen können.

Routinen überprüfen

Routinen ergeben sich aus Erfahrungen und machen uns das Leben einfacher. Wir müssen nicht mehr über jeden Handgriff oder Prozessschritt nachdenken und können unsere Aufmerksamkeit den Dingen widmen, die vom normalen Ablauf abweichen. Dennoch ist es ratsam, hin und wieder zu hinterfragen, warum Sie etwas so und nicht anders machen. Es könnte sich herausstellen, dass manche Routinen überholt sind und uns eher behindern.

Schaffen Sie einen Ausgleich

Geist und Körper erholen sich am besten bei Aktivitäten, die im größtmöglichen Gegensatz zu den beruflichen Beanspruchungen stehen. „Schreibtischtäter" und „Kopfarbeiter" entspannen also am besten bei körperlicher Betätigung. Aber Vorsicht! Schaffen Sie nicht eine neue Quelle für Stress, indem Sie sich selbst unter Zwang setzen und ständig Ihre eigenen Bestmarken übertreffen wollen.

8.2.3   Balance zwischen Arbeit und Freizeit

In der Sprache der Zeit gibt es einen neuen Begriff: Work-Life-Balance. Zahlreiche, zum Teil sehr verschiedenartige Definitionen laufen auf eine übereinstimmende Feststellung hinaus: Zufrieden mit seinem derzeitigen Leben ist derjenige, dem es gelingt, die vermeintlichen Gegensätze zwischen Arbeit und dem „übrigen" Leben auszugleichen, ohne dass einer der beiden Bereiche zu kurz kommt.

Zeit und Energie sind nun einmal begrenzte Ressourcen. Beruf hier und Familie dort, Karriere und hohes Einkommen einerseits, und das dann zu genießen andererseits stehen sich vermeintlich diametral gegenüber. Es zeichnet sich jedoch ein Trend hin zur Familie und sozialer Geborgenheit ab. Noch vor einigen Jahren war derjenige sozial anerkannter, dessen Überstundenkonto ein erhebliches „Haben" auswies, dessen Handy selbst nach 21:00 Uhr oder am Wochenende nicht stillstand, oder der die Familienfeier immer wieder kurz verlassen musste, um seine Emails abzurufen. Heute wendet sich der Trend vom Vorrang der Arbeit hin zur emotionalen Geborgenheit im Privaten. Soziale oder ehrenamtliche Tätigkeiten werden anerkannt und sogar gefördert, ebenso die aktive Freizeitgestaltung und der pünktliche Feierabend. Dem tragen flexible Arbeitszeitmodelle und andere betriebliche Vereinbarungen Rechnung.

Wir sprachen allerdings von Balance, also dem Ausgleich beider Felder innerhalb kürzester Zeiträume. Es geht nicht darum, sich in einem 40-jährigen Berufsleben völlig zu verausgaben, um dann für den Rest des Lebens den Müßiggang zu genießen. Vielmehr sollte die Bilanz über die vergangene Woche, den vergangenen Monat oder längstens über das vergangene Jahr gezogen werden. Kommt man zu dem Schluss, dass in der Gegenwart um zukünftiger Ziele willen auf zu vieles verzichtet worden ist, sollte man sich fragen, wie zufrieden man momentan ist.

Natürlich ist mir klar, dass der Leser in einem abhängigen Arbeitsverhältnis steht und somit nicht über die gleichen Freiheiten wie ein Freiberufler verfügt. Dennoch gibt es noch unausgeschöpfte Möglichkeiten, Zeit für die Familie, Freunde und Hobbys zu gewinnen. Eine Work-Life-Balance-Studie zeigt: 65 % der zur Verfügung stehenden Freizeit verbringen die meisten Menschen mit Dingen, die sie eigentlich gar nicht tun wollen!
Ziehen Sie also die Notbremse! Sagen Sie Termine ab! Machen Sie, wann immer das möglich ist, pünktlich Feierabend! Unternehmen Sie eine Urlaubsreise und beugen Sie sich nicht dem vermeintlichen Druck, Haus und Garten auf Vordermann bringen zu müssen. Und wenn Sie jetzt glauben, all das sei Ihnen im Moment nicht möglich, dann sind gerade jetzt diese Veränderungen umso dringender angezeigt.

8.3   Auftreten und Erscheinungsbild

8.3.1   Auftreten und Umgangsformen

Fast überall auf der Welt leben heute Menschen auf engstem Raum zusammen. Eines haben wir alle gemeinsam: Wir müssen jeden Tag auf's Neue miteinander umgehen, eben miteinander leben. Gute Manieren und allgemein anerkannte Verhaltensregeln helfen da die Konfliktgefahr zu entschärfen, ja Konflikte eventuell ganz zu vermeiden.
Viele von Ihnen wissen sicherlich aus eigener Erfahrung, dass ein Lächeln oft mehr bewirkt als die Demonstration von Stärke und Überlegenheit.
Da wir gerade im Berufsleben eng mit anderen zusammenarbeiten und täglich Höchstleistungen von uns gefordert werden, sollten wir besonders hier darauf ach-

ten, dass wir uns nicht durch aufkommenden Stress und allgemeine Gereiztheit in Konfliktsituationen hineinzwängen lassen.

Stellen Sie deshalb sicher, dass vor allem im Umgang mit Kunden, aber natürlich auch mit Kollegen und Vorgesetzten das Miteinander von Wertschätzung und gegenseitiger Achtung geprägt ist. Halten Sie z. B. getätigte Vereinbarungen unbedingt ein und bieten Sie, wann und wo auch immer es sich ermöglichen lässt, Ihre Hilfe an.
Höflichkeit, Freundlichkeit und rücksichtsvolle Umgangsformen signalisieren anderen, dass wir sie und ihre Bedürfnisse wahrnehmen und sie als Persönlichkeit achten – auch wenn wir in Sachfragen nicht immer übereinstimmen.
Grüßen Sie stets und stellen Sie sich gegebenenfalls vor. Achten Sie darauf, Kunden nach Möglichkeit mit Ihrem Namen anzusprechen. Ebenso sollte Pünktlichkeit eines Ihrer obersten Prinzipien sein.

Auch Zurückhaltung und echtes Interesse am Gesprächspartner, sowie Offenheit und Ehrlichkeit sind Verhaltensprinzipien, die das Miteinander vereinfachen und Konflikte verhindern. Fehler können vorkommen – wir sind alle Menschen; es ist aber empfehlenswert im Fall der Fälle, den Fehler zuzugeben, und sich nicht in Ausreden oder Schuldzuweisungen zu flüchten.

Neben der Kenntnis und dem Beachten der allgemeinen Verhaltensregeln, sollte man sich aber auch immer auf die eigene Intuition verlassen können.
Natürliches und situationsgerechtes Verhalten verschafft uns die Sympathie anderer. Wir werden sicherer im Umgang mit Menschen, weil sich die Anerkennung positiv auf unser Selbstwertgefühl auswirkt.

Nicht zuletzt werden wir natürlich durch ein angemessenes und höfliches Verhalten den Erwartungen unserer Kunden gerecht. Sie wollen zu Recht von uns gut behandelt werden, auch wenn sie sich selbst nicht immer entsprechend verhalten.

Hier einige Tipps, die den Umgang mit Vorgesetzten und Kollegen ohne „Reibungsverluste" gestalten lassen:

- Vor dem Betreten fremder Büros anklopfen und zumindest einen Moment verharren, um zu prüfen, ob der andere aufnahmebereit ist.
- Kollegen nicht ohne ihr ausdrückliches Einverständnis duzen.
- Mitarbeiter, die gerade telefonieren oder im persönlichen Kundengespräch sind, dürfen nicht unterbrochen werden – signalisieren Sie, dass Sie Gesprächsbedarf haben und versuchen Sie es später erneut.

- Rauchen Sie nur an hierfür vorgesehenen Plätzen bzw. vergewissern Sie sich, ob es jemanden stört.
- Kleine Worte – große Wirkung: Wo immer sie unterzubringen sind, sagen Sie „Bitte", „Danke" und „Entschuldigung".
- Kleine Dienste – große Aufgaben: Kaffee kochen, Geschirr spülen oder neues Kopierpapier nachlegen sind kleine Dienste, die ohne viel Aufhebens erledigt werden sollten.
- Arbeiten im Team erfordert ein besonderes Maß an Rücksicht und Sensibilität
  - Finden Sie das richtige Maß zwischen Nähe und Distanz.
  - Stellen Sie keine neugierigen Fragen.
  - Halten Sie sich zurück mit Berichten aus dem Privatleben.
  - Führen Sie keine Privatgespräche am Telefon.
  - Halten Sie Ihr Arbeitsumfeld und Ihre Arbeitsmaterialien in einem ordentlichen Zustand.

Beim Umgang mit Kunden können Sie folgende generelle Richtlinien zur Hilfe nehmen, die allerdings keinen Anspruch auf Vollständigkeit erheben:

- Kundenanliegen haben immer absolute Priorität – sollten Kunden dennoch warten müssen, machen Sie Zeitangaben und sorgen Sie für angenehme Begleitumstände.
- Melden Sie sich freundlich und gut verständlich am Telefon, wenn externe Anrufe hereinkommen.
- Vermitteln Sie dem Kunden, dass Sie sich Zeit nehmen.
- Gehen Sie aktiv auf den Kunden zu und bieten Sie Ihre Hilfe an.
- Treffen Sie verbindliche Vereinbarungen und sollten diese in Ausnahmefällen nicht einzuhalten sein, informieren Sie den Kunden rechtzeitig.
- Vergessen Sie schlechte Tagesform oder Laune – geben Sie sich immer freundlich Kunden gegenüber, auch wenn es manchmal schwer fällt.
- Gehen Sie verständnisvoll und behutsam mit Beschwerden um und versuchen Sie, akzeptable Lösungen zu finden.
- Ein Lächeln macht jedes Kundengespräch angenehm und verleiht Ihnen eine sympathische Ausstrahlung.

> **!** Allgemein gesprochen: die drei Aussagen:
>
> „Ich denke von Dir, wie ich wünsche, dass Du von mir denkst."
> „Ich spreche von Dir, wie ich wünsche, dass Du von mir sprichst."
> „Ich handle Dir gegenüber so, wie ich wünsche, dass du es mir gegenüber tust."
>
> sollte jeder von uns als die Grundsätze guten Benehmens verinnerlichen.

8.3.2 Äußeres Erscheinungsbild

Erst gutes Benehmen gepaart mit einer gepflegten äußeren Erscheinung macht das Bild „rund", welches der Kunde von uns erhalten soll.

Das äußere Erscheinungsbild spielt in der heutigen Arbeitswelt, aber auch im privaten Bereich eine immer wichtiger werdende Rolle. Das liegt mit daran, dass die Häufigkeit und Vielschichtigkeit unserer sozialen Kontakte stetig zunimmt. Unsere Zeiten werden immer schnelllebiger. Äußerlichkeiten kommt deshalb bei der Beurteilung von Menschen ein immer höherer Stellenwert zu. Die Kunden, mit denen wir zu tun haben, werden uns immer häufiger nicht nur nach unserem fachlichen Können beurteilen, sondern gerade auch nach dem ersten Eindruck, der sehr stark auf Äußerlichkeiten basiert. Sie werden nicht nur sensibel darauf reagieren wie sie bei uns behandelt werden, sondern auch das Äußere ihres direkten Ansprechpartners wahrnehmen und dies, wenn auch unbewusst, in ihre Gesamtbeurteilung des Betriebes mit einschließen.

Unser Gegenüber wird uns zunächst nach grundsätzlicheren Gesichtspunkten einem „Typ" zuordnen: Haar- und Augenfarbe, die Körperhaltung und -bewegung sind dabei ausschlaggebend. Aber auch Kleidung, Accessoires und alle sonstigen an uns wahrnehmbaren Merkmale tragen maßgeblich zum Gesamteindruck bei.

Wenn Sie an andere Berufsgruppen denken, die permanent im Kundenkontakt stehen und Dienstleistungen erbringen, wie beispielsweise Flugbegleiterinnen, Rezeptionisten oder auch die Bedienung in Restaurants, fällt eines auf: Sie tragen in vielen Fällen eine ansprechende Berufsbekleidung oder achten zumindest offensichtlich besonders auf ihr äußeres Erscheinungsbild.

Eine einheitliche Berufsbekleidung kann den Mindeststandard eines guten äußeren Erscheinungsbildes sichern. Darüber hinaus ist sie kundenfreundlich, denn der „hereinkommende" Kunde wird in der Lage sein, Sie sofort als Mitarbeiter zu erkennen.

Weiterhin symbolisiert die Einheitlichkeit der Garderobe auch den Gedanken der Einheit im Team, dem Sie sich, wie im nächsten Teil (8.5) ausgeführt, nicht verschließen sollten.
Ist an der Kleidung auch das Corporate Design erkennbar, so ist das für den Kunden ein Zeichen, dass er auf die Loyalität des Trägers zur Marke und zum Autohaus schließen kann.

Zu guter Letzt wird eine spezielle Berufsbekleidung auch immer gedanklich mit fachlicher Kompetenz verbunden.

8.4 Lernbereitschaft und Allgemeinwissen

8.4.1 Lebenslanges Lernen

In einem Punkt sollten wir uns nichts vormachen: **Lebenslanges Lernen ist eine Notwendigkeit!** Schule und Ausbildung vermitteln uns „nur" das Rüstzeug und die Grundlagen, die wir benötigen, um vorhandenes Wissen zu erweitern und zu aktualisieren.

Wer von uns hatte nicht schon einmal den Gedanken, nach dem Schulabschluss oder nach Abschluss der Lehre: „Jetzt ist erst mal Schluss mit der ewigen Paukerei!" Ja, „ewig" stimmt schon, aber warum muss man das Lernen denn innerlich direkt zur Paukerei degradieren? Die eigene Einstellung zum Lernen sollte positiv sein, denn es kann auch Spaß machen und bringt viele Vorteile. Im Freizeitbereich wollen wir uns ja auch mit Neuem, das auf uns zukommt, auseinandersetzen, um besser zurechtzukommen und anderen in nichts nachzustehen. Warum sollte das für den Beruf, der ja einen erheblichen Anteil unseres Alltags ausmacht, keine Gültigkeit haben?

Wissen und Können sind Quell für Anerkennung und berufliche Chancen.

Da die Halbwertszeit einmal erworbenen Wissens im Allgemeinen immer kürzer wird und auch die Spezialisierung in der Arbeitswelt immer weiter voranschreitet, verändern sich die Bedingungen und damit die Anforderungen des Berufes ständig. Die verfügbaren Informationen werden immer zahlreicher und wer da schritthalten will, um im Beruf voranzukommen, sollte sich das Lernen zur angenehmen Pflicht machen.

> **!** Den eigenen Horizont zu erweitern, macht nicht nur Spaß, sondern schafft auch neue Betätigungsfelder und soziale Kontakte. Je mehr wir wissen, desto sicherer können wir Entscheidungen treffen und desto selbstsicherer wird unser Auftreten insgesamt.

8.4.2 Wie Informationen in unseren Kopf gelangen

Wir können das Lernen *ver*lernen, wenn wir uns über längere Zeit hinweg, aus welchen Gründen auch immer, nicht damit beschäftigen. Das muss aber nicht zum Problem werden, denn es existieren eine Menge Techniken, die uns helfen können, das Lernen effizienter zu gestalten.

Es gibt verschiedene Kanäle, über die wir Informationen in unseren „Speicher" aufnehmen können: den „optischen Kanal", den „akustischen Kanal", den „taktilen Kanal", und diverse andere Kanäle.

Die größte Informationsmenge, nämlich 10 Millionen bit/s, können wir über den optischen Kanal aufnehmen. Über den akustischen Kanal nehmen wir dagegen schon „nur noch" 1 Million bit/s auf. Über den taktilen Kanal sogar nur 400.000 bit/s und über die diversen anderen Kanäle gerade mal 5000 bit/s.

Je mehr Kanäle wir nutzen, desto besser werden wir das Aufgenommene behalten können.
Wenn wir z. B. etwas lesen, es nur hören oder nur sehen, werden wir es nicht so gut behalten können, wie wenn wir etwas gleichzeitig sehen und hören. Die höchsten Behaltensleistungen können wir allerdings erzielen, wenn wir zu Lernendes selbst formulieren oder es gar praktisch umsetzen.

Es gibt vier verschiedene **Wahrnehmungstypen**, also Gruppen von Menschen, die Wissen auf unterschiedliche Weise am besten aufnehmen und behalten. Deshalb kann man sie nicht nur als Wahrnehmungstypen, sondern auch gleichzeitig als **Lerntypen** bezeichnen.

- Da gibt es zunächst den so genannten „**visuellen Typ**". Er kann Dinge am besten aufnehmen und behalten, wenn er sie sieht.

- Der „**auditive Typ**" lernt dagegen besser, wenn er zu Lernendes hört.

- Dadurch, dass er sich Lerninhalte buchstäblich „begreifbar macht" und sie „erfühlt", lernt der „**haptische Typ**" am meisten.

- Und der „**olfaktorisch-gustatorische Typ**" lernt am besten durch Riechen oder Schmecken.

Wenn wir also herausfinden, welchen der vier Typen wir selbst verkörpern, hilft uns das, uns das Lernen einfacher zu machen und es so angenehmer und effektiver zu gestalten.

8.4.3 Lerntechniken

Unter den vielen verschiedenen Techniken, die uns das Lernen leichter machen, sind die beiden wichtigsten:

Visualisieren und Strukturieren

Wir wollen uns zunächst mit dem Visualisieren beschäftigen. Hierzu sind einige Hintergrundinformationen aus der Gehirnforschung hilfreich.

Linke und rechte Gehirnhälfte übernehmen beim Lernen zwei **unterschiedliche Aufgaben**.

In ihrer bisherigen Ausbildung haben sie wahrscheinlich eher „linkshirnlastig" gearbeitet, d. h. begriffliche Informationen und Daten in der linken Gehirnhälfte gespeichert – Ergebnisse, Formeln, Zahlen und Fakten aber auch handwerkliche Fähigkeiten, Fachwissen und mechanische Abläufe.

Die rechte Gehirnhälfte ist dagegen eher für die Verarbeitung von Bildern zuständig. Auch Gefühle, Vorlieben, Sympathien und Antipathien oder Intuition werden hier in Form von Bildern verarbeitet.

Dies hat Bedeutung für den Lernerfolg, da sich dieser enorm steigern lässt, wenn **beide** Hälften angesprochen und mit Reizen versorgt werden.

Sie sollten sich also – wo immer es geht – Notizen machen, Skizzen anfertigen und abstrakte Lerninhalte mit anschaulichen Beispielen versehen.

Die zweite wichtige Lerntechnik – das Strukturieren von Lerninhalten – hilft besonders mit der großen Fülle an Information, die heute zur Verfügung steht, und ständig an Masse zunimmt, umzugehen.

Lerninhalte werden häufig über Texte vermittelt, die wir hören oder lesen.
Wir können die Texte, um die Inhalte besser aufnehmen und behalten zu können, **übersichtlicher machen**, indem wir sie in **logische Abschnitte** aufteilen, die wir wiederum mit **Zwischenüberschriften** versehen. Es ist auch hilfreich den Inhalt des Textes zur besseren Übersicht zu **kürzen**. Dazu kann man nach **Signalwörtern** suchen und diese rausschreiben oder zumindest markieren. So kann man den Informationskern als Extrakt herausziehen und besser behalten.
Wir sollten dabei die Lerninhalte schrittweise **vom eher Allgemeinen zum Speziellen sortieren** und verwandte Themen in ein Lernpaket zusammenfassen. Dabei können z. B. auch **Nummerierungen** helfen.
Im Umgang mit Texten ist ebenfalls anzuraten, das Gelesene oder Gehörte mit eigenen Worten zu **umschreiben** und zu **wiederholen**. Man kann sich den Text dadurch besser zugänglich machen, auch indem man ihn mit Bildern und Beispielen versieht (rechte Gehirnhälfte!).

Schließlich sollten wir auch immer wieder zwischen einzelnen Lernblöcken kleine **Pausen** einlegen, in denen wir etwas vollkommen anderes tun.

Die Bedeutung von Weiterbildungsangeboten

Heutzutage ist es fast schon normal, dass man einen PC zu Hause hat, und diesen auch bedienen kann. Auch Fremdsprachenkenntnisse sind in vielen Berufen heute Grundvoraussetzung. Es wird selbstverständlich, dass man auch mit ausländischen Kunden Konversation betreiben kann.

Weiterbildungsangebote nehmen vielerorts an Bedeutung zu, weil erkannt wurde, dass sie gleichzeitig Investitionen in die Zukunft des Unternehmens sind, weil sie Mitarbeiter motivieren und in die Lage versetzen, die stetig steigenden Anforderungen zu erfüllen.

Auch Mitarbeiter sollten erkennen, dass es notwendig ist sich immer neues Wissen anzueignen, weil die Technisierung unserer Lebensumwelt immer weiter fortschreitet. Berufliche und berufsnahe Weiterbildung und das daraus resultierende Mehr an Wissen machen einen zum gefragten Mitarbeiter.

8.4.4 Allgemeinwissen

Zur adäquaten Aufgabenerfüllung benötigen wir täglich fachliches Know-how. Es werden uns allerdings auch andere Qualitäten abverlangt, die uns nicht im selben Maße bewusst, aber dennoch von hoher Bedeutung sind. Das Allgemeinwissen zählt dazu.

Kunden erwarten von uns unbewusst, dass wir ein interessanter Gesprächspartner sind. Dazu müssen wir rundum gut informiert sein, nicht nur, wenn es um „unser Fach" geht, sondern eben auch über Themen wie Politik, Sport, Wirtschaft und Wissenschaft.

Es reicht dabei aus, Zusammenhänge zu erkennen und bestimmte Begriffe zuordnen zu können. Niemand erwartet von Ihnen umfangreiches Detailwissen, aber eine gute Allgemeinbildung bedeutet „Weltverständnis". Aufgrund der schnellen wirtschaftlichen, technischen und gesellschaftlichen Entwicklung ist das Allgemeinwissen ohnehin immer weniger breit gefächert und bleibt eher oberflächlich. Und da die Tiefe und Differenziertheit an Spezialwissen immer weiter zunimmt, kann niemand auf allen Gebieten „Profi" sein.

Quellen und Themen für regionales und überregionales Allgemeinwissen

Als Informationsquellen dienen alle denkbaren Medien, wie regionale und überregionale Tagespresse, Fachzeitschriften, organisationsinterne Veröffentlichungen, Fernsehsendungen (Nachrichten, populärwissenschaftliche Sendungen, Kultursendungen), Messen, Ausstellungen, Vortragsveranstaltungen, Buchveröffentlichungen, das Internet ... die Liste lässt sich fast beliebig fortsetzen.

Aber auch in Gesprächen mit Freunden, Bekannten und Kunden lässt sich das eigene Wissen um Wirtschaft, Forschung und Entwicklung, Politik, Geschichte und Kultur erweitern.

! Man muss eigentlich nur mit offenen Augen und Ohren durch die Welt gehen. Interessieren Sie sich für alles, was Sie umgibt! Stellen Sie Fragen und stellen Sie in Frage!

? Lernfragen zum Kapitel 8

> Mit welchen Regeln können Sie Ihr Zeitmanagement optimieren?

> Welche positiven und negativen Folgen von Stress kennen Sie?

> Wie können Sie persönlich dem Stress ein Schnippchen schlagen?

9   Mit dem Team zu größeren Erfolgen

Als Serviceberater arbeiten Sie nicht allein. Das ist eine banale Weisheit. Aber hinter dieser banalen Weisheit steckt eine Vielzahl von Fragen: Mit wem arbeite ich zusammen? Wie gestaltet sich die Zusammenarbeit? Wie erfolgreich arbeiten wir zusammen? Was macht uns erfolgreich? Wodurch wird unser Erfolg beeinträchtigt? Einige dieser Fragen wollen wir uns in diesem Kapitel näher ansehen und versuchen Antworten zu finden.

9.1   Der Serviceberater als erfolgreicher Mitarbeiter eines erfolgreichen Unternehmens

„Was muss ich tun, um ein selbstständiger Mitarbeiter im Unternehmen zu werden und zum gemeinsamen Erfolg des Autohauses genügend beitragen zu können?", diese Frage stellen sich Mitarbeiter immer wieder. Sie haben sich diese Frage sicher auch schon gestellt. Nun, man könnte mit dem Spruch „Es gibt nichts Gutes, außer man tut es!" antworten und damit eine der wichtigsten Voraussetzungen für den Erfolg eines Mitarbeiters im Unternehmen beschreiben: Einsatz zeigen, Initiative ergreifen und Machen. Nicht plan- und ziellos, sondern überlegt und zielführend. Wir möchten Ihnen hier mit den „Vier Is" eine kleine Hilfe geben. Erfolgreich im Unternehmen arbeiten zu können, führt über die Stufen

- Information,
- Integration,
- Identifikation und
- Initiative.

Information

Als Serviceberater müssen Sie den Betrieb und seine Abläufe kennen und beherrschen. Wenn diese Abläufe Ihnen nicht in Fleisch und Blut übergegangen sind, werden Sie immer eine gewisse Unsicherheit verspüren. Ihr Motto sollte lauten:

„Wissen ist Macht". Informieren Sie sich regelmäßig über alle für Sie relevanten Dinge, ob das die neusten technischen Informationen Ihres Herstellers sind, das Wissen über die Wünsche und Bedürfnisse Ihrer Kunden, die Aufgaben Ihrer Kollegen oder die Ziele Ihres Unternehmens. Informationen schaffen Sicherheit im Handeln und sind die wichtigsten Voraussetzungen für Erfolg.

Integration

Wer sich nicht als Teil des gesamten Unternehmens fühlt, sondern geistig auf seiner Insel lebt, wird keinen Spaß an der Arbeit haben und schon gar keinen Erfolg ernten. Jeder Mitarbeiter ist ein Puzzlestück des gesamten Bildes „Autohaus" und muss wie eben dieses Puzzlestück mit seiner besonderen Form in das Bild an der richtigen Stelle hineinpassen. Wichtigste Voraussetzung hierfür ist das Gefühl der Mitverantwortung für sein Aufgabengebiet und für das gesamte Unternehmen. „Was gehen mich die Kollegen vom Verkauf (Lager, Verwaltung usw.) an?" Wer so denkt, wird nicht zum Erfolg beitragen.

Identifikation

Klagende und schimpfende Mitarbeiter sind keine Seltenheit. Ob sie nun das Trauerlied über die Produkte, den Betrieb, die Arbeit, die Kollegen oder den Vorgesetzten anstimmen, egal, gemeinsam ist ihnen die fehlende Identifikation mit dem jeweiligen Klagegegenstand. Identifikation entsteht über Auseinandersetzung mit dem jeweiligen Bereich. Suchen Sie die positiven Seiten! Was schätzen die Kunden an Ihren Produkten? Was macht Ihren Betrieb einzigartig? Was ist reizvoll an Ihrer Arbeit? Wo liegen die Qualitäten Ihrer Kollegen und Ihres Vorgesetzten? Sie werden Antworten auf diese Fragen finden und das wird Ihre Identifikation stärken.

Initiative

Mitdenken, Verantwortung übernehmen, Flexibilität leben, Lernbereitschaft beweisen und Einsatz zeigen, das macht Sie zu einem erfolgreichen Serviceberater in einem erfolgreichen Team eines erfolgreichen Autohauses. Das beginnt beim Aufheben des Papierschnipsel auf dem Hof und endet nicht in der gemeinsamen Teamsitzung. Vergessen Sie die „Will-nicht, kann-nicht, mach-ich-nicht, bin-ich-nicht-für-zuständig!"-Einstellung.

9.2 Das Team ist mehr als eine Arbeitsgruppe

„Teamgeist",„Teamgedanke",„Erfolgsteam",„Winning-Team", das sind Begriffe, die wir tagtäglich irgendwo hören oder lesen. Haben Sie sich da nicht auch schon mal gefragt, was der Begriff des Teams eigentlich beschreibt. Ist das nur ein englisches Wort für das, was wir in unser deutschen Sprache mit dem Begriff „Gruppe" bezeichnen oder ist der Begriff „TEAM" die Abkürzung für den Spruch „**T**oll **e**in **a**nderer **m**acht's!"?

Menschen, die in einem Betrieb und/oder einer Abteilung zusammenarbeiten, bezeichnen wir als Arbeitsgruppe. Das können die Kollegen aus dem Teile- und Zubehörverkauf sein, die Kollegen in der Werkstatt oder die des Verkaufs. Bei diesen Arbeitsgruppen handelt es sich ja nicht um eine Ansammlung von Individuen, die sich zufällig im gleichen Raum befinden. Nein, sie haben eine gemeinsame Aufgabe und treten zur Erledigung dieser Aufgabe in Beziehung zueinander. Man redet miteinander, hilft sich, erledigt etwas gemeinsam.

Ein Team ist die Weiterentwicklung einer Arbeitsgruppe, denn ein Team ist eine Gruppe von verschiedenartigen Mitarbeitern, die sich auf gemeinsame Ziele verpflichtet haben und zusammenarbeiten, um bessere Ergebnisse zu erzielen, und zusammen mehr bewirken als eine Summe von Einzelkämpfern.

Die Vorteile von Teamarbeit liegen auf der Hand: mehr Leistung, neue Ideen, weniger Zeitaufwand zur Zielerreichung und mehr Spaß. Das alles insgesamt führt zu einem besseren Zusammenwirken und damit zu den so genannten Synergieeffekten.

9.3 Die Merkmale eines erfolgreichen Teams

„Das Ganze ist mehr als die Summe seiner Teile!" Auch ein Team ist mehr als die Summe seiner Mitglieder und unterscheidet sich damit erheblich von einer Arbeitsgruppe. Ein wesentliches Kriterium dafür ist, dass man miteinander und nicht nebeneinander arbeitet. Konkret bedeutet es, dass ein Team folgende Punkte kennzeichnen, die in einer Arbeitsgruppe in der Regel nicht zu finden sind:

- Gemeinsame Visionen
- Gemeinsame Ziele
- Gemeinsame Strategien
- Gemeinsame Handlungsmaßnahmen
- Gemeinsame Verantwortung

„Gemeinsam" heißt der wichtigste Begriff und nicht „Einsam". Was aber nicht zu „Gleichmacherei" führen darf. In einem gut funktionierenden Team hat die Individualität des Einzelnen genügend Raum. Und häufig ist es genau dies, die einzigartige Zusammensetzung von individuellen Persönlichkeiten in einer Gruppe, was das erfolgreiche Team ausmacht.

Ein Team hat eine gemeinsame Vision von der Zukunft. Man hat ein Bild davon, wo man einmal gemeinsam stehen will. Ob das nun die Vorstellung ist, den „Best of"-Preis des Herstellers in Sachen Kundenorientierung zu gewinnen oder die Idee davon, wie die Abteilung, der Betrieb in zehn Jahren aussehen oder dastehen sollen.

Zur Verwirklichung dieser Visionen müssen Ziele formuliert werden, damit es nicht bei bloßen Absichtsbekundungen nach dem Motto „Wir-müssten-eigentlich-mal…" bleibt. Dabei sollten diese Ziele nach den drei „Ms" aufgestellt sein: machbar, messbar und motivierend.

Um Ziele zu erreichen, benötigt man Strategien. Sie sind die Routenbeschreibungen des Erfolgs: Wann wollen wir wo sein und wie müssen wir fahren?

Handlungsmaßnahmen leiten sich aus Strategien ab, die uns sagen, wo wir abbiegen und wo wir anhalten müssen. Und zu allem benötigen wir eine gemeinsame Verantwortung für die Sache.

Der Erfolg eines Teams lässt sich an den folgenden Merkmalen beobachten:

Leistung

Im Team bringen die Mitarbeiter Leistungen hervor, die sie einzeln niemals erreichen würden. In einem Team setzt jeder seine persönlichen Stärken so ein, dass Synergieeffekte entstehen.

Zielorientierung

Ein Team braucht Ziele. Diese müssen alle Teammitglieder kennen und akzeptieren und natürlich sollten diese Ziele auch für jeden erstrebenswert sein.

Gruppenzusammenhalt

Erfolgreiche Teams halten zusammen, es herrscht da ein besonderer Geist, ein „Wir-Gefühl", das von Offenheit, Freude, gemeinsam Erlebtem, gegenseitigem Vertrauen und gegenseitiger Ermunterung gekennzeichnet ist.

Struktur

Ein erfolgreiches Team hat eine gut zum Team passende Struktur. Durch diese sind Probleme der Kontrolle, der Führung, des Arbeitsstils, der Rollenverteilung und Organisation geklärt und optimal gelöst. Das Team arbeitet flexibel, methodisch und zielorientiert.

9.4 Der Serviceberater und die Entwicklung eines Erfolgsteams

Jeder Serviceberater ist Mitglied einer Arbeitsgruppe oder eines Teams. Wie die Gruppe oder das Team aussieht, welche Kollegen und/oder Mitarbeiter ihm angehören, ist von der Größe und Struktur der Betriebe abhängig. Wir haben in der Bundesrepublik über 20.000 Marken-Autohäuser und die reichen vom Zehn-Mann-Betrieb bis zu Unternehmen mit mehreren hundert Mitarbeitern. In manchen Betrieben ist der Serviceberater gleichzeitig Werkstattmeister und ist damit direkter Vorgesetzter der Mechaniker, in kleinen Betrieben ist er Teil des Gesamtteams Autohaus und in anderen Betrieben wiederum ist er Mitglied des Teams der Serviceberater. Hier gibt es eine große Variationsbreite und dennoch, der Serviceberater hat eine herausragende Stellung in jedem Betrieb, denn er arbeitet an der Schnittstelle Kunde/Service und damit kommt ihm eine besondere Verantwortung auch hinsichtlich der Entwicklung von Erfolgsteams zu.

Sicher werden Sie sich fragen, was Sie als Serviceberater tun können, um ihre Arbeitsgruppe zu einem echten Team werden zu lassen oder ihr Team noch erfolgreicher zu machen. Nun, es sind eine ganze Reihe von Faktoren, die Sie auf den folgenden Seiten kennen lernen werden.

Teamführung

Sie wissen, wo der Fisch zuerst stinkt – das ist auch in einem Team so. Auch in einem Team kommt dem Teamleiter eine besondere Stellung zu. Er muss die Fähigkeit und Bereitschaft haben, mit seinen Teammitgliedern eng zusammenzuarbeiten und sich um die Entwicklung des Teams zu kümmern. Hier ist der kooperative Führungsstil gefragt. Der Teamleiter muss sich als Teil des Teams fühlen, die Teammitglieder zur Eigenverantwortlichkeit anhalten, Kreativität fördern und für ein angstfreies, entspanntes Klima sorgen. Hierzu gehört auch, auf Wünsche und Probleme der Gruppenmitglieder einzugehen und sie als gleichwertige Partner zu betrachten.

Wenn Sie als Serviceberater selbst in der Führungsfunktion sind, können Sie die oben genannten Punkte zur Teamführung direkt umsetzen und so zum Erfolg Ihres Teams viel beitragen.

Qualifikation

Der Erfolg eines Teams im Autohaus steht und fällt mit der Qualifikation der Teammitglieder. Stellen Sie sich nur einmal das Team der Mechaniker ohne technische Schulungen vor. Da würde nach kürzester Zeit kein Kunde mehr kommen. – Aber es geht hierbei nicht nur um Basisqualifikation, sondern vielmehr um die Spezialisierung. Wie bringt jedes Teammitglied seine individuellen Stärken ins Gesamtteam ein? Hierauf sollte jedes Team achten, wenn es erfolgreich sein will.

Klima

In einem erfolgreichen Team fühlen sich die Mitarbeiter wohl und können offen und direkt miteinander kommunizieren. Leichter gesagt als getan, nicht wahr? Das Klima eines Teams basiert auf vielen Kleinigkeiten: Traditionen, Gewohnheiten,

Beziehungen, Regeln, Einstellungen usw. – Jeder im Team kann zum Wohlfühl-klima beitragen, durch Rücksichtnahme und Offenheit. Denn auch wenn etwas mal nicht rundläuft, muss man darüber reden. Regelmäßige Teambesprechungen fördern das positive Klima im Team. Tragen Sie mit dazu bei, solche Regelkom-munikation entstehen zu lassen und spielen Sie eine aktive Rolle dabei.

Leistungsniveau

Das erfolgreiche Team nimmt Anstrengungen auf sich, um die gesteckten Ziele zu erreichen und prüft selbstkritisch, wie und wo Verbesserungen erreicht werden können. Leistungsnormen und Leistungsanreize tragen dazu bei, ein entsprechend hohes Leistungsniveau entstehen zu lassen. Besonders erfolgreich ist dies, wenn das Team an der Festlegung der Ziele und der Entwicklung der Normen und Anreize beteiligt wird. Natürlich muss das Team auch regelmäßige Informationen darüber haben, wo es leistungsmäßig steht. Hier hakt es noch in vielen Betrieben. Wenn Sie zur Entwicklung Ihres Teams beitragen wollen, dann sollten Sie besonders in die-sem Punkt etwas unternehmen.

Rolle im Gesamtbetrieb

Jedes Team eines Betriebes hat eine klar definierte und sinnvolle Funktion, das ver-steht sich eigentlich von selbst. Aber wird es auch in die Gesamtplanung mit ein-bezogen? Beachten Sie: Die Leistungsfähigkeit eines Teams lässt sich erst dann voll ausschöpfen, wenn Klarheit über Aufgaben und Ziele in der Gesamtorganisation besteht. Und hier hakt es häufig! Haben Sie bzw. Ihre Teamkollegen völlige Klar-heit über die Ziele Ihres Teams? Wissen Sie, wo Sie am Ende des Jahres stehen sol-len, wie viele AWs verkauft werden sollen oder welcher Bruttoertrag von Ihnen und den Kollegen erwirtschaftet werden soll? Nein? Nun, dann sollten Sie schleunigst mit Ihrem Vorgesetzten hierzu ein Gespräch führen!

Arbeitsmethoden/Organisation

Ein erfolgreiches Team verfügt über praktische, systematische und effektive Me-thoden, um die Anforderungen und Ziele zu erfüllen. Das ist doch selbstverständlich, werden Sie vielleicht sagen. Schön, wenn es so wäre. – Zu den Arbeitsmethoden zählen auch die organisatorischen Abläufe und Prozesse und diese sind in vielen Teams unvollständig, umständlich oder gar fehlerhaft. Da hat man sich vor zwanzig Jahren einen Ablauf ausgedacht und ist der Annahme, dass er auch heute noch so okay sei. Das ist in den meisten Fällen nicht so. Betriebe sind keine starren Systeme; sie unterliegen einem stetigen Wandel, weil Menschen in ihnen arbeiten. Dieser Wandel vollzieht sich unmerklich und häufig ungesteuert. Erfolgreiche Teams überprüfen regelmäßig ihre Arbeitsmethoden und -prozesse und optimieren Sie, wo immer das notwendig wird. Auch hierzu gehören regelmäßige Teambesprechungen.

Kritikfähigkeit

In vielen Teams wird der freie Austausch von Meinungen und Urteilen vermieden. Es besteht sozusagen eine „kritikfreie Zone". Die Mitglieder solcher Teams finden das auch ganz toll und betonen immer wieder, wie gut man sich doch im Team versteht. Solche Teams haben ein dickes Defizit und sind auf dem besten Weg erfolglos zu werden. Man schweigt aus falsch verstandener Solidarität die kritischen Dinge tot. Erfolgreiche Teams und jedes Mitglied in diesen Teams müssen kritikfähig sein. Da müssen sich die Kollegen zusammensetzen und die Stärken und Schwächen ihrer Arbeit analysieren, Feedback geben und annehmen, denn nur so wird die Weiterentwicklung des Teams gefördert. Tragen Sie als Serviceberater mit dazu bei, dass eine feedbackfreundliche Atmosphäre in Ihrem Team entsteht. Wer kritische Punkte in einem Team nicht offen anspricht, behindert den Erfolg.

Persönliche Weiterentwicklung

Kennen Sie die Geschichte von der Gazelle und dem Löwen? Nun, hier ist sie: „Jeden Morgen wacht in Afrika ein Löwe auf, der heute schneller laufen muss, als die langsamste Gazelle. – Jeden Morgen wacht in Afrika auch eine Gazelle auf, die schneller laufen muss als der schnellste Löwe." Ist das nicht auch eine Form von Weiterentwicklung? Doch zurück von Afrika nach Deutschland. Die Mitglieder von erfolgreichen Teams entwickeln sich ständig weiter. Hierzu gehört sowohl die Weiterbildung als auch die Suche nach neuen Erfahrungen. Nutzen Sie und Ihre Kollegen das Weiterbildungsangebot Ihres Herstellers, bleiben Sie nicht dort stehen, wo Sie gestern angekommen waren. Nutzen Sie herausfordernde Situationen zur persönlichen Weiterentwicklung.

Kreativität

„Das haben wir schon immer so gemacht!" Dieser Satz scheint zu den meistgesprochenen Sätzen in deutschen Betrieben zu gehören. Vergessen Sie diese Aussage! Was gestern Gültigkeit hatte und schon lange so gemacht wird, hat meistens nicht für morgen Bestand. Wir leben in einer Welt der ständigen Veränderung, da kann nicht zwangsläufig das, was gestern richtig war, auch heute noch gelten. Die „Bewahrer" in Teams sind häufig „Bremser". Sie kennen doch auch die gestandenen Kollegen, die schon 30 Jahre Erfahrung im Betrieb haben und als „Fels in der Brandung" gelten. Häufig sind sie eher „Hindernisse im Fahrwasser"! Also, auf zu neuen Wegen, mehr Kreativität bei der Bewältigung von Aufgaben und auch den neuen oder jungen Kollegen mal Aufmerksamkeit schenken, wenn Sie Vorschläge unterbreiten.

Beziehungen zu anderen Teams

Vielerorts tun Teams in Autohäusern so, als lebten Sie auf einer einsamen Insel. Da ist der Zusammenhalt riesig und die Abgrenzung zu anderen Teams stark ausgeprägt. Das führt häufig zu Feindbildern à la „die da oben", „die Krawattenträger", „die Blaumänner". – Solche Abgrenzungen behindern den Teamerfolg. In jedem Unternehmen gibt es eine gegenseitige Abhängigkeit der Teams voneinander und nur wenn die anderen erfolgreich sind, kann das eigene Team auch erfolgreich sein. Oder können Sie sich ein erfolgreiches Serviceteam in einem Betrieb mit einem erfolglosen Verkaufsteam vorstellen? Auf Dauer wird das wohl kaum möglich sein, denn wo kämen für das Serviceteam zukünftig die Aufträge her, wenn keine Fahrzeuge mehr verkauft würden? – Die gute Zusammenarbeit mit den anderen Teams des Betriebes ist somit unumgänglich. Diese Zusammenarbeit können Sie fördern, indem Sie sich über die gemeinsamen Ziele bewusst sind, und mit den Kollegen darüber sprechen. Auch das persönliche Verständnis für die Kollegen der anderen Teams gehört hierzu. Tauschen Sie sich regelmäßig aus, entwickeln Sie Berührungspunkte und vertrauensbildende Maßnahmen. Warum soll nicht ein Verkäufer an Besprechungen des Serviceteams teilnehmen oder ein Serviceberater an den

Verkäuferbesprechungen? Nur so lernt man die Ziele, Aufgaben und Probleme der Kollegen kennen, entwickelt Verständnis und kann Unterstützung bieten. In erfolgreichen Autohäusern wird so etwas schon praktiziert.

Die Leistungsfähigkeit eines Autohauses und damit auch die Zufriedenheit seiner Kunden hängt weitgehend davon ab, wie gut die Zusammenarbeit zwischen den einzelnen Abteilungen und den einzelnen Mitarbeitern klappt. Teamarbeit ist eine Gewinnstrategie: Das Team leistet mehr, entwickelt mehr neue Ideen. In einem gut funktionierenden Team ist die Arbeit weniger aufwendig und macht mehr Spaß. Das gilt für die Zusammenarbeit in einer Abteilung, aber auch für die Zusammenarbeit aller Abteilungen im Autohaus miteinander. Das gemeinsame Ziel der Kundenzufriedenheit können sie erreichen, wenn jeder sich dafür persönlich einsetzt, seine Kollegen als gleichwertige Partner behandelt und Fragen und Probleme rechtzeitig an der richtigen Stelle klärt.

 ## Lernfragen zum Kapitel 9

> Was steht für die vier „I's" und warum sind diese Faktoren wesentlich für den eigenen Erfolg?

> Was unterscheidet Teams von Arbeitsgruppen?

> Welche Merkmale zeichnen ein erfolgreiches Team aus?

10 Kennzahlen des Servicebereichs

10.1 Die Bedeutung von Kennzahlen für den Serviceberater

Selten scheint die Einigkeit zwischen den Führungskräften im Automobilhandel und deren Mitarbeitern so groß zu sein, wie bei dem Thema „Kennzahlen": „Wozu braucht *der* die Kennzahlen?", ist immer noch eine weit verbreitete Einstellung der Führungskräfte und demgegenüber: „Was will *ich* mit den Kennzahlen?", die Haltung vieler Serviceberater. Doch bei diesen Fragen trennt sich „die Spreu vom Weizen"; hier wird deutlich, ob nicht nur der Begriff „Serviceberater" den alten „Reparaturannehmer" abgelöst hat, oder ob sich auch inhaltlich, in der tatsächlichen Gestalt der „neuen" Funktion etwas geändert hat!

Nach der „alten" Sichtweise kann man Kennzahlen als reines Führungsinstrument betrachten. Mit ihnen können die Führungskräfte die Leistungen ihrer Mitarbeiter messen und steuern. Alleine auf dieser Grundlage erscheint es tatsächlich nicht notwendig, dass auch Serviceberater diese kennen oder noch vielmehr: verstehen, was sich dahinter verbirgt. Betrachtet man den Serviceberater aber – unabhängig davon, ob er Führungsverantwortung hat – als entscheidenden Mitarbeiter auf einer der wichtigsten Positionen eines Autohauses, dann kommt man nicht daran vorbei, ihm nicht nur Kenntnis über die Ausprägung der Kennzahlen zu verschaffen, sondern ihm vielmehr auch das notwendige Wissen zu geben, um diese interpretieren zu können. Ein weiterer Punkt kann vielleicht endgültig die Einsicht dafür schaffen, dass Serviceberater in diesem Thema einfach „fit" sein müssen: Die Monteure in der Werkstatt sollen Autos reparieren. Stellen wir uns vor, wir würden ihnen weder eine Bühne oder Grube, keine Schraubenzieher und -schlüssel etc. zur Verfügung stellen. Könnte ein Monteur seine Arbeit dann erfolgreich verrichten? Oder nehmen Sie einem Buchhalter seinen Taschenrechner weg, einem Friseur die Schere! Wie könnten diese dann ihrer Arbeit noch nachgehen? Der Serviceberater hat den Auftrag die Werkstattauslastung zu sichern, er muss Umsätze im Service generieren. Und um diese Aufgabe leisten zu können, benötigt er Werkzeuge und Hilfsmittel. Gut, geben wir dem Serviceberater eine Direktannahme, einen Schreibtisch, einen Computer usw., das müsste doch reichen, ja, das hat doch bislang immer gereicht! Machen wir uns nichts vor: In Zeiten eines immer stärkeren Wettbewerbs im automobilen Handel hängt vielerorts von der Leistung der Serviceberater nicht mehr nur der Erfolg des Betriebes ab, sondern nicht selten sogar dessen Existenz!

Denn jede einzelne Reparatur, die nicht in Auftrag gegeben wird, jede Zusatzarbeit, die dem Kunden nicht verkauft werden konnte, jedes Ersatzteil, das der Kunde sich im freien Teilehandel besorgt, ist verlorener Umsatz und schlussendlich auch entgangener Gewinn für den Betrieb. Was dies nun mit Kennzahlen zu tun hat? Auf den ersten Blick tatsächlich nur wenig, denn das Verkaufen und Beraten ist in diesem Buch in den vorherigen Kapiteln ausreichend behandelt worden. Nur durch die Erfassung und Auswertung von Kennzahlen kann man aber feststellen, wie gut der Serviceberater verkauft hat bzw. wie viel er noch hätte verkaufen können.

Verkauft der Serviceberater zu wenig, entgehen dem Betrieb wertvolle Umsätze und die Monteure stehen untätig in der Werkstatt herum. Verkauft ein Serviceberater aber „zu viel", dann wird er über kurz oder lang seine Kunden vergraulen, weil er ihnen Leistungen verspricht, die seine Kollegen in der Werkstatt nicht einhalten können. Dies ist aber nur eine Facette der vielen nützlichen Anwendungsgebiete der „Kennzahlen des Servicebereichs".

Der „alte" Reparaturannehmer käme sicher mit den oben genannten Arbeitsmitteln aus. Der professionelle Serviceberater „der Zukunft", der als „Unternehmer im Unternehmen" zum Erfolg des gesamten Betriebes beitragen soll, kommt ohne Kennzahlen nicht mehr aus!

10.2 Was sind Kennzahlen und wozu benötigen wir diese?

> **!** Kennzahlen in einem Unternehmen sind nichts anderes als messbare Größen, die den aktuellen Zustand, die Entwicklung über einen längeren Zeitraum hinweg oder die Situation im Markt (also im Vergleich zu den Mitbewerbern) des Unternehmens bewerten helfen.

In dem letzten Wort dieser Definition steckt eine zentrale Aussage: Kennzahlen sollen *helfen*! Kennzahlen, die nur zum Selbstzweck erhoben werden, helfen keinem

Unternehmen. Aber wann ist eine Kennzahl sinnvoll und wann verbergen sich hinter ihr nur komplizierte Rechenspiele ohne Wert? Dazu müssen wir die Betrachtung der Kennzahlen von einer anderen Seite versuchen.

Erinnern Sie sich noch an Ihre Schulzeit? Vielleicht hatten Sie ab und an auch so Ihre Schwierigkeiten in Mathematik, Physik oder gar Chemie? Diese ganzen Formeln, die einem da an den Kopf geworfen wurden – die kann sich doch keiner merken! Genau! Man darf sich nicht nur die Formeln merken, sondern muss sich fragen, was steckt hinter diesen Formeln! Und genau so ist das auch bei den Kennzahlen in einem Unternehmen.

Bevor man eine Kennzahl erhebt, benötigt man zunächst einmal eine Fragestellung im Unternehmen, die man *kurz, leicht messbar, über einen längeren Zeitraum vergleichbar usw.* beantworten will. Kennzahlen machen nur dann Sinn und können somit den Verantwortlichen in einem Unternehmen helfen, wenn hinter ihnen eine sinnvolle Frage steckt. Sinnvoll ist eine Frage dann, wenn sie dem Unternehmen tatsächlich weiterhilft. Gleichzeitig darf diese Fragestellung aber auch nicht zu umfassend sein. Die Frage „Wie gut arbeitet der Betrieb bzw. die Werkstatt" ist zu umfassend, als dass sie durch eine einzelne Kennzahl beantwortet werden könnte. „Wie hoch ist die Auslastung der Werkstatt?", „Wie zufrieden sind die Kunden mit der geleisteten Arbeit?" oder „Wie gut ist die Leistung der Monteure?" – auf diese Fragen benötigen die Verantwortlichen in den Betrieben permanent Antworten, um die weitere Entwicklung steuern zu können.

Jetzt stellen Sie sich noch einmal vor, es gäbe keine Kennzahlen: Die Führungskräfte des Betriebs sitzen im monatlichen Meeting zusammen und der Geschäftsführer oder Serviceleiter möchte wissen, wie hoch denn die Auslastung der Werkstatt ist. „Na ja, wir haben eigentlich genug zu tun!" oder „Hin und wieder hätten wir noch Luft für Aufträge.", wären dann mögliche Antworten. Aussagekräftig sind solche Aussagen aber nicht! Und hier ging es nur um den aktuellen Zustand. Wie sähe es gar aus, wenn die Frage lautet „Wie hoch ist die Auslastung im Vergleich zum Vormonat?" oder „Wie hoch ist unsere Auslastung im Vergleich zu den Wettbewerbern in der Umgebung?" – ohne Kennzahlen ist dies nicht zu beantworten!

Im Folgenden werden wir die Kennzahlen des Servicebereichs genauer betrachten. Wir werden dazu einen „Rundgang" durch den Betrieb machen und uns so Schritt für Schritt die entsprechenden Kennzahlen erarbeiten. Starten werden wir in der Werkstatt selbst: Dort werden wir mit Kennzahlen erfassen, wie hoch die Auslastung der Werkstatt, also der Monteure, ist, wie viel Leistung diese erbringen und wie viel von dieser wiederum an den Kunden weiterberechnet wird. Denn dieser letzte Punkt ist schließlich für den Betrieb der entscheidende: Wenn die Leistung der Monteure nicht vom Kunden bezahlt wird, dann kommt auch kein Geld in die Kasse!

Nach der Werkstatt werden wir uns in der Annahme etwas genauer umschauen. Da geht es also direkt um Sie, den Serviceberater! Wie gut verkauft der Serviceberater die Leistungen des Betriebes an den Kunden? Danach verlassen wir den Betrieb komplett und gehen in den Servicemarkt hinaus. Denn, dass die Werkstatt „brummt" ist die eine Sache. Vielleicht gibt es aber im Servicemarkt noch vielmehr potenzielle Kunden, die in die Werkstatt kommen könnten. Abschließend werden wir noch einen Schritt weitergehen: Wir besuchen unseren Kunden und fragen ihn, wie zufrieden er denn mit unserer Arbeit gewesen ist.

Wenn dieser Rundgang beendet ist, hat man einen umfassenden Blick auf entscheidende Aspekte des Servicebereichs. Mit den dort gewonnenen Kennzahlen können die Verantwortlichen im Betrieb – sofern sie mit diesen umzugehen wissen – das Unternehmen steuern und zu dauerhaftem Erfolg führen.

Wir werden in diesem Buch nicht alle denkbaren oder gängigen Kennzahlen des After-Sales in einem Kfz-Betrieb betrachten, sondern lediglich die, die für den Serviceberater von grundlegender Bedeutung sind. Die Kennzahlen, mit denen er seine eigene Arbeit und die Entwicklung im Servicemarkt bewerten kann und zusätzlich die Kennzahlen der Werkstatt, die er kennen muss, um in der Annahme entsprechend steuern zu können.

10.3   Kennzahlen der Werkstatt

Die Kennzahlen der Werkstatt selbst werden sehr häufig auch unter dem Sammelbegriff der „produktionsorientierten Kennzahlen" betrachtet. Dies ist grundsätzlich auch sinnvoll, da die „Produktion" in einem Kfz-Servicebetrieb selbstverständlich in der Werkstatt erfolgt. Doch liegt diesem Begriff die „Produktivität", die wir im Folgenden betrachten werden, sprachlich sehr nahe, so dass die übrigen Kennzahlen der Werkstatt häufig nicht die nötige Beachtung finden.

Vorweg ist noch zu sagen, dass dieses Buch es nicht schaffen kann, alle Fragen zum Thema „Kennzahlen" von jedem Serviceberater zu beantworten. Dies liegt daran, dass die Systeme, nach denen in den verschiedenen Betrieben in Deutschland die Kennzahlen erhoben werden, mitunter sehr stark differieren. Es beginnt schon damit, dass die Leistung der Werkstatt unterschiedlich erfasst wird. Traditionell kennt man in den handwerklichen Berufen den Stundenlohn bzw. Stundenverrechnungssatz. Weit verbreitet im Kfz-Gewerbe sind daneben aber auch die so genannten Arbeitswerte. In einer sehr einfachen ersten Betrachtung sind die Arbeitswerte lediglich kleinere Zeiteinheiten, als sie im Stundenverrechnungssatz-System genutzt werden (gebräuchlich sind hier 10 bzw. 12 Arbeitswerte pro Stunde, also 6 bzw. 5 Minuten je Arbeitswert). Hinter diesen Arbeitswerten steckt aber noch ein weiterer Aspekt: In diesen Systemen werden Arbeitspositionen zusammengefasst und mit einer festen Anzahl von Arbeitswerten versehen. Dies hat dann in erster Linie Vorteile für den Kunden. Wir haben bereits im Kapitel „Beratungs- und Verkaufsgespräche" die Bedeutung transparenter Preiskontinuität hervorgehoben: Der Kunde will erstens wissen, was er genau für sein Geld bekommt und zweitens möchte er am liebsten schon vorher wissen, wie viel er nachher zu bezahlen hat. Es soll ja Vorurteile gegenüber Handwerkern geben, die nach Stundenlohn bezahlt werden: Da muss man doch als Kunde ganz genau hinschauen und aufpassen, dass auch zügig gearbeitet wird. Und am Ende kriegt man dann trotzdem eine Rechnung präsentiert, die sich gewaschen hat. Wir gehen nicht davon aus, dass Handwerker und insbesondere die in der Kfz-Branche tatsächlich so arbeiten, aber Misstrauen muss dem Kunden zugestanden werden. Im Arbeitswerte-System, in dem Arbeitspositionen feste Arbeitswerte zugewiesen sind, kann man dem Kunden vorher ganz genau sagen, was er später zu bezahlen hat und was sich dahinter verbirgt!

Nur eines an dieser Stelle, bevor wir uns den Kennzahlen der Werkstatt genauer widmen: Dass das Arbeitswerte-System Vorteile für den Kunden bringt, wissen wir nun. Gehen Sie aber nicht davon aus, dass den Kunden dies ebenfalls bekannt ist! Ein Kunde, der nicht weiß, was sich hinter diesen Arbeitswerten verbirgt, der wird vielleicht denken, dass er damit nur noch zusätzlich verwirrt werden soll. Denn undurchsichtig genug sind die meisten Rechnungen für den Kunden ohnehin! Also vergessen Sie bitte nie, das Arbeitswerte-System verständlich zu erläutern.

Bei der weiteren Betrachtung der Kennzahlen der Werkstatt und dann auch in der Annahme werden die beiden Systeme (Stunden- bzw. Arbeitswerte-System) gleichermaßen betrachtet.

Die Produktivität

Die Produktivität ist zweifelsohne eine der wichtigsten Kennzahlen im gesamten After-Sales eines Kfz-Betriebs. Sie erlaubt eine Aussage über die Auslastung der Werkstatt und damit der Monteure. Und da Wartungen und Reparaturen von Fahrzeugen nun einmal das Produkt einer Kfz-Werkstatt sind, liegt es auf der Hand, dass dieser Kennzahl ein zentraler Stellenwert beigemessen wird.

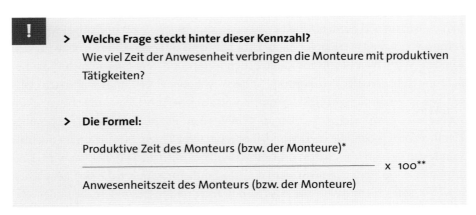

> **Welche Frage steckt hinter dieser Kennzahl?**
> Wie viel Zeit der Anwesenheit verbringen die Monteure mit produktiven Tätigkeiten?

> **Die Formel:**
>
> $$\frac{\text{Produktive Zeit des Monteurs (bzw. der Monteure)*}}{\text{Anwesenheitszeit des Monteurs (bzw. der Monteure)}} \times 100^{**}$$

Betrachten wir diese Formel nun etwas genauer:

Unter der *produktiven Zeit des Monteurs* versteht man die Zeit, in der der Monteur *produktiv tätig* ist. Was ist nun aber eine *produktive Tätigkeit*? Das „Produkt" der Kfz-Werkstatt ist die Wartung oder Reparatur eines Fahrzeugs. Dazu kommen aber natürlich auch noch solche Arbeiten, wie z. B. Reifenmontage, Aufbereitung usw. die nicht direkt zur Wartung oder Reparatur gehören. Sehr einfach kann man sagen, dass ein Monteur immer dann *produktiv tätig* ist, wenn er „an einem Fahrzeug arbeitet".

Was nun aber in den einzelnen Betrieben unter dieser *produktiven Zeit* verstanden wird, geht mitunter weit auseinander. Es kommt in der Regel darauf an, wie in dem jeweiligen Betrieb „gestempelt" wird, also wann ein Monteur *produktiv* oder *unproduktiv* gestempelt ist.

---

* Die Produktivität kann sowohl für den einzelnen Monteur, als auch für Teams oder die gesamte Werkstatt berechnet werden.
** Durch die Multiplikation des Bruches mit 100 erhält man einen Prozentwert.

Hier kommt zum ersten Mal ein Punkt, den wir bei allen Kennzahlen beachten müssen: Stellen Sie sich vor, zwei Serviceberater treffen sich auf der Straße. Der eine Serviceberater sagt: „Mensch, wir hatten letzten Monat eine Produktivität von 92 %!". Da guckt der andere Serviceberater ganz traurig und sagt: „Wir haben es gerade einmal auf 85 % geschafft!" Bevor der erste Serviceberater nun jubelnd die Arme hochwirft und sich denkt, dass er in dem viel besseren Betrieb arbeitet und der andere traurig seines Weges geht, müssten beide erst einmal ganz genau vergleichen, wie die Produktivität in ihren Betrieben genau berechnet wird. Sonst ist man nämlich ganz schnell dabei, „Äpfel mit Birnen zu vergleichen"!

Gleiches gilt dann auch für die *Anwesenheitszeit* des Monteurs, die ja als Nenner der Formel in die Produktivität mit einfließt. Aus dem reinen Sprachgebrauch müsste die *Anwesenheitszeit* aber eigentlich klar sein: Die Zeit, in der der Monteur *anwesend* ist. Wiederum ganz einfach betrachtet: Wenn Sie in die Werkstatt kommen und der Monteur ist nicht da, wenn Sie dann sogar überall im Betrieb geguckt haben und ihn nicht finden können, dann ist er zweifelsohne *nicht anwesend*! Ist aber nun z. B. eine Probefahrt *nicht anwesend*? Oder wie verhält es sich mit einer Außenmontage? Produktiv sind beide Tätigkeiten: Eine Probefahrt ist ein Mittel zur Diagnose und eine Außenmontage ist in der Regel eine Reparatur. Wenn dies nun aber als *nicht anwesend* gilt, dann wirkt sich dies ja auf die Produktivität aus?! Es gibt hier kein „richtig" oder „falsch" – Sie müssen nur herausfinden, wie diese beiden Zeiten (und damit dann auch die Kennzahl „Produktivität") in Ihrem Betrieb berechnet werden.

Welche Aussagen lässt die *Produktivität* nun zu? Auf jeden Fall sagt sie etwas über die Auslastung der Monteure und damit auch der Werkstatt. Für jeden Unternehmer ist es so ziemlich das Schlimmste, wenn seine Mitarbeiter „untätig" herumstehen oder -sitzen. Denn das Gehalt fließt in der Regel unabhängig davon, ob der Mitarbeiter Arbeit hat oder nicht. Daneben ist Zeit, in der ein Mitarbeiter „nichts zu tun" hat, auch nicht an einen Kunden weiterzuberechnen und damit kommt in dieser Zeit auch kein Geld ins Unternehmen. Ob eine hohe Produktivität im Umkehrschluss aber auch bedeutet, dass viel Leistung an die Kunden weiterberechnet wurde, muss nicht immer der Fall sein. Hier kommt es erstens wieder darauf an, wie die Produktivität erfasst wird und zweitens, nach welchem System den Kunden Leistung weiterberechnet wird.

Dazu kommt auch noch, dass es eine so genannte „interne" und „externe" Produktivität gibt. „Externe" Produktivität bezieht sich auf solche Tätigkeiten, die für Kunden ausgeführt werden und entsprechend nach außen – also „extern" – berechnet werden können. Dies sind die klassischen Wartungs- und Reparaturarbeiten. Dahingegen sind Arbeiten, wie z. B. die Gebrauchtwagenaufbereitung und die Nacharbeit von Reklamationen „interne" Tätigkeiten. Natürlich ist ein Monteur auch produktiv, wenn er eine Reklamation bearbeitet, doch kann diese Arbeit nicht an den Kunden weiterberechnet werden. Und selbst wenn es für solche Arbeiten im Betrieb eigene Kostenstellen gibt, die man grundsätzlich ja auch als „Kunde" verstehen könnte – vordergründig ist immer die Frage, ob in das Unternehmen von außen Geld hineinkommt!

Es wäre nun falsch, wenn man versuchen würde, unter allen Umständen eine Produktivität von 100 % zu erreichen und diese vollständig „extern" zu erbringen! Natürlich sollte man versuchen, zumindest Reklamationsarbeiten als „interne" produktive Tätigkeiten auszuschließen, in dem man zuvor entsprechend fehlerfrei gearbeitet hat. Dass aber z. B. die Gebrauchtwagenaufbereitung durchaus Sinn macht, liegt auf der Hand: Erzielt der Betrieb doch für einen entsprechenden Gebrauchtwagen einen höheren Verkaufspreis. Nur sollten solche Arbeiten nicht zu viel der zur Verfügung stehenden Zeit in Anspruch nehmen. Stellen Sie sich vor, Sie müssten einen Kunden, der einen lukrativen Auftrag bei Ihnen durchführen lassen will, wieder „nach Hause schicken", weil Ihre Werkstatt schon auf 100 % Produktivität läuft …!

Und auch unproduktive Stunden müssen hin und wieder sein. So z. B. für die hausinterne Weiterbildung der Monteure (sofern diese als „unproduktiv" erfasst wird – was zweifelsohne Sinn macht) oder für Teambesprechungen, in denen Schwächen analysiert werden, um in Zukunft noch mehr Leistung erbringen zu können.

> Welche Faktoren beeinflussen die Produktivität?

Wenn Sie die Produktivität über einen längeren Zeitraum betrachten und feststellen, dass diese zu gering ist oder sich nach unten entwickelt hat, muss gehandelt werden. An welchen „Schrauben" kann man „drehen", um die Produktivität wieder in den Griff zu bekommen?

Folgende „Schrauben" bzw. Faktoren sind hier zu nennen (wiederum aber verbunden mit dem Hinweis, dass man zunächst klären muss, wie die Produktivität im Einzelfall erfasst wird):

- Kapazitätsplanung
  Die Kapazitätsplanung ist der erste entscheidende Faktor, der sogar schon vor der Erfassung der Produktivität erfolgt. Wie viele Monteure benötige ich in der Werkstatt, um die zu erwartenden Aufträge abarbeiten zu können bzw.

umgekehrt, wie viele Aufträge muss ich annehmen, um die Monteure möglichst umfassend auszulasten? Wird diese Kapazitätsplanung unzureichend oder fehlerhaft durchgeführt, dann wirkt sich dies sofort auf die Produktivität aus: Wird zuviel Monteurkapazität eingeplant, dann ist es sehr wahrscheinlich, dass es in der Werkstatt zu „Leerlauf" kommt und damit die Produktivität sinkt. Wird hingegen zu wenig Monteurkapazität eingeplant, dann wird man zwar unter Umständen zu einer hohen Produktivität kommen, dies aber auf Kosten von Aufträgen, die dem Betrieb entgangen sind, weil die Werkstatt schon „voll" war.

- Terminplanung/Organisation der Voranmeldung
Wenn die Kapazität der Werkstatt „sauber" geplant ist, dann benötigt man effiziente Terminplanungssysteme und eine entsprechende Organisation der Voranmeldung, um diese Kapazität auch mit Aufträgen auszulasten. Betriebe, die sich schlicht darauf verlassen, dass „die Kunden schon kommen werden", können mit dieser Haltung vielleicht eine Zeit lang gut leben – irgendwann wird aber die Situation eintreffen, in der die Kunden dies eben nicht mehr tun! Und dann sieht es in der Werkstatt deutlich leerer aus. Auf jeden Fall wird es in Betrieben, die sich sehr stark auf die unangemeldete Laufkundschaft verlassen, so aussehen, dass die Produktivität stärkeren Schwankungen unterworfen ist. Wenn ein Betrieb aufgrund einer professionellen Terminplanung einen hohen Prozentsatz an Voranmeldungen hat, dann kann man davon ausgehen, dass die Produktivität im entsprechenden Zeitraum mindestens einen bestimmten Wert erreichen wird. Alles, was dann noch an unangemeldeten Kunden hinzu kommt, steigert die Produktivität.

- Flexibles Arbeitszeitsystem
Die Möglichkeit, die Monteure sehr flexibel einsetzen zu können, wirkt sich auf jeden Fall positiv auf die Produktivität aus. Wenn ein Monteur in „ruhigeren" Zeiten „nach Hause geschickt werden kann" und man dafür in Stoßzeiten die Kapazität entsprechend erhöht, dann wird man eine konstant hohe Produktivität erreichen können. Eine absolute Flexibilität ist in der Realität aber kaum möglich. Dennoch muss das Motto lauten: Der Monteur sollte da sein, wenn das Auto da ist! Nicht umgekehrt!

- Ausreichendes Kundenpotenzial
Alle diese Faktoren hängen natürlich davon ab, dass es überhaupt genügend Kunden gibt, die die Werkstatt aufsuchen. Gibt es keine Kunden, dann hilft

auch die beste Kapazitätsplanung nichts und ein System zur Terminplanung würde hinfällig. Wenn trotz einer optimalen Kapazitäts- und Terminplanung und eines hoch flexiblen Arbeitszeitsystems die Produktivität gering ist, also die Werkstatt nicht ausgelastet ist, dann fehlen ganz einfach die Kunden! Dass es diese nicht gibt, ist dabei relativ unwahrscheinlich. Sie sind da, kommen aber einfach nicht in die Werkstatt (weil sie wahrscheinlich eine andere aufsuchen). In diesem Fall muss der Markt bearbeitet werden. Wenn der Kunde von alleine nicht kommt, muss man ihn eben dazu auffordern. Ein weit verbreiteter Fehler, der dabei gemacht wird, ist die „Akquisition nur in schlechten Zeiten"! Wenn die Werkstatt schon ein paar Tage oder sogar Wochen wenig ausgelastet ist, wird auch dem letzten im Betrieb klar, dass es sich dabei wohl nicht um einen „vorübergehenden Zustand" handelt, sondern dass irgendetwas grundlegend nicht stimmt. Also nimmt man den Hörer in die Hand und beginnt wahllos Kunden anzurufen. Die meisten Kunden sind mittlerweile so „erzogen", dass sie bei solchen Anrufen direkt Lunte riechen: „Die Werkstatt ruft an?! Die scheinen wohl eine Flaute zu haben!" Natürlich tun die Kunden dem Betrieb dann den Gefallen und füllen die Werkstatt wieder mit Arbeit…! Eher unwahrscheinlich! Die Produktivität durch entsprechende Kundenaufträge „im Griff zu halten" ist eine kontinuierliche Aufgabe und nicht bloß in schlechten Zeiten auf der Tagesordnung!

Die Rentabilität oder der Anteil der weiterberechneten Stunden/Arbeitswerte

Wie beschrieben, erlaubt die Produktivität zunächst nur eine Aussage über die Auslastung der Werkstatt, nicht aber darüber, inwieweit die Leistung auch an den Kunden weiterberechnet wird und damit für den Betrieb Umsatz einbringt.

Genau darüber kann die „Rentabilität" oder der „Anteil der weiterberechneten Stunden/Arbeitswerte" eine Auskunft geben. Bei dieser Kennzahl werden nämlich die geleisteten Stunden bzw. Arbeitswerte ins Verhältnis zu den an Kunden weiterberechneten gesetzt.

> **Welche Frage steckt hinter dieser Kennzahl?**
>
> Wie viele geleistete Stunden bzw. Arbeitswerte werden an die Kunden weiterberechnet?

> **Die Formel:**

$$\frac{\text{Weiterberechnete Stunden/Arbeitswerte}}{\text{produktive Stunden/geleistete Arbeitswerte}} \times 100$$

Mit dieser Formel, die die *produktiven Stunden* bzw. *geleisteten Arbeitswerte* ins Verhältnis zu den *weiterberechneten Stunden* bzw. *Arbeitswerten* setzt, lässt sich erfassen, inwieweit die tatsächliche Leistung der Monteure an den Kunden weiterberechnet werden konnte. Es gibt auch Betriebe, bei denen diese Kennzahl so erfasst wird, dass in das Verhältnis die *Anwesenheitsstunden* der Monteure einfließt. Dies kann bei entsprechenden Systemen des „Anstempelns" (wie oben bei der Produktivität beschrieben) durchaus Sinn machen. Wichtig ist dabei wiederum, dass Klarheit darüber besteht, wie die Kennzahl genau erfasst wird.

> **Welche Faktoren beeinflussen die Rentabilität bzw. den Anteil der weiterberechneten Stunden/Arbeitswerte?**

- Der Anteil an internen Aufträgen

  „Interne Aufträge" sind solche produktiven Tätigkeiten, die nicht an den Kunden weiterberechnet werden können. Beispiele für solche Arbeiten, hatten wir bereits zur Produktivität betrachtet: die Gebrauchtwagenaufbereitung, die Nacharbeit von Reklamationen etc..

  Solche Arbeiten sind nicht von vornherein unnötig und zu vermeiden, sie senken aber diese Kennzahl und bringen zumindest kurzfristig keinen Umsatz von außen ins Unternehmen. Ihre Zahl muss aber in einem entsprechenden Umfang gehalten werden.

- Festpreise und Marketing-Maßnahmen

  Festpreise und Marketing-Maßnahmen, bei denen den Kunden Leistungen zu einem festen und in der Regel verminderten Preis angeboten werden, basieren im Kern darauf, dass dem Kunden vor Durchführung der Arbeiten ein Preis genannt wird, den dieser als „endgültig" ansehen kann. Unabhängig davon, wie lange die entsprechenden Arbeiten dann dauern, werden dem Kunden nur die „versprochenen" Kosten in Rechnung gestellt. D. h., es werden effektiv mehr Stunden bzw. Arbeitswerte geleistet, als der Kunde bezahlt und damit sinkt selbstverständlich diese Kennzahl.

In Zeiten von saisonalen Aktionen, also Frühjahrs-, Winter- oder Urlaubschecks, bei Reifen-Aktionen o.ä. wird diese Kennzahl sinken. Würde sie dies nicht tun, dann wird entweder das Angebot nicht angenommen, oder es ist – aus Kundensicht – so schlecht kalkuliert, dass der Kunde überhaupt keinen Bonus daraus zieht. Letzteres wäre Augenwischerei und würde vom Kunden über kurz oder lang enttarnt!

Wenn solche Maßnahmen im Betrieb durchgeführt werden, dann gilt es aber darauf zu achten, dass diese Kennzahl nicht völlig „aus dem Ruder läuft". Denn dies kann bedeuten, dass das Angebot aus Unternehmenssicht falsch kalkuliert wurde! Solche Marketing-Maßnahmen haben Kundenbindung und -rückgewinnung zum Ziel. Man nimmt also billigend in Kauf, dass über einen kurzen Zeitraum der Umsatz des Betriebes geringer ausfällt, als er dies täte, wenn dem Kunden die „vollen Leistungen" in Rechnung gestellt würden. Sobald dieses Ziel erfüllt ist, muss man wieder zur „Tagesordnung" übergehen. Denn eine dauerhafte Kundenbindung auf Kosten des Umsatzes füllt vielleicht noch die Werkstatt, aber ganz sicher nicht die Kassen des Betriebes.

- Die Prozesse und Kommunikation zwischen Werkstatt und Rechnungsabwicklung

  Man kann diese Kennzahl natürlich bezogen auf verschiedene Zeiträume betrachten. Dabei lässt sich erfassen – im Vergleich mit anderen Kennzahlen – in welcher zeitlichen Spanne geleistete Arbeiten dem Kunden in Rechnung gestellt werden. Bleiben bereits abgearbeitete Aufträge über längere Zeit liegen, so entgehen dem Betrieb in dieser Zeit wertvolle Einnahmen.

Der Leistungsgrad bzw. -wert

Wir werden uns im Folgenden noch mit dem Leistungsgrad bzw. -wert beschäftigen. Neben der Auslastung der Werkstatt und dem Anteil der geleisteten Arbeit, der an den Kunden weiterberechnet wird, ist die Leistungsfähigkeit der Werkstatt der dritte wichtige Aspekt.

Diese Kennzahl lässt sich in der dargestellten Form aber nur im Arbeitswertesystem betrachten.

> **Welche Frage steckt hinter dieser Kennzahl**
> Wie hoch ist die Leistungsfähigkeit der Monteure (produzierte Arbeitswerte) im Verhältnis zu den produktiven Stunden insgesamt?

Voraussetzung für diese Kennzahl ist die Vorgabe, dass einem Arbeitswert eine entsprechende zeitliche Vorgabe gegenübersteht (also 5 bzw. 6 Minuten je Arbeitswert). Der Monteur müsste demnach pro Stunde 12 bzw. 10 Arbeitswerte produzieren. Im Interesse des Kunden (er will nach Möglichkeit weniger bezahlen als Leistung erbracht wurde) liegt es, dass ein Monteur in einer Stunde weniger Arbeitswerte produziert, denn nur dann würde er (bzw. alle Kunde) den Vorteil des Arbeitswerte-Systems auch „spüren". Für das Unternehmen ist das Ziel hingegen, dass ein Monteur mehr als die vorgegebenen Arbeitswerte pro Stunde erzielt.

> **Die Formel:**
>
> Geleistete Arbeitswerte
> _____
>
> Produktive Stunden*

Der Leistungswert wird grundsätzlich als eine Anzahl an Arbeitswerten ausgedrückt. Fügt man dem Nenner noch die Soll-Arbeitswerte pro Stunde (also 10 bzw. 12 Arbeitswerte) hinzu und multipliziert diese Formel mit 100, so erhält man den Leistungswert in Prozent ausgedrückt.

---

* Bei einigen Herstellern mit Leistungslohnsystemen wird die produktive Zeit zusätzlich in Leistungs- und Zeitlohnstunden unterteilt. Der Leistungsgrad bzw. -wert wird dann nur auf die Leistungslohnstunden bezogen.

Produziert ein Monteur in einer produktiven Stunde 10 bzw. 12 Arbeitswerte, so würde dies einen Leistungswert von 100 % bedeuten.

Die Arbeitswertevorgaben sind so berechnet, dass ein „durchschnittlicher" Monteur genau die vorgegebene Zeit benötigt, um die entsprechende Arbeitsposition zu erledigen. Natürlich erwartet ein Unternehmer von seinen Mitarbeitern mehr als nur durchschnittliche Leistung! Der Anspruch an die Monteure muss also sein, dass diese einen Leistungswert von deutlich über 100 % erzielen. Dass eine Arbeit einmal länger dauert, als dies vorgegeben ist, kann passieren. Sei es, weil ein Monteur „einen schlechten Tag" hat oder es während der Durchführung der Arbeiten zu Problemen gekommen ist. Dies sollte aber nicht die Regel sein! Denn in diesem Falle würde entweder etwas mit den Monteuren oder den Arbeitswertevorgaben „nicht stimmen".

> **Welche Faktoren beeinflussen den Leistungsgrad bzw. -wert?**

- Die Qualifikation der Monteure

  Natürlich kann ein Monteur eine bestimmte Arbeit in einer vorgegebenen Zeit nur leisten, wenn er für diese Tätigkeit ausreichend qualifiziert ist. Fehlen einem Monteur generell technische Fertigkeiten oder Wissen, oder ist die zu leistende Arbeit für ihn noch unbekannt, dann wird er eine geringere Leistung erbringen.

- Prozessabläufe und Organisation in der Werkstatt/Räumliche Gegebenheiten

  Die Prozessabläufe in einer Kfz-Werkstatt müssen so gestaltet sein, dass sie dem Monteur eine möglichst zügige und reibungslose Erledigung seiner Aufträge ermöglichen (gleichzeitig müssen sie aber natürlich auch die Sicherstellung der Qualität gewährleisten). Prozessabläufe, die den Monteur in der Ausübung seiner Arbeit behindern, senken dagegen seine Leistungsfähigkeit. Gleiches gilt auch für Prozesse, die Schnittstellen zu anderen Bereichen des Betriebes betreffen – z. B. zum Lager. Entstehen dem Monteur regelmäßig längere Wartezeiten am Lager, so fehlen ihm eben diese Zeiten, um produktiv Leistung zu erbringen. Gleiches gilt auch für das Werkzeug (im Besonderen für Spezialwerkzeuge). Dieses muss dem Monteur ausreichend und in entsprechender Qualität zur Verfügung stehen.

Nicht selten – gerade bei „älteren" Betrieben – schränken die räumlichen Gegebenheiten die Leistungsfähigkeit des Monteurs ein, wenn er z. B. zu lange Wege im Betrieb zurücklegen muss, um notwendige Dinge zu erledigen. Diese räumlichen Gegebenheiten sind aber in der Regel nicht (jedenfalls nicht schnell) veränderbar. Diese Behinderung der Leistungsfähigkeit muss daher in die Interpretation der Kennzahl einfließen. Man kann z. B. keine Zielvereinbarungen mit den Monteuren treffen, die diese mit den gegebenen Einschränkungen nicht erreichen können. Es bietet sich stattdessen an, solche Behinderungen in den Arbeitsabläufen als so genannte „Werkstattfaktoren" in die Berechnung der Kennzahl einzubeziehen. So kann man den Leistungswert, der 100 % entspricht, variabel anpassen.

- Die Beschaffenheit der Aufträge

Vergleicht man die Leistungswerte von Monteuren oder Teams untereinander, so kann dies nur „gerecht" erfolgen, wenn die Monteure und Teams im betrachteten Zeitraum ähnliche Arbeitspositionen bearbeitet hatten. Nicht bei jeder Arbeitsposition ist die Vorgabe gleich „passend". Zudem muss man „Routine-Effekte" beachten: Ein Monteur oder ein Team, welcher bzw. welches nur damit beschäftigt ist, Wartungsarbeiten durchzuführen, wird nach einiger Zeit soviel Routine in der Durchführung dieser Arbeiten haben, dass diese „blind" erledigt werden können. Natürlich wird mit soviel Routine ein höherer Leistungswert erzielt, als wenn ein Monteur erstmals mit der Arbeit betraut wurde.

10.4   Kennzahlen der Annahme

Nun haben wir den ersten Teil unseres Rundgangs abgeschlossen: In der Werkstatt haben wir uns die Kennzahlen angesehen, die für den Serviceberater von Bedeutung sind. Wie angekündigt, verlassen wir die Werkstatt nun und begeben uns in die Annahme. Hier ist der Serviceberater selbst die entscheidende Person, und entsprechend konzentrieren wir uns hier auf die Kennzahlen, die von ihm selbst beeinflusst werden.

Lohnerlöse/Arbeitswerte pro Fahrzeugdurchlauf und Teileumsatz pro Fahrzeugdurchlauf

In der Bezeichnung dieser Kennzahlen kommt ein Begriff vor, der zunächst näher definiert werden muss: Ein *Fahrzeugdurchlauf*. Unter einem *Fahrzeugdurchlauf* versteht man, dass ein Fahrzeug die gesamte Werkstatt einmal durchläuft. In vielen Betrieben wird dies auch einfach als *Werkstattbesuch* oder *Werkstattkontakt* bezeichnet. Ebenfalls weit verbreitet ist die Betrachtung der Kundenrechnungen für die Erfassung der Anzahl der Fahrzeugdurchläufe, da man in der Regel davon ausgehen kann, dass einem Werkstattbesuch eines Kunden auch eine Rechnung folgt. Doch hier ist Vorsicht geboten: Es kommt vor, dass einem Kunden bei einem Werkstattbesuch zwei Rechnungen ausgestellt werden, auf welchen Gewährleistungs-, Garantie- und Kulanzarbeiten von solchen Arbeiten getrennt werden, die der Kunde bezahlen muss. Damit verfolgt man das Ziel, dem Kunden diese „kostenlosen" Arbeiten stärker zu verdeutlichen und damit auch besser „zu verkaufen". Ob „kostenlose" Leistungen auf diesem Wege, oder auf einer Rechnung mit dem Hinweis „ohne Berechnung" besser dem Kunden „verkauft" werden können, soll an dieser Stelle aber nicht weiter thematisiert werden. Sie müssen wiederum nur klären, auf welcher Basis die Fahrzeugdurchläufe in Ihrem Betrieb bestimmt werden, sodass Sie im Ergebnis der folgenden Kennzahlen nicht von einer falschen Voraussetzung ausgehen.

> **!**
>
> \> **Welche Frage steckt hinter den Lohnerlösen/Arbeitswerten pro Fahrzeugdurchlauf bzw. dem Teileumsatz pro Fahrzeugdurchlauf?**
> Wie hoch ist der Lohnerlös/die Zahl der Arbeitswerte bzw. der Teileumsatz, der einem Kunden bei einem Fahrzeugdurchlauf durchschnittlich verkauft wird?
>
> \> **Die Formeln:**
>
> $$\frac{\text{Lohnerlöse/Arbeitswerte*}}{\text{Fahrzeugdurchlauf}} \quad \text{oder} \quad \frac{\text{Teileumsatz*}}{\text{Fahrzeugdurchlauf}}$$

---

* Aus Kundenaufträgen!

Dass wir diese Kennzahlen hier nebeneinander behandeln, muss zuerst noch erklärt werden: Zwischen den Lohnerlösen eines Betriebes und dem entsprechenden Umsatz an Teilen kann ebenso in einer separaten Kennzahl ein Verhältnis hergestellt werden. Diese Kennzahl wollen wir aber hier nicht im Detail betrachten. In einem „normalen" Betrieb kann davon ausgegangen werden, dass das Verhältnis von Teileumsatz zu Lohnerlösen (relativ konstant) bei 1,1 liegt. Das heißt, dass für jeden Euro Lohnerlös 1,10 Euro an Teilen umgesetzt werden. Die beeinflussenden Faktoren dieser beiden Kennzahlen unterscheiden sich grundlegend nicht und von daher empfiehlt es sich, diese nebeneinander zu betrachten.

> Welche Faktoren beeinflussen diese Kenzahlen?

- Das Beratungs- und Verkaufsverhalten des Serviceberaters

  Dieser Punkt muss an erster Stelle genannt werden! Denn die Ausprägung dieser Kennzahlen hängt extrem davon ab, inwieweit der Serviceberater es versteht, dem Kunden Zusatzleistungen oder -produkte anzubieten und zu verkaufen. Das muss nicht bei jedem Kunden ein teures Zubehörteil sein. Auch die neuen Wischerblätter, Bremsbeläge, Schläuche, das Ausbessern eines Steinschlags in der Windschutzscheibe, der „kleine Kratzer im Lack" müssen dem Kunden verkauft werden!

  Häufig resignieren Serviceberater zu früh, wenn es darum geht, dem Kunden noch etwas zusätzlich zu verkaufen. „Die Kunden wissen schon, was sie wollen" oder „So etwas wollen unsere Kunden nicht", sind gern genannte Begründungen dafür, dass man Zusatzverkauf nicht systematisch verfolgt. Wie dieser Zusatzverkauf „funktionieren" kann, haben wir in diesem Buch ausreichend betrachtet. Wir konzentrieren uns an dieser Stelle darauf, welche Auswirkungen (schon geringer) Zusatzverkauf im Ergebnis bedeuten.

  Wir werden im Folgenden berechnen, welcher Umsatz durch die Stelle eines Serviceberaters pro Jahr generiert wird. Daran anschließend berechnen wir, wie sich dieser Umsatz entwickeln würde, wenn ein Serviceberater die verkauften Arbeitswerte pro Fahrzeugdurchlauf in einem Jahr um 1 bzw. 2 Arbeitswerte erhöht.

Wie viel Umsatz bringt ein Serviceberater pro Jahr?*

	Ist-Zustand	+ 1 Arbeitswert je Fahrzeug-durchlauf	+ 2 Arbeitswerte je Fahrzeug-durchlauf
Arbeitstage pro Jahr**	220	220	220
Fahrzeugdurchläufe pro Tag	12	12	12
Lohnumsatz je Arbeitswert	6 €	6 €	6 €
Arbeitswerte pro Fahrzeugdurchlauf (Jahresdurchschnitt)	30 Arbeits-werte	31 Arbeits-werte	31 Arbeits-werte
Lohnumsatz pro Jahr	475.200 €	491.040 €	506.880 €
Teileumsatz pro Jahr***	522.720 €	540.144 €	557.568 €
Gesamtumsatz pro Jahr	997.920 €	1.031.184 €	1.064.448 €
Differenz zum Ist-Zustand/ Mehrumsatz	–	+ 33.264 €	+ 66.528 €

In dieser theoretischen Berechnung auf der Basis durchschnittlicher Vorausset-zungen – die zweifelsohne aber aussagekräftig ist – sind wir auf der Ebene des Um-satzes geblieben. Natürlich fehlt dabei (aus unternehmerischer Sicht) die Be-trachtung des Ertrags, doch geht es uns an dieser Stelle lediglich um die unmittelbare Wirkung eines stärkeren Verkaufs von Leistungen und Produkten. In den Umsätzen, die in dieser Tabelle berechnet wurden, sind natürlich auch Ge-währleistungs-, Garantie- und Kulanzarbeiten enthalten. Ebenso können hier solche Arbeiten enthalten sein, die im Rahmen von Nacharbeiten dem Kunden nicht in Rechnung gestellt wurden. Betrachten wir daher stärker die Differenzbe-träge bei entsprechendem Mehrverkauf. Der Umsatz, der aufgrund von Zusatz-verkauf generiert wird, dürfte nur zu einem ganz geringen Prozentsatz aus Arbei-ten folgen, die dem Kunden nicht in Rechnung gestellt wurden. Dies ist Umsatz, der vom Kunden tatsächlich in den Betrieb gebracht wurde! Es lohnt sich also!

---

*   Durchschnittswerte angesetzt
**   Bezogen auf die Stelle eines Serviceberaters
*** Der Teileumsatz kann durchschnittlich mit dem 1,1-fachen des Lohnumsatzes angesetzt werden.

- Der Einsatz einer Direkt-/Dialogannahme

Zusatzverkäufe – im Besonderen die „Kleinigkeiten", wie z. B. Bremsen, Schläuche, Lackschäden usw. – können in einem sehr viel höheren Maße erzielt werden, wenn das Fahrzeug in die Auftragsbesprechung aktiv einbezogen wird. Vom Schreibtisch aus wird der Serviceberater nicht erkennen können, ob im Rahmen dieses Werkstattaufenthaltes noch weitere Leistungen verkauft werden können. „Aber es reicht doch, wenn man solche Dinge in der Werkstatt feststellt. Dann kann man den Kunden ja immer noch anrufen!" – natürlich kann man das, aber es kostet Zeit und vermittelt dem Kunden nicht unbedingt den besten Eindruck von seiner Werkstatt. Da er nämlich unerwartet am Telefon das „Messer auf die Brust gesetzt bekommt". „Da ist ein Bremsschlauch porös! Der muss gemacht werden!" Da bleibt dem Kunden häufig nicht viel Raum für Widerworte.

An dieser Stelle können wir nicht das gesamte Für und Wider der Direktannahme näher diskutieren. Vor dem Hintergrund der Zielsetzung, den Umfang der verkauften Leistung pro Fahrzeugdurchlauf zu steigern, kann bereits als „Direktannahme" bezeichnet werden, wenn wenigstens die Auftragsbesprechung am Fahrzeug durchgeführt wird. Das Fahrzeug also in den Dialog zwischen Kunde und Serviceberater eingebunden wird. Da kann der Serviceberater dann die Seele des Kunden etwas streicheln, indem er das Fahrzeug sprachlich aufwertet oder seinen guten Zustand lobt und die offensichtlichsten Dinge können dabei bereits erkannt werden.

- Die Kunden- und Fahrzeugstruktur

Selbst mit der besten Verkaufstechnik schafft man es bisweilen nicht, einem Kunden eine zusätzliche Leistung oder ein Produkt zu verkaufen. Dies hängt natürlich auch von der Situation der Kunden ab: Stellen Sie sich vor, Sie sind Serviceberater in einer Markenwerkstatt einer Premium-Marke, deren Kunden hauptsächlich aus „wohlhabenden Kreisen" kommen. Hier fällt es mit Sicherheit leichter dem Kunden „etwas mehr" zu verkaufen. Auf der anderen Seite der Serviceberater in einer kleinen freien Werkstatt in einer wirtschaftlich schwachen Region, mit einem Kundenstamm, der überwiegend sehr alte Fahrzeuge besitzt und finanziell nicht so gut dasteht. Hier werden Sie Probleme haben, selbst die kleinsten Zusatzarbeiten zu verkaufen. Die Kunden wollen nur das „Nötigste" und soweit es geht, machen sie sogar das selbst.

- Die Art der Aufträge

Ein Serviceberater hat einmal in einem Seminar „seine" Kennzahl der Arbeitswerte pro Fahrzeugdurchlauf offen gelegt und erntete von den übrigen Teilnehmern nur anerkennendes Staunen. Lag dieser Wert doch deutlich über all den anderen Werten, die von seinen Kollegen genannt wurden. Nachdem sich der erste Schock gelegt hatte und wir der Sache auf den Grund gegangen waren, war die „Ursache" für diesen hohen Wert gefunden: Der Betrieb liegt in der Nähe des Nürburg-Rings, der „grünen Hölle der Eifel" und wer diese Region kennt, der weiß, dass insbesondere an Wochenenden viele Motorsport-Freunde zu ihrem „Mekka" strömen, um ihre Fahrkünste einmal selbst auszuprobieren. Vielen gelingt dies aber bereits auf der Rennstrecke nicht und andere vergessen auf dem Rückweg nach Hause, dass sie sich wieder auf einer „normalen" Straße befinden. In dieser Gegend liegt die Unfallhäufigkeit deutlich höher, als in anderen Regionen in Deutschland. Die Instandsetzung von Unfallfahrzeugen bringt „auf einen Schlag" ein erhebliches Volumen an Lohnerlösen und Teileumsatz. Viel mehr, als dies etwa bei einer „einfachen" Wartung der Fall ist. Sie müssen also, wenn Sie Ihre Kennzahl mit der in anderen Betrieben vergleichen, sehr genau hinterfragen, welche Arbeiten in welchem Umfang in den entsprechenden Betrieben durchgeführt werden. Für die Betrachtung der eigenen Kennzahl über einen längeren Zeitraum hinweg spielt dieser Aspekt dagegen weniger eine Rolle.

Nettoerlöse pro Arbeitswert/pro Stunde

Nicht nur im Automobil-Vertrieb, sondern auch im Service wird versucht, die Kunden mit Nachlässen und Rabatten in die (eigene) Werkstatt zu locken. Diese Strategie – ähnlich wie auch Sonderangebote und Aktionspreise – kann kurzfristig zu einer stärkeren Kundenbindung und –gewinnung führen, bedeutet aber mittelfristig, dass dem Unternehmen erhebliche Einnahmen entgehen. Darüber hinaus stellt sich sehr schnell bei den Kunden ein gewisser „Gewöhnungseffekt" ein. Das ist so wie mit den drei Faktoren, die wir zu Beginn dieses Buches im Kapitel „Kundenorientierung heute" (Seite 40 ff.) dargestellt haben: Dinge, mit denen wir den Kunden heute noch begeistern können, sieht er schon bald als „Basisleistung" an! Und wenn ein Betrieb X eine Leistung für einen (geringen) Betrag anbieten kann, dann muss dies der Betrieb Y auch können. So schaden übermäßige Rabatt- und

Nachlass-Schlachten über kurz oder lang nicht nur dem eigenen Betrieb, sondern der gesamten Branche.

Auch bei dieser Kennzahl wird wiederum über die Multiplikation mit dem Faktor 100 ein Prozentwert ermittelt. Dieser sollte deutlich über 90 % liegen, optimalerweise bei 100 %, wobei dieser Wert in der Realität sicher nicht zu erreichen ist.

> **Welche Faktoren beeinflussen diese Kennzahl?**

- Kundenstruktur

  Die Kundenstruktur ist auch bei dieser Kennzahl ein beeinflussender Faktor. Ähnlich wie zuvor, muss auch hier beachtet werden, ob ich Leistungen und Produkte zu dem „normalen" Preis verkaufen kann, oder ob ich mit dem Preis heruntergehen muss. Wobei man hierbei nicht pauschal nach „wohlhabenden" und „finanziell schwachen" Kunden unterscheiden kann. Handeln scheint ja mittlerweile auch in Deutschland zu einer „Volkssportart" geworden zu sein.

  Bei der Kundenstruktur ist darüber hinaus zu betrachten, inwieweit sich diese in Groß- und „Klein"-Kunden aufspaltet. Großkunden, die dem Betrieb ein nicht geringeres Auftragsvolumen konstant bescheren, erhalten in der Regel entsprechende Preisnachlässe auf Lohnarbeiten und Teile.

- Verhandlungsgeschick des Serviceberaters

  Hat der Serviceberater ausreichende Kompetenzen und Befugnisse, Preisnachlässe und Rabatte selbstständig zu gewähren, muss von ihm natürlich ein entsprechendes Verhandlungsgeschick erwartet werden. Ein Serviceberater, der (nur) mit dem Ziel, die Auslastung der Werkstatt und die Verkaufszahlen hoch zu halten, Leistungen mit erheblichen Rabatten verkauft, wird spätestens mit einem Blick auf diese Kennzahl „enttarnt".

Kundenbindung und –gewinnung, sowie das Ziel, möglichst viel zu verkaufen, sind absolut nachvollziehbare Antreiber im Handeln eines Serviceberaters. Auf der anderen Seite müssen wir aber auch sehen, dass die Preise, die von den Betrieben für eine entsprechende Leistung verlangt werden, nicht aus der Luft gegriffen sind! Diesen Preisen steht die fachlich solide Arbeit von qualifizierten Mitarbeitern gegenüber. Die Betriebe haben sich diese Preise im wahrsten Sinne des Wortes „verdient"!

10.5   Kennzahlen des Servicemarkts

Wenn wir bis hierhin alles „richtig" gemacht haben, dann müsste die Situation in unserem Betrieb wie folgt aussehen: Die Werkstatt „brummt", ist permanent annähernd voll ausgelastet. Die Monteure erbringen hohe Leistungen, die zu einem hohen Prozentsatz an den Kunden weiterberechnet werden. Die Verkaufsleistung des Serviceberaters ist optimal! Er führt mit fast jedem Kunden eine ausführliche Direktannahme durch und spürt dabei konsequent Zusatzbedarf auf. Souverän, wie dieser Serviceberater ist, lässt er mit sich nicht lange handeln und bringt dem Betrieb damit einen hohen Nettoerlös der geleisteten Arbeit ein.

Doch können wir damit eine Feststellung darüber treffen, wie erfolgreich der Betrieb tatsächlich arbeitet? Stellen wir uns vor, dass wir die oben beschriebene Situation mit einem Kundenstamm von 500 Kunden und deren Fahrzeugen erreichen. Sind 500 Kunden „viel" oder eher doch „wenig"? Diese Frage kann man nur beantworten, wenn man sich den Servicemarkt anschaut! Wenn im gesamten Servicemarkt 800 Kunden (bzw. entsprechende Fahrzeuge) vorhanden sind, dann liegt der Betrieb mit seinen 500 Kunden recht gut. Vorausgesetzt er bewegt sich in einem „normalen" Wettbewerbsumfeld. Wenn der Betrieb in seinem gesamten Servicemarkt (zwar sehr unrealistisch) der einzige Betrieb wäre, dann wären 500 Kunden zu wenig. Denn irgendwohin müssen die übrigen 300 Kunden ihr Fahrzeug ja bringen!

Erst wenn man weiß, wie der Betrieb bezogen auf den Servicemarkt „aufgestellt" ist, kann man eine Aussage darüber treffen, wie erfolgreich er ist. Hier schließt sich der Kreis auch wieder: Zu Beginn, bei den Kennzahlen der Werkstatt, hatten wir beschrieben, dass sich die Kapazitätsplanung auch danach richten muss, in welchem Umfang potenzielle Kunden die Werkstatt aufsuchen werden. Brauche ich im Betrieb 5 Monteure oder doch 10 oder sogar 15? Reichen zwei Werkstattarbeitsplätze aus oder muss ich einen Dritten zur Verfügung stellen. Diese Fragen dürfen nicht nur auf der Basis der aktuellen Auslastung der Werkstatt beantwortet werden, sondern auch danach, wie hoch das Potenzial an Auslastung im Servicemarkt ist!

Der Servicemarkt – wo ist der eigentlich?

Spätestens vor dem Hintergrund der GVO-Neuregelung, die u.a. die vertragliche Vergabe von Servicegebieten nicht mehr zulässt, müssen die Betriebe sich selbst mit der Frage beschäftigen, wo denn ihr *Servicemarkt* ist bzw. welche Ausmaße dieser hat. Nehmen Sie sich eine Landkarte Ihrer Region und stecken Sie einen Zirkel mit der Spitze in Ihren Betrieb. Nun ziehen Sie den „Servicemarkt-Kreis". Doch mit welchem Radius? 10 km, 20 km, 30 km – vielleicht lassen wir einen Würfel entscheiden?!

Die Festlegung der Ausdehnung des eigenen Servicemarktes ist weder ein Glücksspiel, noch kann man sie in einem Buch allgemeinverbindlich nachlesen. Von daher werden wir Ihnen hier auch keine Zahl nennen! Die Ausdehnung des eigenen Servicemarktes muss sich an den regionalen Gegebenheiten orientieren und zum Schluss von den Führungskräften im Unternehmen festgelegt werden. Dabei spielt es durchaus auch eine Rolle, wie weit der Betrieb den Markt im Umkreis bearbeiten *will*. Festhalten kann man auf jeden Fall, dass der Servicemarkt mehr sein muss, als die Straßen, das Viertel, das Dorf um den Betrieb herum! Auf der anderen Seite muss man sich gut überlegen, dass die Kunden vom entferntesten Ort des Servicemarktes immer noch zur Werkstatt kommen müssen! Gibt man dem Servicemarkt eine Ausdehnung im Radius von 100 km, dann ist dies sicher ein anspruchsvolles Ziel. Aber welcher Kunde wird eine solche Strecke auf sich nehmen, um sein Fahrzeug in die Werkstatt zu bringen? Insbesondere dann, wenn ihm noch mehrere Wettbewerber zur Auswahl stehen, für die er eine deutlich geringere Strecke zurücklegen muss.

Unabhängig davon, wie „groß" Ihr Servicemarkt nun sein soll: Sie müssen ihn in Ihrem Betrieb festlegen! Diese Aufgabe wird Ihnen niemand abnehmen.

Der Fahrzeugbestand

Der *Fahrzeugbestand* ist eine Kennzahl, die man nicht berechnen muss. Als eine so genannte *absolute Kennzahl* liegt sie schwarz auf weiß vor. Man muss nur wissen, woher man sie bekommt! Eine Quelle ist das Kraftfahrzeugbundesamt (KBA). Viele Markenhändler können zudem noch auf Systeme der Hersteller zurückgreifen, die diese Daten bereits aufbereitet zur Verfügung stellen. Aufbereitet heißt, dass z. B. die Fahrzeuge nach Modellen und Baujahren getrennt aufgelistet werden. Denn alleine die Kenntnis darüber, wie viele Fahrzeuge der Marke X im Servicemarkt existieren, reicht nicht aus, um den Markt umfassend analysieren zu können.

Bei dieser Kennzahl macht es wenig Sinn, sich darüber zu unterhalten, von welchen Faktoren sie beeinflusst wird. Die Fahrzeuge müssen ganz einfach im Servicemarkt verkauft werden und dieser Fahrzeugverkauf ist nicht Thema dieses Buchs!

Die Servicepotenzialausschöpfung

Das Geld liegt gewiss nicht auf der Straße, aber es fährt auf eben dieser durch Ihren Servicemarkt! Jedes Fahrzeug – bei Markenwerkstätten vornehmlich die Fahrzeuge dieser Marke, bei freien Werkstätten alle Fahrzeuge, – das sich auf den Straßen in Ihrem Servicemarkt bewegt, bedeutet potenziellen Umsatz für Ihren Betrieb. Doch wie hoch ist der Anteil dieses potenziellen Umsatzes, der dann tatsächlich Ihren Betrieb erreicht?

> **!**
>
> **> Welche Frage steckt hinter der Servicepotenzialausschöpfung?**
> Wie hoch ist der Anteil des Umsatzes (durch Lohnarbeiten oder Teile) den der Betrieb erwirtschaftet, gemessen an dem potenziell zu erwirtschaftenden Umsatz des Servicemarktes?
>
> **> Die Formel:**
>
> $$\frac{\text{Umsatz (Teile oder Lohnarbeiten)}}{\text{Potenzial je Fahrzeug (Teile oder Lohnarbeiten) x Fahrzeugbestand}} \times 100$$

Mit dieser Formel kann also sowohl die Servicepotenzialausschöpfung bezogen auf die Lohnarbeiten, als auch auf Teile berechnet werden. Diese Kennzahl wird wiederum als Prozentwert angegeben.

Näher betrachten müssen wir uns hier den Nenner: Dort steht zunächst das *Potenzial je Fahrzeug*. Wenn man wissen möchte, wie viel potenzieller Umsatz im eigenen Servicegebiet zu erwirtschaften wäre, benötigt man neben der Anzahl der Fahrzeuge (also dem Fahrzeugbestand) noch das „Umsatzpotenzial", welches im einzelnen Fahrzeug „steckt". Viele Markenhändler können diese Potenziale über den Hersteller bekommen. Für freie Werkstätten stellt sich diese Situation schon schwieriger dar. Die Potenziale verschiedener Fahrzeuge selbst zu errechnen, ist eine sehr umfangreiche Arbeit und stellt mit Sicherheit sehr schnell den Aufwand für diese Berechnung in kein sinnvolles Verhältnis mehr zur Nützlichkeit der Kennzahl.

Diese Potenziale sind in der Regel Durchschnitts- und Erfahrungswerte bezogen auf verschiedene Fahrzeuge, in unterschiedlichen Laufjahren. Ein durchschnittlicher XYZ bringt im 3. Laufjahr 120 Arbeitswerte und 350 € Teileumsatz pro Jahr. Wenn ich nun also diese Potenziale mit der Anzahl an XYZ multipliziere, die in meinem Servicemarkt vorhanden sind, dann habe ich den potenziellen Umsatz, den diese einbringen können.

> Welche Faktoren beeinflussen diese Kennzahl?

Bevor wir die eigentlichen Faktoren betrachten, die diese Kennzahl beeinflussen, müssen wir noch einen Aspekt beachten: Einige Kennzahlen, die wir bislang betrachtet haben, werden mit Prozentwerten angegeben und haben dabei 100% als Obergrenze (z. B. der Nettoerlös pro Arbeitswert/Stunde oder die Produktivität). Bei dieser Kennzahl kann es sehr wohl passieren, dass die 100%-Marke überschritten wird. In zwei möglichen Konstellationen kann dies passieren:

1. Die Servicepotenzialausschöpfung wird auf den Servicemarkt bezogen. Betriebe, die einen hohen Anteil an durchreisenden Kunden haben (z. B. solche Betriebe, die an stark befahrenen Autobahnkreuzen liegen), werden viele Fahrzeuge in der Werkstatt haben, die nicht in ihrem Servicemarkt angemeldet sind. Wenn solch ein Betrieb den eigenen Servicemarkt sehr gut bearbeitet und gleichzeitig noch zusätzliche Kunden in der Werkstatt hat, die nicht zu seinem Servicemarkt gehören, dann ist es durchaus möglich, dass die 100%-Marke überschritten wird.

2. Die Potenziale je Fahrzeug beruhen auf Durchschnittswerten. D. h. tatsächlich kann ein Fahrzeug auch mehr Umsatz einbringen, als sein Potenzial vorhersagt. Dadurch würde sich der erwirtschaftete Umsatz (im Zähler der Formel) erhöhen, der potenzielle Umsatz (im Nenner) hingegen bliebe gleich. Auch so kann die 100%-Marke „übersprungen" werden.

- Kundenbindung und -gewinnung des Betriebes

  Zentraler Faktor zur Beeinflussung dieser Kennzahl ist das Ausmaß, in welchem ein Betrieb in der Lage ist, vorhandene Kunden zu binden und gleichzeitig neue hinzuzugewinnen.

- Wettbewerbssituation im Servicemarkt

  Natürlich muss man die Servicepotenzialausschöpfung vor dem Hintergrund des Wettbewerbs im Servicemarkt betrachten. Eine kleine Werkstatt, die sich in ihrem Servicemarkt dem Wettbewerb großer Betriebe gegenüber sieht, kann hier „keine Bäume ausreißen". Für solche Betriebe ist es aber wichtig, ein Ziel zu formulieren, dass erreicht werden soll. Je größer ein Betrieb ist und je weniger Wettbewerber ihm in seinem Servicemarkt gegenüber stehen, desto größer muss entsprechend auch die Servicepotenzialausschöpfung sein. Für solche Betriebe muss das Ziel gelten, den Markt weitgehend abzudecken bzw. dessen Potenzial auszuschöpfen.

Der Betreuungsgrad

Der Betreuungsgrad betrachtet weniger die Umsatzseite der Servicemarktbearbeitung, sondern die Kontinuität der Betreuung. Hier geht es also nicht darum, wie viel Umsatz erwirtschaftet wurde, sondern in welchem Ausmaß der Betrieb es schafft, Kunden an sich zu binden. Ob ein Betrieb es schafft, Kunden längerfristig zu binden, lässt sich an der Anzahl der *Stammkunden* ermessen.

Was muss man sich nun unter einem *Stammkunden* bzw. dessen Fahrzeug vorstellen? Hier gibt es je nach Hersteller unterschiedliche Definitionen und freie Werkstätten sind ohnehin völlig frei, diesen Begriff mit Leben zu füllen. Man kann aber trotzdem einige grundlegende Merkmale festlegen. Eine mittlerweile kaum noch genutzt Definition bezeichnete einen Kunden dann als *Stammkunden*, wenn er *einmal pro Kalenderjahr einen Werkstattkontakt hatte*. Von dieser Definition ist man weitestgehend abgerückt, weil sie bei genauerer Betrachtung zu viel Raum für den Kunden gelassen hat. Ein einfaches Beispiel: Der Kunde Meier kam am 02.01.2008 in die Werkstatt, um ein gerissenes Wischerblatt austauschen zu lassen. Den nächsten Werkstattkontakt hatte er am 30.12.2009. An diesem Tage hatte er sein Fahrzeug einmal durchchecken lassen, da er am nächsten Tag in den Skiurlaub gefahren ist. Laut der ersten Definition ist er ein Stammkunde. Er war in beiden Kalenderjahren einmal in der Werkstatt. Dazwischen lagen aber fast zwei Jahre!

Vor dem Hintergrund dieser „Lücke" hat sich dann eine andere Definition durchgesetzt: ein Kunde, der *innerhalb von 13 Kalendermonaten zwei Werkstattkontakte hatte* ist ein *Stammkunde*. Wer diese Definition zum ersten Mal liest, wird sich vielleicht sagen: „So etwas kann man sich auch nur in Deutschland ausdenken!" Tatsächlich wirkt sie auf den ersten Blick sehr umständlich. Sie sagt aber im Prinzip das Gleiche aus, wie die erste Definition – nämlich, dass ein Kunde einmal im Jahr in die Werkstatt kommen muss – sie lässt dem Kunden dabei nur einen geringeren Spielraum. D. h. zwischen zwei Werkstattkontakten dürfen maximal 13 Kalendermonate liegen.

Eine dritte, weit verbreitete Definition geht ganz von Werkstattkontakten in einer bestimmten Zeit weg. Bei dieser wird als *Stammkunde* bezeichnet, wer *anfallende Arbeiten am Fahrzeug (regelmäßig) im entsprechenden Betrieb durchführen lässt*.

Regelmäßig in Klammern gesetzt, da es sowohl Betriebe gibt, die von einem Stammkunden erwarten, dass er *alle* Arbeiten in seiner Werkstatt durchführen lässt und solche, die dem Kunden auch einmal verzeihen, wenn er für kleinere Arbeiten eine andere Werkstatt aufsucht.

Es gilt hier wie bei allen anderen Kennzahlen: Sie müssen in Ihrem Betrieb festlegen, welche Kriterien erfüllt sein müssen, ehe sich ein Kunde *„Stammkunde"* nennen darf!

> Welche Faktoren beeinflussen diese Kennzahl?

Hier ist schlicht zu sagen: siehe oben („Marktanteil")! Die Faktoren, die dort beschrieben wurden, treffen hier natürlich genauso zu. Insbesondere die Art und Weise, mit der ein Betrieb Kundenbindung betreibt, ist hier von zentraler Bedeutung. Kriegt der Kunde „nur das Nötigste" oder regelmäßig „etwas mehr als er erwartet"? Fühlen sich die Kunden im Betrieb wohl, finden sie dort selbst für kleinere Arbeit ein angemessenes Preis-/Leistungsverhältnis vor? Wenn dem so ist, dann hat ein Kunde eigentlich keinen Anlass, die Werkstatt zu wechseln!

Je mehr Wettbewerber im Servicemarkt um die Gunst des Kunden werben, desto mehr muss der einzelne Betrieb ihm natürlich bieten. Wie der Betrieb und im Besonderen der Serviceberater es schaffen kann, aus einem Kunden einen *Stammkunden* werden zu lassen, haben wir in diesem Buch ausreichend dargestellt.

Der Loyalitätsgrad

Als letzte Kennzahl des Servicemarktes betrachten wir hier den *Loyalitätsgrad*. Diese Kennzahl hängt wiederum eng mit dem Marktanteil und dem Betreuungsgrad zusammen. Der grundlegende Unterschied zum Betreuungsgrad ist, dass wir beim Loyalitätsgrad nicht die Stammkundenfahrzeuge ins Verhältnis zu allen Fahrzeugen im Bestand des Servicemarktes stellen, sondern lediglich zu den Neufahrzeugen, die vom Betrieb verkauft wurden. Dies setzt natürlich voraus, dass der Betrieb auch Neufahrzeuge verkauft! Eine Berechnung des Loyalitätsgrades auf der Basis von verkauften Gebrauchtfahrzeugen ist natürlich ebenso möglich, erscheint aber in der Praxis (insbesondere, da die Gebrauchtfahrzeug-Fuhrparks in der Regel markengemischt sind) wenig sinnvoll.

Warum aber diese Differenzierung? Wenn ich weiß, inwieweit ich aus dem gesamten Fahrzeugbestand des Servicemarktes heraus Stammkunde „entwickeln" konnte, dann reicht mir dies doch eigentlich, um meine Betreuungsleistung einzuschätzen. Prinzipiell ist dies richtig! Es stellt aber doch einen Unterschied dar, ob ich aus der Masse aller Fahrzeuge im Servicemarkt Kunden gewinnen und binden konnte oder ob ich Kunden, denen der Betrieb ein Fahrzeug verkauft hat, weiterhin an die Werkstatt binden kann. Der *Loyalitätsgrad* ist von daher auch eine Kennzahl, bei der der Betrieb eigentlich „nur verlieren kann", da der Kunde im Moment des Fahrzeugkaufs ja im Betrieb ist! Wenn er dann abwandert, habe ich ihn verloren! Um dies noch einmal zu verdeutlichen: **Bei einem geringen *Betreuungsgrad* habe ich nicht alle Kunden im Servicemarkt gewinnen können. Bei einem niedrigen *Loyalitätsgrad* habe ich eigene Kunden verloren!**

> **!**
>
> > **Welche Frage steckt hinter dem Loyalitätsgrad?**
> > Wie hoch ist der Anteil der Stammkundenfahrzeuge gemessen an den vom Betrieb verkauften Neufahrzeugen (nach Zulassungsjahren)?
>
> > **Die Formel:**
>
> $$\frac{\text{Stammkundenfahrzeuge*}}{\text{Verkaufte Neufahrzeuge*}} \text{ x 100}$$

Marken- und spartenübergreifend lässt sich beim Loyalitätsgrad ein Trend feststellen: Innerhalb der ersten beiden Laufjahre des Fahrzeugs sind noch deutlich über 80 % der Kunden ihrer Markenwerkstatt treu. Halter von Fahrzeugen zwischen 2 und 4 Jahren bleiben immer noch zu knapp 80 % in ihrer angestammten Werkstatt. Dann sinkt die Loyalität rapide: Zwischen 4 und 6 Jahren sind gerade noch rund 55 % ihrer Werkstatt treu, zwischen 6 und 8 Jahren nur noch rund 45 % und Fahrzeuge, die älter sind als 8 Jahre, werden lediglich zu rund 35 % in einer Markenwerkstatt gewartet oder instand gesetzt.

> Welche Faktoren beeinflussen diese Kennzahl?

Bei Betrachtung des oben beschriebenen Trends liegen die wichtigsten Faktoren zur Beeinflussung dieser Kennzahl schon auf der Hand:

---

* Jeweils nach Zulassungsjahren.

- Garantie- und Kulanzleistungen der Werkstätten/Hersteller

Mit dem Ende des 4. Laufjahres nimmt die Loyalität der Fahrzeughalter deutlich ab. Zu diesem Zeitpunkt gewährt kaum ein Hersteller noch Garantie- oder Kulanzleistungen. Die Kunden solcher Hersteller, die nach der Schuldrechtsreform im Jahre 2001 „nur" noch zwei Jahre lang die Haftung für aufgetretene Sachmängel übernehmen und keine Herstellergarantie darüber hinaus gewähren, überlegen sich schon nach diesen zwei Jahren, ob sie ihrer Markenwerkstatt treu bleiben, da sie ab diesem Zeitpunkt nur noch auf freiwillige Kulanzleistungen hoffen können. Bei Herstellern, die ihren Kunden über die gesetzlichen Mindestzeiten hinaus eine Herstellergarantie einräumen, treten diese Abwanderungsprozesse entsprechend zeitversetzt auf.

Die Kunden überlegen dann ganz genau, ob sie weiterhin eine Markenwerkstatt aufsuchen, oder die entsprechende Leistung in einer gegebenenfalls günstigeren freien Werkstatt durchführen lassen.

Für viele Betriebe ist dieser Trend langfristig existenzgefährdend! In den ersten Jahren sind die Werkstätten voll mit Kunden, die Gewährleistungs-, Garantie- oder Kulanzleistungen in Anspruch nehmen. Selbst wenn ein Betrieb sich diese Ausgaben bzw. fehlenden Einnahmen vom Hersteller „wiederholen" kann – auf anderen Wegen werden die Hersteller dies gewiss ausgleichen. Es kommt auf jeden Fall kein Umsatz von außen in den Betrieb und genau den brauchen die Unternehmen! Wenn die Fahrzeuge dann älter und damit auch anfälliger für Defekte und Verschleiß sind, wandern die Kunden ab. Stellen Sie selbst einmal eine Rechnung auf: Nehmen Sie ein beliebiges Fahrzeugmodell, welches häufig in Ihre Werkstatt kommt. Listen Sie dann auf, welche Arbeiten in den verschiedenen Laufjahren im „Normalfall" anstehen würden und setzen Sie dann die entsprechenden Preise daneben. Und dann schauen Sie sich an, wie viel von diesen potenziellen Einnahmen in den ersten Jahren noch in ihrer Werkstatt verbleiben, wie viel davon aber über Garantie oder Kulanz abgedeckt würde und wie viel ab dem 4. Jahr in andere Werkstätten geht. Sie werden sich wundern!

Diesem Trend können Sie nur entgegenwirken, wenn Sie Ihren Kunden durch Ihre Betreuung, durch die Leistung Ihrer Werkstatt und durch ein angemessenes Preis-/Leistungsverhältnis davon überzeugen, weiterhin in Ihre Werkstatt zu kommen. Denn für alle Serviceberater aus Markenwerkstätten sei an dieser Stelle noch einmal gesagt: Der Kunde, der sich aus der Markenwerkstatt verabschiedet, entfernt sich auch schon deutlich von der Marke! Ob er sein nächstes Fahrzeug wieder in Ihrem Betrieb oder in einem anderen Betrieb der gleichen Marke kauft, ist wenig wahrscheinlich!

Die freien Werkstätten und Spezialanbieter machen aus ihrer eigenen Sicht heraus natürlich „alles richtig". Durch günstige Angebote für ganz spezielle Arbeiten, locken sie die Kunden systematisch aus den Markenwerkstätten heraus.

10.6 Kennzahlen der Kundenzufriedenheit

Jetzt haben wir alles im Betrieb genau unter die Lupe genommen, haben uns sogar im Servicemarkt umgeschaut und betrachtet, wie umfangreich wir diesen bearbeiten. Doch all das hat keinen dauerhaften Wert, wenn die Kunden mit der Arbeit des Betriebes nicht zufrieden sind und ihn deshalb in Zukunft nicht mehr aufsuchen.

Man kommt also nicht umhin, sich die Zufriedenheit der Kunden sehr genau anzuschauen. Zu Beginn des Kapitels hatten wir einen Rundgang beschrieben, der damit endete, dass wir den Kunden besuchen, um ihn zu fragen, wie zufrieden er denn mit unserer Leistung gewesen ist. Nun stellt man sich ja auf diesem Wege unmittelbar dem Kunden und gegebenenfalls seiner Kritik.

Die Reklamationsquote

Es gibt vorweg eine Möglichkeit, die Kundenzufriedenheit zu analysieren: Hin und wieder kommen die Kunden ja von selbst auf den Betrieb zu und sagen unaufgefordert, was ihrer Meinung nach falsch gelaufen ist. Die Kunden *reklamieren*. Wir haben uns diesem Thema schon ausführlich gewidmet, vor allem der Frage, wie wir mit diesen *Reklamationen* im direkten Kundenkontakt umgehen können. Neben der Reklamationsbehandlung im direkten Kundenkontakt ist es unerlässlich, diese aber auch zu dokumentieren! Den gleichen Fehler sollte man nur einmal machen und wenn ein Kunde den Betrieb auf einen solchen Fehler hinweist, dann muss der Betrieb das nutzen: dokumentieren, analysieren und den Fehler abstellen.

Zu dieser Kennzahl eine Formel anzugeben ist so pauschal, wie es hier geboten wäre, nicht möglich. Die Vorgehensweisen dazu in den Betrieben sind zu unterschiedlich. Das beginnt schon damit, dass kaum eindeutig zu klären ist, was überhaupt eine *Reklamation* ist, die dokumentiert werden muss. Ist dies schon der Kunde, der sich beim Serviceberater negativ darüber äußert, dass er „zu lange" habe warten müssen? Oder der Kunde, der sich über einen Ölfleck auf seinem Fahrersitz beschwert? Vielleicht muss ein Kunde sich lautstark über die Rechnungshöhe oder fehlerhaft ausgeführte Arbeiten beschweren, ehe dies zur Dokumentation kommt?

Alle drei Kunden haben *reklamiert* und wenn man die *Reklamationsquote* sauber erfassen will, dann müssen auch alle diese Rückmeldungen berücksichtigt werden. Sonst rechnet man sich die *Reklamationsquote* „schön"!

Wenn die verschiedenen *Reklamationen* der Kunden erfasst sind, kann man sie nach deren Ursache selektieren: Handelte es sich um eine Rückmeldung zu den Prozessen der Werkstatt, dem Verhalten der Mitarbeiter, dem Preis-/Leistungsverhältnis oder der Arbeitsqualität der Monteure? Wenn man diese Selektion vorgenommen hat, kann man mit den entsprechend Verantwortlichen nach Lösungen suchen, sodass solche Beschwerden in der Zukunft nicht mehr auftreten.

Instrumente zur Ermittlung der Kundenzufriedenheit

Nun ist es ja aber so, dass nicht alle Kunden aus freien Stücken in den Betrieb kommen, um dort ihrer Unzufriedenheit Raum zu verschaffen. Im Gegenteil: Die wenigsten Kunden tun dies (umso dankbarer müssen wir den wenigen Kunden sein, die dies tun!). Man kommt also nicht daran vorbei, den Kunden selbst zu befragen. Dazu stehen grundlegend zwei Wege zur Verfügung:

* die schriftliche

oder

* die persönliche/mündliche

Zufriedenheitsnachfrage.
Beide Wege werden in der Praxis umfassend eingesetzt. Bisweilen aus Kundensicht sogar zu umfassend, insbesondere dann, wenn ein Kunde parallel sowohl schrift-

lich, als auch persönlich nach seiner Zufriedenheit befragt wird. Die *persön-liche/mündliche Zufriedenheitsnachfrage* werden wir im Folgenden lediglich in der Umsetzung mittels *Telefon* betrachten. Dieses Kommunikationsmedium hat sich für die Form der Informationsgewinnung gerade in der Automobil-Branche durchgesetzt und vereint die Vorteile einer schriftlichen Zufriedenheitsnachfrage mit denen der persönlichen/mündlichen.

> Die schriftliche Zufriedenheitsnachfrage

Die *schriftliche Zufriedenheitsnachfrage* erfolgt in der Regel mittels standardisierter Fragebögen, in welchen der Kunde sowohl Fragen anhand vorgegebener Skalen zu beantworten hat, als auch die Möglichkeit erhält, seine Meinung frei zu formulieren. Diese standardisierte Form ermöglicht eine entsprechend systematische Auswertung. Das Hauptproblem solcher Befragungen ist aber die so genannte Rücklaufquote – also das Verhältnis von beantworteten Fragebögen zur Gesamtheit aller an Kunden verschickter Anfragen. Eine Rücklaufquote von 20–25 % muss bereits als „hoch" angesehen werden. Sie wissen doch wie das ist: Sie kommen abends nach Hause und gehen die Tagespost durch. Rechnungen, Werbung, noch mehr Rechnungen und dann will irgendjemand von Ihnen wissen, wie zufrieden Sie mit seiner Leistung oder seinem Produkt gewesen sind. Füllen Sie solche Fragebögen immer aus und bringen Sie am nächsten Tag wieder zum Briefkasten? Wahrscheinlich landen solche Briefe auch bei Ihnen häufiger im Papierkorb als wieder bei dem, der von Ihnen etwas erfahren wollte.

> Die telefonische Zufriedenheitsnachfrage

Die telefonische Zufriedenheitsnachfrage drei bis sechs Tage nach erfolgtem Werkstattbesuch sollte nach jedem Werkstattbesuch – unabhängig von der Rechnungshöhe oder sonstigen Faktoren – erfolgen.

Ziel dieses Kontaktes ist es einerseits, versteckte Unzufriedenheiten aufzudecken und diese, sofern vorhanden, zu beseitigen. Andererseits hilft sie Schwachstellen im Betrieb zu entdecken und Anregungen zur Leistungsverbesserung zu erhalten.

Kunden wollen gern nach ihrer Meinung gefragt werden, somit bekommen Zufriedenheitsnachfragen die Bedeutung einer zusätzlichen Kontaktchance und werten den Kunden auf. Die Praxis zeigt, dass der Großteil der Angerufenen äußerst positiv reagiert und sich wirklich über den Anruf freut. Sie sind häufig überrascht und hierdurch wird eine Begeisterungsanforderung erfüllt. Die hier erwähnte Kontaktchance bietet natürlich auch die Möglichkeit, mehr über den Kunden zu erfahren. Wer erfreut ist, redet gern und dies kann uns helfen, neue „Daten" für die Kundendatei zu bekommen. Nicht zuletzt führt der Anruf beim zufriedenen Kunden auch zur Zufriedenheitsfestigung, da hierdurch besondere Leistungsfähigkeit gezeigt wird.

Besonderheiten, Beachtenswertes und Begleitmaßnahmen

Jeder von uns findet es völlig normal, wenn uns die Bedienung in einem Restaurant fragt, ob es uns geschmeckt hat oder wenn der Friseur uns nach getaner Arbeit den Spiegel an den Hinterkopf hält und wir die Rückseite unseres Hauptes betrachten können, um von uns ein Kopfnicken zu bekommen. Beide hier dargestellten Berufsgruppen führen nichts anderes als Zufriedenheitsnachfragen durch. Und genau das können wir im Automobil-Service auch!

Die meisten Kunden freuen sich über den Anruf, weil sie ein Gefühl der Wichtigkeit vermittelt bekommen. Lassen Sie uns dennoch einen Moment die durchaus vorhandenen Gefahren eines solchen Anrufs betrachten und danach weitere Besonderheiten anschauen.

- Da ist zunächst der Überraschungseffekt: Der Kunde rechnet nicht zwangsläufig mit einem solchen Anruf und könnte misstrauisch reagieren. Hier gilt es durch entsprechende vorbereitende Maßnahmen und eine zielgerichtete und offene Gesprächsführung entgegenzuwirken.

- Informieren Sie auch Ihre Kunden über diese neue Leistung Ihres Hauses: Durch einen entsprechend auf der Rechnung aufgedruckten Hinweis oder noch besser durch einen entsprechenden mündlichen Hinweis des Kundendienstberaters oder der Rezeptionistin bei Abholung des Fahrzeugs. So beugt man Überraschungen vor und bringt sich selbst unter Anrufzwang.

- Natürlich gibt es auch dies: Wenige Kunden wollen nicht angesprochen werden, ihnen ist ihre Privatsphäre heilig oder sie fühlen sich von allen Seiten bedrängt. Dies muss respektiert werden. Ein freundlicher und direkter Gesprächsausstieg ist hier erforderlich und natürlich die unbedingte Information im Datensatz, dass der Kunde nicht angesprochen werden möchte. Autohäuser, die dies dann auch konsequent respektieren, haben in der Regel sogar bei diesem Kunden zukünftig einen „Stein im Brett".

- Wichtig ist es, den Anruf konsequent kurzfristig (3–6 Tage) nach dem Werkstattbesuch erfolgen zu lassen. Sonst verblasst die Erinnerung des Kunden und dann klingelt erst das Telefon.

- Einsatz von „Verschleierungstaktiken" führt zu einem ungewünschten Effekt – Dies ist ein typischer Fehler in der Gesprächsführung: Man erklärt nicht gleich zu Beginn des Telefonates sein Gesprächsziel und „eiert" nach dem Motto „Äh, ich wollte Sie mal fragen!" herum. Damit wird die Absicht des Gespräches unbewusst verschleiert und dies stößt auf den Widerstand des Kunden.

- Zufriedenheitsnachfragen sollten nie mit verkäuferischen Absichten verbunden werden. In manchen Autohäusern meint man, man könne doch das Telefonat gleich dazu nutzen, um auf die günstigen Winterreifen oder das neue Modell hinzuweisen. Bitte tun Sie dies nicht, lautet unser Rat. Verkaufsabsichten gehören nicht in dieses Gespräch, denn sonst ist Ihre Glaubwürdigkeit beim Kunden gleich futsch. „Der hat mich doch nur unter dem Vorwand angerufen, um mir was zu verkaufen!", so wird der bleibende Gedanke des Kunden lauten.

- Sich auf die Reklamationssuche zu begeben, ist auch nicht sinnvoll – Ja, auch das gibt es in der Praxis. Da meint man, die Gespräche seien nur gut, wenn der Kunde was zu beanstanden hat und bohrt so lange, bis dem Kunden wirklich ein Missstand ins Gedächtnis tritt. Auch dies ist nicht im Sinne des Erfinders. Freuen Sie sich über die Zufriedenheit des Kunden und sagen Sie dies ihm auch. Die Qualität dieser Telefonate ist nicht an der Länge oder der Häufigkeit von Beanstandungen zu messen.

- Auf Zufriedenheitsbekundungen sollte nicht beiläufig reagiert werden. Zufriedene Kunden und deren Äußerungen hierüber müssen verstärkt und nicht nach dem „Keine Ursache"-Motto beantwortet werden, sonst sagt der Kunde beim nächsten Mal nichts mehr. Sie wollen ihn doch später auch wieder anrufen!

- Bei Unzufriedenheitsäußerungen des Kunden sollten keine Rechtfertigungen oder Erklärungsversuche gebracht werden, sondern unverzüglich Abhilfemaßnahmen eingeleitet werden.

- Als Datenbasis zur Durchführung der Telefonate sollten die Mitarbeiter mindestens die Rechnungsdaten zur Verfügung haben. Noch besser ist es, via EDV-System über die gesamte Fahrzeughistorie verfügen zu können. So kann man im Gespräch Kompetenz zeigen, wenn es z. B. um Fragen eines vorangegangenen Werkstattbesuches geht.

Der Gesprächsleitfaden

1. Schritt:
   Begrüßung und Vorstellung

2. Schritt:
   Gesprächseinstieg mit Bekanntgabe des Zieles

3. Schritt:
   Konkrete Aktivierungsfrage nach der Zufriedenheit des Kunden und Nachfrage zu konkreten Leistungsbereichen

4. Schritt:
   Einsatz von Zufriedenheitsverstärkern – Nachfrage bei negativen Kundenäußerungen

5. Schritt:
   Verbesserungsvorschläge und Zusatzwünsche erfragen

6. Schritt:
   Gesprächsabschluss

„Nach dem Telefonat ist vor dem nächsten Kundenkontakt" – Mit den Ergebnissen der telefonischen Zufriedenheitsnachfrage „arbeiten"

Die Ergebnisse aller Zufriedenheitsnachfragen sollten täglich, wöchentlich und monatlich gesammelt und ausgewertet werden. Hier können sowohl die „Ja/Nein"-Antworten zu den jeweiligen Fragen in der Gesamtheit dargestellt und die Kommentare im Überblick wiedergegeben werden. Sie sollten sich diesen Report wöchentlich geben lassen und möglichst auch einmal wöchentlich sich einen kurzen mündlichen Bericht geben lassen. So erfahren Sie immer aktuell etwas über Stimmungen in der Kundschaft.

Prüfen Sie auch gewissenhaft die gemachten Verbesserungsvorschläge der Kunden hinsichtlich der Umsetzbarkeit im Haus. Wo immer dies möglich ist, sollten Sie die Kundenanregungen aufgreifen und umsetzen.

Besonders kritische Äußerungen der Kunden müssen durch den Mitarbeiter, der das Telefonat geführt hat, kurzfristig gemeldet werden. Wir empfehlen Ihnen diese Punkte mit dem Team oder einzelnen Mitarbeitern zu besprechen und die Suche nach Veränderungsmöglichkeiten sofort zu beginnen. In diesen Fällen sollten Sie selbst dann zum Hörer greifen und den betreffenden Kunden anrufen, entweder um sich den „Vorfall" oder was immer den Unmut des Kunden ausgelöst hat, nochmals persönlich schildern zu lassen, sich zu entschuldigen und/oder eine Lösung zu diskutieren. So vermeiden Sie Konflikt- und Image-Eskalationen.

? Lernfragen zum Kapitel 10

> Welche „Kennzahlen der Werkstatt" kennen Sie, welche Fragen beantworten diese und mittels welcher Formeln werden sie berechnet?

> Berechnen Sie – analog zur Tabelle im entsprechenden Abschnitt – den „fiktiven Umsatz", den Sie als Serviceberater generieren, sowie den Mehrumsatz bei angegebenem Zusatzverkauf.

> Was verstehen wir unter „Kennzahlen des Servicebereichs" und welche Bedeutung haben diese für den Betrieb und den Serviceberater?

Stichwortverzeichnis